QING DAI KE GONG YU BAN KE ZI TI

清代刻工与版刻字体

郑幸 著

图书在版编目(CIP)数据

清代刻工与版刻字体/郑幸著. —2 版. —北京:中华书局,2023.11

ISBN 978-7-101-16356-8

Ⅰ.清… Ⅱ.郑… Ⅲ.古文献学-研究-中国-清代
Ⅳ.G256.1

中国国家版本馆 CIP 数据核字(2023)第 178623 号

书　　名　清代刻工与版刻字体
著　　者　郑　幸
责任编辑　胡雪儿　张玉亮
责任印制　陈丽娜
出版发行　中华书局
　　　　　(北京市丰台区太平桥西里 38 号　100073)
　　　　　http://www.zhbc.com.cn
　　　　　E-mail:zhbc@zhbc.com.cn
印　　刷　三河市中晟雅豪印务有限公司
版　　次　2022 年 3 月第 1 版
　　　　　2023 年 11 月第 2 版
　　　　　2023 年 11 月第 2 次印刷
规　　格　开本/787×1092 毫米　1/32
　　　　　印张 15¾　插页 6　字数 330 千字
国际书号　ISBN 978-7-101-16356-8
定　　价　88.00 元

《摄山玩松图》中的苏州刻工穆大展，
见于2013年保利香港秋季拍卖会图录

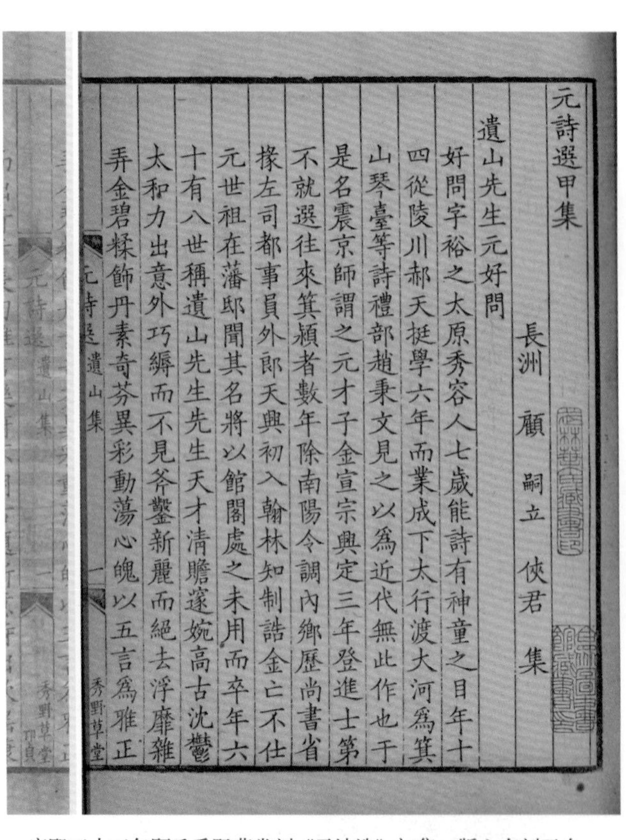
元詩選甲集

長洲　顧嗣立俠君　集

遺山先生元好問

好問字裕之太原秀容人七歲能詩有神童之目年十四從陵川郝天挺學六年而業成下太行渡大河爲箕山琴臺等詩禮部趙秉文見之以爲近代無此作也于是名震京師謂之元才子金宣宗興定三年登進士第不就選往來箕潁者數年除南陽令調内鄉歷尚書省掾左司都事員外郎天興初入翰林知制誥金亡不仕元世祖在藩邸聞其名將以館閣處之未用而卒年六十有八世稱遺山先生先生天才清贍邃婉高古沈鬱太和力出意外巧縟而不見斧鑿新麗而絶去浮靡雜弄金碧糅飾丹素奇芬異彩動蕩心魄以五言爲雅正

元詩選　遺山集　一　秀野草堂

康熙三十三年顾氏秀野草堂刻《元诗选》初集，版心有刻工名，上海图书馆藏

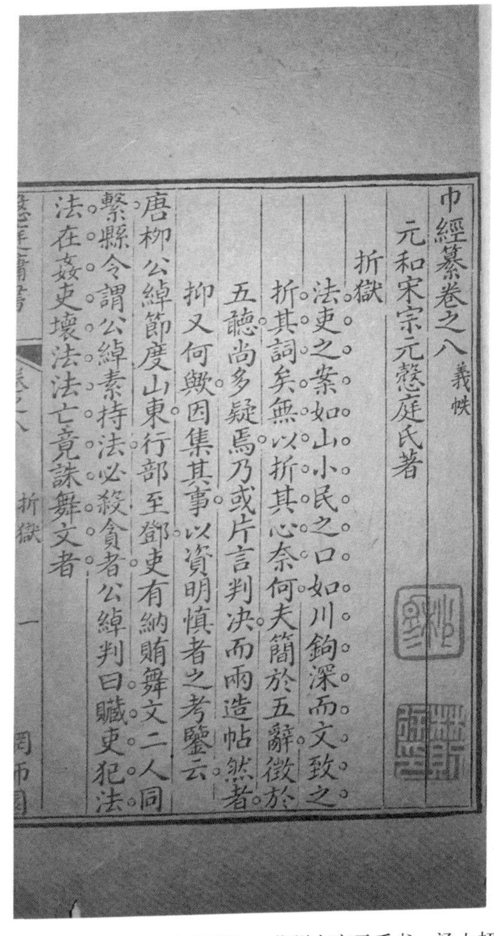

乾隆十六年尚絅堂刻《巾经纂》，苏州宋宗元手书、汤士超刻，
陈正宏教授藏

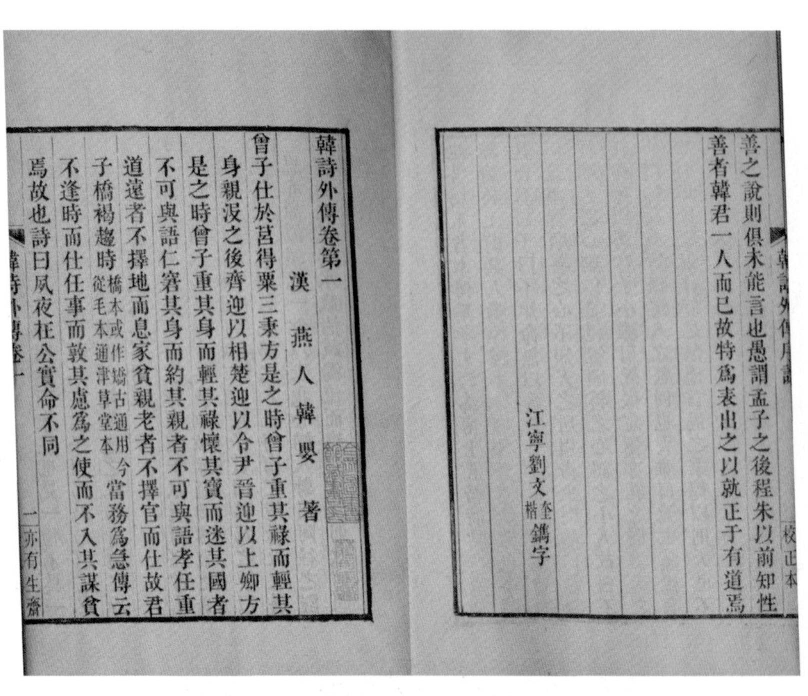

韓詩外傳卷第一

漢　燕　人　韓　嬰　著

曾子仕於莒得粟三秉方是之時曾子重其祿而輕其身親沒之後齊迎以相楚迎以令尹晉迎以上卿方是之時曾子重其身而輕其祿懷其寶而迷其國者不可與語仁窘其身而約其親者不可與語孝任重道遠者不擇地而息家貧親老者不擇官而仕故君子橋褐趨時（橋本或作蹻古通用今從毛本通津草堂本）當務爲急傳云不逢時而仕任事而敦其慮爲之使而不入其謀貧焉故也詩曰夙夜在公實命不同

善之說則俱未能言也愚謂孟子之後程朱以前知性善者韓君一人而已故特爲表出之以就正于有道焉

江寧劉文奎楷鐫字

乾隆五十五年赵怀玉刻《韩诗外传》，江宁刘文奎、刘文楷刻，上海图书馆藏

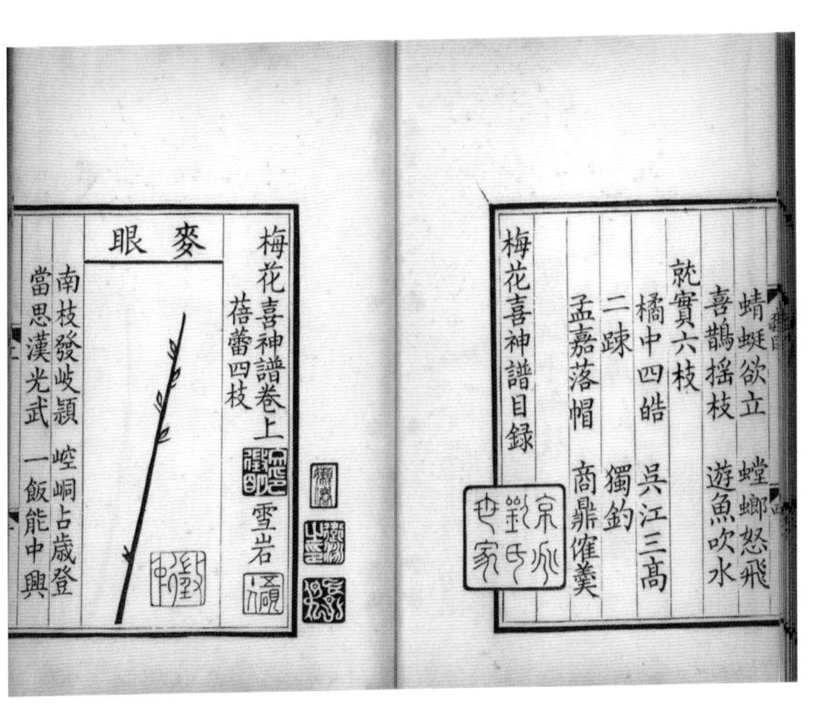

嘉庆十六年沈氏古倪园影宋刻《梅花喜神谱》，苏州夏天培刻，
上海图书馆藏

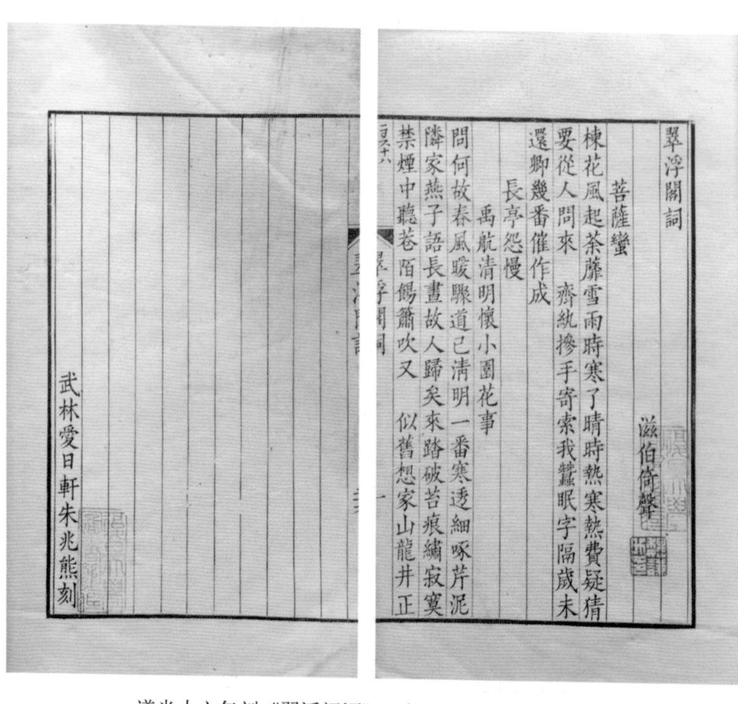

翠浮閣詞

滋伯倚聲

菩薩蠻

楝花風起荼蘼雪雨時寒了晴時熱寒熱費疑猜要從人問來　齊紈摻手寄索我蠶眠字隔歲未還卿幾番催作成

長亭怨慢

禹航清明懷小園花事

問何故春風暖驟道已清明一番寒透細啄芹泥隣家燕子語長晝故人歸矣來踏破苔痕繡寂寞禁煙中聽巷陌餳簫吹又　似舊想家山龍井正

翠浮閣詞　一

武林愛日軒朱兆熊刻

道光十六年刻《翠浮阁词》，杭州爱日轩朱兆熊刻，
复旦大学图书馆藏

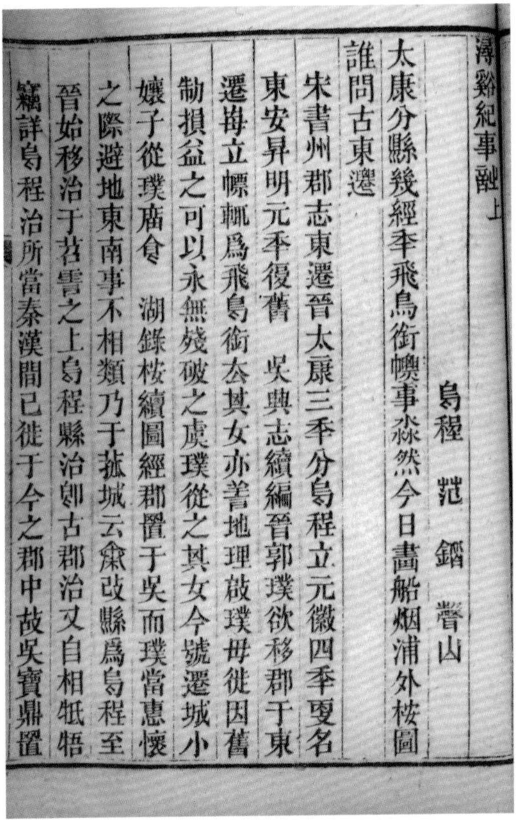

潯谿紀事詩上

烏程 范鍇 聲山

太康分縣幾經年飛鳥銜幘事淼然今日畫船烟浦外按圖誰問古東遷

宋書州郡志東遷晉太康三年分烏程立元徽四年更名東安昇明元年復舊　吳興志續編晉郭璞欲移郡于東遷每立幖輒爲飛烏銜去其女亦善地理啟璞毋徙因舊物損益之可以永無殘破之虞璞從之其女今號遷城小孃子從璞廟食　湖錄按續圖經郡置于吳而璞當惠懷之際避地東南事不相類乃于菰城云秦改縣爲烏程至晉始移治于苕霅之上烏程縣治即古郡治又自相牴牾竊詳烏程治所當秦漢間已徙于今之郡中故吳寶鼎置

道光十六年刻《浔溪纪事诗》，写样用篆楷书，汉口梅发瑶刻，上海图书馆藏

光绪五年刻《萍因蕉梦十二图题辞》，苏州谢文翰刻，
复旦大学图书馆藏

目 录

绪 论

刻工的历史颇为悠久，从先秦时期就有专门刻文字、图案于甲骨、金石等器物之上者。据程章灿《石刻刻工研究》介绍，汉代就已经有“良匠卫改，雕文刻画”的记载[①]，这是指石刻工匠。唐五代以后，随着雕版印刷的流行与普及，“刻工”一词开始主要用来指称在木板上雕刻文字或图案的工匠。据张秀民《中国印刷史》考订，最早可考姓名的版刻工可能“要算五代的雷延美，在后晋开运四年（947）镌观世音菩萨像，自称‘匠人雷延美’。他为曹元忠刻佛像，可能是敦煌本地刻工”[②]。自此以后，有关刻工的记载越来越多，并出现了“手民”、“梓人”等多达二十馀种称呼[③]，

---

①见《从事武梁碑》，转引自程章灿《石刻刻工研究》，上海古籍出版社，2008年，第4页。按：为简省行文，本书涉及的所有专家学者均直书其名，略去先生等敬称，还望海内方家谅解。

②张秀民《中国印刷史（增订本）》，浙江古籍出版社，2006年，第656页。

③李国庆《古代雕版刻工称谓考录》一文曾对历代刻工的名称进行考订，计有“刻工”、“手民”、“梓工”、“雕工”、“刊工”、“梓人”、“刊刻梓人”、“匠人”、“刻字匠人”、“刻工人”、“刊刻工人”、“刻书人”、“刻字人”、“槧人”、“匠”、“刊匠”、“刊字匠”、“刻匠”、“刻字匠”、“铁笔匠”、“匠氏”、“剞劂氏”、“劂氏”、“刊者”、“刻者”、“刊生”、“刊字生”、“刊手”等二十馀种。《北京图书馆馆刊》1993年Z1期。

本书则以最为通行的“刻工”一词总称之。当然，考虑到雕版印刷的工序中实际还包含了写样、刷印、装订等工种，为了行文的省便，同时也是遵照一般惯例，本书所说的“刻工”在很多时候还泛指刻书的工匠群体。

在传统的价值观中，刻工的地位往往很低。张秀民曾说：“在旧时代，他们并无地位，被作为普通匠役看待，为统治阶级所不齿，在史书中很难发现他们的姓名。”[①] 显然，主观上对所谓贱工末技的轻视，造成了客观上相关文献的极度不足，更遑论研究的开展。这种情况一直持续到清代才略有改观。一方面，清代出现了一部分拥有较高地位的精英刻工与刻字店主，与之相关的文献记载在数量与质量上也得到了大幅提高；另一方面，随着近代版本学研究体系的逐渐建立，学者们也开始关注并收集古籍上所保留的刻工信息，并将其运用到诸如目录编纂、版本鉴定等诸多问题的研究之中。

然而，相比于书籍出版、传播过程中的其他参与者，包括出版者、书商以及读者等，我们对刻工群体的关注仍然是相当有限的。事实上，作为一部书籍的实际生产者，他们既然从头到尾都参与了书籍出版的全部过程，就必然会对这部书籍以及背后的人和事产生影响。他们的技艺水平，也往往决定着一部雕版作品最终所能呈现的风格面貌。正如叶德辉所感慨的那样：“古今艺术之良否，其风气

---

①张秀民《中国印刷史（增订本）》，第655页。

不操之于缙绅,而操之于营营衣食之辈。”[1] 细揣其中语气,虽仍不无轻视之意,却也将艺术与技术的关系一语道破。换句话说,如果把书籍视为艺术品,那么出版者的艺术创作与审美构想最终还是要借助这些工匠的技艺来加以表现。这一点在版画研究的领域中似乎已经得到了相对充分的体现,毕竟版画更接近于艺术品的范畴。但在书籍的研究领域内,即便很多书籍足够精美,其刻工的作用和影响仍然是被低估的。绝大多数研究者往往并不关心这些刻工姓名背后所代表的鲜活生动的个体,而只是将之视为一个有足够区分度的文字符号,其作用也仅仅在于定位其所附属的这部书籍的刊刻时间与地点而已,这未免有些遗憾。

本书的研究正是基于这样一种考虑,尝试从写手、刻工等书籍实际生产者的角度去审视一部书籍的出版过程,并提出一些问题。包括他们如何进入刻字这个行业,如何为了谋生而奔波流动于各个城市并最后选择在一条热闹的街市上开设店铺,如何与书坊错位经营并发展壮大,如何与出版者互动交流以获得声名的传播以及业务的拓展,又如何将民间的审美风格在不知不觉中渗透入一部书籍的字里行间,等等。尽管这些问题并不一定能够得到非常完美的解答,但或许可以为我们研究古代书籍的生产与传

①叶德辉撰、紫石点校《书林清话》卷二,北京燕山出版社,1999年,第43页。

播,提供一些多样化的思考和有益的尝试。

一、研究范畴的明确与限定

在进入正文之前,有必要先对本书的研究对象及其相关的时间范畴与空间范围作出比较明确的限定。

(一)研究对象

本书的研究将主要围绕清代版刻工群体展开。所谓版刻工群体,指的是那些从事版刻书籍之写样、刊刻、刷印、装订等各项工作的群体。由于在实际调查中并没有找到可资深入研究刷印工、装订工等较次要工种的具体材料,因此本书实际上的研究对象就是清代版刻书籍的写样者与刻工这两类。这里强调版刻书籍,是为了区别于金石、版画等其他文献形式中的写样者与刻工。这一方面是因为他们在技术操作层面有比较大的区别,无法放在一起讨论;另一方面也是因为金石、版画等已经有了各自的专门研究,故无需再加以重复。惟部分版刻工如穆大展、李士芳等人,亦兼长石刻,为了能更全面地反映其基本情况,笔者也会尽量收集其石刻作品名目以作参考,但不再展开具体之研究。至于铅印、石印等近代印刷技术,因既不涉及版刻,亦无所谓刻工,故也不再加以讨论。

而就版刻工这一群体而言,也存在着不同的类别与层次。有聚散自由、行踪不定的散工,也有依附于一定刻书机构(包括官方与私人)的较为稳定的长工;有地位低下的学徒、雇工,也有地位较高的工头、刻字店主;有技艺一般因而默默无闻的普通匠人,也有技惊四座故能口耳相传的名工巧匠。从不同的角度予以审视,往往会得到不同的结论。然而有一点是相通的,即通常来说我们总是会倾向于关注那些行踪稳定的、地位较高的、技艺精湛的工匠们,这不仅是因为他们总体上显得更优秀因而更具有关注的价值,同时也是因为各种文献(包括文本的与实物的)的记载与流传通常都是有选择性的,特别是在面对刻工这样在古代身份卑微的工匠群体时。这种现象在清代则表现得更加明显。从清初到清中叶,随着刻工组织形式的变化,出现在书籍上的普通刻工姓名越来越少,以至于乾隆以后所谓的刻工题名已经基本上成为刻工工头、刻字店主的经营招牌,而失去了原来对普通刻工的记录作用。这就意味着,本书所研究的刻工群体,主要就是这样一批通常拥有稳定作坊或店铺、技艺精湛且经营得法的工头或刻字店主。事实上,就本书所展开的一些个案研究来看,清中叶以后绝大多数工头最终都拥有了实体的作坊、店铺,因此本书也不打算对所谓工头与刻字店主作绝对的区分,这本质上所指向的都是刻工中的精英群体,只不过其事业发展的规模和阶段尚存在一些差异而已。

不过,刻字店主与刻字店,又是两个层面的问题。关于刻字店的兴起与发展问题,本书在第二章中有专门的讨论。简单地说,本书认为即使专门的刻字店在明末或者清初已经出现,但其高速发展的时期应该还是在清中叶,且这一阶段刻字店的典型特征之一,恰恰是与一批精英刻工紧密关联,如苏州穆大展局、南京刘文奎局等。他们所刻书籍通常以刊印精良而著称,他们所留下的刻工题名也常常会呈现出从工头成长为刻字店主的完整过程。然而到了道光、咸丰以后的清代晚期,随着刻字业的进一步发展,刻字店的数量越来越多,业务面与经营层次也越来越广泛驳杂,所谓知名刻工的招牌效应却反而越来越微弱。很多时候,在晚清一些刻字店的题名中,我们不仅无法获知店中刻工的姓名,而且连店主都是难以确定的,这就有悖于本书以刻工为主要研究对象的初衷。而且晚清不少地区特别是北京、湖南、广东等地的刻字铺,其留存下来的书籍很多都是举业、善书之类的通俗读物,从刻书技术的角度而言实在乏善可陈。因此,尽管晚清刻字店是清中叶刻字店的发展与延伸,且其中必然活跃着大量的刻工,但本书在具体展开时还是有意识地淡化了这一群体,而将主要精力放在那些更具代表性的刻工与刻字店主身上。

最后还需要说明的一点是,尽管书坊中也存在大量的刻工,但因其出版物中一般很少留下刻工题名,因此即便想要进行讨论也无从措手。且很多时候,是否有刻工题名甚至可以作为区分书坊与刻字店的重要标准:一般来说,刻字店只刻不售,故常留下刻工题名以宣传其刻字技艺;书坊刻售兼顾而更侧重于售,故多在内封等处强调书坊名号,而很少揭载具体的刻工信息。当然也有一些例外,比如有些刻字店也会售卖善书之类的书籍；又有些书坊主本身就是刻工，如晚清南京刻工李光明，其后来开设的李光明庄就是一家著名的书坊。不过前者一般都只取纸料工本费，严格地说不算谋利；后者的个案数量至少就已知情况来看应该并不多，因此并不影响本书的最终结论。

综上所述，由于清代刻工组织形式以及相应的刻工题名方式的变化，本书所关注的主要对象，实际上就是清代版刻工中因技艺精湛、经营得法而逐渐成为刻字店主的那一批刻工精英。同时，根据这批刻工所留下的丰富的题名信息与其他相关材料，对他们的数量、地域分布、组织形式、与出版者的互动关系以及对清代版刻字体风格的影响等问题，展开全面的讨论。

（二）时间范畴

本书以历史上的“清代（1644—1911）”作为研究之时间范畴，尤其侧重于对清前期到清中叶（顺治至咸丰朝）这一阶段的考察。至于民国时期（1912—1949）的刻工与刻字店则不再阑入。

以朝代的更迭作为研究之时间截点，是传统版本学一直以来所惯用的分期标准。这样做虽然难免会造成一定程度上的割裂，毕竟无论是就写、刻工的生活时代，还是就版刻字体风尚的形成与流行而言，都不可能完全以朝代之更迭作为起止。但是这种分期方式，也暗示了时代与政治对于出版业的重大影响。细究清代出版史，不难发现明清易代与晚清的动荡时局确实对出版业造成了很大的冲击，书版因战火而毁，刻工亦因战争而流离失所、四处迁徙，可以说直接导致了明末清初和咸丰朝两个出版低潮，以及随之而来的两次出版中心的重新调整。此外，官方层面的某些文化活动，也在一定程度上影响着民间刻书业。例如康熙年间曹寅在扬州刻书，曾雇佣大批苏州刻工至扬；康熙至乾隆朝内府刻书频仍，亦召唤了大批南方工匠北上，这些都在一定程度上推动了清代刻工的异地流动。而晚清各地官书局的兴起，不仅吸纳了大量民间刻工，有些还将刻字任务直接委托给刻字铺，这也在一定程度上刺激了民间刻书业的再度繁荣。简而言之，清代出版业的兴衰，在一定程度上确实是与政治因素息息相关的。从另一方面说，正如黄永年所言，清代书籍的版刻面貌颇为复杂，既没有统一的风格，也缺乏可遵循的规律，因此很难像此前各代那样按地域、字体来加以梳理，以朝代划分也是没有办法的办法。[1] 如果按照西方学界所流行的世纪断限法，虽避免了政治因素的先入为主，却同样要面临戛然而止的尴尬。特别是清代在二十世纪尚绵延了十馀年，无论是截断还是顺延都显得不甚合理。两相权衡之下，本书还是采取了以朝代为断限的办法。

而之所以将民国排除在外，则主要是因为这一阶段

①参见黄永年《古籍版本学》，江苏教育出版社，2005年，第147—149页。

的刻字行业,在新兴的出版技术与经营理念的冲击与影响下,已经很难再纳入传统雕版业的框架内来加以讨论。如北京刘春生所开设的文楷斋,其就规模与性质而言均更加接近于现代的印刷出版公司,与此前所谓的刻字铺已完全不可同日而语。此外,民国刻工不署名的现象较之清代,恐怕也有过之而无不及。很多刻工的刻书信息必须到浩如烟海的民国人物诗文集、书信、日记等文献中加以爬罗剔抉,殊不易得。虽然有一些研究成果可以直接加以利用,如陈谊对刘承幹《求恕斋日记》中出现的刻工颇多记载梳理,但难免有掠美之嫌,亦缺乏新意。有鉴于此,全书研究之下限将断至宣统三年(1911),虽不免割裂,亦为无奈之举。不过在具体研究中,对于那些跨越清朝、民国甚至进入新中国时期的刻工与刻字店,仍然会略加延伸,以保证前后叙述之连贯与研究之完整。理论上来说,明末清初的刻工也当秉此原则,只不过在实际研究中暂时并没有涉及这样的具体案例,故不再赘述。

至于清代内部的历史分期,则参考了黄永年在《古籍版本学》一书中的分期方法,即以雍正、咸丰两朝为断限,将清代进一步划分为清前期、清中叶与清后期三个阶段。清前期一般并无争议,惟清中叶则需要略作说明。按中国古代史所讲的清中叶,一般指乾隆、嘉庆两朝再加上道光前二十年,道光二十年(1840)以后因为鸦片战争的爆发则归入晚清或者近代。但是版本学界对清中叶的定义则稍有不同。黄永年认为,版本学"清中叶"当为乾隆朝至咸丰这一段，这主要是考虑到“在我国学术史上占有重要地位的乾嘉学派虽发源于清初，正式形成则大体从乾隆朝开始”[①]，其影响一直要到咸丰三年太平天国攻取南京以后才算基本告一段落。这一点，在本书的研究过程中也得到了极大的印证。很多江南地区的刻工与刻字铺，道光时期都堪称鼎盛，而到了咸丰之后，则或销声匿迹，或流徙他方；另一方面，晚清时期较富盛名的一些刻工或刻字店，如追溯其创始源头，一般也只能追溯到同治时期。咸丰一朝宛如一个巨大的时代屏障，将清代中后期的出版业截然分隔开来。因此本书也将遵循此一状况，将所谓“清中叶”的下限划至咸丰朝。

（三）空间范围

至于本书研究的空间范围，则稍微有些复杂。这主要是因为清代出版业不仅在不同历史分期中有不同的出版中心，而且具体到书坊业与刻字业，其核心区域也有很大的不同。本书第一章第二节中有比较详细的分析，此不赘述。简单来说，清代前、中期的刻字业中心主要集中在江南地区，特别是其中的苏州府、江宁府，可谓名工云集。这期间还曾发生过两次比较明显的刻工迁徙：一次是在清初（实际上明末就已开始），主要表现为一些刻工家族从安徽徽州府、宁国府等地向苏州府、江宁府、杭州府等江南地区

---

①黄永年《古籍版本学》，第158页。

迁移;另一次则是在清中叶的嘉道之间,主要表现为从苏州府、江宁府这些出版中心,向江南及周边其他城市二次迁移。至于清代后期的出版中心,则逐渐转移到了北京、广东、上海、湖北、湖南等地,刻字业中心亦随之转移,但其繁荣更多地表现在刻字铺的数量上,刻工个体的存在感开始降低,所谓名工、名铺的数量也开始减少。由于本书研究的侧重点在于清前期至清中叶的刻字业,因此就空间范围而言,也将主要围绕江南及周边地区展开,其中重点讨论的核心区域则是江南之苏州、江宁、杭州三府。

按关于"江南"之定义,历来也是众说纷纭。顾名思义,江南本当指长江以南,但历朝历代的实际所指都有所不同。从行政区划的角度来说,清代初期曾延续明代"南直隶"的区划,设置过短暂的"江南省",主要包括后来的江苏、安徽两省,但很快在康熙六年(1667)析离。且这个所谓的"江南省"并不包含浙江,显然与一般所谈的"江南"概念相去甚远。在传统文化领域,更为通行的说法是以江苏南部与浙江北部所在区域为"江南"。根据李伯重的看法,应该包括"八府一州",即苏州府、松江府、常州府、杭州府、镇江府、江宁府、嘉兴府、湖州府以及从苏州府析出的太仓州。[①] 这一说法虽然主要从经济史着眼,但是一方面考虑到了自然地理形态的整体性,即同属于太湖水系,另

①李伯重《简论"江南地区"的界定》,《中国社会经济史研究》1991年第1期。

一方面也考虑到了社会文化发展的一致性，因此比较符合文史领域内对“江南”概念的认知。更何况刻工及其刻书活动，本质上属于商业经济的产物，从经济史的角度去定义“江南”也显得合情合理。因此本书所设定的“江南”将主要围绕上述八府一州展开。

而之所以划定这样一个地域范围，一方面当然是因为清代江南地区的雕版印刷业最为兴盛，也最具有代表性，如苏州、南京、杭州等地都是清代刻书业的中心城市，不仅集中了当时最负盛名的出版者和刻字工匠，也是一些典型的版刻字体风尚产生与流行的主要地区。另一方面，在江南地区之外的其他地区（特别是北方），由于文化、经济等种种差异，刻书风格往往各不相同，因此很难将之纳入一个相对统一的体系中来加以讨论。如毛春翔曾在分析明代前中后期不同的版刻字体风格后，又补充云：

> 此就江南刻书情况而言；若北方则不如此。山西刻的，刀法笨拙异常（据所见而言）；陕西刻的，有一种用很多古体字的，所见有许宗鲁本，其僵硬之态，真如斩钉截铁，粗野之极；惟济南刻的，见到几种嘉靖本，如田经校刻的《黄帝内经》犹有元人气息。①

此外，李开升《明嘉靖刻本研究》也将嘉靖本分为“苏式

---

①毛春翔《古书版本常谈》，上海古籍出版社，2003 年，第 64 页。按其中所谓“许宗鲁本”，据《明代版本图录初编》考订，实刻于其湖广任上，而非陕西。

本”、“京式本”、“建式本”等不同的地域类型[①]，这里谈的虽然是明刻本的差异，用来衡量清刻本亦无不可。换句话说，明清刻本的地域因素，在某些区域内部（如江南地区）可能并不明显，但在更广阔的区域范围内（如南北、东西对举）还是会呈现出比较大的差异。这一点在我们讨论版刻字体风格的时候，尤当予以注意。

出现这样的情况，可能还是与江南地区自古以来的经济、文化等“共同体”的趋向有关，即类似于今天“长江三角洲”的概念。江南地属太湖水系，水道交错，四通八达，对人员、物资的流通与集中都非常有利，这就直接推动了彼此在经济、文化上的勾连。首先，是形成了一体化的区域经济。就出版业而言，江南地区严重缺乏刻版所需的木材，主要依赖外地输入，而南京因地处长江边，其城西郊的上新河码头就成为当时江南最大的木材市场，“赣川湘楚黔上游的竹木汇集而至，并转输到江南苏松常和苏北淮扬一带”[②]。此外，明清时期产纸最盛的地方是江西、安徽和福建等地，这些地区除了自身出版业也相对发达之外，其纸张还大量输出到了江南地区。[③]与此同时，江南地区制作的书籍，也能迅速销往全国各地，甚至远至海外。日本学

①李开升《明嘉靖刻本研究》上编第一章第二节，中西书局，2019年，第35—42页。

②范金民《明清江南商业的发展》，南京大学出版社，1998年，第170页。

③范金民《明清江南商业的发展》，第89—91页。

者大庭修《江户时代中国典籍流播日本之研究》中就记载了大量从南京、宁波等地发往日本的商船，上面不乏成箱的中国书籍。[①] 其次，是形成了血脉相近的区域文化。江南地区可谓集中了明清时期数量最多的文人与学者，他们大多富有藏书，又热心出版，且因地域上的相近而经常交流切磋、互通有无。如清初钱谦益绛云楼、钱曾述古堂、毛晋汲古阁均在常熟，彼此颇有往来；而清中叶杭州城内的著名藏书楼瓶花斋、振绮堂、道古堂、鉴止水斋等，更是比屋而居，声气互通。在这样的文化环境之下，不仅藏书家之间互相借钞珍本秘籍的现象十分常见，即各家珍藏之书籍，一旦散出，也往往仍归入旁近藏书家之手。对此，清末杨守敬《藏书绝句序》在历数清代私家藏书之盛后，曾云：

> 其收藏之地，于吴则苏、虞、昆诸剧邑，于浙则嘉、湖、杭、宁、绍诸大郡，大都一出一入，此散彼收，朱玺鸿泥，烂然罗列。[②]

所谓“一出一入，此散彼收”，正很好地说明了清代江南文化在血脉上难分彼此的现象。[③] 而这些文人与收藏家，实际上也正是推动清代私家出版事业的主要群体。因此，从

---

①［日］大庭修著、戚印平等译《江户时代中国典籍流播日本之研究》，杭州大学出版社，1998年。

②杨守敬《藏书绝句》卷首序，古典文学出版社，1957 年，第 3页。

③关于江南地区藏书文化背景之叙述，可参看吴晗《江浙藏书家史略》，傅璇琮、谢灼华《中国藏书通史》及叶树声、余敏辉《明清江南私人刻书史略》等书，此不赘述。

出版史、文化史的角度看，将江南地区视为一个整体并进行重点的关注与研究，总的来说还是比较适宜的。

当然，对江南以外的地区，例如北京地区的内府刻书机构、琉璃厂一带的刻字店，以及晚清两湖地区的刻字业等，本书仍然给予了一定的关注。但还是有很多重要地区，例如安徽、江西、福建、广东等地，均未能作全面的展开。在能力与识见有限的前提下，相较于对整个清代刻字业作面面俱到式的全盘叙述，笔者更希望提出一些具有代表性的问题和新鲜的研究视角。因此，对江南以外地区刻字业的讨论，或可有待于日后再作进一步的深入。

二、学术史回顾与研究现状

在明确了本书的研究对象与范畴之后，便需要对相关学术史与研究现状作一番回顾和梳理，以进一步了解已有研究的成果与不足，从而提出新的问题与研究思路。

（一）对刻工群体的直接研究

文献学史上最早关注古籍刻工问题的，应该是叶德辉的《书林清话》。其书卷七“元时刻书之工价”、“明时刻书工价之廉”，卷九“古今刻书人地之变迁”等条皆为针对刻工的专题讨论[①]，其他零星论述更是不时闪现，这些都可视

①分别见叶德辉撰、紫石点校《书林清话》，第161、178、179、182、188、189、240、246页。

为对刻工问题的初步研究。此后如傅增湘、张元济、赵万里、王重民、周叔弢等亦颇重视刻工问题，在其题跋研究文字中时有涉及。惟上述论述仍然比较零散，且不成系统。

最早系统整理、研究刻工问题的，当属日本学者长泽规矩也。他在二十世纪三十年代就陆续整理发表了《宋刊本刻工名表》、《元刊本刻工名表》[①]，收录宋元刻工计两千馀人。但由于所据主要为日本所藏之宋元本，故阙漏亦在所难免。其后张秀民根据国内各大藏书机构所藏之宋本补充增加七百人，编成《宋刻工名录》，并考得宋刻工总数当为近三千人。[②] 此后类似的刻工名录尚有不少，皆在前人的基础上有所补充增益。如何槐昌《宋元明刻工表说明》[③]，王肇文《古籍宋元刊工姓名索引》[④]，李国庆《宋版刻工表》、《明代刊工姓名索引》、《明代刊工姓名全录》、《清版刻工知见录》[⑤]，魏隐儒《宋至清各代部分刻本所见刻工

---

①分别见［日］长泽规矩也《长泽规矩也著作集》第三卷、第一卷，东京汲古书院，1982—1983年。

②见张秀民《中国印刷史（增订本）》第三章《历代写工、刻工、印工生活及其事略》，第657页。

③何槐昌《宋元明刻工表说明》，《图书馆学研究》1983年第3期。

④王肇文《古籍宋元刊工姓名索引》，上海古籍出版社，1990年。

⑤李国庆《宋版刻工表》，《四川图书馆学报》1990年第6期。《明代刊工姓名索引》，上海古籍出版社，1998年。《明代刊工姓名全录》，上海古籍出版社，2014年。《清版刻工知见录》，收入《历史文献》第四、五辑，上海科学技术文献出版社，2001年，分别见第90—109、112—135页。

及写画人姓名简表》[①],田建平《元代刊工姓名首字笔划索引》[②],冀淑英《谈谈明刻本及刻工——附明代中期苏州地区刻工表》[③],张振铎《古籍刻工名录》[④],赵彦龙《西夏版书籍刻工名表初探》[⑤] 等。这其中内容最为丰富全面的当属李国庆《明代刊工姓名全录》,不仅著录刻工之姓名、籍贯,还对所刻书籍的相关信息详加著录,包括行款、版式等一般特征,以及刻字数、刻板银等特殊信息,方便读者查考。此外值得一提的还有瞿冕良《中国古籍版刻辞典(增订本)》一书,著录历代刻工条目逾万,“不仅搜罗数量多,而且根据具体情况作了致密的分析,如刻工姓名用同音字代替的问题,刻工署名的省略问题,合刻署名的问题,署名倒刻的问题等等”[⑥],显得颇为细致。惟其著录范围仅至乾隆朝前后,且多为条目式的罗列,难免有不少遗漏。此外叶瑞宝《苏州书坊刻书考》一文[⑦],虽以记录苏州书坊为主,但实际上也包括了很多刻坊与刻工,从中亦可辑出不少清

①见魏隐儒、王金雨《古籍版本鉴定丛谈》,印刷工业出版社,1984年,第102—115页。
②见田建平《元代出版史》,河北人民出版社,2003年。
③冀淑英《谈谈明刻本及刻工——附明代中期苏州地区刻工表》,《文献》1981年第1期。
④张振铎《古籍刻工名录》,上海书店出版社,1996年。
⑤赵彦龙《西夏版书籍刻工名表初探》,《图书馆理论与实践》2013年第2期。
⑥瞿冕良《中国古籍版刻辞典(增订本)》卷首杨殿珣《初版序》,苏州大学出版社,2009年。
⑦叶瑞宝《苏州书坊刻书考》,《江苏出版史志》1992年第3期。

代苏州刻工的相关信息。

上述刻工名录及相关工具书的编纂，为历代刻工研究的开展奠定了良好的基础。而在名录之外，较早以文章形式专门讨论刻工问题的，则有冀淑英《谈谈版刻中的刻工问题》[①]，张秀民《宋元的印工和装背工》、《略论宋代的刻工》、《宋代刻工刊书考》[②] 等。后来张秀民又对历代刻工作过综合性研究，基本都反映在《中国印刷史》第三章《历代写工、刻工、印工生活及其事略》[③] 之中，这也是迄今为止对历代版刻工匠所作的最系统全面的论述，但仍然显得比较简单。

此后的研究则开始逐渐往纵深发展，其中如李国庆《两宋刻工说略》[④]、《古代雕版刻工称谓考录——〈书林清话〉条目增补》[⑤]、《明末江浙地区雕版刻工合作形式及其生计例说》[⑥]，何槐昌《刻工与版本初探》[⑦]，曹之《古籍刻工概

---

①冀淑英《谈谈版刻中的刻工问题》,《文物》1959 年第 3期。

②分别见《文献》1981 年第 10 期、《中国印刷》1994 年第 2 期、台北《印刷科技》1994 年第 4期。

③张秀民《中国印刷史(增订本)》,第 655—680页。

④李国庆《两宋刻工说略》,《图书馆工作与研究》1990 年第 2期。

⑤李国庆《古代雕版刻工称谓考录——〈书林清话〉条目增补》,《北京图书馆馆刊》1993 年 Z1期。

⑥李国庆《明末江浙地区雕版刻工合作形式及其生计例说》,收入《印刷与市场国际会议论文集》,浙江大学出版社,2012 年,第 157—181页。

⑦何槐昌《刻工与版本初探》,《图书馆研究与工作》1981 年第 1期。

述》[①],朱太岩《漫谈写刻工——古籍中的写刻工姓字》[②],杨绳信《历代刻工工价初探》[③],刘尚恒《论古籍刻工之研究》、《宁国府刻工考述》[④],程渤《明代吴门刻工研究》[⑤],刘元堂《论北宋版刻楷书及其书手、刻工》[⑥]等论文,都从各种角度对刻工问题尤其是在版本鉴定上的作用进行了一定的探讨。其中刘尚恒《论古籍刻工之研究》一文,还分别从刻工与刻印者的区分、刻工署名特征的辨析、刻工研究可资深入的方向、刻工资料的获取途径等不同角度,对刻工研究提出了很多有益的建议和看法。

此外,在一些地域性、综合性的出版史著述中,也会涉及对刻工的专题讨论。比较有代表性且与清代刻工有关的,如谢水顺《福建古代刻书》第四章第七节"清代福建刻书坊和刻工"[⑦],刘尚恒《徽州刻书与藏书》第五章"徽州的

---

①曹之《古籍刻工概述》,《图书馆》1988年第5期。

②朱太岩《漫谈写刻工——古籍中的写刻工姓字》,《古籍整理研究学刊》1989年第1期。

③杨绳信《历代刻工工价初探》,收入上海新四军历史研究会印刷印钞分会编《历代刻书概况》,印刷工业出版社,1991年,第553—567页。

④刘尚恒《论古籍刻工之研究》、《宁国府刻工考述》,均收入《二馀斋文集》,天津古籍出版社,2013年,第269—280、298—308页。

⑤程渤《明代吴门刻工研究》,《南京艺术学院学报》(美术与设计版)2014年第5期。

⑥刘元堂《论北宋版刻楷书及其书手、刻工》,《书画艺术》2017年第4期。

⑦谢水顺、李珽《福建古代刻书》,福建人民出版社,1997年,第486—501页。

刻工”及其附录《徽州刻工刻书辑目》[①]，徐学林《徽州刻书史长编》第八编第三章中“黄氏刻工刻书要目”[②]，寻霖、刘志盛《湖南刻书史略》第五章中“清代及民国间湖南的缮工与刻工”[③]，以及李国庆《山东籍雕版刻工辑略》[④]、林子雄《广东古代刻工述略》[⑤]等。此外唐桂艳《清代山东刻书史（一）》虽无专章讨论刻工，但也记录了不少山东籍或曾为山东文人刻书的其他地区刻工。[⑥]

至于针对刻工或刻书个案的研究，则主要围绕一些知名刻工或书籍展开。其中比较引人注目的，是围绕《虬川黄氏宗谱》等家谱材料所展开的对明末清初徽州黄姓、仇姓刻工世家的考察，先后有张秀民《明代徽派板画黄姓刻工考略》[⑦]、蒋元卿《徽州黄姓刻工考略》[⑧]、周芜《〈黄氏宗谱〉与黄氏刻书考证》[⑨]、李国庆《徽州仇姓刻工刻书考

---

①刘尚恒《徽州刻书与藏书》，广陵书社，2003 年，第 135—186、301—342页。

②徐学林《徽州刻书史长编》，安徽教育出版社，2014 年，第 3933—3959页。

③寻霖、刘志盛著《湖南刻书史略》，岳麓书社，2013 年，第 541—553页。

④李国庆《山东籍雕版刻工辑略》，《山东图书馆季刊》1992 年第 1期。

⑤林子雄《广东古代刻工述略》，《图书馆论坛》2000 年第 5期。

⑥唐桂艳《清代山东刻书史（一）》，山东大学 2011 年博士学位论文。

⑦张秀民《明代徽派板画黄姓刻工考略》，《图书馆》1964 年第 1期。

⑧蒋元卿《徽州黄姓刻工考略》，《江淮论坛》1980 年第 4期。

⑨周芜《〈黄氏宗谱〉与黄氏刻书考证》，收入《徽派版画史论集》，安徽人民出版社，1984 年，第 19—26页。

录》[①]、翟屯建《虬村黄氏刻工考述》[②]、刘尚恒《〈虬川黄氏宗谱〉与虬村黄姓刻工》[③]、冯雪茹《〈虬川黄氏宗谱〉与虬川黄氏家族研究》[④]等十馀篇专题论文，讨论得可谓相当充分。此外如日本学者野沢佳美《宋版大蔵経と刻工》、《元版大蔵経と刻工》[⑤]，牧野和夫《福州版大蔵経における刻工と印面》[⑥]，以及王静《〈嘉兴藏〉雕版刻工研究》[⑦]等文，则均是围绕佛经刻工专题而展开的。

针对清代的个案研究也有一些。如马培洁《鲍廷博知不足斋刻工研究》[⑧]，彭喜双、陈东辉《清代杭州爱日轩刻书考——兼补〈中国古籍总目〉之失》[⑨]，谢水顺《福州吴玉田刻书坊——福州雕板印书丛谈之一》[⑩]、《福州刻书家吴玉

---

①李国庆《徽州仇姓刻工刻书考录》,《江淮论坛》1992 年第 5期。

②翟屯建《虬村黄氏刻工考述》,《江淮论坛》1996 年第 1期。

③刘尚恒《〈虬川黄氏宗谱〉与虬村黄姓刻工》,《江淮论坛》1999 年第 5期。

④冯雪茹《〈虬川黄氏宗谱〉与虬川黄氏家族研究》,天津师范大学 2018 年硕士学位论文。

⑤[日]野沢佳美《宋版大蔵経と刻工》、《元版大蔵経と刻工》,分别见《立正大学文学部论丛》1999 年第 110 号第 29—53 页、2000 年第 112 号第 29—58页。

⑥[日]牧野和夫《福州版大蔵経における刻工と印面》,《实践国文学》2015 年第 88 卷,第 51—71页。

⑦王静《〈嘉兴藏〉雕版刻工研究》,河北大学 2016 年古典文献学硕士学位论文。

⑧马培洁《鲍廷博知不足斋刻工研究》,《文献》2013 年第 1期。

⑨彭喜双、陈东辉《清代杭州爱日轩刻书考——兼补〈中国古籍总目〉之失》,《中国典籍与文化》2015 年第 3期。

⑩谢水顺《福州吴玉田刻书坊——福州雕板印书丛谈之一》,《福建省图书馆学会通讯》1982 年第 4期。

田及所刊书目》[①]，黄国声《广东马冈女子刻书考索》[②]等。此外，关于清末刻工陶子麟的专题研究也非常多，如江陵《清末民初武昌陶子麟书坊刻书业考略》[③]、王海刚《近代黄冈陶氏刻书考略》[④]、郭立暄《陶子麟刻〈方言〉及其相关问题》[⑤]等。其中郭立暄一文从清末名工陶子麟所刻书籍普遍失真这一现象入手，深入分析了写样者、刻工与出版者之间颇为微妙的联系与互动，对本书的撰写颇有启发。而王爱亭《昆山徐氏所刻〈通志堂经解〉版本学研究》一文[⑥]，虽以《通志堂经解》为主要研究对象，却对这部书籍中所载的刻工姓名进行了非常仔细的统计，可以补充此前刻工名录的缺失。

在"刻工"这一概念之下，实际上还有写样者、刷印工、装订工等其他工种，但实际上能够找到足够资料并加以讨论的只有写样者。最早专门讨论写样者问题的，仍然是叶德辉的《书林清话》。此书卷六"宋刻本一人手书"条，卷七"元刻书多名手写"、"明人刻书载写书生姓名"，

---

①谢水顺《福州刻书家吴玉田及所刊书目》，《福建史志》1990年第4期。

②黄国声《广东马冈女子刻书考索》，《文献》1998年第2期。

③江陵《清末民初武昌陶子麟书坊刻书业考略》，《长江论坛》2008年第4期。

④王海刚《近代黄冈陶氏刻书考略》，《出版科学》2007年第6期。

⑤郭立暄《陶子麟刻〈方言〉及其相关问题》，《文献》2011年第1期。

⑥王爱亭《昆山徐氏所刻〈通志堂经解〉版本学研究》，山东大学2009年古典文献学博士学位论文。

卷九“国朝刻书多名手写录亦有自书者”诸条[①],所举皆为历代书籍中的著名写样者。而后人的研究,就主要围绕所谓“名家写样”展开。如陈红彦《名家写版考述》一文[②],将历代写样者的类型分为“写刻本人文集者”、“晚生、后学为前辈著者写样”、“擅长书法的书家的写样”、“藏书家的杰作”、“画家画稿的精彩再现”这五类,并补充了很多《书林清话》没有记载的写样者。还有一些文章在谈到部分代表性书籍的版刻风格时,也会提及其写样者,但很多时候都只是一笔带过,并无专门而深入的研究。反而是某些讨论具体写样本的个案研究显得颇为翔实而新颖,如陈正宏《从写样到红印——〈豫恕堂丛书〉中所见晚清书籍初刻试印程序及相关史料》一文[③],从《豫恕堂丛书》写样本与红印本入手,对书籍的写样程序、刊刻工价乃至出版者与写刻工匠之间的事务纠葛等,都有非常细致的描述与探讨。而石祥《古籍写样本及其鉴定》一文[④],虽未涉及写样工匠,但对我们深入了解与探讨写样本仍有非常大的裨益。

上述研究中,无论是刻工名录还是专题论文,其讨论的对象均以宋元明刻工为主,对清代刻工的关注则相

①分别见叶德辉撰、紫石点校《书林清话》,第161、179、189、240页。

②陈红彦《名家写版考述》,《文献》2006年第2期。

③陈正宏《从写样到红印——〈豫恕堂丛书〉中所见晚清书籍初刻试印程序及相关史料》,《中国典籍与文化》2008年第1期。

④石祥《古籍写样本及其鉴定》,《图书馆论坛》2017年第12期。

对较少。这主要是因为目前对刻工作用的认识,仍主要集中在版本鉴定上。清刻本的版本情况相对于宋元明刻本来说要相对明晰一些,且重要性也相对略低,因此对清代刻工的考察就显得颇为不足,这不能不说是相当遗憾的。

除了以上对刻工的直接研究外,还有不少专著或论文会间接谈到刻工,或与之相关的其他问题,也能带给我们很多启发。如刘蔷《清代武英殿刻书之组织运作与技术创新——基于匠作则例之考察》一文①,就从制度的层面深入探讨了内府刻工的雇佣和生活情况,还提供了大量翔实的档案文献材料。又如陈谊《嘉业堂刻书研究》一文②,专辟一章来讨论与嘉业堂合作的刻工、刻坊,为我们了解清末民初刻工与私人刻书家之间的合作往来提供了非常丰富的文献材料。而石祥《清初书籍刻印的实态细节——清通志堂刻试印本〈读史方舆纪要〉读后》一文③,则以《读史方舆纪要》试印本中所保留的一手材料,来探讨刻书者与工匠之间的种种纠缠博弈。

此外,海外汉学家中亦有不少出版史、文化史方面的

---

①刘蔷《清代武英殿刻书之组织运作与技术创新——基于匠作则例之考察》,收入《清华园里读旧书》,岳麓书社,2010年,第154—186页。

②陈谊《嘉业堂刻书研究》,复旦大学2009年古典文献学博士学位论文。

③石祥《清初书籍刻印的实态细节——清通志堂刻试印本〈读史方舆纪要〉读后》,《中国典籍与文化》2017年第4期。

著述，其中不乏对明清出版业与刻工的讨论。如井上进《中国出版文化史》[1]、大木康《明末江南的出版文化》[2]、周绍明《书籍的社会史：中华帝国晚期的书籍与士人文化》[3]、包筠雅《文化贸易：清代至民国时期四堡的书籍交易》[4]、贾晋珠《谋利而印：11至17世纪福建建阳的商业出版者》[5]等。当然，海外学者的兴趣主要还是集中在民间坊刻与商业出版，对刻工题名较多的私家刻本关注相对较少。尽管如此，考虑到他们的研究多侧重于在广阔的社会与文化语境下来解读中国书籍出版史，尤其注重商业因素对书籍出版业的影响，所以常常能够提供一种截然不同的思路与视野，值得我们学习借鉴。

其他领域中，如董捷《版画及其创造者：明末湖州刻书与版画创作》[6]一书，其所关注的虽主要是明末版画刻工，但书中关于创作者、画师与刻工间互动关系的探讨，对

---

①[日]井上进著、李俄宪译《中国出版文化史》，华中师范大学出版社，2015年。

②[日]大木康著、周保雄译《明末江南的出版文化》，上海古籍出版社，2014年。

③[美]周绍明著、何朝晖译《书籍的社会史：中华帝国晚期的书籍与士人文化》，北京大学出版社，2009年。

④[美]包筠雅著、刘永华译《文化贸易：清代至民国时期四堡的书籍交易》，北京大学出版社，2015年。

⑤[美]贾晋珠著、邱葵等译《谋利而印：11至17世纪福建建阳的商业出版者》，福建人民出版社，2019年。

⑥董捷《版画及其创造者：明末湖州刻书与版画创作》，中国美术学院出版社，2015年。

我们研究古籍出版者、写样者与刻工的关系无疑有非常大的借鉴意义。必须指出的是，关于明清版画刻工特别是徽派刻工的相关研究成果还有很多，然而版画虽与书籍密不可分，但其创作与技艺均自成一体，且涉及面极广，绝不是区区小书所能够容纳的。与此相类似的还有碑版石刻的刻工群体，同样身份相近甚至有交叉重叠（清代很多版刻工都兼长石刻），而且也已经有了不少专门的研究（有代表性的如曾毅公《石刻考工录》[①]、程章灿《石刻刻工研究》[②]等）。对此，绪论第一部分在划定研究对象时，就已经将此二类刻工排除在外，因此相关研究成果也就不再一一赘述。

此外，还有一些经济史、手工业史等领域的相关论著，尽管与刻工研究并没有非常直接的关联，但也会在历史背景、学术理论或文献材料上为本书的撰写提供一些重要的启发和参考。其中比较有代表性的如李伯重《江南的早期工业化（1550—1850 年）》[③]、童书业《中国手工业商业发展史》[④]、彭泽益《十九世纪后半期的中国财政与经济》[⑤]等，

①曾毅公《石刻考工录》，书目文献出版社，1987年。

②程章灿《石刻刻工研究》，上海古籍出版社，2008年。

③李伯重《江南的早期工业化（1550—1850 年）》，社会科学文献出版社，2000年。

④童书业著、童教英校订《中国手工业商业发展史（校订本）》，中华书局，2005年。

⑤彭泽益《十九世纪后半期的中国财政与经济》，中国人民大学出版社，2010年。

都从宏观上对中国古代手工业的发展状况作了非常系统的梳理。而前辈学人们整理的一些手工业资料集,如彭泽益所编《中国近代手工业史资料(1840—1949)》四卷[①]、《中国工商行会史料集》[②],及以《明清苏州工商业碑刻集》[③]、《明清以来北京工商会馆碑刻选编》[④]等为代表的各类碑刻资料集,更是为本书提供了大量的第一手材料。

(二)清代版刻字体的相关讨论

本书第四、第五两章围绕写样与版刻的字体风尚问题展开讨论,故对其相关研究状况也一并作一些介绍。

在传统版本学研究领域,对版刻字体的论述虽不算少见,却多习惯于点到即止,常常只以"宋体字"、"软体字"、"精写精刻"等语一笔带过。同时在论述比重上,多详于宋元明诸代,于清代则基本是寥寥数语。当然也有少数重视这一问题的学者,其论述往往能将理论与实物充分结合,体现出卓绝的现代版本学意识。这其中最值得一提的是黄永年的《古籍版本学》一书[⑤],其中关于历代版刻字体的讨论最称细致翔实,特别是关于清代写刻字体的一段论

①彭泽益编《中国近代手工业史资料(1840—1949)》四卷,中华书局,1962年。

②彭泽益编《中国工商行会史料集》,中华书局,1995年。

③苏州历史博物馆编《明清苏州工商业碑刻集》,江苏人民出版社,1981年。

④李华编《明清以来北京工商会馆碑刻选编》,文物出版社,1980年。

⑤黄永年《古籍版本学》,江苏教育出版社,2005年。

述,将通行字体分为"点划软美"、"点划方劲"这两大种,其下又各分两个小类,叙述其不同的字体特征与流行范围,可谓发前人所未发,对本书的撰写启发极大。惜因其教科书之体例限制,并没有作充分的展开。此外如台湾李清志《古书版本鉴定研究》一书[①],专列"历代版刻字体之研究"一章,对历代各地版刻之风气与特征作了比较细致的分析。其中第四节专述"清代版刻字体",对"软体字"、"宋体字"皆有所论述,而尤以后者为详。另外还有一些专题性的文章,如黄裳《清刻之美》一文[②],从收藏家与鉴赏家的角度探讨清代版刻字体之美,尤其是以"静雅的气息、疏朗的格局"之语来概括清代方体字精刻本的特点,打破了原来对方体字的固有看法,可谓卓有见识。又如辛德勇《简论清代中期刻本中"方体字"字形的地域差异》一文[③],针对清中叶方体字的地域特征展开讨论,也为我们提供了一种新的视角。总的来说,这些研究都打破了传统对清刻本的轻视态度,并尝试以理论与实物结合论证的方式,从字体类型、地域特征等不同角度来讨论清代版刻的具体风貌,是一种更具现代性的学术研究范式。

而在现代印刷史、设计史、艺术史等领域内,也存在一

①李清志《古书版本鉴定研究》,(台北)文史哲出版社,1986年。

②黄裳《清刻之美》,收入《清代版刻一隅》,齐鲁书社,1992年,第413—428页。

③辛德勇《简论清代中期刻本中"方体字"字形的地域差异》,《中国典籍与文化》2012年第1期。

批对古籍版刻字体的相关研究,但其研究视角与方法则与版本学完全不同。如牟复礼、朱鸿林《书法与古籍》一书[①],从书法研究的角度切入对历代写本、印本字体的探讨,其焦点虽仍在宋元以前,但对我们讨论版刻字体与书法之关系亦多有助益。与之相类似的还有刘元堂《宋代版刻书法研究》等[②],亦可供参考。此外如陆锡兴《印刷版刻技术创造的印刷字体》一文[③],其探讨的核心虽然是现代印刷字体的产生过程,但对历代版刻字体的风貌亦有非常专业和到位的观察。他如张抒《美哉宋体字》一书[④],也尝试从雕版印刷史的角度去梳理现代"宋体字"的产生过程,中亦不无可采之处。其他类似的相关研究还有很多,特别是对"宋体"、"仿宋体"等现代应用字体的追溯与研究,可谓层出不穷,数量极多。但这些研究主要从艺术或字体设计的角度切入,总体上看与中国古籍关系不大。

此外还有一些图录类著作,虽不以理论阐述为主,但却以影印的方式排比各类版刻书影,从而使我们对历代书籍的版刻形式、字体特征等都能作比较直观的图录式浏

---

①牟复礼、朱鸿林合著,陈葆真等协著,顾浩华编辑,毕斐译《书法与古籍》,中国美术学院出版社,2010年。

②刘元堂《宋代版刻书法研究》,南京艺术学院2012年美术学博士学位论文。

③陆锡兴《印刷版刻技术创造的印刷字体》,《中国典籍与文化》2013年第1期。

④张抒《美哉宋体字》,重庆大学出版社,2013年。

览，因而同样具有重要的参考价值。惟绝大多数图录都以收录宋元善本为主，对明清刻本特别是清刻本的关注则相对较少。例如 1960 年由赵万里主编的《中国版刻图录》[①]，虽将清刻本纳入了编纂视野，但数量却非常少。后来在 1992 年出版的黄裳《清代版刻一隅》[②]，可以说是第一部专门收录清代版刻的图录作品。作者收藏清刻本多年，眼光较高，所论亦颇有见地，惟其所收对象多出自个人收藏，虽不乏罕见之精品，但就全面性而言则略有欠缺。而真正能全面系统地反映清代版刻全貌的，则是 1997 年出版的《清代版本图录》[③]。此书由版本学专家黄永年、贾二强主编，其收录对象不仅跨越清初至清末近三百年的时间，同时也涵盖了官刻、坊刻、私刻以及雕版、活字、套印等各种类别，选择精当而富有代表性。同时，作者于每部书下，都会附加按语，虽只寥寥数语，却能清楚交代此书之源流特点，这就为我们充分了解清代版刻的基本面貌提供了从图像到理论的重要参考。2019 年又出版了一套新的《清代版刻图录（初编）》[④]，仅就体量而言已大大超越此前各种，足见目前学界对于清刻本的日趋重视。

---

①北京图书馆编《中国版刻图录》，文物出版社，1960年。

②黄裳《清代版刻一隅》，齐鲁书社，1992年。

③黄永年、贾二强《清代版本图录》，浙江人民出版社，1997年。

④中山大学图书馆编《清代版刻图录（初编）》，国家图书馆出版社，2019年。

三、提出的问题与研究思路

本书研究的起点和基础，首先是对清代刻本中以各种各样的形式存在的刻工题名以及与这些题名刻工相关的文献材料，作广泛的收集与系统的整理。根据笔者的悉心收集，再加上此前学者已经收集的诸多材料，共得清代刻工题名合计 2035 条，涉及写手、刻工 3190 人左右。尽管这一数据相比之前的统计已大幅增加，应是目前最为全备的，但无论是相对于清代以前的刻本而言，还是相对于清代自身浩如烟海的书籍体量而言，仍显得微不足道。对于这个问题，一种比较有代表性的看法是认为其与清代文字狱的震慑作用有关，但只要细细推敲就会发现这其中仍然存在很多无法解释的疑点。而本书提出的一种看法是，清代题名刻工数量的大幅减少，恰恰反映出刻工题名所承担的作用和意义正在发生巨大的变化。特别是清中叶以后大量出现的“称店式”题名，其所代表的已不再是刻工本人，而是由其所领导经营的整个刻工团队，通常是一个刻字作坊或者刻字店的全体成员。

关于清代刻字店的发展过程，本书在第二章中予以一定的描述与讨论，尝试从出版史和经济史的角度，把刻工这一群体置于清代手工业经济迅速发展的大背景之中，并以此为基础来分析其与此前历代刻工的种种异同之处。可以发现，尽管刻工工头早在宋代就已出现，但其在出版者与普通刻工之间扮演一种同时具备“承包者”和“雇佣者”双重身份的复杂角色，可能要迟至明代晚期甚至清代。而在此基础上，有利于这些工头维持稳定经营并吸引更多业务的实体刻字店也就应运而生。尽管刻字店实际产生的时间应该更早，但就目前所掌握的材料看，刻工题名中明确出现具有刻字店意味的“局”、“家”、“斋”、“铺”等字样，还是要迟至清代乾隆年间。而由刻工经营的刻字店的出现，也代表着刻字业已经从书坊业中脱离出来，开始获得真正的成熟与独立。这一点也可以从清代刻字业行会的产生与发展中略窥端倪。乾隆四年(1739)，在苏州地区出现了已知最早的刻字行业公会“剞劂公所”。无论是就时间还是地域来说，“剞劂公所”的出现都与我们在清代刻工题名中观察到的刻字业发展态势高度吻合。而其后晚清刻字行会中留存下来的行业条规，则对我们了解整个刻字行业的具体运行机制提供了非常宝贵的文献记载。

与清代刻字店的发展相呼应的，是清中叶一批精英刻工的出现。所谓精英，并不仅仅表现在他们刻字技术的精湛上，还体现在其与出版者之间出现了超越以往任何一个时代的互动关系。本书第三章就以两个出现在清中叶的典型个案为例，尝试探讨这些精英刻工群体与出版者之间可能出现的种种互动。其中苏州刻工穆大展不仅通过邀请乾嘉数十位名流为其肖像画《摄山玩松图》题跋的方式为自己谋求名声，甚至还提出了“近文”这样的理想。而这一理想又通过袁枚在其《近文斋记》中的精心阐释、沈德潜在其题画诗中的有意拔高，以及一大批乾嘉名流的随声附和与推波助澜，而变得亦真亦幻，令人真假难分，以至于民国时期黄孝纾在介绍穆大展时，不由分说地加上了“少游沈归愚（德潜）之门”、“工诗古文”这些实际上并不存在的人物特征。从这一结果来看，穆大展的“近文”理想无疑成为某种现实。

而与之时代相近的南京刘文奎兄弟，则以一种更隐性的方式游走于乾嘉学者之间。从乾隆年间投身于著名学者卢文弨门下开始，刘文奎兄弟就积极顺应着卢文弨对他们的“教导成就”，以适应乾嘉学者们对于著述出版的苛刻要求。而在卢文弨去世之后，刘氏兄弟又迅速依傍于另外两位乾嘉时期著名的学术出版者：孙星衍和顾广圻。通过孙、顾二人的出版活动，刘文奎局不仅承揽了嘉庆年间在南京地区出版的绝大多数学术著述，还进一步将业务拓展到了此前并不曾涉足过的仿宋元本的领域，并完成了包括仿宋刻《文选》、仿元刻《资治通鉴》等在内的数十种高质量书籍，以至于在很长一段时间中，刘文奎兄弟都是精刻的代名词。清末叶昌炽在刊刻《语石》一书时，因对刻工徐稚圃不满，而不由发出“欲求如顾涧薲（广圻）校刊古籍时江宁刘氏昆仲，岂可得哉”的感慨[1]。这里将顾广圻与刘氏兄弟并举，无疑是将他们的关系视为出版者与刻工之间的一种理想状态。显然，尽管刘文奎兄弟并没有像穆大展那样邀请诸多名流为其题诗作文，也没有提出“近文”这样的

①叶昌炽《缘督庐日记》，江苏古籍出版社，2002年，第9册第5900页。

风雅理想，但他们与出版者之间的联系却更具典型意义。

如果说穆大展和刘文奎代表的是刻工群体中的精英，那么还有一批数量更为庞大的普通刻工，也在事实上影响着清代书籍的出版。这种影响最典型的表现形式，就是书籍的字体风格。谈到字体风格，就必须把写样者与刻工分开来谈。写样者可以大致分为职业性与非职业性两种，也有介于两者之间很难作出明确判定者。而无论哪一种写样者，除非出版者有非常明确的字体要求，否则他们在写样时都会面临一个选择何种字体的问题。特别是风格多样的写刻本，其字体的选择更与写样者息息相关。一般来说，非职业性写样者倾向于按照自己的审美标准或者书写习惯，以使其写样作品更具个性化；而职业性写样者为了追求抄写的效率，则更愿意使用一些时下流行的、同时带有一定程式化规范的通行字体。大约在清代康熙三四十年代间，苏州地区开始流行用一种比较标准化的软体小楷来写样书籍。这种字体的流行，可能与清初自上而下的"好董"风气以及与之相应的馆阁字体的流行有关，并因宋荦、曹寅等人取以写样《皇舆表》、《全唐诗》等书而加速了其影响与传播范围。我们在康熙三十七年(1698)朱从延刻《苏东坡诗集注》三十二卷的跋语中，找到了三位写样者：陈勳、张星与邓明玑，并发现他们与当时苏州的几位出版者与刻工都存在某种联系，其中邓明玑本人很可能就是一位写、刻兼长的儒生。尽管由于材料的缺乏，我们对清初苏州地区的这一批写样者无法作更进一步的研究，但其中所引出的一些问题，包括写样字体的程式化进程、版刻字体与流行书法之间的关联等，都是值得我们关注的。

而另一方面，刻工作为版刻字体的最后定型者，他们在具体操作过程中是否会有一些同样程式化的手法，这些手法是否会与写样者一起逐渐改变一时一地的版刻风气，也是本书所特别关注的问题。不过在讨论这个问题之前，首先有必要对清代的版刻字体作更加明确的划分。这是因为学界对于版刻字体的称谓非常复杂多样，而在分类上又大多习惯于简单的二分法，即将以“宋体字”为代表性名称的方体和以“软体字”为代表性名称的写体对举，因此在实际使用时常常显得含糊笼统而有失严谨。特别是所谓“软体字”，当其指向以《全唐诗》为代表的那类软美字体时自然十分妥帖，但用来指称以《通志堂经解》为代表的瘦硬欧字时却显得不甚准确。因此，本书根据清代武英殿修书处对刻书字体所作的区分，同时参考黄永年在《古籍版本学》一书中对清代各种写体的描述和分类，认为应该将清代的版刻字体作“宋、欧、软”这样三大类的划分。而这三类字体，基本对应的就是今天所通行的宋体、仿宋体、楷体。换句话说，本书认为这三种字体的基本定型与标准化，正是在清代完成的。

在此基础上，本书进一步分析了写体中欧、软两种字体，从清初到清中叶、从苏州到扬州再到整个江南地区，所曾经出现过的一些风格上的嬗变。而通过梳理《通志堂经解》、《元诗选》、《淳化秘阁法帖考正》、《冬心先生集》等一批代表性书籍中所记载的写样者与刻工,我们发现他们与这种版刻风尚的变化之间往往存在着千丝万缕的联系。一方面,他们遵从出版者的指示摹仿或者创作某种字体;另一方面,他们又会在有意无意之间对这些字体作一些程式化的改造。而出版者们面对这种程式化改造,只要并非特别出格,绝大多数都选择了接受(或至少是部分接受),特别是在权衡了时间与金钱之后。[①] 从这个角度来说,写手、刻工与出版者之间除了通常意义上的雇佣与合作之外,有时也会出现一些并不那么和谐愉快的周旋与博弈。

这也引出了本书最终想要探讨的核心问题,即在通常的版本学或出版史的研究中,研究者们大多倾向于认为,出版者(包括出版商)对书籍的出版有着天然的主动权与决定权。然而在本书看来,随着刻字行业的高度发展,原本看上去处于被动地位的工匠们,亦即书籍的生产者,也会从技术与实践等层面深入影响一部书的版刻面貌,甚至改变整个时代的版刻风气。

---

①具体例子可以参见本书第四章第二节中的相关讨论。

第一章　数量与分布：清代刻工的基本情况

要了解某个时期版刻工的基本情况，目前较为通行的做法是借助刻工题名来加以研究与分析。所谓刻工题名，是指自雕版印刷技术出现以来，参与古籍刊印的工匠在书版上所留下的个人信息，包括工种、姓名、字号、籍贯等。因一般以刻工信息为主，故多径称为刻工题名。[①] 这也是诸多刻工名录采集信息的主要文献来源。而在梳理、分析了宋代至清代的各种刻工题名录之后，我们发现历代刻工题名在数量、内容、位置、功能等各个方面，都发生了很多改变。特别是清代的刻工题名，从题名数量的大幅减少，到题名方式的变迁，再到题名信息的日渐丰富与多样，其背后反映的都是刻工行业的巨大变化，而这也是本章所要特别关注的一个问题。

值得注意的是，由于并不是所有书籍都会留下刻工题名，且很多类型的题名只保存了工头或者刻字店的信息，

---

①宋元时期，题名中关于写样、刷印、装订等其他工种的记载非常少，自明清以后则逐渐增多。理论上说称之为“刻工题名”实并不全面，但因遵循惯例，故亦以此总称之。参见本书绪论部分的相关阐释。

因此根据题名所统计的相关数据,实际上并不能反映这个时代刻工群体的全貌。然而在刻工材料极度缺乏的情况下,刻工题名仍然是了解刻工的第一手材料(很多时候也是惟一材料),因此其价值实不容忽视。即便只是管中窥豹,也能为我们了解清代版刻刻工的总体情况提供一些宝贵的参考数据。

第一节　清代刻工的数量及题名方式的变迁

据张秀民估算,宋刻本大约半数以上皆有刻工姓名留存,至元代这一比例已然下降,明代则只有不到三十分之一的书籍记载刻工姓名。[①]这说明历代刻本中记录刻工的比例是逐步下降的。李国庆曾在二十世纪九十年代对历代题名刻工数量作出大致推断,认为宋代约六千人,元代八百人,明代五千人,清代一千二百人,其他朝代二百人,总数约计一万三千人。[②]这也大致印证了张秀民的看法。时隔近三十年,这些数据当然已不能完全反映当前的研究现状。特别是明代,在李国庆 2014 年出版的《明代刊工姓名全录》中刻工人数已增订至一万五千馀人[③],一跃成为刻

①见张秀民《中国印刷史(增订本)》,第 666页。

②李国庆《宋代刻工说略》,收入阳海清主编《版本学研究论文选集》,书目文献出版社,1995 年,第 271页。

③见李国庆《明代刊工姓名全录》卷首作者前言,上海古籍出版社,2014 年,第 1页。

工人数最多的朝代。然而即便如此，考虑到存世明刻本的数量远远超出宋元刻本，因此明代刻工留名的比例仍然是比较低的。

至于清代，区区“一千二百人”的估算则更是令人吃惊。这个数字无论是相比此前各朝，还是清代刻本自身的庞大基数，都显得微乎其微。我们很容易产生一些疑问，清代题名刻工真的只有这么少吗？其原因何在？如果并非如此，那么真实的情况又究竟如何？本节就尝试通过对现有清代刻工题名数据进行梳理与分析，来对上述问题作一个初步的讨论。

一、刻工数量初探

清刻本浩如烟海，想要在短时间内穷尽典籍，做出一部完整的清代刻工题名录，在目前看来似乎仍然是非常困难的。好在前辈学者已经做了很多工作，也取得了一些阶段性成果。特别是出版了两种由图书馆专家编纂的清代刻工名录，即张振铎 1996 年编纂的《古籍刻工名录》清代部分（以下简称“张录”）以及李国庆于 2001 年编纂的《清版刻工知见录》（以下简称“李录”），可谓筚路蓝缕，为清代刻工研究打下了坚实的基础。近年来，笔者也悉心收集了不少题名材料，三者相加，尽管仍不能称完备，却也算初具规模。在此基础上，或许可以尝试对清代题名刻工的数量作一番初步的考察。

本节所采用的主要数据情况如下：

第一，“张录”。共收录刻书条目477条，按刻书年代先后依次排列。每条先列书名、卷数、版本，次列刻工（包括写工等其他工种，下同）姓名、籍贯等相关信息，偶尔还有张振铎的评语。惟其中最后40条所列书籍均刊于民国，考虑到本书之体例，在统计时不作计入，则一共是437条。

第二，“李录”。共收录刻书条目600条，按书名首字拼音排序。每条同样列出书名、卷数、版本，同时还完整地记载了刻工在古籍上所留下的题名刊记。

以上二录共计1037条，不过其中尚有不少条目需要剔除：

首先，重复条目。尽管“李录”晚出五年，但似乎并未参考“张录”。除可互补者外，二录有重合条目319条，须剔除。此外，也有一些因同书异名而造成的重复，如“张录”第7条“《女开科传》十二回”与第8条“《万斛泉》十二回”，实际上是同一部书；更为常见的则是丛书与单行本的重复。例如“张录”第30条为“《通志堂经解》一百四十四种”，但第22条至29条又分别为此书中的几种单行本；又如“李录”第317条为“《平津馆丛书》”，第510条为“《续古文苑》二十卷”，事实上《续古文苑》正是《平津馆丛书》中的一种。这些重复的条目，在统计时都将予以剔除。

其次，版画条目。二录特别是“张录”所列部分清初刻工，其作品实际上都是版画，如汤用先所刻之《离骚图》，黄顺吉所刻多种戏曲小说插图等。因本书体例所限，这些条目均当予以剔除。

最后，讹误条目。二录都有一些小误，如不影响统计，则在订补之后仍归各录名下。惟个别讹误会影响到统计数据，如“张录”第238条“《蛾术编》八十二卷”，刻工栏作“沈楙德，开局世楷堂”，实际上沈氏为出资刻书者，并非刻工；又如“李录”第594条“《资治通鉴》294卷”，刻工作“长洲金麟书、陈天祯刊”，实际上此为明代工匠。此类条目，则均予以剔除。

上述重复、版画、讹误之条目，共计得439条。剔除后，“张录”、“李录”实得有效条目598条。

第三，在“张录”、“李录”的基础上，笔者又新增条目1437条。加上“张录”、“李录”之有效条目，三者共2035条。①

当然，由于一个条目对应的是一种书籍，因此以上数字所反映的，实际上是目前为止我们所知的清代刻本中存在刻工题名的书籍数量。这个数量，在整个清刻本中所占的比例实际上相当低。按关于清刻本的总量，暂时并无明确的统计。其中清人著作文献总量，可以通过《清史稿艺文志》、《清史稿艺文志补编》、《清史稿艺文志拾遗》三部目录作一个大致的了解。据各书前言，《艺文志》收书9633种，《补编》又增补10438种，但后者有重出现象，二书相加

---

①因这些条目内容较多，且仍在不断补充与完善之中，故拟日后汇编成《清版刻工名录》，另行出版。

大概2万种不到。[①] 此外，王绍曾《清史稿艺文志拾遗》又增补54880种。[②] 以上三种相加，已达74880种左右。而尚未出版的《清人著述总目》，据说收录的清人著述更多达10万种。这些著述中，绝大多数都曾经刊刻，很多甚至不止一种刻本，因此其刻本数量可能还要更多些。而以上这些还只是针对清人著述的统计，前代人的著述在清代重刻、翻刻者，更是不计其数。仅以翻番计之，则清刻本的数量就至少在20万种以上，这显然还是比较保守的估计。

回头再看这区区2035种留下刻工题名的书籍，简直连清刻本的零头都算不上，难免令人感到惊讶。出现这样的情况，一方面当然是清代典籍浩如烟海，我们无法做到穷尽研究；但更重要的一个原因，还是因为清刻工中留下刻工信息的书籍比例确实极低。之前的相关研究者，不乏大型图书馆古籍部的工作人员，所见当极富，而所得仍极少。笔者虽非图书馆员，然近十馀年来一直从事清代文献的相关研究工作，2019—2020年又有幸受邀访学于日本庆应义塾大学附属研究所斯道文库，得以目验该机构所藏的数千种清代汉籍，但所得仍然甚为寥寥。换句话说，尽管从主观上看仍然存在很大的努力空间，但客观上说清刻本中不留刻工题名的现象确实是普遍存在的。

当然，书籍的条目数量并不等同于刻工的数量。同一

---

①参见章钰等编、武作成补编《清史稿艺文志及补编》卷首出版说明，中华书局，1982年，上册第3—5页。

②参见王绍曾《清史稿艺文志拾遗》卷首顾廷龙序，中华书局，2000年。

部书籍，可能是由多位刻工共同合作完成；同一位刻工，也可能刊刻多种书籍。因此我们还有必要对上述2035种书籍中所记载的刻工人数进行筛查和统计，最终得到的刻工数量是3190人左右（包括296位写手、刷印工、装订工等）①。之所以要加上"左右"二字，是因为这种仅凭刻工题名的统计，总是无法真正精确，还要考虑各种复杂情况。例如有时候虽然姓名皆相同，但却是随处可见的"王三"、"王元"等大众名字，因此很难断定是否为同一人。有些虽然看上去名字不同，但很可能却是同一人。如"李录"第322条"《汤斌年谱》一卷"与433条"《汤子遗书》十卷"，所录刻工一作刘藻文，一作刘藻彣，实际上"彣"是"文"的异体字，而《汤斌年谱》亦为《汤子遗书》之附录，故可知二者实为一人。另外徽州黄氏刻工，不少都存在名、字混署或颠倒署名的情况。如有署黄开梧、黄凤冈者，凤冈实为开梧之字；又如黄鼎杭，有时会署作黄杭鼎。还有一种特殊的情况，是两位以上的刻工共同署名，也会造成一定的混淆。例如康熙三十六年（1697）所刻《广东通志》卷二十八中，在书口下方出现了"仁国朋"这样的署名。由于"仁"和"国朋"曾分别单独署名，且中间有空格，因此可以确定这里属于二人合署。但有些诸如"祐焰君"这样的奇怪署名，就很难判断到底是一个人还是两三个人的合署。

---

①按此数据中包含刻字铺，但一般仅统计店主人数。如个别店铺有明确可考的雇工姓名，则据实统计。

因此,当有明确判断依据的时候,上述情况都可加以辨证并作剔除,但很多时候因为材料不足无法判断,也就只能存疑了。

此外,因为刻工署名的随意性,也增加了统计的难度。例如不少刻工为了简便省力,很可能仅署名(或名中某一字),有时还会各种简写、俗写。如乾隆二年(1737)所刻《纲鉴正史约》三十六卷,版心刻工署名出现了穆圣传、邛圣传、邓圣传、圣传四位名圣传者(其间更是简体、繁体混用),其中穆圣传、圣传出现最多,邛圣传、邓圣传只偶尔出现。这里的"邛"当为"邓"的俗字,因此邛圣传、邓圣传当为一人,但却不太清楚那个没有冠以姓氏的"圣传",究竟是指"穆圣传"还是"邓圣传",又或者根本是另一个刻工(尽管这种可能性比较小),因此在统计时只能予以保留。按关于这个"邛"姓,在刻工录中也是屡见不鲜。《纲鉴正史约》中除了邛圣传外,还有邛公佩、邛德玉、邛齐之三人。又康熙三十三年(1694)刻《元诗选初集》中有邛贞、邛玉、邛启、邛臣、邛仁、邛芃等人,康熙三十七年(1698)刻《苏东坡诗集注》中有邛明、邛玉、邛世、邛钦等人。这些"邛"多半仍是"邓"的俗写,但也不排除确实姓"邛"的可能,故有时候只好分别予以保留。如《通志堂经解》中即出现"邛汉卿、邓茂卿、邓汉、邛卿"这样看上去相似又着实难以准确归并的署名,研究者在统计时均只能无奈予以保留。不过以上情况都比较多见于称名式题名(即一般位于书口者),而这种题名方式在清刻本中出现的比例相对比较低,因此对刻工数量的统计虽然会造成一些影响,但并不会太大。

可以顺带一提的是,清代刻工中某些姓氏的人数异常地多,显示出一定的家族色彩。王爱亭即曾指出:“《通志堂经解》中的刻工,具有明显的家族性特点。如柏姓、陈姓、邓姓、甘姓、刘姓、缪姓、穆姓、陶姓、王姓、杨姓、张姓、周姓等的刻工都很多。”[①] 如果排除一些大姓本身可能具备的人数优势(如陈、刘、王、杨、张、周等),那么剩下的柏、邓、甘、缪、穆、陶等姓氏就显得格外引人注目。如其中之柏姓,本身属于不常见的小姓,但在清代刻工中却颇为多见。除了王爱亭列出的柏功臣、柏君丽、柏六吉、柏上、柏岳海、柏正、柏子林这 7 位外,就笔者所知则尚有柏青芝、柏盈先、柏志高、柏义先、柏秀书、柏华芳、柏华方、柏华仪、柏华绅、柏华陞、柏华亮、柏在中、柏简斋、柏士达、柏逢吉、柏继兴、柏继伦等 17 人,其中柏华芳等 6 人名字中均有“华”字,很可能是同一辈行。此外如穆姓,也是非常典型的小姓,而王爱亭列出了穆彩、穆君侯、穆君旺、穆坤、穆维伯、穆选臣等至少 6 人。此外,乾嘉时期苏州有穆大展、清末南京有穆子美,都是当时当地的名工。另外还有穆四传、穆弘图、穆圣传、穆舜峰、穆舜主、穆履道、穆谦益、穆亮宗、穆敬芳、穆允忠、穆正忠、穆大茂、穆大德、穆春云、穆瑞钊、穆雄如、穆鳌、穆云等 18 人。尽管这些柏姓、穆姓刻工

①王爱亭《昆山徐氏所刻〈通志堂经解〉版本学研究》,第 42页。

的籍贯并不尽相同，而是主要分布在江苏南京、扬州以及安徽等地，但其前代属于同一族的可能性仍然非常大。惟目前尚未发现如安徽虬村《黄氏宗谱》这样的家谱文献证据，因此暂时也只能停留在猜想阶段。

总的来说，尽管本书所作的统计因为种种原因必然存在一些误差，但对总量的影响应该不会太大，因此我们仍然保留 3190 人这一统计数据。这一数量虽然相比李国庆“一千二百人”的估算已经有了成倍的增加，但总数仍然相当有限。而且可以肯定的是，这一数据背后的样本容量，亦即张振铎、李国庆以及笔者所经眼的清刻本总数，显然大大超过目前存世的宋元刻本的总数。由此可见，清代题名刻工数量少、比例低，确实是一个不争的事实。

二、简论“文字狱影响数量”说

根据上文的统计，可知我们目前可以掌握到的清代刻工数量只有 3190 人左右。清代距今最近，清刻本存世数量也最多，理论上清代刻工群体应该相当庞大，但可考之题名刻工数量反而最少，难免令人诧异。这里当然有很多原因，其中对清代刻工考察尚未深入、数量统计不够完全，应该是重要原因之一。但就目前掌握的情况来看，清刻本上不留存刻工信息是个相当普遍的现象。因此即使穷尽所有清代刻本，题名刻工的绝对数量当然会有所上升，但留名的比例相比前代仍然显得相当低。

对于这一现象，不少学者将之归因于文网严密。如张秀民认为："大概因为怕文字狱，刻工不敢在书上显露出自己的姓名。嘉、道以降，禁网渐疏，才偶有刊出。殿版、局版亦多无刻工名，所以清代虽距今较近，而刻工姓名可考者并不太多。"[①] 曹之也认为："清代刻工姓名可考者不如宋元多，这是由于康雍乾诸朝大兴文字狱所造成的，一起文字狱往往有数十人、甚至数百人受到株连，连刻书工人也一并网罗在内……许多刻书工人不敢在书上刻上自己的名字，以防不测。这正是清刻本刻工姓名较少的重要原因。"[②] 持同样看法的，还有朱太岩、程千帆等。这种说法当然有一定的道理。如在清初最有名的文字狱之一"庄廷鑨《明史》案"中，刻工汤达甫、刷匠李祥甫都曾受到牵连受刑[③]，这也开了清代刻字工匠遭受文字狱迫害之先河。此外，在《清代文字狱档》所载"李浩背卖孔明碑记图案"、"蔡显《闲渔闲闲录》案"、"齐召南跋《天台山游记》案"、"尹嘉铨为父请谥并从祀文庙案"、"沈德潜《国朝诗别裁集》案"等诸多案件中，都曾出现刻工或出版商遭到逮捕、问罪之记载。因此，从大的文化背景来看，清代严酷的文禁政策确实对出版界造成了很大的震慑力，刻书不留名或许不失为一种规避此种迫害的巧妙办法。

---

①张秀民《中国印刷史（增订本）》，第673页。

②曹之《古籍刻工概述》，《图书馆》1988年第5期。

③节庵辑《庄氏史案本末》卷上有"刻工汤达甫、刷匠李祥甫亦为饥所驱，祸亦及之"、卷下有"刻工及鬻书者同日刑"等语。上海古籍书店，1983年据清抄本影印。

然而从笔者的考察来看，文字狱等官方文化政策应该并不是清代刻工题名比例下降的最主要原因。首先，从现有的统计数据看，即使是在文网严密的清代前中期，留名的刻工数量也并未大大低于清代后期。如果根据刻书的时间，将此前统计所得的2035条书目、3190位刻工，以乾隆六十年（1795）为分界线来作简单的分列，在文字狱比较厉害的清前中期（包括顺治、康熙、雍正、乾隆四朝，历时152年），刻书条目共447条，刻工1454人左右，平均每部书的刻工数为3.25人；而自嘉庆以降至清末（历时116年），刻书条目虽多达1588条（可见嘉庆以后的刻书数量与活跃度均远胜前三朝），但刻工数量却不过1736人左右，平均每部书的刻工数则低至1.09人。理论上说，如果因为文字狱导致刻工不敢在书中留名，那么在文网渐驰的清代后期，这种现象应该得到大大改观才是，换句话说，留名的刻工总数以及每部书的平均刻工数应该大幅增长才是，但事实却并非如此。当然，前三朝刻工数量较多的一个重要原因，是其中包含了一部大型丛书《通志堂经解》。此书卷帙浩繁，下有子目一百四十种，共计一千八百六十卷。光这一种大型丛书，就记录刻工多达493人[①]，致使康熙朝刻工数量大幅上扬。然而值得一提的是，此书始刻于康熙十二年（1673），距离“庄廷鑨《明史》案”不过十年。

---

①按此数据系王爱亭《昆山徐氏所刻〈通志堂经解〉版本学研究》所统计，第43—67页。

尽管其出版者徐乾学、纳兰性德在政治地位上有一定优势，但如此大规模地留下刻工姓名，也正说明清初文字狱对刻工留名的影响或许并没有想象中那么巨大。

其次，从文字狱的角度来看，即便刻工等人并没有在书籍上留下姓名等信息，一旦案发，官府通常还是能刑讯出相关人员。根据《清代文字狱档》中所记载的办案文档来看，绝大多数违禁书籍上都没有留下刻工等人的信息，官府都是根据涉案人员的口供一步一步追查而得的。如"刘震宇《治平新策》案"中所载追查书板之过程云：

> 查起书板，据刘震宇妻饶氏供，闻得寄在省城店中，不知店名等语。将刘家隆一并解讯前来，臣随发南昌府知府朱若炳，传集书铺，详细跟究。据刷印匠黄升文供出，乾隆十四年有刘震宇拿来书板一副，雇伊刷印，板寄在纸行喻正也家内。随于纸行起获书板一百三块。[①]

由案犯妻子口供中含糊不知店名的"省城店"，追查得"刷印匠黄升文"，又查得寄存版片的"纸行喻正也家"，虽然最后因年代久远没有查出刻版者，但官府的刑讯工作显然还是相当有效的。此外还有案情更复杂的"李浩背卖孔明碑记图案"，主犯李浩供出刻碑记者为桐山一带的"刻字匠傅姓"，旋由福鼎县知县"访有刻字匠傅阿有代人刊刻安良图

---

①原北平故宫博物院文献馆编《清代文字狱档》第一辑，上海书店出版社，2007年，第28页。

并孔明碑记，并于傅阿有家搜出安良图一纸、卢茂等结盟图一纸、正德图一纸，并草纸抄写孔明碑记一纸”，从而坐实了刻字匠的姓名。接下来，官府又进一步根据李浩等人的口供，层层追查图记的来源，揪出另两位刻工关七、施侯三以及相关传抄人员，从而将供图者、传抄者、写样者、刻版者、贩卖者全部一网打尽。这其中没有一位案犯是因为在书版上留下了姓名而被捕的，全部是因口供牵连而出。由此可知，即便没有在书版上留下姓名等相关信息，出版人员也无法确保他们不受文字狱的牵连。事实上，只要有一位当事人抵挡不住刑讯，那么被官府顺藤摸瓜、牵连而及恐怕只是个时间问题。

另一个情况类似但结局相反的案例，则是乾隆四十六年（1781）的“尹嘉铨《近圣编》”一案。据《清代文字狱档》记载，当时有一位苏州店铺主王景桓，因参与此书的刊印而受到不小的牵连。对此，“闵鹗元奏查抄彭知县藏刻尹嘉铨书籍折（乾隆四十六年四月二十七日）”记载云：

> 尹嘉铨将《近圣编》嘱令寄苏刊刻，希韩父于三十六年告假回籍，三十七年刻竣印出样本共十部，因路远难寄，止将二部寄还尹嘉铨，因未得回信，馀存八部及板片俱未寄去……至此书刻板刷印俱系书店王景桓经手的，今奉查缴，现将板片一百十八块、封面签条三块并存书八部一并呈缴……并提讯书铺王景桓供称：此书系店内所刻，除三十七年刻就时彭绍谦印过十部外，馀再无刷印流传，断不敢隐藏捏饰，自取

重谴等语。[①]

据档案所述案件经过可知，这位王景桓曾于乾隆三十六年至三十七年（1771—1772）为尹嘉铨刻《近圣编》书版，并印刷了十部，版片亦寄存于店中。至乾隆四十六年（1781）案发，王景桓因此受到官府传讯盘问。从档案中“寄苏刊刻”等语看，这位王景桓当时住在苏州。而就笔者所掌握的刻工题名资料看，这位苏州王景桓在乾隆、嘉庆年间至少刊刻过15种书，是一位小有名气的刻字店主。其店铺最初设在“吴郡铁瓶巷”，乾隆后期则迁到了南京。从时间上看，这次移居很可能正是与文字狱有关。然而值得深味的是，尽管王景桓可能因为受到惊吓而搬离了苏州，但仍然从事刻书行业直到嘉庆年间，且仍在题名中直署自己本名，只是将籍贯改为江宁而已。显然就这一案例来看，文字狱虽然给王景桓带来了巨大压力，却还不足以令他隐姓埋名甚至改行，其影响仍然是有限的。

由以上分析可知，尽管清代严酷的文禁政策确实对出版领域造成了一定的震慑，也牵连到不少刻工，但是否因此导致刻工不敢在书籍上留名，恐怕还需作进一步考量。至少就目前所掌握的材料来看，并没有直接且充分的证据可以证明这一结论。

①原北平故宫博物院文献馆编《清代文字狱档》第六辑“尹嘉铨为父请谥并从祀文庙案”，第376页。

三、"称店式"题名的出现及其意义

既然文字狱对刻工题名的影响并没有想象中那么大，那么究竟是什么原因导致清代的题名刻工数量如此之少、比例如此之低呢？在讨论这个问题之前，我们不妨先来看看刻工题名的方式，以及其在明清时期所发生的变化。

李国庆曾将宋版刻工题名款式归纳为"称名式"、"称籍式"、"并题式"、"称职式"四种。实际上这四种，宋以后也都一直存在，只是各自所占比例及特点均略有变化而已。为了方便讨论，我们将其定义稍作删节，引用如下：

> 1. 称名式：以题署姓名为主要特征的款式。题名部位在书口（版心）下方。……这种款式以宋版书最常见，宋版刻工题名几乎全用此式，例不备举。在明清印本中由众匠合刻一书者多用此式。这是雕版印本刻工题名最常见的一种款式。
>
> 2. 称籍式：以题署籍里为主要特征的款式。释家经卷多见卷末大题下方或卷端大题下方。一般印本题名部位多在书口下面。……属于这种款式的题名在宋版书中是不常见的，有的往往与称名式杂处书口下。在明清印本中比较常见与称名式杂处书口下，也可见题名于卷末或首序及目录后。
>
> 3. 并题式：以并列题署书工与刻工姓名为主要特征的款式。题名部位多见卷末大题下。由众匠合作

> 刻书时多用此式，但仅限于部帙繁富的佛经中，其他四部印本几乎没有此式。……随着镌版工具的改进，雕版技艺的提高，以及社会对图书需求量的不断增加，明清时刻工雕刻一书印版的速度比宋代大大地加快了，常常见到一个书工与一个刻工合作写刻一书的例子。他们每写刻完一书，便在书后或序跋、目录后空白处把两人的姓名刻上，这或许就是并联题名署款在明清印本中较为常见的一个原因。
>
> 4. 称职式：以题署带有职业意义的字词为主要特征的款式。诸如刊工某某、梓人某某及铁笔匠某某等……此种款式在宋版书中极为罕觏，明清印本中较为常见。①

上述定义对历代刻工题名的几种基本款式作了比较全面的概括与梳理，这也是目前为止唯一一段深入阐析刻工题名问题的研究性文字。惟因文章主旨的限制，这些梳理更侧重于反映宋元时期的款式面貌，对明清以来的变化虽有所涉及，却并未作更进一步的展开。事实上，根据各种刻工名录所反映的情况来看，明清以来的刻工题名从款式到性质还是发生了一些变化，其中最重要的是以下三点：

第一，"称名式"的逐渐减少，以及随之而来题名刻工数量的减少。在明代以前，"称名式"是使用最多的题名方式，"称籍式"则多见于佛经。而从明代中后期开始，"称名

---

①李国庆《宋代刻工说略》，第275—276页。

式”开始减少,题名的位置也逐渐从多见于书口转移至多见于卷首或卷末之空白处。到了清代,以“称名式”题名的书籍数量则呈现出非常明显的减少趋势。其中康熙朝至少有36种(包括最为典型的《通志堂经解》),雍正朝因持续时间较短故只有5种,乾隆朝为16种,到了嘉庆朝则减少为8种,道光朝5种,同治朝2种,至光绪朝则再次反弹至19种。而随着“称名式”的减少,动辄数十位甚至上百位刻工联合署名的现象也随之减少,只有几位甚至一位刻工署名的现象开始增多。特别是清中叶以后,题名刻工数量减少的现象更是普遍。乾隆、嘉庆以后的书籍,无论卷帙多寡,题名中出现的刻工数量绝大多数都只有一位,这必然导致了总体刻工数量的下降。

我们可以康熙年间顾嗣立所刻《元诗选》为例,来考察这种随着时代推移而刻工题名数量渐次减少的现象。《元诗选》初集共一百十四卷,刊行于康熙三十三年(1694),署名方式基本上是每两叶一位刻工,交替出现,最后合计出现刻工共17人。这种每两叶一个署名的方式,也是清代前期“称名式”中最常见的。而到康熙四十一年(1702)刊行二集一百〇三卷时,尽管合计出现的刻工总数增加到了28人,但是刻工署名出现的频率却开始大幅下降,常常十馀叶甚至数十叶才出现一位刻工。如李孝光《五峰集》共56叶,仅于首叶标注玉宣一人;成廷珪《居竹轩集》共44叶,仅于首叶标注有恒一人;又刘诜《桂隐集》共54叶,亦仅标注邓中、晋占二人。而至康熙五十九年（1720）刊行三集时，仍然是一百〇三卷的内容，却只标注了一位刻工即“公化”。短短二十馀年，在卷数相当的情况下，刻工题名的频率以及数量发生如此大的变化，显然并不是参与刻书的工匠变少了（从二集来看，反而是变多了），而是题名的方式发生了改变。

第二，从明代中后期开始，单署一位刻工之名的“称籍式”、“并题式”、“称职式”等开始增多。对于这一现象，李国庆曾经从刻字速度的角度来作一定的解释，这当然是颇有道理的。宋元刻书皆为写刻，费时费力，至明代中后期则开始出现操作更为便捷的方体字，从而大大提高了刻字速度。刻书的效率提高了，需要的刻工数量自然就减少了。然而笔者随后发现不少二十卷以上的书籍，也只题署了一位刻工，这难免令人惊讶。如万历四十年（1612）刻《李长卿集》二十八卷，刻工只有一位“庐陵刘云”（《明代刊工姓名全录》第1617条），而万历五年（1577）刻《弇州山人四部稿》一百七十四卷目录十二卷，题名刻工竟然也只有“唐尹”一人（《明代刊工姓名全录》第3064条）。这种情况在清代则更为常见。如乾隆十八年（1753）刻《长洲县志》三十四卷首一卷，题名作“吴郡穆大展镌”；嘉庆二十四年（1819）刻《唐文粹补遗》二十六卷，题名作“维扬砖街青莲巷内金陵柏华陞刻字”。还有乾隆五十五年（1790）刻《子史精华》一百六十卷、嘉庆六年（1801）刻《续资治通鉴》二百二十卷，题名则分别为“江苏江宁王景桓刊”、“江宁监生王景桓镌”。一位刻工刻二百二十卷是什么概念呢？就刊刻速度较快的方体字而言，一位刻工平均一天能刻一百至两百字左右[①]，如一叶书籍以四百字计，一卷以二十叶计，则一位刻工刻一卷内容至少需要一至两个月，刻二百二十卷大概需要二三十年。这显然不是一个正常的出版速度。事实上，根据本书对多位代表性刻工的研究可知，这些单独署名的“称籍式”、“并题式”、“称职式”所指向的刻工身份，实际上都是地位较高的刻工工头或刻字铺店主。对此，我们或可结合第三点变化来参看。

第三，在产生以上两点变化的同时，清中叶以后又逐渐出现了一种新的题名款式，即于一位刻工姓名之后加署“局”、“家”、“斋”、“铺”或“刻字店（铺、馆、坊）”等后缀，如“苏州穆大展局”、“江宁顾晴崖家”、“苏州谢文翰斋”、“苏州甘朝士铺”、“苏州青霞斋吴刻字店”、“福州吴玉田刻字铺”等。因姓名之前通常还署有籍贯，因此这种新的题名方式可视为“称籍式”的进阶版。仿照李国庆的命名方式，或许可以称之为“称店式”[②]。

---

①据杨绳信《历代刻工工价初探》一文介绍，明万历间技术熟练的工人每天平均刻 130 字，一般工人每天不过刻 100 字左右。另据陈谊《嘉业堂刻书研究》，清末鸿文斋“平均每人每日可刻六十至一百一十个字”。可见明清时期，一般刻工刻字大致在一百字上下。又据洪武刻本《宋学士文粹》卷末郑济刻书跋，此书刻工每人每天可刻二百三十五字，应该属于相当快的速度。

②值得注意的是，由于古人并没有十分严格、规范的商标意识，因此即使不少题名中并未出现“局”、“家”等后缀，但实际上所（转下页）

最早关注到这种“称店式”题名的，是叶瑞宝《苏州书坊刻书考》一文，其在“王凤仪有耀斋局”条中云：

“有耀斋局”疑是在“斋”的基础上发展而成为“局”。既称局，当为刻书专设，为私家、书店等刻书，与“扫叶山房”书肆不同，不行销书籍，刻书与卖书分开。这是社会经济发展的必然产物。[①]

文中指出“局”有“为刻书专设”的刻字店属性，认为其有别于普通书坊，并将之视为社会经济发展的产物，这是非常有见地的。惟在“有耀斋局”之前，早已出现其他“称店式”题名。在乾隆八年（1743）所刻之《隶辨》八卷中，已经出现了“江宁甘瑞祥家镌”的题名，其中“家”字具有非常浓厚的家庭作坊色彩。而最早以“局”作后缀者，则出现在苏州穆大展的题名中，李国庆曾在《漫谈古书的刻工》一文中云：

在清代嘉庆以后的刻本中，刻工题名出现了某某“局”刻款式，上举穆氏题名外，诸如刻工汤晋苑于咸丰二年刻《仪礼正义》时署“苏州汤晋苑局刻”，刻工毛上珍在光绪间刻《风世韵语》时题“吴郡毛上珍

（接上页）指向的仍然是刻字店。如通过一些实例不难证明，在很多时候，所谓“刘文奎刻”与“刘文奎局刻”实际上是混用的，并没有严格的区分。而有些刻工如柏华陞、王景桓等，从始至终都没有在题名中出现“局”、“家”等字样，但据相关资料可知，他们确实是刻字店的主人。

①叶瑞宝《苏州书坊刻书考》，第132页。

局刻印”等。盖“局”与“肆”相类，设肆刻书，自任刊工，此又一类刻工是也。[①]

文中所说的“穆氏题名”是指“穆大展局”，这应该是目前已知最早在题名中使用“某某局”字样的刻工。惟“嘉庆以后”这一时间并不准确。早在乾隆二十八年（1763）所刻《晚翠堂诗钞》中，已经出现了“吴郡穆大展局刻”的字样。此后，乾隆二十九年（1764）刻《三江水利纪略》四卷、乾隆三十二年（1767）刻《佛香阁诗存》五卷、乾隆三十四年（1769）刻《关圣帝君圣迹图志全集》五卷等，都出现了“穆大展局”的署名。此外，乾隆年间在南京地区还出现了“顾晴崖局”（如乾隆六十年所刻《金陵杂咏》不分卷、《敦拙堂诗集》十三卷等，都出现了“江宁顾晴崖局”的刊语），而同在南京的刘文奎兄弟虽然迟至嘉庆年间才在刊语中加上“家”、“局”等字，但其刻书活动却也早在乾隆四十年（1775）就已展开。可见所谓“某某局”这样的刻工题名，至少在乾隆年间就已经出现了。

而除了上述两位学者的零星叙述之外，其他研究者对这种清代特有的“称店式”题名几乎均未加以关注，这未免令人遗憾。就笔者所掌握的材料来看，对于这种“称店式”题名的意义与作用，至少可以有以下几个方面的解读：

首先，“称店式”题名的出现，意味着部分刻工题名的

---

①李国庆《漫谈古书的刻工》，《藏书家》第1辑，齐鲁书社，1999年，第124页。

性质发生了根本性的改变。即这些题名中所包含的刻工姓名，已成为某个刻工团队或刻字作坊的招牌，而不再单纯指称某位刻工。且很多时候，当原来据以命名的店主去世之后，其店铺仍然会沿用旧名。如清代嘉庆年间出现的“毛上珍局”，经营时间长达一百四十馀年，一直延续到新中国成立以后，但在题名中一直持续使用“毛上珍镌版”、“毛上珍刊刻”这样的署名。这种题名性质的转变，使得通过题名来计算刻工数量的统计方式失去了意义。换句话说，“称店式”题名中尽管出现了某位刻工的题名，却并不意味着此书全部由这位刻工操刀，他可能只是店主甚至店铺名称而已，实际上参与此书的刻工应该还有不少，其名字却并没有如实反映在刻工题名之中。

其次，“称店式”题名的出现，意味着刻字行业已慢慢从传统书坊业中分离开来，并逐渐拥有成熟、独立的自主经营意识。清代以前，刻字业基本上是书坊业的附庸，除了极少数在题名中留下较丰富信息的刻工（如俞良甫之类），我们对这个行业的情况几乎一无所知。而清代以后，越来越多的刻工或店铺主开始在题名中显露出广而告之的宣传意图，这无疑是一个行业发展壮大的重要表现之一。特别是在“称店式”题名中，我们经常可以看到极其详细的关于刻字店铺坐落位置的介绍，如“江苏省阊门外桐泾桥西首吴青霞斋刻字刷印”、“板存姑苏卫前甘会廷刻字铺”、“南翔文星斋石夏珍局刻”等，都具有类似广告的宣传效应。而在题名中坚持反复使用这些名号并积累了一定的声誉之后，其中的佼佼者就能逐渐拓展其经营规模，有的甚至可以垄断所在城市乃至周边地区的主要刻书业务。如清中叶南京的刘文奎兄弟、苏州的穆大展、杭州的陆贞一，以及晚清福州的吴玉田、湖北的陶子麟等，他们都被视为某一阶段、某一城市的代表性刻工，并留下相当数量的刻字作品。可以说，"称店式"题名的出现是刻工行业从旧式书坊中分化的重要标志之一。

最后，"称店式"题名的出现，意味着刻工的雇佣方式发生了变化。在清代以前，刻工以流动性的个体户居多，而且绝大多数都是临时招募。无论是刻工之间，还是刻工与出资刻书者之间，都没有可以信赖的稳定联系。因此每位刻工在所刻书叶上题名，既能方便计算刻书报酬，同时也有利于监管刻书质量。此时的刻工题名，基本能够反映真实的刻工数量。然而刻字作坊的出现，使得刻书活动中存在的雇佣关系发生了改变。从原来的"出资刻书者—刻工"这样的直接关系，变成了"出资刻书者—刻字店主—刻工"这样的三方关系。无论是报酬结算还是质量监管，出资者都可以外包给刻字店主，而无需再直接管理每一个刻工。这样一来，在书叶上留下每位刻工的名字就失去了原来的意义，取而代之的往往是店铺或店主的名字。而如果这家店铺并无借此书打广告的意图，则可能连店铺题名也一并省略。这可能正是清代题名刻工数量锐减的重要原因之一。当然，刻字店主的这种居间工作，有些刻工工头也能承担。但其与所领刻工之间究竟是否存在雇佣关系，却仍然是存疑的。事实上，就一些清中叶刻工个案来看，刻工工头是个体刻工向刻字店主过渡的必经阶段，因此完全可以包含在刻字店主的范畴内来一并讨论。对于这个问题，下一章中将作充分的展开，此处不赘。

四、结语

清代"称店式"题名的出现，及其背后所隐含的题名性质、经营意识、雇佣形式等方面的变化，或可对清代刻工题名数量锐减的原因作出一些合理的解释。然而清代的刻工群体数量巨大，实际情况也非常复杂，仅仅通过这些数量、比例均不占绝对优势的"称店式"题名来加以解释，显然是非常不充分的。特别是这些题名往往集中在私家刻本中，对于习惯上一般不记载刻工姓名的官刻本、坊刻本，我们都无法论及。而即便是在家刻本中，刻工题名的留存有时也存在很大的偶然性与随意性。如乾隆四十八年（1783）前后，袁枚为其堂弟袁树代刻《红豆村人诗稿》，版面上并未留下刻工题名信息，但在袁枚致袁树的书信中，却明确指出此书出自扬州名工汤鸣岐之手。[①] 可见刻工的题名是一个比较复杂的问题，有许多因素影响其中。因此，本节的梳理与阐释只能说是一种初步尝试，还期待有更多具体、复杂的案例来作进一步的补充。

---

①见袁枚《随园家书》第六通，清乾隆间手稿本，藏国家图书馆。

第二节 清代刻工的地域分布

上一节提到在清中叶以后的刻工题名中,所谓“称籍式”、“称店式”题名开始增多。这类题名除了题署刻工姓名外,还会标注一项很重要的信息,亦即地域信息。其中有的指向刻工的籍贯,有的则指向刻字店铺开设的地区。还有一些题名虽然并不直接反映地域信息,但结合刻书地点或其他书籍上的题名等,也可以大致推断这些刻工的地域归属。在这些题名的基础上,我们或可对清代刻工的地域分布情况作一些初步的讨论。

一、前人论说中的清代刻书业

关于刻书业的地域性,历来皆有关注。如就宋刻本而言,古人即有浙本、蜀本、建本之说,其时浙江、四川、福建等地都是著名的刻书中心。元明时期,徽州、南京、苏州等地逐渐崛起,成为刻书业极其发达的地区。晚明文人胡应麟(1551—1602)曾在《少室山房笔丛》中记载云:“今海内书,凡聚之地有四:燕市也,金陵也,阊阖也,临安也。”又云:“余所见当今刻本,苏、常为上,金陵次之,杭又次之。近湖刻、歙刻骤精,遂与苏、常争价。蜀本行世甚寡,闽本最下。”[①] 说明至明代晚期,北京、南京、苏州、杭州等

---

①胡应麟《少室山房笔丛·甲部·经籍会通(四)》,上海书店出版社,2009年,第41—44页。

地已成为全国书业的中心，其中江南一带尤以刻书精善著称，而传统的四川、福建则已式微。胡氏还提及了湖州、徽州等地的崛起。其中著名的徽州黄姓刻工世家，自明正统至清道光年间（1436—1850）有四百多年的刻书历史（鼎盛时期是明万历至清顺治年间），刻工也达到三四百人的规模，从而成为中国版刻史上一个非常令人瞩目的刻书家族。

到了清代，江南地区刻书业的优势仍然保持，但也发生了一些变化。叶德辉《书林清话》卷九曾专列“古今刻书人地之变迁”一节，对宋代至清代的刻书地域变迁作了颇为具体的描述与概括：

王士祯《居易录》十四云：“陆文裕深《金台纪闻》云：‘叶石林时，印书以杭州为上，蜀本次之，福建最下。’又云：‘比岁京师印板，不减杭州。蜀、闽多以柔木刻之，取其易售。今杭绝无刻，国初蜀尚有板，差胜建刻。今建益下，去永乐、宣德亦不逮矣。唯苏州工匠稍追古作。’此嘉靖初语也。近则金陵、苏、杭书坊刻板盛行，建本不复过岭，蜀更兵燹，城郭丘墟，都无刊书之事，京师亦鲜佳手。数年以来，石门即崇德县吕氏、昆山徐氏，雕行古书，颇仿宋椠，坊刻皆所不逮。古今之变，如此其亟也。”

吾按：文简时，金陵、苏、杭刻书之风，已远过闽、蜀。乾嘉时，如卢文弨、鲍廷博、孙星衍、黄丕烈、张敦仁、秦恩复、顾广圻、阮元诸家校刻之书，多出金陵刘文奎、文楷兄弟。咸丰赭寇之乱，市肆荡然无存。迨乎中兴，曾文正首先于江宁设金陵书局，于扬州设淮南书局，同时杭州、江苏、武昌继之。既刊读本《十三经》，四省又合刊《廿四史》，天下书板之善，仍推金陵、苏、杭。自学校一变，而书局并裁，刻书之风移于湘、鄂，而湘尤在鄂先。同、光之交，零陵艾作霖曾为曹镜初部郎耀湘校刻《曾文正公遗书》及释藏经典。撤局后，遂领思贤书局刻书事，主之者张雨山观察祖同、王葵园阁学先谦与吾三人，而吾三人之书，大半出其手刻。晚近则鄂之陶子龄，同以工影宋刻本名，江阴缪氏、宜都杨氏、常州盛氏、贵池刘氏所刻诸书，多出陶手。至是金陵、苏、杭刻书之运终矣。然湘、鄂如艾与陶者，亦继起无其人。危矣哉！刻书也。[①]

在这段话中，叶德辉辗转引用叶梦得、陆深、王士禛之语，从古人的角度概述自宋至清的发展变迁；随后，他又根据自己的观察，认为天下书板之善，清初至清中叶当推南京、苏州、杭州，至晚清则转为湖南、湖北。显然，除了"京师亦鲜佳手"这一变化外，其所述清代前中期的刻书中心，与胡应麟所述的晚明书业并无太大的区别。

关于这一点，清人的其他文献也颇有涉及。如清初戴名世曾云："天下各种书板皆刊刻于江宁、苏州，次则杭州。四方书贾皆集于江宁，往时书坊甚多。"[②] 又稍晚金埴在《不

---

①叶德辉撰、紫石点校《书林清话》，第246—247页。

②戴名世撰、王树民等编校《戴名世遗文集·忧庵集》第一一六条，中华书局，2002年，第122页。

下带编》中亦云：

六十年前白下、吴门、西泠三地之书尚未盛行，世所传者，独建阳本耳。其中讹错甚多，不可不知……今闽版书本久绝矣，惟三地书行于世。然亦有优劣，吴门为上，西泠次之，白门为下。[①]

按金埴（1663—1740）生活于康、雍、乾三朝，而《不下带编》是其晚年之作，故文中所谈正是康熙至乾隆年间的变迁。惟金埴云“六十年前”三地之书尚未盛行，而叶德辉称王士禛生活之时（1634—1711），“金陵、苏、杭刻书之风，已远过闽、蜀”，则二人的叙述还是存在微小的差异。

江南地区的刻书优势一直保持到道光末年。咸丰三年（1853），太平军攻陷南京等城市，江南刻书业随之逐渐凋零。甘熙曾在《白下琐言》中比较南京状元境二十年前后的书坊状况云：

书坊皆在状元境，比屋而居有二十馀家，大半皆江右人。虽通行坊本，然琳琅满架，亦殊可观。廿馀年来，为浙人开设绸庄，书坊悉变，市肆不过一二存者，可见世之逐末者多矣。[②]

这种变化，甘熙认为是商人逐利之故，这当然是一种原因。但更重要的却是因为战争而使江南典籍散失殆尽，以至于市场上缺乏可卖之书。同治三年（1864），张文虎于南京上

①金埴撰、王湜华点校《不下带编》卷四，中华书局，1982年，第65页。
②甘熙撰、邓振明点校《白下琐言》，南京出版社，2007年，第25页。

元境寻访书肆，不仅只有“寥寥三五家”，而且所卖者“惟有三场夹带及制艺试帖而已”[①]，亦可见一斑。兵燹过后，各地官书局乃大力刻书，所刻多为《十三经》、《史记》、《汉书》、《资治通鉴》、《文选》之类的经典旧籍，正是为了弥补因战乱造成的典籍缺失。

值得一提的是，张秀民也曾在《中国印刷史》中罗列清代的刻书要地，则依次为北京、苏州、广州、佛山、泉州等，并总结云：

> 清代书坊最多者为北京，约有百馀家，次为苏州，再次为广州。南京、杭州远不及明代。而广东佛山，江西金溪许湾，福建长汀四堡乡及各省亦有不少书坊。鸦片战争后，上海逐渐取代北京，成为全国最大之出版中心。[②]

细读张秀民关于清代出版业地域分布的描述，不难发现与《书林清话》所记还是有很大不同的。张氏认为南京、杭州在清代已然没落，叶氏则认为清前中期刻书仍首推南京、苏州、杭州，直到晚清才向两湖地区发展。产生这样的分歧，原因可能主要在于二人的关注点不同。叶德辉关注的是刻字业，特别是其中擅长精雕精刻的名工、名铺；张秀民关注的则是整个出版业，且更侧重于刻、销一体之民间书坊。此二者的发展在清前、中期或尚有同步之处，至清晚

①张文虎《张文虎日记》“同治三年十月廿六日”条，陈大康点校，上海书店出版社，2009年，第8页。

②张秀民《中国印刷史（增订本）》，第390页。

期则已截然不同。书坊以盈利为主要目的，发展强调“多”和“快”，因此商业气氛浓厚的广州、上海等地后来居上。至于北京，则是因其作为全国政治、科举的中心而有着巨大的市场。刻字业则以承接私人刻书业务为主，更依赖深厚的人文积淀。江浙一带尤其是南京、苏州、杭州等城市，都是传统的文化重镇，不仅文人众多，且多私家藏书、校书、刻书之举。张秀民也指出“私家刻书多在南方”，尽管笔者并不认同将优秀刻工、刻字店简单等同于私家刻书，但其“多在南方”之说则恰与叶德辉的说法相吻合。

二、从刻工题名看清代刻工的地域分布

由于清中叶以后的刻工题名绝大多数都会标注刻工籍贯、居所或店铺位置等地域信息，因此我们可以根据本章第一节所提到的2035条刻工题名，挑出其中可考地域信息的条目，来对清代刻工的地域分布作进一步的数据统计与分析。在统计之前，首先需要说明以下几条原则：

第一，为了尽量呈现刻工的地域分布，统计时将列出所有可以明确考知有刻工活动的地区，其行政区划则一律到府（州）为止，并以《中国历史地图集》清代卷所示政区为准。这是因为绝大多数刻工题名中的地域信息基本上都是“姑苏”、“金阊”、“金陵”、“秣陵”之类的古称、别称，很难精确到县，故不再细分。不过，根据一些明确记载到街巷的“称店式”题名可知，绝大多数刻字店还是集中在府治或经济较发达的县治，而很少出现在偏远地区。

第二,因刻工存在异地流动、迁徙的现象,故题名中有时会反映多个地域信息,统计时一律以刻工籍贯为准。如刻工因异地迁徙而出现两种以上的籍贯信息,为反映其最初之来历,则一律以所知之最早籍贯为准。

第三,以“称名式”题名之刻工,如无明确地域信息则一般不纳入统计。个别书籍因学界已有定论或可作相关考订,则在“备注”栏列出以供参考。

第四,除刻工外,写样者的地域信息同样丰富。尽管其中包含了一些非职业写样者,严格说并不隶属于刻字行业,但因数量较少,并不影响全局,且职业、非职业很多时候无法精确界定,故此次统计一并包含在内。

表1　清代各省、府(州)可考刻工数量表

省份	府(州)	刻书条目	刻工人数	备注
江苏9府(州)	苏州	456	1074	包括《通志堂经解》、《元诗选》初集二集、《读礼通考》、《两汉纪》、《憺园集》、《苏东坡诗集注》、《昌黎先生诗集注》、《古欢录》、《朱子论定文钞》、《中晚唐诗叩弹集》、《放胆诗》、《杜韩诗句集韵》、《李义山文集》、《李义山诗集》、《唐文粹诗选》、《小方壶存稿》、《读史方舆纪要》初刻试印本、《类音》、《吴江县志》、《休宁古林黄氏纂修族谱》、《纲鉴正史约》、《朴村诗文集》、《冬心先生集》、《方望溪先生经说》、《南船记》,其版心刻工多有彼此重合之处。

续表

省份	府(州)	刻书条目	刻工人数	备注
江苏9府(州)	江宁	313	144	
	扬州	64	220	包括扬州书局所刻《述学》,淮南书局所刻《说文解字》、《说文解字斠诠》、《复古编》、《古今韵会举要》。
	松江	36	17	
	常州	13	7	
	太仓州	13	5	
	通州	6	4	
	镇江	5	8	
	淮安	4	4	
浙江7府(州)	杭州	146	50	
	温州	95	13	
	嘉兴	36	34	
	绍兴	28	15	
	湖州	22	17	
	宁波	14	11	
	严州	1	1	
福建3府(州)	福州	154	43	
	泉州	10	6	
	汀州	1	99	包括《长汀县志》版心刻工99人。
安徽4府(州)	宁国	64	79	
	徽州	56	108	
	安庆	4	2	
	六安州	2	1	
直隶3府(州)	顺天	120	87	
	天津	4	14	
	大名	1	1	

续表

省份	府(州)	刻书条目	刻工人数	备注
广东3府(州)	广州	61	177	包括《(康熙)广东通志》版心刻工146人。
	潮州	5	5	
	佛山	1	1	
湖北6府(州)	黄州	44	29	
	汉阳	9	5	
	武昌	3	3	
	荆州	3	1	
	襄阳	1	1	
	德安	1	1	
湖南4府(州)	长沙	30	77	包括东山精舍刻《大广益会玉篇》、《广韵》版心刻工59人。
	永州	11	10	
	宝庆	2	102	包括新化三味书室刻《水道提纲》、《读史方舆纪要》。
	常德	3	3	
山东9府(州)	济南	29	35	
	济宁州	5	10	
	东昌	3	4	
	泰安	3	4	
	莱州	3	2	
	登州	2	2	
	兖州	2	1	
	武定	1	1	
	沂州	1	1	
广西2府(州)	桂林	29	5	
	梧州	3	1	
江西5府(州)	南昌	17	8	
	吉安	4	3	
	抚州	1	2	

续表

省份	府(州)	刻书条目	刻工人数	备注
江西 5 府(州)	瑞州	1	1	
	袁州	1	1	
四川 1 府(州)	成都	9	8	
河南 2 府(州)	开封	7	4	
	许州	1	1	
陕西 2 府(州)	西安	2	2	
	同州	1	1	
山西 4 府(州)	潞安	1	3	
	代州	1	2	
	解州	1	2	
	平阳	1	1	
盛京 1 府(州)	奉天	1	1	
贵州 1 府(州)	不详	1	1	

上表所列，一共包括 17 个省份 66 个府州，就所涉区域而言基本上覆盖了清代中国的大部分地区，可以说具有一定的广度和涵盖度。而粗粗浏览各省份、府州之数据，也不难发现其核心区域基本上集中在江南地区，同时也向周边地区逐层扩散。具体而言，江苏、浙江两省特别是其中的苏州、江宁、杭州三府，仍然是刻工最为集中的地区，这与前人印象式的文献记载正相吻合。其中苏州府无论是刻工数量还是刻书条目都雄踞榜首，是清代毫无疑问的出版中心。惟其中包含了大量以“称名式”题名的刻工，我们虽然可以大致确定他们的活动区域是在苏州一带，但却无法推知他们确切的籍贯地。尽管我们清楚这其中有一部分很可能是来自安徽特别是徽州、宁国二府，但想要

将之甄别出来却无疑是非常困难的。此外,杭州地区虽然刻书条目较多,刻工数量却完全不能与苏州、江宁相提并论。事实上,清代杭州比较有名的刻工不过陆贞一、陈立方、任九如等寥寥数位,规模稍大、值得称道的刻坊也只有爱日轩、任有容斋等少数几家,与南京、苏州两地可谓相去甚远。惟就刊刻之精良程度而言,杭州刻坊尤其是爱日轩所刻书籍仍然具有一定的优势,这或许正是叶德辉等人仍将其与南京、苏州相提并论的重要原因。对于这三个地区的基本情况,下一节中还将详述。

除上述三地之外,江、浙两省中还有如扬州、松江、温州、嘉兴等府的刻书业也显得较为突出。其中扬州刻书素有声名,其地也不乏名工。[①]然细究清前中期在扬州刻书的刻工,特别是其中之知名者,竟很少出自扬州本地。如堪称扬州刻书之代表的《全唐诗》,虽未标署刻工之姓名籍贯,而黄永年据其字体特征,推测很可能主要来自苏州。[②]又如张潮刻书所用之刻工周长年,在康熙二十八年(1689)所刻之《唐近体诗永》中自署"金陵周长年",可知实为南京人氏。又清中叶金农刻《冬心先生集》、《冬心先生斋铭研》,写样皆出自苏州邓弘文之手(其中前书版心录刻工七人,然未详其籍贯);后刻《冬心先生三体诗》、《冬心先生自度曲》,则写、刻者又为南京汤凤。此外,《板桥集》的刻

①关于扬州的刻书概况,可参考王澄《扬州刻书考》(广陵书社,2003年),此不赘述。

②参见黄永年《古籍版本学》,第153—154页。

工是南京司徒文膏，《韩柳二先生年谱》的刻工是苏州李士芳，陈逢衡刻《江都陈氏丛书》所用之柏华陞虽开店于扬州，其原籍却同样是南京。事实上，就笔者浅见所及，直至嘉庆年间，籍贯署扬州的刻工或店址位于扬州的刻字店仍非常少见，到了道光年间才开始逐渐增多。换句话说，真正本土的扬州刻字业很可能是要迟至清代中期才发展起来的。

至于松江府，其中所包含的上海县在清代后期出版业极盛，但其发展方向主要集中在石印、铅印等近现代出版技术上，在传统的雕版印刷业上则并无特出之处，不过在同治、光绪年间也出现了如顾文善、萧隆盛、陶听泉、徐怡卿、朱文海等几位小有名气的刻工。其中上海鸿文斋刻书铺主人朱文海还被魏隐儒列举为清末民初四大名刻工之一（其他三位为武昌陶子麟、南京姜文卿、北京文楷斋刘春生）。不过魏氏在提及朱文海时，仅语焉不详地称其为“上海高昌庙的一家”[①]。惟其下文紧接着提到刘承幹《嘉业堂丛书》等都是“上海、南京两地刊工雕印”，而检陈谊《嘉业堂刻书研究》，嘉业堂雇佣的上海刻工，主要就是朱文海，且其“原为上海江南制造局图书馆编译处承担刻书工作，因制造局编译处停止刻书，由缪荃孙写一介绍信，推荐给

---

①魏隐儒《中国古籍印刷史》第十六章“民国和解放以后的雕版印书”：“民国初年雕版印刷组织规模较大的计有四家：北京文楷斋，南京姜文卿，武昌陶子麟，还有上海高昌庙的一家。”印刷工业出版社，1988 年，第 201页。

刘承幹"[①],而江南制造局1867年后的新址就在高昌庙。惟朱文海主要的刻书活动都集中在民国,故本书并未展开讨论。

浙江除杭州府外,出版业较发达的尚有温州府。其地多刻字店,对此下一章中将会作一些介绍,此不赘述。而嘉兴府尽管就刻工数量与刻书条目来说均不算少,但基本上都是一位刻工对应一条书目,并无刻书数量较多的知名刻工或刻字铺,略显乏善可陈。

江浙以外,数据上比较引人注目的则有福建、安徽、直隶、广东、湖北、湖南、山东等省,也基本上囊括了前人文献中曾经提及的刻书中心。其中福建、安徽两省属于比较老牌的传统刻书重镇,历来坊刻业发达,盛产书坊、刻工。然而也正因为其偏重于坊刻,因此能够留下刻工题名的书籍反而不多。其中福州尽管刻书条目众多,但实际上绝大多数都出自吴玉田一家;徽州府则多出自虬川黄氏(版画刻工未计入内),宁国府的刻工虽略显多样一些,但其中不少实际上活跃于苏州、江宁地区,已经很难说是纯粹的本地刻工。换句话说,这个表格中福建、安徽两省的刻工群体,特别是活跃于坊间的无名刻工,实际上并没有得到应有的呈现。不过本书的侧重点本就放在那些技艺精湛、特点鲜明的代表性刻工上,因此这些坊间散工群体的缺失并不会造成太大的影响。

①陈谊《嘉业堂刻书研究》,第78页。

至于直隶、广东、湖北、湖南、山东等省，则是相对新兴的后起之秀。其中直隶的刻书业基本集中在京师也就是现在的北京地区，且书坊业较刻字业更为发达。张秀民《中国印刷史》即称："清代书坊最多者为北京，约有百馀家，次为苏州，再次为广州。"[①] 其中列举了北京书坊多达 107 家，而刻字铺则只有 7 家。当然这里对刻字铺的数量是远远低估的。且不说其所列书坊中实际上还包括了不少刻字铺，如刘春生所开设的文楷斋实为民国时期北京最大也是最有名的刻字铺；另外据《北京志》统计，民国九年（1920）北京市刻字铺有 43 家，民国十五年（1926）更多达 77 家[②]，这些店铺中很大一部分都是从清代延续而来。然而店铺虽多，对于刻工的记载却非常少，绝大多数店铺连店主都不可考，这也算是北京刻字业的一种奇特现象。

与此情况类似的还有广州。张秀民《中国印刷史》中亦称"广州省城内书坊林立"，并列举了 25 家书坊。[③] 林子雄《明清广东书坊述略》更将这一数字大加拓展，称"清代后期广东的书坊大部分集中于广州、佛山两地，其中广州有 234 间，占当时广东书坊总数的 49%"[④]。据此逆推，则广东一省仅清代后期的书坊就达到了近五百家。然而这两

---

①张秀民《中国印刷史（增订本）》，第 390页。

②张明义、王立行、段柄仁主编《北京志·商业志·饮食服务志》，北京出版社，2008 年，第 331—335页。

③张秀民《中国印刷史（增订本）》，第 396页。

④林子雄《明清广东书坊述略》，《图书馆论坛》2009 年第 6期。

篇文章都没有提到广东比较有名的刻工或刻字店，且林子雄在其略早的另一篇文章《广东古代刻工述略》中，还特别申明“清代广东刻工，刊登在书籍上的很少”[①]。因此我们目前所能收集到的广东刻工题名数量其实并不多，若非《（康熙）广东通志》一书在版心记载了146位刻工，则该省在出版业上的优势地位恐怕完全无法得到呈现。

两湖地区被视为清后期刻书业的新中心之一。从数据上看，湖北一省以黄州府刻工最多，但基本上出自黄冈陶子麟及其所组建的刻字铺。至于湖南，有赖于《湖南刻书史略》一书的详尽考订，得以对其各府刻工情况作比较全面的搜罗。但即便如此，湖南值得一提的刻工仍然寥寥无几。其中被叶德辉认为堪与陶子麟齐名的永州艾作霖，却不像陶子麟那样喜欢留下题名，故而可以明确落实的刻书条目很少。与之相类似的是山东，唐桂艳在《清代山东刻书史（一）》中详细记录了其所经眼之山东著述上留下的刻工，这也使得该省刻工的分布尤其广泛，达到了与江苏一样的9府（州）。然而其中有代表性的刻工比湖南更少，少数值得一提的刻工如专门为曲阜孔氏刻书的刘文炳，也因为资料的缺少而很难作进一步的个案研究。不过通过湖南、山东这两个省份案例来看，即便研究者们作了极其广泛、深入的文献调查，这些地区的清代刻本上能够被找到的刻工题名仍然是非常有限的。这或可进一步验证我

---

①林子雄《广东古代刻工述略》，《图书馆论坛》2000年第5期。

们在上一节中所得出的结论。

三、清代刻工的异地流动

刻工在题名中留下籍贯，不仅有利于我们了解这些刻工的故乡，同时也能帮助我们判断一部书的刊刻地。如康熙间刻《张仲景伤寒论辩证广注》十四卷，题名署“吴郡张冲翰书，吴郡程际生刻”，可知此书的写手、刻工均为苏州人，则此书很大概率是刻于苏州。又如康熙间刻《屯留县志》四卷，刻工题名“上党剞劂王得玺、得行等刊，上党缮写刘惠”，则写手、刻工均为山西本地人，可知此书亦当刻于山西。

不过有时候我们也会发现，很多书籍常常由多位不同地区的刻工共同完成。如乾隆四十四年（1779）刻《永清县志》二十卷，刻工题名：“画工刘永，本县人；刻工穆雄如，江南江宁人；刻工姚得符，江南江宁人；刻工唐彦儒，顺天宛平人。”从“本县人”云云看，此书当刻于河北永清县，而两位江宁刻工、一位顺天刻工都属于外来刻工。而在乾隆十六年（1751）所刻《清绮轩词选》一书中，我们发现三位刻工“云间丁鸣和、吴郡金子亮、旌邑刘其章同镌”分属松江、苏州、宁国三府，显然仅凭刻工籍贯，我们很难判断此书的刊刻地。还有一些书籍，尽管刻工籍贯比较统一，但刻书地却并不与之一致。如嘉庆十二年（1807）刻《存素堂文集》四卷，其卷末题名署“秣陵陶士立缮写，江宁王景桓董刊”，理论上此书当刻于南京。然而此书内封有“程氏扬州刊板”字样，又作者法式善在序中云：“既别去，一日自扬州寄书来，谓方梓家集，俟工竣，将并镌余文。余闻之皇然惊，亟作书止之，书至而镌已半矣。”可知此书真正的刊刻地为扬州，而非南京。

显然，题名中的刻工籍贯并不能反映书籍的刊刻地，这说明刻工是有一定流动性的。作为以技术手段谋生的手工业者，他们往往可以摆脱土地对人身的束缚，相对自由地流动于不同城市之间。尤其在刻书业发达的江南地区，水道交错，各个城市之间的往来十分便利，也在客观上为刻工的异地流动创造了良好条件。事实上，早在宋元时期，刻工异地流动就是非常常见的现象。张秀民在《中国印刷史》中就曾介绍不少宋代刻工异地刻书的例子：“建安刻工余良、游熙至湖州刻《大字本论语集说》。建安周祥至江西漕台刊《吕氏家塾读诗记》。福州、建州的工匠也被雇至舒州刊医书。”并总结云：“可看出他们（宋刻工）有在本地工作的，又有到外地去刻的，流动性很大。”[①] 而在元代，由于书籍出版量较小，又开始推行所谓“匠籍”制度，刻工谋生不易，甚至有远渡重洋到日本去刻书者。据说元代从中国到日本从事印刷业者多达五十馀人[②]，其距离之远、人数之多不免让人惊讶。

明清时期，随着“匠籍”制度的逐步废除以及相关税

①张秀民《中国印刷史（增订本）》，第658页。

②张秀民《中国印刷史（增订本）》，第665页。

收制度的改革，手工业者开始享有越来越多的人身自由与经济自由，而日渐发达的水陆交通，使得这些刻工的流动更加便利，活动区域也越来越大。如明嘉靖三十五年（1556）无锡顾起经曾刻《类笺唐王右丞集》十九卷，书后附“无锡顾氏奇字斋开局氏里”，详细列出写勘工、刻工、装订工的姓名、籍贯等信息[①]，其中涉及无锡、苏州（长洲）、金华、武进、江阴五地人氏，尤以无锡人居多，苏州人则居其次。而据此书每卷末所录雕版地点，可以明确其实际刊刻地为无锡，这也是无锡刻工最多的主要原因。而检索《明代刊工姓名全录》，我们发现其中提到的苏州刻工李焕，曾与无锡刻工何大节一起，于嘉靖二十五年（1546）赴苏州常熟参与刊刻《桂翁词》六卷附《鸥园新曲》一卷；又苏州刻工章亨、袁宸二人，又一同在嘉靖四十四年（1565）赴松江华亭参与刊刻了《何翰林集》二十八卷。[②]显然，无论是无锡本地刻工，还是苏州等外地刻工，都没有在一个城市固定刻书，而是辗转往来于周边几个城市，且彼此之间经常合作。

而自明代后期直至清代，随着出版业的进一步发展与刻工数量的进一步增多，异地流动现象也发生了一定程度的变化。一方面，不少刻工从旧的刻书中心（如安徽）逐渐

---

①具体参见李国庆《明末江浙地区雕版刻工合作形式及其生计例说》，收入《“印刷与市场”国际会议论文集》，第158—159页。

②分别参见李国庆《明代刊工姓名全录》第1038条、1145条，下册第307页、340页。

流出，进一步集中到南京、杭州、苏州等地，从而在一定程度上造成了这些城市的人才饱和；另一方面，一些技艺精湛的优秀刻工开始以设局开店的形式谋求长期的稳定经营（甚至是垄断性经营），有些城市还出现了带有一定地方保护色彩的行会组织，这就在一定程度上限制了外地刻工的流入与进一步发展。因此，相比宋元时期，明清特别是清代刻工的流动性与稳定性并存，总体上呈现出一种更为复杂的态势。一般来说，有如下几种情况：

第一，短期异地刻书。这是清代以前刻工异地流动最常见的一种形式，即因为某部书籍的刊刻而临时性奔赴某地。其中又分两种情况。一种是刻工之间比较熟识，故彼此招呼前往外地刻书。如前文所举之明代奇字斋诸刻工即是如此。清代多人联合署名的现象较少，但也有这种不同籍贯刻工多次互相搭配的情况。如乾隆十二年（1747）刻《吴江县志》五十八卷，除张廷猷等苏州刻工外，尚有旌德刻工刘茂生；而早在乾隆二年（1737），刘茂生就曾与张廷猷等人一起刻过《纲鉴正史约》三十六卷，可见二人当早已结识。另一种则是刻工受雇主之邀赴外地刻书。一般来说，有这类要求的雇主都是有一定经济实力的私人刻书家，邀请的也往往都是知名刻工。因为他们对版刻质量往往有比较高的要求，也能够承担相应的刻书费用。如前文所及扬州名工汤鸣岐，曾应袁枚之清前往南京刻《红豆村人诗稿》十四卷；又南京名工陶士立、王景桓，亦曾应程邦瑞之请赴扬州刻《存素堂文集》四卷。值得一提的是，王景桓还曾于乾隆四十九年（1784）在陕西醴泉县刻《防护昭陵碑》，这样远的距离实在令人惊讶。此外还有个别有趣的例子。如道光十八年（1838）刻《存悔斋集》二十八卷《外集》四卷，题名作“金陵侯瑞隆刻，店在嘉兴东塔寺前，局设扬州新城董公祠内”，短短一行题名，出现三个城市的名称，亦属罕见。

总的来说，由于固定作坊逐渐取代了个体户刻工，因此短期前往外地刻书的现象在清代逐渐减少。特别是那些拥有稳定本地客源的知名刻工，如苏州的穆大展、杭州的陆贞一等，基本都以延揽本地业务为主，很少赴外地刻书。在清代，更常见的异地流动形式则是以下之第二种。

第二，长期移居异地。这种移居，往往是因本地刻工相对饱和，促使一部分刻工迁往外地以谋求新的发展。安徽在明末清初即迁出了大量刻工。如著名的徽州虬村黄氏家族，据周芜《黄氏宗谱与黄氏刻书考证》一文统计[①]，黄氏于明清时期先后迁出一百馀人，所迁城市则“北至北京，南至湖广，主要是在长江沿岸和浙江一带”，尤以杭州居多，亦不乏迁往南京、北京、苏州等地者。不难发现，黄氏的迁出地都是新兴的刻书中心，他们的迁入显然也为这些城市带来了徽州的刊刻技巧。而在清中叶以后，江南一带的刻书中心如南京、苏州等城市的刻工也日渐饱和，

①周芜《黄氏宗谱与黄氏刻书考证》，收入《徽派版画史论集》，第22—23页。

故也能看到不少外迁的现象。特别是南京刻工,清中叶后有迁往嘉定者,如乾隆间周品儒,乾隆四十年(1775)刻《文房肆考》,刊语作“金陵周品儒镌,店开嘉定秦殿撰第西首”;又有迁往嘉兴者,如嘉庆间侯瑞隆,嘉庆二十四年(1819)刻《孟邻堂文钞》,刊语作“金陵侯瑞隆刻寄籍嘉兴东塔寺前”;有迁往北京者,如乾隆间刘德文,乾隆五十三年(1788)刻《尔雅正义》,刊语作“琉璃厂西门内金陵文炳斋刘德文镌刻”;有迁往扬州者,如嘉庆间柏华陞,最初刻书籍贯均署“金陵”,至道光后则径署“扬州”;有迁往淮安者,如道光间邓文进,道光十四年(1834)刻《泉史》,刊语作“金陵邓文进”、“开局邓文进斋于淮安旧城”。不一而足。

此外,当然还有因其他种种原因而迁居者,其目的地就更为多样一些。如因内府征召而赴北京刻书的所谓“南匠”,即不乏后来留京者。又如前文所提及的苏州王景桓,即因文字狱之影响而从苏州移居到了南京。中西部地区所见明确可考的案例则相对较少。道光二十五年(1845),甘肃省秦州秦安县杨继曾刻曾祖杨于果之《审岩文集》二卷《诗集》一卷,卷末署“西蜀吴逢春霭亭书刊”,可知此书刻工吴逢春字霭亭,系成都人士。后发现董平章(1803—1870)《赠明阳子》一诗小序中,亦有一些关于吴氏生平之描写云:

> 明阳子,吴姓,逢春名,成都刻工也。专心所业,因精篆法,兼通文义。客秦久,曾为余刊《萧公祠壁

> 记》、《大雅堂诗》版，见其厚重朴诚，不忍以俗匠目之。顷复遇于山中，询知晚年丧妻子，坦然淡于怀，日手一编，或濡毫作蝇头小楷，夜则趺足调息运气，故筋力强固，耳目聪明，洵可谓耄而好学艺也，而进乎道矣。壶山汪子略迹忘形，引为密契。余两贤之，亦赋赠三绝云。①

文中进一步明确吴逢春号明阳子，籍贯四川成都。按董平章曾于道光至咸丰间官秦州知州，而前及杨继曾亦为秦州人士，故文中所谓“客秦久”，当指吴逢春在道光年间已客居于甘肃秦州。又董诗稍前有《壬戌初冬奉母夫人率次子、两孙暨大表弟为仇池之行，以避回警。途次聊吟短章，用志行役之概云尔》，这里的壬戌指同治元年（1862），当时陕甘一带发生回乱，故有“避回警”之说。而仇池则是指位于甘肃阶州成县一带的仇池山，与秦州相邻。董氏自述与吴氏“复遇于山中”，且董诗有“送老名山亦夙因”、“游艺居然能入道”之语，可知吴逢春晚年因妻子俱丧，又入阶州仇池山修道。则其不仅居住地由成都而至秦州再至阶州，即连身份也从刻工变成了道士。

第三，书籍的异地刊刻。除了刻工自身的流动外，出资刻书者还可选择将书籍寄送给外地的刻工刊刻，这是另一种形式的异地流动。如乾隆间方苞在南京作《重修清凉寺记》，写信请方承观写样，并云：“《清凉寺碑记》行楷一

①董平章《秦川焚馀草》卷五，收入《续修四库全书》第1537册，上海古籍出版社，2002年。按为避繁冗，此类大型丛书仅在第一次出现时注明出版社及出版时间，之后不再标注。

听择便。江宁刻工甚拙,若得好手,于浙中刻之,一水易达也。"[①] 又嘉庆年间铁保编《熙朝雅颂集》,亦以"山东省刻工不佳,交浙江巡抚阮元于杭州校刊"[②]。显然,在刻工越来越倾向于稳定经营的清代,如果出资者对刻书质量有一定要求而又对本地刻工不甚满意,那么将书籍委托给外地刻工也不失为一种好的选择。如清末叶昌炽刻《左传补注》,即"苏地写样,闽省上板"[③]。而僻处南浔的嘉业堂,则将刻书业务分别委托给上海鸿文斋、苏州穆子美(铺)、苏州文铭斋、湖北陶子麟(铺)、扬州周楚江(铺)、南京姜文卿(铺)、北京文楷斋共六地七家刻字店。[④] 这其中"一水易达"的发达交通,显然起到了很大的作用。

此外,经济上的考量也是刻书者选择异地刊刻的一个重要原因。清中叶以后广东刻字工价甚廉,江南地区的刻书者就将书籍发往广东刊刻。如据咸丰《顺德县志》记载:

> 今马冈镂刻书板,几遍艺林,妇孺皆能为之。男子但依墨迹刻画界线,馀并女工,故值廉而行远。近日苏州书贾往往携书入粤,售于坊肆,得值则就马冈

---

①方苞《方苞集·集外文》卷十《与族子观承》第四通,上海古籍出版社,2008 年,第 803页。

②潘衍桐《两浙輶轩续录》卷十九"张迎煦"条,浙江古籍出版社,2014年,第 1160页。

③叶昌炽《缘督庐日记》,第 2 册第 772页。

④参见陈谊《嘉业堂刻书研究》,第 77—95页。

> 刻所欲刻之板。刻成，未下墨刷印，即携旋江南，以江纸印装，分售海内，见者以为苏板矣。[①]

文中苏州书商前往广东贩书，再利用广东的低廉刻资，将新刻好的板片带回苏州以谋利，一来一回，皆是商机。显然，为了冒充苏板，这类雕版上不会轻易题署广东刻工的姓名，因此很难找到实例。不过清中叶发生的“沈德潜《国朝诗别裁集》”一案，却恰好能印证这一说法。据《清代文字狱档》记载：

> 乾隆二十五年，曾有江宁怀得堂书客周学先来粤卖书，以粤省书刻刻工较江南价廉，曾将《国朝诗别裁集》初刻本、翻刻本板片带回江南刷卖。闻得于乾隆二十九年，周姓已赴江宁县衙门缴销，现在委无板片。[②]

按沈德潜《国朝诗别裁集》曾三度刊刻，其中第一次刻于乾隆二十四年（1759），第二次于乾隆二十五年（1760）重刻，并于次年二月刻成。[③] 周学先于乾隆二十五年赴广东翻刻此书，可见使用的底本为乾隆二十四年本。这说明《国朝诗别裁集》甫一出版，就被传播到了广东，速度之快令人叹

---

①冯奉初纂《（咸丰）顺德县志》卷三“舆地略 · 物产”，清咸丰六年刻本。

②原北平故宫博物院文献馆编《清代文字狱档》第七辑，第434—437页。

③参见《国朝诗别裁集》卷首沈德潜自序，清乾隆二十四年刻本；又《沈归愚自订年谱》乾隆二十五年、二十六年条，《北京图书馆藏珍本年谱丛刊》第91册，北京图书馆出版社，1999年。

为观止。

而在乾隆四十七年（1782），寓居南京的袁枚谋刻《子不语》一书，也曾两次致信在广东做官的堂弟袁树打听刻书价格，其中前一通云："又闻广东刻字甚便宜，不过不好耳，然刻《子不语》原不必好也。弟为留意一问。"后一通又再次叮咛："替我打听些《子不语》事寄来。闻广东刻书虽不好而价甚贱，意欲将此等游戏之书托弟在广东刻之。"[①]后《子不语》改名为《新齐谐》，于乾隆五十三年（1788）前后正式刊行，由于没有明确的刻工题名或刊记，我们无法确定此书是否真的刻于广东。然而袁枚如此积极询问，亦说明当时远赴广东刻书是文人学者颇能接受的常见现象。

此外，晚清不少出版家因刻书数量巨大，也会有意识地寻找工价更廉、成本更低的地方刻书。如清末杭州丁氏所刻书籍，很多都是委托他人在杭州之外刊行的。石祥《杭州丁氏八千卷楼书事新考》曾分析云：

> （丁氏委托）孙树义在宁波代刊大量书籍，有以下两方面原因：首先，宁波刻书业发达，工价低廉。如在宁波刊刻的《西湖游览志》、《西湖游览志馀》，"计《游览志》二十四卷，综十二万八千三百有七言，《志馀》二十六卷，综二十一万四千三十一言……用钱

①分别见袁枚手稿《随园家书》第六、第十五通，均为清乾隆四十七年所作。

四百三十缗有奇”。以此推算，宁波刻字工价为每百字一百二十六文弱。《松梦寮文集·拟江南、浙江、湖北合刻二十四史意见书》称：“全史字数综三千万计，以官局刻价，需钱七万缗有奇。”每百字工价则为二百三十三文强。相比之下，宁波工价仅为官书局的一半左右。丁氏刊书规模甚大，对成本较为敏感，因此自然倾向于选择价格低廉处。[①]

宁波与杭州相距不远，刻字质量相仿，工价上却有较大优势，这就难怪丁氏会将部分书籍选择在宁波刊行了。

最后值得一提的是，除了本国的异地刊刻外，还不乏跨国的异地代刻。对于这一问题，国内较早进行系统研究的是复旦大学的陈正宏教授，其在《越南汉籍里的中国代刻本》一文中，首次提出了具有跨国刊刻性质的“代刻本”这一概念，并列举了数种越南人编撰而实际由广东书坊（尤其是佛山书坊）代刻的越南汉籍。[②]此外，又在《琉球本与福建本——以〈二十四孝〉、〈童子摭谈〉为例》一文中，提到了清末琉球人在福州委托书坊代刻书籍的情况。[③]当然，除了越南、琉球外，这一现象在与中国交流更多的

①石祥《杭州丁氏八千卷楼书事新考》，上海古籍出版社，2011 年，第283页。

②具体参见陈正宏《越南汉籍里的中国代刻本》，收入《东亚汉籍版本学初探》，中西书局，2014 年，第 125—142页。

③陈正宏《琉球本与福建本——以〈二十四孝〉、〈童子摭谈〉为例》，收入《东亚汉籍版本学初探》，第 170—173页。

日本、朝鲜等国家亦有发生。如黎庶昌在担任驻日公使期间，就曾请日本刻工刊行《古逸丛书》、《黎氏家集》等书，而这些书的版片后来都运回中国刷印流通。如果能多发现几个这样的跨国代刻本的实例并加以深入研究，对我们了解古代书籍刊刻过程的复杂性以及流动性，无疑都是不无裨益的。

四、结语

从宋代开始，刻书业就是一个地域色彩非常浓厚的行业。而考察清代刻工的地域性与流动性，不仅有助于加深我们对这个群体的了解，而且还能从一个别样的角度去审视古籍版刻风格的形成过程。一方面，刻工的异地流动，显然能够促进他们之间的合作与交流，从而对彼此的版刻风格带来一定影响。特别是不同地域的刻工合作刻书时，为了实现版面风格的协调统一，监刻者通常需要出面协调各人的刻字风格，而刻工之间的切磋交流亦在所难免，这就会在一定程度上改变刻工原有的风格与技巧。而随着这些刻工在不同城市之间的流转，这些风格和技巧也会得到一定程度的传播和改进。另一方面，一旦某一时期、某一地区的刻工群体趋向稳定，特别是一些知名刻工以开设刻坊的形式占据垄断性地位时，又会产生或推广一些具有某种时代性、地域性的代表性风格。如扬州诗局与清初软体写刻的流行，南京刘文奎兄弟与清中叶标准方体字的盛行，以及杭州爱日轩与所谓“仿宋字”的独树一帜，都是其中的典型代表。关于这一点，本书第五章还将作进一步的展开，此处不赘。

第三节　代表性地区刻工概况

通过前文的梳理，我们对清代刻工的数量与地域分布有了大致的了解。在此基础上，我们或可对其中几个最重要的代表性地区，即苏州、南京、杭州这三个公认的刻书中心，及当地有代表性的一批刻工，作进一步的介绍与考察。

一、苏州

清代苏州最著名的刻工或是清初朱圭，但他实际上主要擅长版画，且后被内府征调，成为御用刻工，对民间刻书业的影响相对较小（具体可参见第二章第一节）。更能反映清初苏州刻工群体面貌的，当属几部大型书籍中所留下的刻工题名。例如康熙十二年至三十一年间（1673—1692）刊刻的《通志堂经解》一千八百六十卷，参与的刻工多达493人，且基本上都是苏州本地刻工。按关于此书的编撰者，一直有徐乾学和纳兰性德两种说法。而据王爱亭博士的考订，尽管书中刻工均未明确标注籍贯，但其中很多都曾在苏州地区刻过书，如柏功臣、邓茂卿、甘典等曾参与刊刻昆山徐氏冠山堂《读礼通考》一百二十卷，曹洪甫、邓格、甘世明等曾参与刊刻冠山堂

《憺园文集》三十六卷，张公化、邓明等曾参与刊刻长洲顾嗣立秀野草堂《昌黎先生诗集注》十卷，刘公一、芃生等曾参与刊刻昆山徐氏花溪草堂《李义山文集》十卷。[①] 此外，笔者曾在复旦大学发现一部《通志堂经解》（索书号100037），其内封有“通志堂藏板”朱文方印，并钤一售书章云：“经解全部卷帙繁重，购者不易，今拆卖流通，以便四方读者君子随意购买。到昆山县大西门内马路口心远堂徐宅，各种具备。”这里的“心远堂徐宅”虽不能明确属徐乾学，但《经解》全部书版贮存于昆山，并由“徐宅”刷印分卖却是可以肯定的。这些都可以从侧面印证《通志堂经解》系刻于苏州。

另一部卷帙较大的书籍，则是顾嗣立于康熙三十三年至五十九年间（1694—1720）所刻《元诗选》初集、二集、三集，其中初集记录刻工 17 人，二集 28 人，三集 1 人，去除重复者则共得 42 人。上述两部书籍的刻工加起来，除去同时参与两书刊刻的 21 人，已共达 514 人之多。再加上其他书籍中出现的刻工题名，则苏州一地至少存在过 900 馀名刻工，不得不令人惊叹其群体数量之庞大。

而清中叶以后，尽管“称名式”刻工题名日趋减少，但包含丰富信息的“称籍式”与“称店式”题名则开始增多。特别是后者，有时会详细记载店铺地址，因而有助于我们进一步了解这些刻工的具体活动场所。其中苏州的刻工

①参见王爱亭《昆山徐氏所刻〈通志堂经解〉版本学研究》，第 42页。

与刻字店主要集中在以下几个区域。

其一是玄妙观一带。这里是苏州最繁华的区域之一，因此有不少刻工选择开店于此。以下列举其中最具代表性的几家刻字店：

（一）乾隆、嘉庆间王景桓。王氏所刻书籍已知共15种，其中最早的是乾隆三十一年（1766）与吴省南、王凤仪等29位刻工合作刊行的《休宁古林黄氏纂修族谱》十二卷首二卷末一卷；最后一种则为嘉庆二十年（1815）刻《国初十六家文钞》十六卷，题名作"江宁王景桓董刊"。

王景桓早期题名，籍贯多署"吴郡"。如乾隆三十二年（1767）所刻《竹云题跋》四卷，题名作"吴郡王景桓镌字"；稍后的乾隆三十四年（1769）所刻《义门读书记》三十四卷，更进一步具体为"吴郡铁瓶巷王景桓镌"，可知王景桓曾开店（或居住）在苏州铁瓶巷。据《（同治）苏州府志》，此巷在"西市坊口"，"昔有仙人枕铁瓶卧此，故名"[①]。而据潘君明《苏州街巷文化》介绍："（铁瓶巷）位于人民路乐桥北堍东侧，东出人民路，西至永定寺弄、镇抚司前……1993年拓宽干将路时，巷并入，名遂废。"[②]可知此巷今已不存。惟根据描述，其位置大概在今天人民路与干将西路交界一带，与玄妙观、观前街等地相距不远。但在乾隆五十五年（1790）所刻《子史精华》一百六十卷中，王景桓的籍贯被

①李铭皖等修、冯桂芬辑《（同治）苏州府志》卷五，《中国地方志集成·江苏府县志辑》第7册，江苏古籍出版社，1991年。

②潘君明《苏州街巷文化》，古吴轩出版社，2007年，第262页。

改成了“江宁”，且此后嘉庆年间所刻书籍均署“江宁”而非“吴郡”。根据笔者的考订，这很可能是因为卷入文字狱，而被迫从苏州移居到了南京（具体可参见本章第一节的相关考订）。

（二）乾隆、嘉庆间王凤仪有耀斋。王凤仪曾在乾隆三十一年（1766）与王景桓一起刊刻《休宁古林黄氏纂修族谱》十二卷，二人可能有过往来。乾隆三十四年（1769）前后，王景桓于苏州铁瓶巷开店，而王凤仪至少在乾隆三十八年（1773）也开设了刻字店有耀斋，是年所刻《历朝名媛诗词》十二卷，出现了“有耀斋王凤仪刻字”之刊语。更为巧合的是，根据乾隆、嘉庆间所刻《重订外科正宗》、《花坞联吟》二书刊记，有耀斋的店址一作“铁瓶里”，一作“铁瓶巷”，应该与王景桓刻字店所在的铁瓶巷正是同一个地方，即今天人民路与干将西路交界一带，与玄妙观、观前街等地相距不远。据此或可推断，王凤仪与王景桓交情颇深，或属同宗亦未可知。王凤仪在嘉庆七年（1802）尚刻有《自远堂琴谱》十二卷。此外，嘉庆后期在扬州还出现了一家“王有耀斋”，分别于嘉庆二十二年（1817）刻《义山文集》六卷、嘉庆二十三年（1818）刻《豫乘识小录》二卷，未详是否与王凤仪或其后人有关联，存疑俟考。

（三）嘉庆至建国后毛上珍局。创办者毛上珍大约生活于嘉庆、道光年间，其店铺则一直经营至建国以后，是一家历史悠久的老牌刻字店。其间于咸丰、同治间曾有丽记、酉记之分，光绪以后则归并为一家，店址设在萧家巷口、醋坊桥南首的临顿路上，离玄妙观较近。此店早期刻书数量不多，但至晚清、民国间则较为活跃，被认为是清末苏州地区规模最大的刻字店。[①]目前已知出自毛上珍局的作品共 99 种，包括书籍 93 种（木刻 53 种、铅印 40 种），另有石刻 6 种。早期刻书纯用雕版印刷，光绪后期为应对西方印刷技术的冲击，开始使用木活字排印。至宣统以后，则先后承接苏州存古书堂、江苏军政府公报处等官方机构的铅印业务，并迅速发展成为一家以铅印为主、木刻为辅的现代印刷所。1956 年，与其他 21 家私营印刷所一起"并入苏州印刷厂，实行公私合营"[②]。

（四）道光间张斌荣刻字店。据道光二年（1822）刻《天绘阁诗稿》八卷刊语"吴郡平江路中张家巷里张斌荣刻书印刷装订"，可知该店在平江路一带，距离玄妙观不远。据《苏州老街志》，平江路"两侧支巷多为历史悠久的小巷，东侧自南而北有郗长巷、中张家巷……"[③]，可知所谓"中张家巷"在平江路的东侧。

（五）道光、咸丰间汤晋苑局。又名汤漱芳斋。店址在

---

①包天笑曾于光绪二十七年委托毛上珍局刻报纸，称其为"苏州一家最大的刻字店"。见《钏影楼回忆录·木刻杂志》，上海三联书店，2014 年，第 161页。

②苏州市平江区地方志编纂委员会编《平江区志》第八卷"工业"第二章"轻工、工艺美术工业"，上海社会科学院出版社，2006 年，第 522页。

③苏州市地方志办公室编《苏州老街志》，广陵书社，2011 年，第 61页。

苏州护龙街古市巷。已知所刻书籍共18种，其中最早的为道光五年(1825)刻《铁箫庵文集》四卷，题名作“姑苏阊门内顾市巷汤晋苑局刻”；最晚的则为咸丰六年(1856)刻《尔雅郭注义疏》十九卷，题名作“吴门汤漱芳斋刻印”。据所刻各书刻工题名，汤晋苑局位于“苏州护龙街顾市巷”，或作“吴门古市巷”。按据《苏州老街志》，护龙街即今苏州人民路，在苏州古城中轴线上(略偏西)，为城内纵向第一主干道，传说因清高宗南巡，百官多在此接驾护卫，遂改为护龙街。[①] 至于“顾市巷”，则即“古市巷”之别称。据《苏州老街志》，古市巷又作故市巷、顾市巷等，今并入白塔西路，“位于祥符寺巷北面，西出人民路，与东中市相直”[②]。这里距离苏州古城中心区观前街一带不远，可说历来是商业繁华地段。

(六)同治至光绪间许浩源刻字店。据《返性图》一书刊语“乐善君子印送者板存苏城平江路大儒巷东口许浩源刻字店”，知其店址在“平江路大儒巷东口”。此大儒巷与中张家巷一样，亦为平江路的支巷。所刻书籍尚有同治八年(1869)《外科症治全生集》四卷、光绪十七年(1891)《笠东草堂遗稿》四卷。

(七)同治至民国间谢文翰斋。据《逆党祸蜀记》、《鸥

---

①以上俱参考苏州市地方志办公室编《苏州老街志》第1条“人民路”，第1—2页。

②以上俱参考苏州市地方志办公室编《苏州老街志》第125条“白塔西路(西白塔子巷、古市巷)”，第54—55页。

陂渔话》等书刊语“姑苏城内珠明寺西谢文翰斋镌刻刷印”，知其店址在“珠明寺西”。按“珠明寺”旧名“朱明寺”，苏州旧有“珠明寺前”之路名，据《苏州老街志》记载，在“王天井巷南口往西至中街路口”，民国十六年（1927）与原郡庙前、申衙前、黄鹂坊桥弄合并成为今景德路。[①]其中所谓“郡庙”，即苏州城隍庙。据《（同治）苏州府志》记载，珠明寺在“城隍庙西”，因此谢文翰斋的部分刊语又作“苏城郡庙前西谢文翰斋刻印”（光绪十一年［1885］刻《盘薖纪事初稿》）。现存苏州城隍庙在玄妙观东面不远处，则谢文翰斋亦当相距不远。谢文翰斋刻书极多，但因其性质似介于刻字店与书坊之间，且刻书质量并不突出，故仅于此略述一二。

（八）光绪至民国间郑子兰文铭斋。据《寐叟乙卯稿》一书刊语“苏文铭斋郑子兰刊”，知其刻字店名“文铭斋”。又据《荆州记》、《司马法古注》等书刊语“苏城曹胡徐巷东郑子兰刻印”，知其店址在曹胡徐巷东。据《苏州老街志》，曹胡徐巷与前及大儒巷相距不远，都是平江路的支巷，但距离玄妙观略远一些。郑子兰在清末民初颇为活跃，曾为曹元忠、刘承幹、张尔田等人刻书。所刻书籍尚有光绪二十七年（1901）刻《烟村集》一卷附诗馀一卷、民国三年（1914）刻《鹊泉山馆集》八卷首一卷、民国六年（1917）刻《寐叟乙卯稿》、民国七年（1918）刻《香隐庵词》二卷、民国

①苏州市地方志办公室编《苏州老街志》，第149—150页。

十二年(1923)刻《宜园诗集》八卷。

此处可以顺带一提的,还有咸丰、同治间的顾悦廷漱芳斋。据该店在咸丰五年(1855)所刻《太上感应篇注合钞》、同治八年(1869)所刻《勉戒切要录》诸书题名“板存苏城阊门内都亭桥东桑叶巷口顾悦廷刻字店”,知其店址在“都亭桥东桑叶巷口”。又据《苏州老街志》,桑叶巷“南起砂皮巷,北至东中市”[①],而都亭桥则就在东中市路中段,可知其店当在东中市与桑叶巷交接处。此处更靠近报恩寺、桃花坞,而距玄妙观略远。然而报恩寺、桃花坞一带,也是苏州传统的刻工集聚地,乾隆间专门的刻字公会“剞劂公所”即设立于这一带(详参第二章第三节)。所刻书籍尚有同治五年(1866)刻《胡文忠公遗集》十卷首一卷、同治六年(1867)刻《史鉴节要便读》六卷。

清代苏州刻字店的另一个集中区域,是今道前街一带。据《苏州老街志》,这一带明清时期“为衙署集中地段……由原卫前街、府前街、道前街三街组成”,后于1966年合并,1983年统一称道前街。[②] 因此,但凡苏州刻字店的刊语中出现府前、卫前、道前以及各种衙门名称的,其店址通常就是在这一带。如穆大展局在道光年间开店于“府署东首”,所在位置即今道前街一带。除此之外,尚有如下几家:

---

①苏州市地方志办公室编《苏州老街志》,第152—153页。
②苏州市地方志办公室编《苏州老街志》,第111—113页。

（一）乾隆至解放后甘朝士铺。此店已知刻印书籍共9种，其中最早的是乾隆五十二年（1787）刻《保产机要》一卷，题名作"板存姑苏胥门内按察司前西首甘朝士刻字店内，凡乐善君子印送者，纸料工费钱二十四文。流通感报，子孙兴旺"，可知店铺位于"胥门内按察司前西首"。据顾绍武、顾禹《姑苏旧衙考》介绍："清雍正八年（1730），江苏按察使自江宁迁苏州，将原兵备道署改为提刑按察使衙门（原注：在道前街、养育巷口，向西到歌薰桥）。咸丰十年（1860）毁于兵。"[①] 这里不仅说明按察司位于道前街，也提到了咸丰十年太平天国之乱对这一带造成的巨大破坏。

咸丰十年，太平天国攻陷苏州，道前街一带悉毁于战火。店铺被毁后，甘朝士的后人将店迁徙到了南通，我们可以在《南通市志》中找到相关的记载：

> 清咸丰年间，有甘华卿、朱南山两家从江南迁来南通，开设刻字店，行业中称为姑苏派；汪遂、冯桂荣开设的刻字店称为南通派。甘朝士刻字店雇工六七人，除刻印章外，尚刻书版、账册版、请柬、讣文等。后来逐渐发展有文华斋、文艺斋、玄中、新兴等刻字店。大多一人一铺，或带一二个学徒，学习期5年，满师后补工1年，出师后大多自立门户开业。民国初南通城

①顾绍武、顾禹《姑苏旧衙考》，见苏州市地方志编纂委员会办公室等编《苏州史志资料选辑》，1999年，第153页。

内有刻字店 12 家，约 20 人。[①]

这里的“甘华卿”，应该正是甘朝士的后人。从雇工六七人这一点看，虽不算太大，但也小有规模了。又甘朝士铺移居南通后的店址，在其咸丰十一年（1861）所刻朱迪珍《浣香楼遗稿》的刻工题名中有所记载：“苏州甘朝士刻字局，今移南通州城内大圣桥东堍。”[②] 而据崔木三《江城第一家新华书店》记载，甘朝士店一直到解放初年都还存在，且地址依然“在大圣桥”[③]。

（二）嘉庆至道光间张遇尧喜墨斋，又名张遇尧局。据嘉庆二十三年（1818）所刻《周易集解》十七卷刊语“姑苏喜墨斋张遇尧局镌”，知此局有“喜墨斋”、“张遇尧局”两种名称。又道光六年（1826）刻《洞庭王氏续修家谱》二十卷首一卷末一卷有刊语云“监刊：苏城张元揆字遇尧”，可知店主本名张元揆，遇尧系其表字。又据道光十二年（1832）刻《玄妙观志》刊语“臬署前喜墨斋刻字店镌”，知其店址在臬署前。按“臬署”为清代按察使署的别称，其旧址在今道前街 170 号，靠近胥门。又道光十八至十九年间（1838—1839）刻《重楼玉钥》刊语作“苏城臬□西喜

①南通市地方志编纂委员会编《南通市志》第十八章第一节“刻字”，上海社会科学院出版社，2000 年，中册第 912页。

②转引自胡文楷编著、张宏生等增订《历代妇女著作考（增订本）》，上海古籍出版社，2008 年，第 278页。

③崔木三《江城第一家新华书店》，见《南通文史资料选辑》第 9 辑《南通解放纪实》，文史资料研究委员会，1989 年，第 93页。

墨斋刻印”,虽因文字漫漶无法完全确定,但仍可大致推断其当亦在按察使署之西侧,与甘朝士铺所在的“按察司前西首”颇为相近。所刻书籍,尚有嘉庆九年(1804)刻《毛诗》三十卷首一卷附音义三卷、嘉庆间刻《独学庐三稿·文集》五卷、嘉庆道光间刻《红楼梦传奇》不分卷、道光四年(1824)刻《苏州府志》卷首插图等。

(三)道光间张金彪局。据道光元年(1821)刻《仲景伤寒补亡论》二十卷刊语“吴郡胥门内张金彪局刻”,知该局亦靠近胥门,很可能也是在道前街一带。所刻书籍尚有道光三年(1823)刻《命度盘说》二卷。

(四)道光间甘会廷刻字铺。据道光五年(1825)刻《漕河驳辩》刊语“板存姑苏卫前甘会廷刻字铺”,知其店址在苏州卫前街。又据《苏州老街志》,卫前街因在苏州卫署前而得名,其“东起饮马桥堍,西至金狮桥”[①],是今道前街的其中一段。惟除此书外,暂时未见其他所刻书籍。

(五)光绪间李登鳌鈊芳斋。据光绪间所刻《哀生阁初稿》、《耕岩书屋试帖诗钞》等书刊语“姑苏胥门内道前街鈊芳斋李登鳌刊印”、“胥门内道前街李鈊芳斋刊印”,知其店址在道前街。又光绪末年所刻《三茅真君宣化度世宝卷》二卷卷首有李氏子文魁序云:“先君子登鳌公,平生信奉真君,亦深以不获真君一生事实为憾。癸卯春,偶从金阊归,过一旧书肆,见残卷杂陈,中有《真君宝卷全集》……

①苏州市地方志办公室编《苏州老街志》,第111—113页。

欣喜过望，若获奇珍，乃不计值售归……是夏即付剞劂。奈家道素艰，仅就其半，而力未逮。同里松鹤山人，信奉善行者也，与先君子交最久，闻而乐之，慨然以半资助，而全书于以得成。”此序落款在光绪三十三年(1907)，既称“先君子”，则是年李登鳌已然去世。又所谓“癸卯春”当为光绪二十九年(1903)春，则此书当于是年开始刊刻。惟序云“是夏即付剞劂”，与内封所书“光绪念玖年孟春重刊”之刊语矛盾，未详孰是。除上述三书外，尚有光绪十三年(1887)刻《平望县志》十二卷、光绪二十四年(1898)刻《算学敲门砖》三卷。

二、南京

明清时期江宁地区(今属南京)的刻字店与书坊，多集中在贡院、夫子庙及其周边地区，包括状元境、三山街等。此地紧邻秦淮河，是旧时南京最为繁华的地方。早在明代，三山街一带就已书肆云集。胡应麟曾云：“凡金陵书肆，多在三山街及太学前。”[①] 此外，清初孔尚任在《桃花扇》中也有一段关于明末三山街书坊的描写，令人印象深刻：

> 在下金陵三山街书客蔡益所的便是。天下书籍之富，无过俺金陵。这金陵书铺之多，无过俺三山街。这三山街书客之大，无过俺蔡益所。(指介)你看十三

①胡应麟《少室山房笔丛·甲部·经籍会通(四)》，第42页。

经、廿一史、九流三教、诸子百家、腐烂时文、新奇小说，上下充箱盈架，高低列肆连楼。不但兴南贩北，积古堆今，而且严批妙选，精雕善印。[①]

今传世明本中，多见出自所谓“三山书林”者，如唐氏富春堂所刻书籍，其牌记多作“金陵三山街绣谷对溪书坊唐富春梓”、“金陵三山街富春堂梓”[②]，就注明其店址设于三山街。对此，相关研究已多，此不赘述。

到了清代，三山街一带仍然是商贾云集之处，不过书坊、刻字店等出版业似逐渐转移到了毗邻的状元境。据清晚期测绘的《金陵省城古迹全图》、民国十六年（1927）测绘的《最新南京全图》等[③]，可以看到状元境正好位于三山街与贡院之间，距离两者都非常近。从三山街到贡院或夫子庙，一般都要穿过状元境。贡院、文庙等地向来是文人士子聚集之所，故多书坊和刻字店。对此，清代、民国之文献中亦不乏记载。如嘉庆、道光时人甘熙在其《白下琐言》中曾云：“（江宁）书坊皆在状元境，比屋而居有二十馀家，大半皆江右人，虽通行坊本，然琳琅满架，亦殊可观。”[④]又《（同治）上江两县志》记载称“《待征录》或曰因秦熺名，向

---

①孔尚任《桃花扇》第二十九出“逮社”，李保民点校，上海古籍出版社，2017年，第119—120页。

②见杨表正撰《重修正文对音捷要真传琴谱大全》十卷，明万历十三年刻本。

③收入胡阿祥等主编《南京古旧地图集》，凤凰出版社，2017年，第248、254—255页。

④甘熙撰、邓振明点校《白下琐言》卷二，第25页。

为书贾萃止之所”[①]；而清末民国陈乃勋《新京备乘》之“状元境”条则加以敷演云：“（状元境）在贡院右，因秦熹名。或云宋秦桧父子居此，皆举状元，以丑其人，故没其姓氏，但称为状元境云。向为书贾萃止之所。”[②]民国时期卢前《冶城旧闻》卷一“状元境书肆”也有类似的记载，且更为详细：

> 状元境，相传为秦会（桧）之宅址，故名。近数十年为书贾麇集之所。清末，李光明书庄刊行蒙学书籍，顾客最多，吾辈儿时所读“四书”、“五经”皆李光明本，今移至金沙井矣。入民国后，昌明书局为各书店入状元境之始。然商务、中华先后开办于花牌楼，昌明不能取旧书肆代之也。[③]

尽管这些记载皆云“书坊”、“书贾”而未及刻字店，但实际上南京知名刻工、刻字店也大多汇集在此。如清中叶南京最负盛名的“刘文奎局”（详参本书第三章第二节），即在其道光六年（1826）所刻《最乐编》四卷中，留下了“版存江宁状元境贡院旁刘文奎刻字铺”的刊语，可知其店正是设在状元境。至于卢前专门提到的李光明，也是以刻工起家，他甚至在三山街、状元境两处都开设了店铺，足见生意

①莫祥芝等修、汪士铎纂《（同治）上江两县志》卷五，《中国地方志集成·江苏府县志辑》第4册，第140页。

②陈乃勋辑述，杜福堃编纂，顾金亮、陈西民校注《新京备乘》，东南大学出版社，2014年，第68页。

③卢前撰、卢佶审校《冶城话旧》，南京出版社，2016年，第8页。

之兴隆。不过值得注意的是，其三山街本店的实际位置，是"江南城聚宝门三山街大功坊郭家巷内秦状元巷中李光明家"，可见并非是开设在三山街上，而是在附近的"秦状元巷"中。可见古人在称"三山街"时，可能只是一个大概的泛指，并不一定即坐落于这条街上。所谓"状元境"可能也是一样的情况。

而在上述几家外，"状元境"及附近可考的刻字店尚有：

（一）康熙间蔡丹敬刻字店。康熙三十七年（1698）刻《留溪外传》十八卷，其卷首凡例后云："凡有事实，可寄至江宁承恩寺前轿夫营刻字店蔡丹敬家，或扬州新盛桥岱宝楼书坊转付可也。"按承恩寺位于江宁府东大街东侧，而"轿夫营"即"教敷营"。据同治《上江两县志》，教敷营"旧名轿夫，为履业萃集之所"[1]。又据《金陵省城古迹全图》，其与状元境相接，与三山街、承恩寺均相去不远。

（二）乾隆至咸丰间顾晴崖局。又名顾晴崖家。已知所刻书籍共29种，其中最早的为乾隆十六年（1751）刻《南通州五山全志》二十卷，题名作"江宁顾晴崖镌字"；最晚的则为咸丰元年（1851）刻《蓬山诗存》三卷，题名作"金陵顾晴崖家镌"。其道光十八年（1838）所刻《视已成事斋自治官书》一书，刊语作"江宁状元境口顾晴崖家镌字"，可知店铺正是在状元境。此店存在时间颇长，刻书数量亦不少，是清中叶南京刻字铺中仅次于刘文奎局的另一

①莫祥芝等修、汪士铎纂《（同治）上江两县志》卷五，第140页。

家刻字店。在嘉庆八年至十年间（1803—1805），顾晴崖还曾与刘文奎的二弟刘文楷一起合作，为汪为霖刊刻了《东皋诗存》四十八卷。

（三）同治、光绪间邵立升刻字店。按此店在同治十三年（1874）时曾刻有《柏郎公宝卷》不分卷，刊记作“板存金陵状元境口邵立升刻”。而在光绪十三年（1887）所刻的《救荒百策》中，则进一步明确其店址为“金陵状元境口教敷营邵立升刻字书店”。

（四）同治至民国间李光明庄。其店址在三山街大功坊秦状元巷中，后又设分肆于状元境状元阁。[①] 按李光明庄实为书坊，惟其店主李光明最初亦为刻工，故本书在第二章中会提及，可参见。此不赘述。

（五）光绪间高锦文店。据“李录”第197条，光绪十六年（1890）参与刊刻《江南乡试朱卷》的诸刻字铺中，有所谓“金陵状元境口教敷营中街高锦文刻刷”者。

除了状元境，三山街附近还有一些街巷，亦汇聚了不少刻字店。首先是与三山街首尾相接的“府东街”，又名“府东大街”。据《金陵省城古迹全图》，此街南端正与三山街北端相连，二者实在同一直线上。此外，附近还有马巷、南门大街等地，也有一些刻字店铺，略举如下：

（一）嘉庆间孙启椿刻字店。嘉庆年间，孙冯翼编《问

①以上据瞿冕良编著《中国古籍版刻辞典（增订本）》“李光明庄”条，第316页。

经堂丛书》，其中承担丛书主要刊刻工作的就是孙启椿。据书中刊语，孙启椿店设于“江宁府东”，亦即府东大街一带。经笔者目验，留下孙启椿刊语的，至少还有《神农本草经》三卷、《世本》一卷附考证一卷、《明堂考》三卷、《四库全书辑永乐大典本书目》一卷、《月满楼诗集》四十卷这五种。

（二）道光至光绪间赵正元刻字店。赵氏于道光十六年（1836）刻《李恕谷先生年谱》五卷，刊记作“金陵省内府东大街赵正元镌”。又“李录”第197条著录光绪十六年（1890）参与刊刻《江南乡试朱卷》的诸刻字铺中，有“金陵黑廊大街赵正元刻刷铺”，这里的“黑廊大街”，应该就在《金陵省城古迹全图》所标注的“黑廊口”一带，即三山街与府东大街交界之处。自道光十六年至光绪十六年，相隔54年，则其开店时间亦属不短。

（三）光绪间黄起东刻字店。黄氏于光绪二年（1876）刻《金陵待征录》十卷，刊语作“金陵南门大街下江考棚口黄起东刊刻”。据《金陵省城古迹全图》，所谓“下江考棚”在南门大街与花市交接之处。此外，其还曾在光绪六年（1880）刊行《经世通考传家宝》二卷、光绪十六年（1890）参与刊行《江南乡试硃卷》。

（四）光绪间王德源刻字刷印铺。此店于光绪二十四年（1898）刻《绘图度世金绳》四卷二十回，刊语作“金陵府东街王德源刻字刷印铺”。

（五）光绪间樊荣桂刻字店。此店于光绪二十八年

（1902）刻《刘忠诚公荣哀录》二卷《补编》一卷，刊语作“金陵水西门内马巷樊荣桂刊印”。按据《金陵省城古迹全图》，马巷在府东大街的西面，相距不远。

三、杭州

关于清代杭州的出版业特别是民间出版业，1949年以来的各种出版史虽皆有提及，但基本都认为其已盛况不再。其中张秀民在《中国印刷史》中的看法颇有代表性，他认为杭州的书坊业在清代已然衰落，故仅列举了文宝斋、慧空经房、玛瑙经房、景文斋、善书局这几家书坊之名，并将杭州排除在清代刻书“要地”之外。[1] 显然，这一结论是建立在清代杭州书坊的数量之上的，而并未关注其地之刻工数量与质量，因此与叶德辉认为咸丰以前“天下书板之善，仍推金陵、苏、杭”的看法颇有出入。事实上，就笔者所掌握的资料看，杭州地区的刻工尽管在数量上确实不如苏州、南京，但在刻书质量上却并不逊色于此二者，也出现了像爱日轩、任有容斋这样远近闻名的刻字铺。因据摭所见，以作参考。

清代杭州地区的刻工中，留下题名的并不算多，其中能反映具体地域信息的则更少。就目前所见材料来看，杭州有迹可循的刻工、刻铺主要集中在两处：一处是在旧盐桥街及其周边地区，即今庆春路、皮市巷一带；另一处则是

①张秀民《中国印刷史（增订本）》，第398页。

在旧清河坊及其周边地区，即今河坊街、西湖大道一带。

首先是盐桥街及其周边地区。这一带因水路发达，历来是杭州街市的集中地之一。据吴自牧《梦粱录》等记载，盐桥以南一带有所谓"橘园亭文籍书房"，后之研究者推断应该是南宋书市的集中地。[①] 到了清代，著名刻字铺爱日轩就位于盐桥街附近的乌龙巷、皮市巷一带。按爱日轩主人陆贞一，嘉庆至道光间人；又继任店主朱兆熊，道光间人。此店所刻书籍颇多，目前所计共44种，其中最早的为嘉庆十年（1805）刻《冬花庵烬馀稿》三卷，题名作"武林爱日轩陆贞一监锓"；最晚则为道光间刻《金梁梦月词》二卷《怀梦词》一卷，刊语作"杭州爱日轩陆贞一仿写并刊"。其店址据《梓潼帝君阴骘文敷言》一书刊语，当在"杭城盐桥大街乌龙巷"。又据丁丙《武林坊巷志》记载，乌龙巷在"北山盐桥街，与贺衕巷斜对。东南出皮市巷，西南出打线巷，又西出上八街巷"[②]。按乌龙巷地名至今尚存，而盐桥大街即今庆春路之一段[③]，二者之东南方向即皮市巷，今亦尚存。而朱兆熊掌店时期，则前后多次提及店址位于

---

①杨宽《中国古代都城制度史》云："盐桥一带，都有繁华街市。盐桥以南，油蜡桥以西的橘园亭有'书房'，或称'文籍书房'，是书市的集中地。"上海人民出版社，2006年，第381页。

②丁丙撰、潘一平等整理《武林坊巷志》，浙江人民出版社，1990年，第5册第197页。

③杭州市民政局、杭州市地名委员会编《杭州市地名志》卷三"庆春路"条："清末民初将盐桥街、菜市桥直街、庆春门直街等路段并而改称庆春路。"杭州出版社，2013年，第460页。

“皮市”,惟又有“中皮市”、“下皮市”之区别。具体而言,署“中皮市”者有道光十八年(1838)刻《远色编》、二十三年(1843)刻《寡过编》两种,署“下皮市”者则有道光十八年(1838)刻《桂宫梯》、二十三年(1843)刻《杨忠愍公传家宝训》以及二十八年(1848)刻《续辑桂宫梯》三种。不难发现,两种署法交替并存,所以应该指的是同一个地方。又《武林坊巷志》引康熙《仁和志》称“福佑巷,即皮市北巷,俗称下皮市”[①],可见所谓“下皮市”当位于皮市巷的北端,则“中皮市”当再向南靠一些。就今天的地理位置看,“下皮市”这段北面正好与庆春路相接,西面则接“乌龙巷”,与陆贞一“盐桥大街乌龙巷”的描述极其接近,应该就是爱日轩店铺实际位置之所在。按关于爱日轩的刻书情况,彭喜双、陈东辉《清代杭州爱日轩刻书考——兼补〈中国古籍总目〉之失》一文所述已详[②]。又本书第五章第三节在讨论清中叶“仿宋”欧字的发展进程时,亦会涉及爱日轩的刻书字体,可参看。

这一地区的另一位名工,是曾为鲍廷博刻书的刻工陈立方,其所居兴忠巷也与盐桥街相距不远。按陈立方已知刻书共5种,其中最早的为乾隆三十五年(1770)鲍氏知不足斋本《名医类案》十二卷,题名作“仁和陈立方写刻”;最晚的则为乾隆五十三年(1788)赵怀玉亦有生斋刻初印

①丁丙撰、潘一平等整理《武林坊巷志》,第6册第642页。
②《中国典籍与文化》2015年第3期。

本《斜川集》六卷附录二卷，题名作“杭城兴忠巷陈立方缮刊”[①]。

陈立方所刻诸书中，《名医类案》刊语作“写刻”，《斜川集》刊语作“缮刊”，可知陈氏既能写样，又能刻字，是个双料工匠。又结合刊语中“住兴忠巷”这样带有广告性质的文字，或可推断其家拥有一个作坊式的刻字铺。按据丁丙《武林坊巷志》记载，兴忠巷在仁和县羲和坊，分上兴忠巷（兴忠南巷）和下兴忠巷（兴忠北巷）。[②]又据《杭州市地名志》记载，上下兴忠巷曾于1966年合并，改名乘风巷，1981年又恢复原名，最终于1994年因修建中河路而消失。其大概位置在今中河路上南起解放路北至庆春路的这一段。[③]

其他居住在这一带的刻工，尚有嘉庆间周士奇。他于嘉庆二年（1797）为杭人陆尧春刻《佩文韵篆》、《说文凝锦录》二书，其中前者刊语作“杭州白莲花寺巷内周士奇刻”，后者作“白莲寺巷周士奇刻”，可知所居在白莲花寺巷，这应该也是周氏所开的小型刻铺。据《武林坊巷志》记载，白莲花寺巷在仁和县平安坊，“西对长庆衔，东出升平衔，即

---

①按关于此书情况，可参考郭立暄《中国古籍原刻翻刻与初印后印研究·实例编》，第377—378页。

②丁丙撰、潘一平等整理《武林坊巷志》“羲和坊二”下“上、下兴忠巷”条，第5册第154页。

③杭州市民政局、杭州市地名委员会编《杭州市地名志》所附“1984—2005年消失街巷一览表”，下册第1413页。

大东门街”[1]。而据《杭州市地名志》记载,此巷起新华路,迄六克巷,1997 年并入长庆街。[2] 按长庆街实与盐桥街平行,相距大概三百米左右,颇为临近。从目前收集到的资料看,盐桥一带的刻字铺都开设于清中叶,道光以后即不复闻。

至于咸、同以后杭州城内的刻字铺,则多集中在清河坊及其周边地区,即今河坊街、中山中路(南宋御街)、西湖大道这一带。此处自古至今都是繁华之地,也曾开设不少书坊书铺。如南宋著名书坊“荣六郎家”所在的“中瓦南街”,即位于这一区域。又据《杭州市地名志》介绍,清河坊在清代“南有抚署,西有藩署,为省城政治中心,胡庆馀堂、孔凤春、密大昌等著名老店皆开设于此……西湖大道原为人口密集、巷弄密布的旧城区”[3],可见繁华不改。同治以后,这一带出现了好几家刻字铺,具体如下:

(一)同治至宣统间任有容斋。店址在仁和县清河坊内小井巷口西首、中太平巷口东首。已知所刻书籍共 28 种,其中最早的为咸丰四年(1854)丁氏刻、清后期重刻本《翠螺阁诗稿》四卷《词稿》一卷附《舞镜集》一卷,题名作“倪廷兰香谷董刻并书,任有容斋重刻”;最晚则为宣统二

①丁丙撰、潘一平等整理《武林坊巷志》“平安坊一”下“白莲花寺巷”条,第 5 册第 221页。

②杭州市民政局、杭州市地名委员会编《杭州市地名志》所附“1984—2005 年消失街巷一览表”,下册第 1424页。

③分别见杭州市民政局、杭州市地名委员会编《杭州市地名志》“河坊街”、“西湖大道”条,第 458页。

年（1910）刻《散叟倦稿》一卷，题名作“宣统庚戌春仲武林有容斋刊”。

在同治十三年（1874）所刻《孝弟图说》一书中，同时出现了“板存浙省藩司前中太平巷口东首任有容斋刻字铺”、“武林有容斋镌”两条刊记，由此可知所谓“任有容斋”与“有容斋”是同一家刻字铺。此外，其店址亦有两种记载：一种称在清河坊内小井巷西首，另一种则云在浙省藩司前中太平巷口东首。而从光绪二十四年（1898）刻《感应类钞》之刊记“板存杭州藩司前小井巷口有容斋刻字铺”来看，这显然也应该是同一个地址。据《杭州市地名志》记载，小井巷“北起河坊街，西至安荣巷……南宋称天井巷，即天井坊（旧名通浙坊），巷口有天井”，又中太平巷则“南起河坊街，北至高银街”[①]，可见两条巷子距离很近，惟小井巷在河坊街南，中太平巷在北而已。又所谓“藩司”，即布政使衙的别称。《杭州市地名志》记载有“旧藩署”，云“南起高银街，北折西至延安路南段……清代藩司衙门设此，故名”[②]，则其址显然与中太平巷更为接近。值得一提的是，今杭州城内仍存小井巷之地名，但其实际位置却已相去甚远。

（二）同治至光绪间赵宝墨斋刻字店。其同治十二年（1873）所刻《痧症度针》刊语作“板存浙省洋坝头平津桥

---

①俱见杭州市民政局、杭州市地名委员会编《杭州市地名志》，第499页。
②见杭州市民政局、杭州市地名委员会编《杭州市地名志》，第502页。

赵宝墨斋刻字店”。据《武林坊巷志》记载，所谓“洋坝头”俗称羊坝头，属松盛坊。此地因古时临海有堤坝，故名。[①]今羊坝头地名尚存，据《杭州市地名志》记载，“东起后市街，西至定安路，长120米”[②]。至于平津桥，南宋时俗呼猫儿桥，今已不存。据旧版《杭州市地名志》记载，有所谓平津桥东、西弄，其中西弄“东起光复路中段与平津桥东弄相对，西至中山中路中段与羊坝头相对。长98米”[③]。此地正是南宋御街附近，可以想见昔日之繁华。且早在南宋初年，就有所谓“猫儿桥河东岸开笺纸马铺钟家”，曾印行五臣注《文选》三十卷，则这家赵宝墨斋也算是文脉相承。所刻书籍，尚有光绪五年（1879）刻医书《引痘略》一卷以及光绪六年（1880）刻丛书《宝韦斋类稿》五种（包括《奏疏》四卷、《官书》二十四卷、《尺牍》四十八卷、《甲癸梦痕记》六卷补遗二卷、《明论》四卷）。

（三）光绪时倪宝楚家刻字铺。其光绪三年（1877）刻《文昌帝君孝经》刊语云“杭城祠堂巷于庙对门倪宝楚家刻字铺”。据《武林坊巷志》记载，祠堂巷属太平坊，宋时名南新街，后因巷内有明于谦故宅及祠堂，因

---

①丁丙撰、潘一平等整理《武林坊巷志》“松盛坊一”下“洋坝头”条，第4册第329—330页。

②杭州市民政局、杭州市地名委员会编《杭州市地名志》“羊坝头”条，第504页。

③杭州市地名委员会办公室编、马鑫泉等撰稿《杭州市地名志》“平津桥西弄”条，浙江人民出版社，1990年，第220页。

名祠堂巷。[①] 又据《杭州市地名志》记载，该巷“南起河坊街中段，北至太平坊巷”，是一条长仅八十米的小巷。[②] 倪氏刻字铺称在“于庙对门”，今于谦故居旧址尚在，可知其准确位置。惟此铺规模应该不大，所知刻书仅此一种。

（四）光绪间景文斋刻字铺。其光绪十年（1884）刻《称谓录》三十二卷，刊语作“杭省下城头巷内贾景文斋刻”，可知主人姓贾，店铺则在下城头巷。据《武林坊巷志》，城头巷属仁和县芝松坊，即南宋崇新门旧址所在之地。[③] 此巷今尚存，据《杭州市地名志》记载，“南起梅花碑，北至清泰街，长676米”[④]。其最南端距离河坊街不过二百米，亦颇为临近。不过杭城地名中称“下”者，一般是指北面，故其店址可能更靠近清泰街这一边。所刻书籍多宝卷、医书等通行读物，如宝卷有光绪十一年（1885）刻《雪梅宝卷》二卷、十三年（1887）刻《雷峰宝卷》二集、光绪间刻《珠塔宝卷全集》一卷，医书有光绪二十六年

---

①丁丙撰、潘一平等整理《武林坊巷志》“太平坊一”下“祠堂巷”条，第1册第84—85页。

②杭州市民政局、杭州市地名委员会编《杭州市地名志》“祠堂巷”条，第499页。

③丁丙撰、潘一平等整理《武林坊巷志》“芝松坊二”下“城头巷”条，第4册第1页。

④杭州市民政局、杭州市地名委员会编《杭州市地名志》“城头巷”条，第488页。

(1900)刻《重楼玉钥》二卷[①]、光绪间刻《白喉忌表抉微》一卷。又光绪十九年(1893)曾刻《习苦斋画絮》十卷。此外,清人陈汉章在其光绪十四年(1888)日记中亦曾提及其在景文斋刻朱卷事。其中"九月二十九日"条云:"至布政司署问房师寓处,又至城头巷景文斋刻字店议刻朱卷价。"又十月初二日条云:"定刻朱卷,与景文斋主人议甚久。"初三日条云:"以闱墨所刻首场三艺付景文斋主人。"初五日条云:"以闱墨所刻次场经文付景文斋主人。"[②]则该店显然还承接闱墨朱卷之类的举业生意。

---

①按此书笔者未见。周仲瑛、于文明总主编,郑日新校注《中医古籍珍本集成》本《重楼玉钥》"导读"部分在谈此书之版本流传时,曾提到有"光绪二十六年(1900)杭州景文斋刻本"(湖南科学技术出版社,2014年,第19页)。又周兴禄整理《黄秉义日记》(凤凰出版社,2017年,第2册第923页)光绪三十四年(1908)九月初三日条云:"前陶寿翁府上取有《重楼玉钥新编》附《白喉忌表诀微》一书,本拟自行刊板印刷,今阅是书中之下有注'板存浙江省城内下城头巷景文斋刻字铺',刷印价值亦不过昂。"可知《重楼玉钥》可能曾与《白喉忌表抉微》合印。惟今所见本,仅存《白喉忌表抉微》。

②象山县政协文史资料委员会编《经史学家陈汉章》中"光绪十四年赴乡试日记",黄山书社,1997年,第271页。

第二章　行业与组织：清代刻工组织形式的嬗变

明清时期，随着匠籍制度的逐步取消，手工业者开始渐渐脱离制度造成的人身束缚，获得越来越大的发展空间。尤其是在经济发达的江南地区，随着商品经济的发展，手工业者的队伍越来越庞大，分工越来越细致，组织结构也越来越精巧。不仅出现大量由手工业者独立经营的小型作坊[①]，个别行业甚至还出现了维护行业秩序、保障行业权利的行会组织，从而更有效地提高了手工业者的地位，也进一步推动了所在行业的繁荣。

而刻字业作为手工业的重要组成部分，就是在这样一个背景下逐渐发展起来的。通过前一章的分析，我们已经掌握了清代题名刻工的大致数量及其地域变化，以及这些变化背后所隐藏的原因。本章则要进一步深入梳理清代刻字业的发展脉络与内部结构，并从官方与民间两个层

①据李伯重《江南的早期工业化（1550—1850年）》，独立经营的手工小作坊是江南工业的主导形式。“在明清江南工业中，绝大多数企业的规模都很小，而且在经营上独立自主，可以说是一个小作坊的海洋。”第502页。

面入手，围绕刻工与出版者之间雇佣关系的发展与变化，来探讨清代刻字业特别是民间刻字业独特的经营和管理模式。

第一节 官方机构的刻工组织与雇佣

历代官府多有刻书，而其组织雇佣形式亦因时而异。如据张秀民《中国印刷史》记载："宋官书多为临时鸠集工匠开造，待雕毕，刻工即散去。书坊刻工大抵为书坊掌柜长期雇用。"[①] 这虽然只是一种推测，距离实际情况当也不甚远。只是宋元时期的刻工地位较低，受官府的盘剥控制也较严重，因此不时有忿躁之情。[②] 而从元代开始，手工

①张秀民《中国印刷史（增订本）》，第657页。

②如宋人洪迈《夷坚志·丙志》卷十二"舒州刻工"条曾记载一则刻工轶事云："绍兴十六年，淮南转运司刊《太平圣惠方》板，分其半于舒州，州募匠数十辈，置局于学，日饮喧哗，士人以为苦。教授林君以告郡守汪希旦，徙诸城南癸门楼上，命怀宁令甄倚监督之。七月十七日，门傍小佛塔高丈五尺，无故倾摧。明旦，天色廓清，至午黑云倏起西边，罩覆楼上，迅风暴雨随之。时群匠及市民卖物者百馀人，震雷一击，其八十人随声而仆，余亦惊慑失魄。良久，楼下飞灰四起，地上火珠迸流，皆有硫黄气。经一时顷，仆者复苏。作头胡天佑白于甄令，入按视，内五匠曰蕲州周亮，建州叶浚、杨通，福州郑英，卢州李胜，同声大叫，踣而死，遍体伤破。寻询其罪，盖此五人尤嗜酒懒惰，急于板成，将字书点画多及药味分两随意更改以误人，故受此谴。"（中华书局，1981年，第464页）有趣的是，这则故事在王明清《投辖录·舒州工匠》的记述中，则颇有不同，其误刻原因变为"以左食钱不以时得，不胜忿躁，凡用药物（转下页）

业者被划归“匠籍”，其生存环境变得更加恶劣。据彭泽益《中国近代手工业史资料（1840—1949）》中“清代手工业者匠籍身份的解放”一节介绍[①]，旧时凡属“匠籍”者均需向政府无偿或低偿服役，且子孙世袭，不得脱籍，其人身自由被牢牢束缚。一直到明代中晚期，才逐渐出现“以银代役”的政策，减轻了工匠的负担，但“匠籍”制度仍然存在。至清顺治二年（1645），始正式废除“匠籍”，使工匠获得了与普通民户一样的身份。此后，清政府又陆续将向匠户征收的赋税并入田赋征收，从而进一步减轻了工匠的经济负担。尽管在顺治以后，官方对工匠的利用和控制仍然存在，但其自由度和社会地位较之前代还是有了显著提高。

清代官方刻书机构主要有两类：一是体现最高统治者意愿的中央刻书机构，尤以内府所属各机构为其核心[②]；二

（接上页）故意令误，不如本方”（收入《宋元笔记小说大观》，朱菊如校点，上海古籍出版社，2007年，第3887页）。但不管是何种原因，两书作者皆以刻工遭雷劈为天谴报应，足见时人仍从道德范畴审视刻书活动，而未将其视为一种经济活动。用钱存训的话说，“中国印刷事业的主要动机并非谋利，而道德责任乃是鼓励和控制其发展的一种重要因素”。见钱存训《印刷术在中国传统文化中的作用》，《文献》1991年第2期。

①具体参见彭泽益编《中国近代手工业史资料（1840—1949）》，第391—396页。

②曹红军《康雍乾三朝中央机构刻印书研究》将中央刻书机构定义为以下四类：一是以武英殿为主体的中央各直属机关刻印书；二是曹寅等人在扬州奉旨刊印的书籍；三是臣工承刻进呈由中央统一颁发流通的书籍；四是利用明朝旧版片刷印或补版后刷印的书籍。南京师范大学2006年古典文献学博士学位论文，第16—18页。

是各地官府及官办书院，尤以晚清各省官书局为其中之代表。学界关于清代官刻的研究很多，但专门谈及刻工及其组织形式的则较少。因捃摭相关文献材料，对官方刻工之组织雇佣情况作一简单的梳理。

一、中央刻书机构——以内府为中心

清代内府雇佣刻工的机构，主要有设立于康熙十九年(1680)的造办处和武英殿修书处[①]。二处都设有刻字作房，其中武英殿作为专门的刻书机构，雇佣的刻工数量也相对较多。刘蔷《清代武英殿刻书之组织运作与技术创新——基于匠作则例之考察》一文，曾运用现存的内府档案考察武英殿的刻书活动，其中不乏与刻工相关的内容，如述武英殿"刷印作"的工作内容云：

> "专司钩摹御书，刊刻书籍，写样、刷印、折配、齐订等事"，主要承担书籍的缮写版式、刊刻书板、刷印书页等工作，故又称"刻字作"。位于武英殿群房。设库掌一名、柏唐阿八名、委署司匠一名、委署领催二名、刷书匠四十名。工匠常设写字头目、刻字头目、刻书匠四至六人。工匠如不敷用时，允许外雇。后来在宫外东安门外烧酒胡同路北又设刻字馆，至咸丰十年

---

①关于武英殿刻书处成立时间，可参考翁连溪《清代内府刻书研究》，故宫出版社，2013年，第36—38页。

(1860)时共设有三处，称“刻字三馆”。[①]

从这段材料可以看出，“刻字作”雇佣的常驻工匠数量并不多，只有四至六人，这显然无法满足武英殿大量刻书的需求，因此“外雇”可能才是内府刻工主要的雇佣方式。刘文又进一步指出，“外雇工匠主要是刻工，由工部负责招募，或由工匠头目举荐，按工论价。他们一般来自京师、宛平、大兴、山西和江南各地，都是技艺精湛的熟练工人”[②]。这些外雇刻工可能并不入驻武英殿，而是在所谓的“刻字三馆”内工作。“三馆”指烧酒胡同所设的“东馆”、“西馆”，以及咸丰增设的“南馆”，均位处宫外，这可能与刻工“外雇”也有一定关系。

除武英殿外，内府还有造办处亦设有刻字作，主要负责版画、碑版、匾额、玉石、印章等其他方面的刊刻工作，其中亦不乏知名刻工。按关于造办处与修书处的关系，史料并没有明确的说法。谢国桢认为系“康熙十二年，在武英殿内设立修书处，后来又改名为造办处”[③]，以二处为同一

①刘蔷《清代武英殿刻书之组织运作与技术创新——基于匠作则例之考察》，收入《清华园里读旧书》，第163页。按除了“刷印作”外，康熙二十九年(1690)还成立了掌管钩摹、拓刻御制诗文、法帖诸事的“御书处”，也设有刻字等作坊，有库掌等十二人，匠役一百十八人，道光十三年(1833)划归武英殿修书处。

②刘蔷《清代武英殿刻书之组织运作与技术创新——基于匠作则例之考察》，收入《清华园里读旧书》，第171页。

③谢国桢《从清武英殿版谈到扬州诗局的刻书》，《故宫博物院院刊》1981年第1期。

机构在不同时期的名称，显然有误。金良年则认为造办处初设时可能兼办内府刻书任务，两者是隶属的关系，一直到康熙四十四年（1705），修书处才正式从造办处中脱离出来，成为内府专门的刻书机构。[①]笔者也比较倾向于这种看法，尽管其所述之脱离时间可能还有待进一步确证。不过可以肯定的是，至康熙末年，造办处各作坊已陆续从武英殿中撤出[②]，雍正七年（1729）武英殿还获得了专门的修书处图章，这时候应该已经成为一个相对独立的机构。

关于造办处的刻工，最知名者当属康熙年间从苏州征调的朱圭。《（道光）苏州府志》曾引朱象贤《闻见偶录》以记其生平云：

> 朱圭，字上如，吴郡专诸巷人，工刻书，无出其右。有河南画家刘源，绘《凌烟阁功臣像》，上如雕刻，尤为绝伦。又南陵诗人金史，字古良，择两汉至宋名人，各图形象，题以乐府，名曰《无双谱》，亦圭所刻。选入养

①金良年《清代武英殿刻书述略》，《文史》第三十一辑，中华书局，1988年。文中称康熙四十四年“又对造办处机构进行了调整，将一些与刻书无关的作坊划归养心殿造办处管理”，事实上造办处早在康熙三十年就已搬离养心殿，因此这一说法可能也需存疑。

②按据杨海宁《清宫造办处匠人研究》，康熙四十年（1701）武英殿砚作改归造办处，五十七年（1718）珐琅作归入造办处，并称“武英殿造办处在一系列的调整之后，逐渐削减了匠作的数量，只专注于修书，于雍正七年（1729）正式改为武英殿修书处”。但“雍正七年”的说法，并没有提供材料。武汉大学2017年中国史硕士学位论文，第10页。

心殿供事，凡大内字画，俱出其手。后以效力，授为鸿胪寺叙班。[1]

文中称朱圭“选入养心殿供事”，养心殿是造办处最初的设立之所，也曾一度成为造办处的代指，就像武英殿后来多代指修书处一样。朱氏入养心殿，说明他供职的机构实际上是造办处而非武英殿修书处。他的作品，除府志中所载的《凌烟阁功臣图》、《无双谱》外，尚有《万寿盛典》、《御制耕织图》等，多为人物画像，也可看出他所擅长的正是雕刻版画。此外与朱氏同列鸿胪寺序班并同刻《御制耕织图》的梅裕凤，不仅擅长刻版画，而且擅长刻康熙御笔，应该也是造办处的刻工。翁连溪《清代内府刻书研究》曾引《武英殿镌刻匾额则例》中康熙四十五年（1706）一条档案云：“陕西巡抚鄂海为镌刻华阴庙新建广仁寺碑文事，奴才等曾以在西安地方未有镌刻皇上御书奇字之人，俟来年天暖请大内善刻之人镌刻。朱批：善刻文字匠梅裕凤打发去了。”[2] 可见梅裕凤还曾为镌刻康熙御字被外派至陕西，也算是不小的恩宠。惟值得注意的是，这条材料被收入《武英殿镌刻匾额则例》，而镌刻匾额实属造办处的职责范围。这或许也可说明至少在康熙四十五年，武英殿内仍有造办处所属作坊，武英殿之名也尚未成为修书处的专称。

而据朱家溍整理的《养心殿造办处史料辑览》，还可以

①宋如林修、石韫玉纂《（道光）苏州府志》卷一〇六“人物·艺术下”，清道光四年刻本。

②翁连溪《清代内府刻书研究》，第39页。

找到不少关于造办处刻字工匠工作的具体内容，如雍正元年“刻字作”条目下云：

> 雍正元年正月十七日懋勤殿首领太监苏培盛交寿山石夔龙纽宝一方，上书朱字“雍正御笔之宝”。奉旨：篆样呈览过再镌刻。钦此。于正月十九日翰林张照篆样一张、技艺人滕继祖篆样一张、南匠袁景劭篆样一张、刻字人张魁篆样一张。怡亲王呈览。奉旨：张照篆样文范，但笔画微细，照袁景劭篆书的笔画另篆。再，滕继祖篆样上“之”字篆法好些，问张照“之”字篆法有何讲究。钦此。于正月廿二日翰林张照篆样二张、技艺人滕继祖篆样三张、南匠袁景劭篆样三张、刻字人张魁篆样三张，怡亲王呈览。奉旨：准张照古篆“雍正御笔之宝”，将“之”字下横取平，选吉时照样镌刻。钦此。[①]

这段文字记录的是内府诸臣工为雍正玉玺写样篆刻的过程，虽然说的是刻印而不是刻书，但也可借此一窥造办处工匠的作用和地位。令人惊讶的是，雍正帝最后虽然取的是翰林张照的篆样，但还是认真参考了滕继祖、袁景劭两位工匠的设计，足见对工匠的重视。

值得一提的是，前引材料中于袁景劭前冠“南匠”二字，正涉及清代内府雇佣匠役的相关制度，即所谓北匠、南匠：

---

①朱家溍《养心殿造办处史料辑览（雍正朝）》，紫禁城出版社，2003年，第6—7页。

造办处匠役，分南北两匠。北匠指北京言，而籍贯则又非皆京籍，乃华北各省皆有。而玉匠中之新疆回人，则亦列此。其南匠，则又非尽指江南，乃湖广闽粤苏杭及欧人皆有之。因此辈皆为南省各大吏所送进，故普称之曰南匠。……北匠又分旗、汉两匠。旗匠分官匠及包衣匠二种，官匠为八旗人及蒙古人，包衣匠为内务府三旗人。汉匠则分食饷及招募两种，食饷者为长期之汉匠，招募者为临时雇赁之汉匠。南匠则分三种，曰抬旗南匠，乃不论种族，隶籍内务府，永不归南者。曰供奉南匠，必年老，始放回原籍。曰传差南匠，因某种制造，而招募入京之南匠，及此某种制工竣，即资遣回籍者，乃临时之南匠也。①

文中虽然讨论的主要是“造办处匠役”，但南北匠制度实际上适用于隶属内务府的所有匠役，自然也应包括武英殿修书处等其他机构的刻字工匠。从所述看，无论是南匠还是北匠，都分长期雇佣和临时雇佣。尽管清代已经废除了匠籍制，但是匠人中仍不乏长期供职于内府者。如武英殿监造处各作“有额定钱粮匠役近百名，大都由旗人充当，又称‘家内匠役’、‘旗匠’，一般都是终身当差，多为书匠和刷印匠”②，这里所说显然就是长期雇佣的北匠。而

①崇璋《造办处之作房及匠役》，见《中华周报》1945年第2卷第19期，第8页。

②刘蔷《清代武英殿刻书之组织运作与技术创新——基于匠作则例之考察》，第170—171页。

南匠由于故乡遥远，一旦长期雇佣，无论是“永不归南”，还是“年老始放回原籍”，对他们的生活势必都会造成极大的影响。

不过内府长期雇佣的工匠并不占多数，临时性雇佣才是官方雇佣的主要形式。一般情况下，各作常设的刻字匠只有四至六人，“遇有任务，准予外雇”①。而在乾隆年间刊刻《大藏经》的官员禀文中，还提到了内府临时招募江南刻字工匠的情况：

京师刻字匠(很)[役]不过四百馀名，除上谕馆、武英殿等处雇用二百馀名外，所馀无几。今板片如蒙俞允，交地方官采办，则板片可以敷用，但刻字匠役不能多得，于工程仍属迟延。臣亦请交三处织造，照所定刻经板一块工价银七钱二分之例，令其召募数百名来京刊刻，庶时日不致迟滞。②

这段材料说明几个问题。第一，武英殿等内府刻书机构雇佣的刻工，已占京师全部刻工数量的一半，足见内府刻书之盛。第二，武英殿等机构的常设刻字匠只有数人，因此两百馀人中绝大多数应是从京师刻工中招募的临时工匠。第三，当临时需要刊刻大型书籍缺乏大量刻工时，清廷还会从外地征调、招募多达数百名的临时刻工。文中提及的三处织造，应当是指江宁、苏州、杭州三处织造，其所征募

①翁连溪《清代内府刻书研究》，第39页。
②翁连溪《清内府刻书档案史料汇编》“乾隆元年二月十七日”条，广陵书社，2007年，第104—105页。

的刻工显然也出自这些地区，这恰恰也是民间刻书业最发达的地区。第四，为了招募更多刻工，清廷也开出了一块经板七钱二分的工价，相比武英殿日常每百字六至八分的工价，显然有比较大的上调。从这些情况看，自从废除匠籍以后，内府对刻字工匠的雇佣显得比较灵活多样。其中虽然仍不乏政治上的压制，但也能给予一定的经济补偿，显然比前代更契合雇佣制度的精神。

二、地方刻书机构——以官书局为中心

清代地方官刻的代表当属兴起于晚清的各省官书局。同治二年（1863），曾国藩于安徽安庆首创官书局，次年移置南京城南铁作坊，即名金陵书局（后改名江南书局），这是清代最早的官书局。据张秀民《中国印刷史》介绍，其后各省又先后创建了江楚书局（南京）、苏州书局（苏州，又名江苏书局）、淮南书局（扬州）、浙江书局（杭州）、曲水书局（安庆，又名安徽书局）、江西书局（南昌）、崇文书局（武昌）、思贤书局（长沙）、存古书局（成都，又名成都书局）、皇华书局（济南）、濬文书局（太原，又名山西书局）、福州书局（福州）、广雅书局（广州）、云南书局（昆明）、贵州书局（贵阳）、直隶书局（保定、天津），共计十七家，几乎遍及全国各省。由于距今较近，这些书局往往能够留下比较丰富的文献材料，其中不乏与刻书工匠相关的内容，惜此前学者多未加留意。现就笔者所见略加考订，以期对金陵书局、江苏书局等江南地区主要官书局的刻工情况作一些初步的梳理。

（一）金陵书局与李光明庄

江南诸局之中，金陵书局创办最早，刊书质量也最为后人称道。其创设者曾国藩对刻书工匠有比较严格、具体的要求，曾于同治六年（1867）致信书局提调周学濬，讨论有关刻板的一些基本原则云：

> 前此面商前后《汉书》，每卷之末一叶刻一戳记，云"金陵书局仿汲古阁式刻"，昨见局版尚未添刻，请即饬令以后各卷皆须增刻，以前各卷可补者补之，不可补者听之。仆尝论刻板之精者，须兼"方粗清匀"四字之长。方以结体方整言，而好手写之，则笔画多有棱角，是不仅在体，而足在画中见之；"粗"则耐于多刷，最忌一横之中太小，一撇之尾太尖等弊；"清"则此字不与彼字相混，字边不与直线相拂；"匀"者字之大小匀，画之粗细匀，布白之疏密匀。既系长远之局，须请局中诸友常常执此四端，与工匠讲求，殷勤训奖，严切董戒，甚至扑责议罚，俱不可少。自然渐有长进。或写手略分甲乙，上下其食，伏候卓裁。至卖价不妨略昂，取其赢馀，以为续刻它书之资。请酌拟一价，仆再核定张贴局门，使人共知工匠之殿最。赏罚亦请酌议条规，即庋板开刷等事均立章程，以便遵守。……宋体字书刻之精者，必汲古阁《乐府诗集》、《擘经室集》之类，须觅一二初印存于局中，以作榜样，吾辈留心物色可也。[①]

①曾国藩《曾国藩全集·书信九·复胡林翼》，岳麓书社，2011年，第30册第308—309页。按此信系于清同治六年十二月二十二日。

所谓“方粗清匀”，不仅涉及字体之审美，而且特别注重上版、刷印等工序的实际操作性。信中还提出对工匠须奖罚分明、按质计酬、设立章程等建议，也显得切实可行。可见曾氏于刻书一道确实颇有心得。次年，莫友芝见到信中所及之局刻《汉书》，认为“以‘方粗清匀’四字为致工法式，校诸刻为醒目”[①]，可见这一四字法则颇为局中诸人所接受。值得一提的是，在曾国藩看来，最能体现此四字法则的当为明末汲古阁所刻之书（学海堂刻《揅经室集》亦与之相类）。因此金陵书局所刻诸史，不仅内容以汲古阁为本，即字体也模仿汲古阁经典之扁平式样。[②]

当然，虽有四字法则，如果没有好的工匠将之付诸实施，显然也没有意义。在工匠的雇佣上，金陵书局基本上委托给了晚清著名书坊李光明庄。按此坊主人李光明（1823—1896），原名李允银，字象春，别号光明道人，又号晓星樵人，室名何陋居，祖籍安徽旌德汤村。书坊店址在南京三山街大功坊秦状元巷中，后又设分肆于状元境状元阁。[③]该坊在晚清刻书极多，发行面也广，因此受到后人的

①莫友芝《莫友芝日记》“同治七年八月初十日”条，张剑整理，凤凰出版社，2014年，第256页。

②当然也有对这种字体持批评意见的，如魏隐儒《中国古籍印刷史》就认为：“金陵书局所刻的书，字体稍扁，横轻垂重，比‘汲古阁本’还显拙笨，行字之间排列过密。刻字笔画和印刷手法过重，印刷系用煤烟，浊而且浓，使读者眼前有黑沓沓一片之感。”第149页。

③关于李光明的具体情况，可参见潘健、纪景超、王慧《李光明及其家族后人考证》一文，《图书馆界》2019年第3期。

较多关注。惟关于李氏为金陵书局刻书之事，却似乎很少有人提到。考虑到李光明在开设书坊之前也曾作为刻工刻书，因于此略作考述。

关于李光明为金陵书局刻书一事，笔者浅见所及，最早提及的应该是卢前的《书林别话》，其云：

> 近百年刻书业则始于洪、杨事变之后，随曾、左而起者曰李光明，江南官书局所刻皆出李氏。其后则有姜氏，刻内典者则为潘氏。李光明在秦状元巷，潘氏在承恩寺十间房，主人曰潘文法。姜氏名文卿，在东牌楼党家巷。①

这里虽然指出“江南官书局所刻皆出李氏”，但只是一笔带过，语焉不详。后来黄永年也曾在《古籍版本学》一书中提及：

> 其中金陵局本的扁方体字刻得好，当由其时南京著名刻书铺李光明庄承刻……金陵局本中的常用要籍还有覆刻殿本《相台五经》，用宋元人注和古注凑成的《十三经》、《四书集注》、《元和姓纂》、《元和郡县志》、《太平寰宇记》、《元丰九域志》、《舆地广记》等古地志，《文选》、《楚辞补注》、《读书杂志》，当也多由李光明庄承刻。此外李光明庄还代刻并自刻了不少书，自刻的我见到书目，多数是当时儿童和青年人的必读

---

①卢前《书林别话》，收入张静庐辑注《中国现代出版史料·丁编》，上海书店出版社，2011 年，第 635页。

书和其他社会上的通俗用书。[1]

这里虽然一口气列了很多书名，但仍然没有提到材料出处，在这些书籍上也没有找到李光明庄的刊记。后来笔者在徐雁《南京书肆记》一文中看到出自《李光明书庄价目》卷首的李光明书庄告白书[2]，惟徐雁的关注点主要在于李光明以宋代陈起、明末毛晋为楷模，却没有注意到此文也叙述了李光明与金陵书局合作之渊源，因略引如下：

本庄开设金陵近六十年，制造书籍选用上料纸张，加工印订，向有划一价目……自丁卯孟春朔日起，依照新订价目购取可也。此布。（封面告白）

南宋临安睦亲坊有书贾陈起刻《江湖诗集》行世，其名播于士大夫之口。明季则琴川毛晋所刊汲古阁书驰声海内，今流风未沫也。余视前人无能为役。溯自粤氛正炽，余挟末技侍曾文正公，时军檄旁午，独任剞劂。嗣为文正暨忠襄刊《王船山先生全集》，复在皖省开雕十数种，颇获文正许可。承平以来，文正创江南书局，凡镌印事命予综其成。余因设书庄于金陵，自梓各种书籍，皆选最上纸料，力求精致，诸工人

①黄永年《古籍版本学》，第170页。

②按据来新夏《书人书事评说（二则）》一文中提及："如《李光明书庄价目》一文，是据我的一位小友王振良提供的复印本而发掘敷陈出几段书林掌故，启发后学一种寻求散佚史料的途径。"略记于此，亦备掌故之资。收入《天一阁文丛》第二辑，宁波出版社，2005年，第262页。

亦绝无劣手。(卷首重订说明)

从此文看,李光明从太平军作乱起,就一直追随曾国藩左右,并为他刊刻军中文件。按曾国藩在同治二年(1863)七月二十七日所上奏折中,曾提及"哨弁黄忠胜、李光明……等纵横荡击,各负重创"[①],未详这里的李光明是否即刻工李光明。不过李光明自述曾参与刊刻《王船山先生全集》(即《船山遗书》),而此书正是谋刻于同治二年(1863)。当时曾国藩还因招募不到写刻好手而致信漕运总督吴棠,并请其代为挑选:

> 现在同乡创议刊布全书,舍弟等捐集刻资,已有成说。惟敝乡写刻苦无佳手,拟在皖省设局,招致好手开雕。昨检阅郝兰皋先生《尔雅义疏》丙辰年刊本,极为精审,知系袁兴高君伯平一手校雠。似闻写刻各匠均系昔年金陵专门之业,近岁寓居淮城,拟请其挑选十馀人,前来安庆开工。已由敝幕钱子密函致高君,详达一切。惟梓人动身须先给盘川等项,奉求阁下一为垫发,即由敝处遇便寄还。琐费清神,至以为荷。[②]

如果前及哨弁李光明与刻工李光明确系同一人,那么他很可能正是因为湖口一战而得到了曾国藩的关注,并因其有刻书之技艺而被招揽到正缺刻工的《船山遗书》的刊刻工作中去。

---

①曾国藩《曾国藩全集·奏稿六·湖口防军屡胜群贼全遁折》,第6册第366页。

②曾国藩《曾国藩全集·书信六·致吴棠》,第27册第214—215页。

其后金陵书局创立，李光明随同曾氏南下金陵，并开始协助处理书局刻书诸事。此前刊刻《船山遗书》的十馀位刻工，很可能也继续参与了金陵书局的刻书工作。这种合作关系至少维持到同治十一年（1872）曾国藩去世，其时李光明还曾敬赠挽联云："嘉惠士林，四部菁华皆授梓；周知民隐，百工技艺尽沾恩。"[①]所云正非常贴合一位刻工的身份。而从二人多年的交谊来看，李光明所宣称的对汲古阁的仰慕，很可能正与曾国藩有关。此种刻工与一代名臣大儒之间的交往，亦可视为一段佳话。

值得一提的是，李光明并没有细说其为金陵书局刻书与开设书坊之间的因果关系，只含糊以"因"字一笔带过。不过从上下行文看，李光明庄的设立是在金陵书局迁至南京即同治三年（1864）以后，应该是毋庸置疑的。前引封面告白也可佐证此事，其落款署"丁卯孟春朔日"，当指民国十六年（1927）正月初一日，而以"开设金陵近六十年"逆计之，则其开设时间还要后推至同治六年（1867）以后。现今一部分古籍目录中出现李光明庄于道光甚至雍正时期所刻书籍，显然是有误的。

有趣的是，据《张文虎日记》记载，李氏刻书虽然质量尚可，却存在冒领工钱的现象：

局中刊书计字算帐，向由提调批发，至江宁府署

①黄翼升等撰、喻盘庚标点《曾国藩荣哀录》，见黎庶昌编《曾国藩年谱》附录二，岳麓书社，1986年，第60页。

> 领钱。去夏工头李姓以已算之卷濛领,冒支至三百馀千。今自缦老去后,继者未至。计字给钱归之府署,而收样归之局中。予恐复蹈前辙,议刻局收照以钤记为凭,设立号簿骑缝存根,满月缴销勘验,太尊深以为便。①

检《张文虎日记》"同治五年十月十九日"条,有"工头李光明馈宁国茶,味颇厚"之语②,可知这里的"工头李姓"即李光明。日记系于同治八年(1869),故"去夏"指同治七年(1868)夏天。联系前文李光明于同治六年或更晚之际开设书坊一事,不免令人猜测是否与此次冒领工钱而使书局诸人心生嫌隙有关。不过事实上,早在同治四年(1865),欧阳兆熊就曾致信莫友芝,称"李光明乃刻工内第一坏种。敝局在清江刻工内革去多人,渠欲私留,故借尊事涂饰耳目"③,可见李光明与书局诸人交恶,实早已有之。④

尽管李光明曾为金陵书局综理刻书之事,但却并没有在书上留下自己的名字。在书版上留下名字的,据笔者所

---

①张文虎《张文虎日记》"同治八年正月十八日"条,第169页。

②张文虎《张文虎日记》"同治五年十月十九日"条,第67—68页。

③欧阳兆熊致莫友芝札,见张剑《莫友芝年谱长编》同治四年"本年"条,中华书局,2008年,第389页。

④按光绪年间李光明庄曾承揽李鸿章全集之刻,因工费诸事引发董理者廉泉与李鸿章次子李经迈互讼的"帆影楼"公案,辛德勇《迷离帆影楼》一文详述此事,并有"李光明庄虽然只是个刻书的商坊,主人却极重信义,'诚笃不欺'"等评价,两相对照,亦颇为有趣。文见《藏书家》第8辑,第92—101页。

知则为甘国有。如同治五年（1866）刻《净土四经》、《大乘起信论裂纲疏》六卷，同治十一年（1872）刻《毛诗》二十卷，均有"金陵书局甘国有镌板"刊记一行。其中《经土四经》实际上是代金陵刻经处创始人杨仁山所刻，这也是杨氏所刻第一部佛经。惟其时杨氏尚在曾国藩幕中，而金陵刻经处则要迟至光绪二年（1876）才正式成立。杨氏在光绪四年（1878）年致次子杨自超的信中提及"甘国有、汤炳南二人刻工账目，年底均须付清，不可挂欠，亦不可长支"①，可见甘氏一直到光绪四年（1878）都还在为杨氏刻书。而徐平轩《金陵刻经处》一文则云："刻工潘文法专刻图像；黄正喜、朱长海，刻字兼刻图像；甘国有、汤炳南专司刻字。他们的工资是按件计算，由捐主指刻图像及刻经的专款支给。"② 则甘国有后来似乎成为了金陵刻经处的主要刻工之一。

（二）其他官书局之刻工雇佣

金陵书局之后，各地官书局如雨后春笋般相继建立。同治四年（1865），李鸿章在苏州燕家巷创建江苏书局，至同治七年（1868）丁日昌任江苏巡抚，又对书局进行扩充，自此刻书数量大增。③ 是年，江苏书局拟翻刻嘉庆年间胡

①杨仁山《杨仁山大德文汇》，华夏出版社，2012 年，第 377页。

②徐平轩《金陵刻经处》，《江苏文史资料选辑》第 10 辑，江苏人民出版社，1982 年，第 201页。

③按江苏书局建立时间有同治七年一说，徐苏《江苏官书局考辨》一文已辨之（《图书馆杂志》1990 年第 5 期），今从其说。

克家仿元本《资治通鉴》,并专门公开招募刻工,惟其招募方式比较特别。今存同治七年江苏书局刻《司马氏书仪》十卷,其内封背面牌记云:

> 同治七年夏四月,江苏书局将覆刊司马文正《资治通鉴》胡注兴文署本,刊手杂募,不能别良拙。乃以文正《书仪》归安汪氏仿宋本各试刊一叶,第其去留。未匝月而工完。

可见为了挑选优秀的刻工,江苏书局以试刻一叶的方式加以考试,以判断其水平之高下。如果没有官方书局这样的背景,要实施如此大规模的招募想必还是有一定困难的。有趣的是,这部用来筛选刻工的试刻之书并未废弃,江苏书局将所有试刻之叶归并在一起,就成了一部完整的《司马氏书仪》。如今此书在国内各大图书馆中颇为常见,可见当时印行量亦不小。

然而由于《资治通鉴》卷帙过于庞大,即便公开招募,刻工数量仍然无法满足工期的要求。五月,总校莫友芝即在致丁日昌兄丁溢之的信札中,委托其在广东代为招募刻工:

> 令弟中丞以书局开雕《资治通鉴》,工程浩大,此间招募刻工仅得数十人,恐其多延日月,骤难蒇工,拟烦吾兄于广东募妥善刻手五十人,得六十人更妙,每二十人派一人作头领,雇轮船载以来,此间亦更为添募,以期迅速。其刻字章程,每字一百个,不拘大小,价百八十文,梨板在内归匠,翻样在外归官,系以胡果

泉所刊初印本翻刊。其板用匠尺足九分厚，每块高七寸三分、宽约九寸三四分，俱用整块，不用两镶。粤中梨板易求，能便带二千馀块来尤妙。其川资板价，中丞当预筹之，诸幸留意。[①]

信中提及本地刻工“仅得数十人”，显然是指四月在苏州招募的结果。苏州本是江南地区刻工最集中的城市之一，如今官方招募也只得区区数十人，可见经太平天国一役，刻工流失得非常厉害，以至于要远赴广东招募刻工。当然，这应该也与广东刻书业发达、刻字价格低廉有关。值得一提的是，江苏书局刻《资治通鉴》，是从末帙往前倒刻，刻至卷二〇八时，购得胡克家原刻之旧版片，恰好为前二〇七卷，于是乃成全帙，一年内完成此书之刻。[②]在刻工紧缺又工期紧张的情况下，利用旧版片刷印，也是当时的普遍做法[③]。

民国三年（1914），苏州设立江苏省立第二图书馆，江苏书局归并成为图书馆的附属机构，并改名为官书印行所。据曾担任书局主管员的蒋吟秋回忆，其时“刻书印书则采取自备材料，包工承印办法”，“负责印刷方面的技工以毛侍庭、汪水生的服务时间为最久。刻字技工则以陈海

①莫友芝致丁溢之札，见张剑《莫友芝年谱长编》“同治七年五月初三日”条，第470页。

②参见张剑《莫友芝年谱长编》“同治七年十二月二十三日”条所引莫友芝《资治通鉴后识》，第487页。

③如江苏书局除《资治通鉴》原版外，尚购买了毕沅《续通鉴》、夏燮《明通鉴》的版片。

泉、包富庭所承包的居多”[①]。其中“毛侍庭”应该就是毛上珍的后人，当时掌管毛上珍局。[②]这些虽然是民国以后的情况，亦是弥足珍贵的刻工资料，因赘录于此以供参考。

浙江书局则于同治六年（1867）正式成立，局址初设在杭州小营巷报恩寺，后移至中正巷三忠祠，报恩寺则成为官书坊。魏隐儒指出，浙江书局集中了谭献、黄以周等诸多名家，同时杭州丁丙、丁申兄弟的八千卷楼又富有藏书，这些都使浙江书局享有极其优越的校书、刻书条件。“浙江书局刻书选用底本都要经过一番研究，如名刻《二十二子》都是各家校刊及明‘世德堂本’为依据的，是子书丛刻中最完美的本子”，同时校勘精当，“所刻《九通》（注）、《玉海》等，错讹极少，可以说超过殿本”。书局在版式字体上也有不少改进[③]，“为使贫寒学子容易购求，刻版时把原本缩小版式，增多行字，以尽量减少成本”，又“字体秀丽，胜过金陵局刻”。魏氏于最后总结云：“浙江书局所刻书，在

---

①蒋吟秋《江苏官书局及其书板》，收入《苏州文史资料》（1—5合辑），政协苏州市委员会文史资料委员会，1990年，第328—329页。

②光绪三十一年（1905）增修木活字本《程氏支谱》有陈增瑞跋云：“动支经费钱二百八十串，倩苏城临顿路毛上珍侍庭摆板刷印，装成一百部。”可知这位毛侍庭，正是毛上珍局之人。又孙诒让在光绪三十三年（1907）重刻本《墨子间诂》跋语中，曾提到毛上珍局另一位经营者毛翼庭。则从名字看，二人很可能是兄弟辈，曾先后掌管毛上珍局。

③据宋立《浙江官书局研究》一文统计，浙江书局所刻书之行款，多为每半叶九至十一行，每行字数二十至二十三字，亦有多至三十字者。河南大学2010年历史文献学硕士学位论文，第22—23页。

局本中应居首要地位。”评价可谓颇高。[①]而张秀民《中国印刷史》亦称“各局刻书多而最精者，首推浙江官书局”[②]，同样将浙江书局视为官书局中之佼佼者。

浙江书局刻书既多且精，在刻工的组织与雇佣上必然也有一定要求。据陈其元《庸闲斋笔记》记载，左宗棠曾于宁波创办刻书处，“嗣杭城收复，复于省中设局办理，即以宁波之工匠从事焉”[③]。所谓“省中设局”，即指浙江书局，可见其时最初一批刻工来自宁波。又据丁申《武林藏书录》卷上“浙江书局”条记载：

> 同治六年，抚浙使者马端敏公加意文学，聘薛慰农观察时雨、孙琴西太仆衣言，首刊经史，兼及子集，奏开书局于篁庵，并处校士于听园。派提调以监之，选士子有文行者总而校之，集剞劂氏百十人以写刊之，议有章程十二条。自丁卯开局至光绪乙酉凡二十年，先后刊刻二百馀种。[④]

按丁丙、丁申兄弟曾大力襄助浙江书局之刻书事业，因此其所提供的数据应该具有相当的可信度。惟据顾志兴考订，文中刻书“二百馀种”的数目并不准确[⑤]，因此所谓“百十

---

①以上俱见魏隐儒《中国古籍印刷史》，第149—150页。

②张秀民《中国印刷史（增订本）》，第400页。

③陈其元撰、杨璐点校《庸闲斋笔记》卷三“左爵相创设书局”条，中华书局，1989年，第60页。

④丁申《武林藏书录》，收入《丛书集成续编》史部第66册，上海书店出版社，1994年。

⑤参见顾志兴《浙江书局始末及其所刊书》，《文献》1990年第1期。

人”的刻工数据，很可能也只是一个大致的估算。但从浙江书局的刻书量来看，应该也不会相差太远。浙江书局后并入浙江图书馆，据馆员毛春翔统计，截至民国二十一年（1932），图书馆所藏板片总计为十六万三千六百九十片，其中自刻者十二万二千四百八十六片，各家捐赠者四万零一百五十一片。[①]所谓“自刻者”，即绝大部分都是浙江书局所刻，保守预计也在十万片左右，这还没有算上遗失或毁坏的。这样大的刻书规模，无疑需要一支数量可观的刻工队伍。据张秀民《中国印刷史》记载，湖北书局“先后刻书约二百五十馀种，版片十四万馀块……其盛时常有刻印装订工六七十人”[②]，这一规模相比浙江书局似乎相去不远，亦可作为一个参考。

清末官书局之刻书，除了振兴文教、传播典籍外，还有安顿刻书工人的意图。光绪五年（1879），曾国荃于山西太原筹办濬文书局，在致何璟（字筱宋）的书信中曾云：

> 弟到晋后，早拟设立书局，择要刊刻，因赈务繁兴，未遑兼顾。今灾伤未已，手民歇业，无以为生。因与两司相商，勉强设局，既可收养艺民，借以振兴文教。不敢仿南中廓大规模，只就家弦户诵之书量为刊印，所费尚不甚多，刻已开局办理。[③]

①参见顾志兴《浙江书局始末及其所刊书》，《文献》1990年第1期。

②张秀民《中国印刷史（增订本）》，第401页。

③曾国荃《致何筱宋》，收入梁小进主编《曾国荃集》第四册，岳麓书社，2008年，第23页。

所谓“手民歇业，无以为生”云云，虽然只是山西一地之写照，却也从侧面反映了其他地区的刻工境况。联系此前江苏书局远赴广东招募刻工之事，不禁令人感慨清末传统刻书业的渐趋凋零。

第二节　民间刻字店的兴起及其经营模式

与官方刻书业相对应的，则有民间刻书业。就清代的民间刻书业而言，有一个现象尤其值得关注，那就是以“承刻承印”为主要经营模式的刻字店的兴起。它们与传统书坊既有竞争，又有合作，交相辉映。至清代晚期，甚至还出现了书坊将刻字业务外包给刻字铺的现象。事实上，现代出版业正是朝着这个方向发展进化的——负责书籍全部出版过程的书坊演变为出版社，而刻字店则成为专门负责排版与印刷的工厂。本节就将围绕刻字店的产生及其独特的经营模式展开讨论。

一、刻字工头的身份转变与刻字店的兴起

在上一章中我们就曾提及，宋元至明前中期的刻工题名多为“称名式”，一部书往往有数位乃至数十位刻工的题名，且往往并无非常固定的合作搭档。这表明当时的刻工多为独立散工，且刻工之间并没有固定的群体性合作。而至明代中后期特别是清代，这种现象便逐渐减少，取而代之的是绝大多数书籍中往往只有一位刻工的姓名，而且通

常是以所谓“称籍式”、“并题式”、“称店式”等题名方式记录在序言、目录或全书的最末。有学者认为这种署名位置的改变暗示着刻工地位的高下[①],这当然有一定道理。但其中更值得关注的,应该还是刻工身份属性的改变。换句话说,明代中后期之后出现在上述“称籍式”、“并题式”、“称店式”这类题名中的刻工,有很大一部分可能已经从普通刻工的身份转化成为更具精英特质的工头或刻字店主人。

按刻工工头在宋代就已存在。前引《夷坚志》中提到的“作头胡天佑”,就属于刻工工头。然而宋元时期的工头,应该主要是工人头领的作用,他与下属刻工之间更接近于一种松散的管理与合作关系,而非经济关联。这一点从当时刻工基本上都采取“称名式”这样一种各自为政、分叶署名的方式即可略窥一二。分叶署名就意味着各自结算报酬,同时也自负其责,工头能够起到的经济作用可谓微乎其微。而明清时期工头的身份已发生了转变,其与下属刻工之间开始逐步建立起一种较为紧密的二次雇佣

---

①如刘向东《古代雕版印刷组织中角色解析——以中日合作雕版印刷〈欠伸稿〉等为例》一文认为,在版心下方以小字留名的工匠地位最低,地位稍高的工匠会在正文首页中缝下端左右两半题名,再高级的工匠会在序文首页下端题名,或者在序文后刻一行。在全书后题写的写工刻工姓名,往往表示全书由这些写刻工匠完成,这类工匠的地位无疑比中缝下端题名的要高得多。而如果工匠的姓名题写在文前,虽排列在著作者编纂者后面,那也是工匠留名的最高待遇了。收入《江淮文化论丛》第3辑,文物出版社,2014年,第350—351页。

关系。换句话说，刻书者雇佣工头，工头再雇佣普通刻工。最早注意到这一现象的是日本学者，长泽规矩也在《刻工与出版者的关系》一文中曾指出“（元代及明代刻本）与大部分宋版书不同，同一名刻工会刻数页、十几页乃至一卷书”，并引田中庆太郎的说法作出解释云：

> 田中氏（田中庆太郎）就此认为，那是刻工一方的经济组织发生了变化，刻工之间显然形成了工头师傅和工匠的关系，工头从出版商那里承包工作，让工匠分担。如此一来，像书籍的大小、字数等问题，也都由工头定夺。即便雕刻同一块版木，简单容易的线条让徒弟雕刻，难刻部分或最后完工部分则由工头亲为，版木上雕刻的大概是工头的名字。[①]

日本学者敏锐地观察到，元明以降的刻工，所刻书页的数量有了一定的增加，并推测其中可能存在承包性质的工头。所谓“工头”、“承包”的结论虽然缺乏非常直接的证据，且同一位刻工刻数页、十几页乃至一卷书也实属寻常，但其思路还是颇具开拓性。事实上，即便这一结论在元明时期还有待商榷，但发展到清代则已成为一种事实。这一点仍然可以通过清代出现的一些刻工题名来略窥端倪。

大概从清中叶开始，刻工题名中陆续出现了“匠首”、“董刊”、“董工”、“领刊”这样的用词。所谓“首”、“董”、

---

①此段翻译转引自［日］大木康著、周保雄译《明末江南的出版文化》，第32页。又长泽规矩也原文收入《长泽规矩也著作集》第三卷《宋元版の研究》，东京汲古书院，1982年，第215—218页。

"领",即为首领、主持、统领之意。如果放在刻工身上,显然就有工头之意。如乾嘉间刻工王景桓,其嘉庆十年(1805)刻《春秋三传》十六卷,刊语作"江宁王景桓董工",又嘉庆十二年(1807)刻《存素堂文集》四卷、嘉庆十三年(1808)刻《五七言今体诗钞》十八卷,刊语均作"江宁王景桓董刊",这些都表明了王景桓的头领身份。又如嘉庆二十四年(1819)刻《生香馆诗》二卷《词》二卷,刊语作"长洲许翰屏仿宋书,周宜和董刊";嘉庆二十五年(1820)刻《人寿金鉴》二十二卷,刊语作"金陵柏华陞董刊,店开扬州青莲巷内";道光十一年(1831)刻《晚闻居士遗集》九卷,刊语作"武林爱日轩陆贞一仿宋写并董刊";道光十三年(1833)刻《泰云堂集》三十五卷,刊语作"闽省宋钟鸣领刊",这些刊语中都使用了"董刊"、"领刊"等词,可知所涉周宜和、柏华陞、陆贞一、宋钟鸣等人都是刻工首领(事实上后三者都可确证是刻字店主)。

此外还有另一种形式,即通过署名位置的不同来显示某位刻工的头领身份。如清末湖北崇文书局翻刻清初缪曰芑覆宋本《李太白全集》,其总目后有"陶子麟镌字"字样,而各卷版心下方尚有陶雨麟、陶仓郎、陶长发等二十馀位刻工的名字,显然陶子麟正是其他刻工的头领,因此享有在全书总目后单独署名的权利。

当然更多的清代刻工题名中,并没有如此直接的证据。不过当我们看到大量书籍(特别是一些动辄数十卷甚至上百卷者)从头到尾只署一位刻工之名的时候,很容易就能察觉到其中所存在的承包关系。[①] 例如嘉庆间胡克家刻《资治通鉴》一书，刊记作“江宁刘文奎弟（文楷 / 文模）镌”，而全书总卷数多达三百馀卷，又是仿元精刊，仅凭刘氏兄弟之力恐怕无论如何都无法在短短几年内完成。而通过研究，我们很容易就能知道刘氏兄弟实际上已经是刻字店的主人，因此这一署名不过是提示其承包者的身份而已。

由此可知，与宋代作用并不明确的“作头”不同，清代的刻工头领与普通刻工之间，已经确凿无疑地产生了如日本学者所推测的那种承包关系。工头向出版者承接刻书任务，并向普通刻工分派任务。且为了提高效率，刻工之间往往存在分工合作，而非分叶合作的关系，因此按叶计酬也就变得相当困难。他们的刻字收益，只能通过工头来实现再分配，因此其姓名通常就无需再出现。像前及陶子麟率众刻工一起署名的例子，在清代其实是比较少见的。

上文在例举清代诸多刻工头领的时候，曾提到他们中有不少实际上是刻字店主的身份。事实上，通过追溯大量的刻工个案，不难发现清代的刻工头领绝大多数都会逐渐发展成为刻字店主，且这两种身份光凭题名有时很难作出区分。这也是清代民间刻字业中非常值得关注的一个现象。

所谓刻字店，是一种专门从事刻字业务的手工作坊，

---

①李国庆《漫谈古书的刻工》一文认为这是因为方体字的出现（原文称“横轻直重易于刊刻的仿宋体字”），使得“一人就能承担一部书版的刊刻工作”，这可能并不符合实际。因为清代署一位刻工姓名者，还有大量的写刻本。

虽亦兼营刻章、代书对联等其他业务，但一般认为还是以刻书为主。关于刻字店到底兴起于何时，并没有一个明确的说法。程章灿《石刻刻工研究》认为“自宋代以来，民间就有刻字店”[①]，但是并没有明确的实物或文献依据。目前我们能够在文献记载上找到的最早的刻字店，是《石刻考工录》所记载的明万历二年（1574）前后设店南京贡院前的黄起文刻字店，即所谓“章田（吴门）、顾兰台（江宁贡院前黄起文刻字店），万历甲戌（二年，1574）同刻《澹虑堂法帖》”[②]。然而这条材料实不无可疑。

首先，《澹虑堂法帖》虽是明代所刻，但清代曾作增补，亦即容庚《丛帖目》中所提到的“《澹虑堂墨刻》八卷”，“乾隆三十六年，吴江汪鸣珂撰集，吴郡王景桓镌刻”。[③]如果《石刻考工录》所记为清代增刻之帖，则其中必然会有明清两朝刻工同时并存。其次，两位刻工虽然有迹可循，但只有章田可证系明人。按章田曾于嘉靖三十五年（1556）刻《性理大全书》七十卷[④]，万历年间又刻《兰亭序》[⑤]，可见应

---

①程章灿《石刻刻工研究》，第181页。

②曾毅公《石刻考工录》，第133页。

③容庚《丛帖目》卷六，中华书局，1980年，第473页。另可参见田振宇《墨林遗珍——〈澹虑堂墨刻〉中保存的明代嘉兴项氏刻帖考》，《书法》2018年第8期。

④李国庆《明代刊工姓名全录》，下册第858—859页。

⑤收入明益王朱震寰万历间刻《逊学书院帖》一卷。据张伯英《法帖提要·逊学书院帖》云，此本“摹勒者吴郡章田……奏刀灵敏，自非庸手可及”。收入张济和主编《张伯英碑帖论稿》，河北教育出版社，2006年，第三册第322页。

该是明人(当然也不排除同名同姓的可能)。而另一位明确从属于刻字店的顾兰台,笔者却未能在《明代刊工姓名全录》及其他明代刻工录中找到踪影,反而在清道光刻本《容甫先生遗诗》五卷、《容甫先生年谱》一卷中发现了"江宁顾兰台镌"的刊语。此外,张伯英亦曾提及道光间耆英书、金陵顾兰台镌《真草兰亭帖》一卷,称"拓墨绝精"[①]。可见南京确实有一位擅长刊刻碑帖的顾兰台,惟非明人,而是清代道光前后人物。最后,所谓"江宁贡院前黄起文刻字店"也未见记载,笔者倒是发现道光间南京下江考棚[②]口附近有家"黄起东刻字店",不仅店名只差一字,连所处位置也颇相近。值得一提的是,所谓"江宁贡院"的说法亦不合明代规制。南京在明代称应天府,而非江宁府,其下虽有江宁、上元两附郭县,但贡院作为乡试等大型科考之场所,绝不会以县名相称。因此所谓"江宁贡院",必然是清代的叫法。从这些情况看,顾兰台及其"黄起文刻字店",很可能都是清代的。这部初刻于明代的《澹虑堂法帖》,很可能在清道光年间曾经翻刻,因此同时留下了两朝刻工的姓名,这也是比较常见的现象。

---

①见张伯英《法帖提要·真草兰亭帖》,收入张济和主编《张伯英碑帖论稿》,第301—302页。

②按下江考棚即原江宁省城考棚,据宣统三年(1911)测绘之《金陵省城古迹全图》,其在南门大街与花市交接处,距离江宁贡院不算太远。又关于江宁贡院与下江考棚之建制,可参考夏维中、孟义昭《清代江宁的江南贡院与上、下江考棚》,收入刘海峰、李兵主编《科举学的提升与推进》,华中师范大学出版社,2015年,第32—44页。

尽管“黄起文刻字店”的存在难以确证，但是明代中晚期已然活跃着一批带有家庭作坊主性质的刻工工头，并诞生出一批小型刻字店铺，这一点应该是毋庸置疑的。例如笔者曾在一部万历十二年（1584）所刻《新刊真楷大字全号缙绅便览》中发现有“北京宣武门里铁匠胡同叶铺刊行”的刊记，所谓“叶铺”或即刻字铺。此外著名的徽州歙县虬村黄氏、仇氏家族，自明至清，世以刻书为业[①]，其所经营者必然不乏典型的家庭作坊式刻字店铺。不过明代刻字店的规模可能都比较小，或者很多还是依附或从属于书坊，独立性并不强。因此明代刻工在刻书时，仍然以署个人名字为主，并未出现独立的店铺招牌或名称。从这一点看，明代的刻字店即便已经存在，其数量与规模应该也并不足观。

至于清代明确可考的刻字店，则似乎要从“称店式”题名的出现算起。其中笔者已知最早的，为乾隆八年（1743）所刻之《隶辨》八卷，其题名作“江宁甘瑞祥家镌”。稍后在乾隆十五年（1750），又有《太湖备考》十六卷，出现了“吴门李又韩、子永瑞店镌”的题名，则明确表示已有家族式刻字店的存在。此外更多见的，还是像“穆大展局”、

①据周芜《黄氏家谱与黄氏刻书考证》、李国庆《徽州仇姓刻工刻书考录》等文，虬村黄氏自明正统至清道光年间（1436—1850）有四百年的刻书历史，刻工可考者有三四百人，所刻之书约二百馀部；仇氏刻工自明成化十八年至万历二十年（1482—1592），有一百馀年的刻书历史，刻工可考者有25人。

“刘文奎局”这样以“局”作后缀的、作坊色彩浓厚的刻工题名。可见早期刻字店多半都是由刻工工头或刻工所经营的家庭式作坊发展而来。当然，也有一些比较雅驯的店号，看上去甚至容易和书坊混淆。如穆大展局又称“近文斋”，苏州则有王凤仪“有耀斋”，杭州则有陆贞一“爱日轩”等。只不过与书坊不同的是，这些斋名前面通常仍会加上刻工姓名。值得一提的是，很多刻字店都有两种或更多的名号，如苏州刻工吴学圃，其所设店名就有“吴青霞斋”、“青霞斋吴刻字店”、“青霞斋吴学圃局”、“吴学圃局”、“青霞斋局”等至少五种叫法。而为了指引顾客前来，有时还会在这些名称前面加上刻字店的详细地址，如“姑苏阊门外洞泾桥西吴学圃局”、“姑苏胥门内按察司前西间壁甘朝士刻字店”之类。

尽管上述刻字店基本上都集中在江南地区，但根据《明清民歌选（甲集）》所提供的《霓裳续谱》一书的内封书影，乾隆六十年（1795）在北京“前门外杨梅竹斜街中间路南”也已经出现了一家“文茂斋刻字铺”。[①] 这就说明，至迟在乾隆年间，从南到北都已经出现了有固定名号的刻字店铺。考虑到上述都是小有名气的店铺，则那些名不见经传因而未曾在书籍中留下相关店铺信息的小型刻字店恐怕还要出现得更早。换句话说，清代刻字业最晚到乾隆年间

---

①蒲泉、群明编《明清民歌选（甲集）》卷首书影，古典文学出版社，1957年。

已经渐成气候，以独立并广泛开设刻字店的形式，告别了多年以来的松散游工状态，并逐步实现了与传统刻、售一体的书坊业的分离。

二、清后期刻字店的进一步发展

乾隆以后，刻字店的数量开始逐渐增多，所谓“称店式”题名也一度在嘉庆、道光年间频繁涌现。不过在道光以后，除了之前常见的以刻工姓名加上“局”、“斋”、“家”等字样作为后缀的题名方式外，还出现了一些其他题名方式。一类是以店主的姓氏冠于某某阁、某某斋之前，如苏州的谢文翰斋，以及温州地区出现的一系列“某某古斋”等。这其实是“某某局(斋、家)”的延伸和变异：例如苏州刻工吴学圃，其道光八年(1828)以前题名中多使用“吴学圃局”，之后则开始频繁使用“吴青霞斋”；而另一家“汤晋苑局”在咸丰以后也开始使用“汤漱芳斋”这样的名称。只不过前期的“某某局(斋、家)”题名中一般会出现刻工的完整姓名，而后期则只冠以姓氏，且绝大多数都指向店主而非刻工的姓氏。此外还有一种更为常见的，是连店主姓氏都不加，仅称某某阁、某某斋等，并在后面加上“刻字店(铺)”以示与书坊的区别。例如晚清时期北京琉璃厂附近可确知店名的刻字铺至少有数十家，其题名方式几乎都是非常整齐的“某某斋刻字店(铺)”，很多时候甚至连“刻字店(铺)”也直接予以省略。因此根据这两类题名，我们不仅无法获知刻工的相关情况，有时甚至连店主姓名都一无

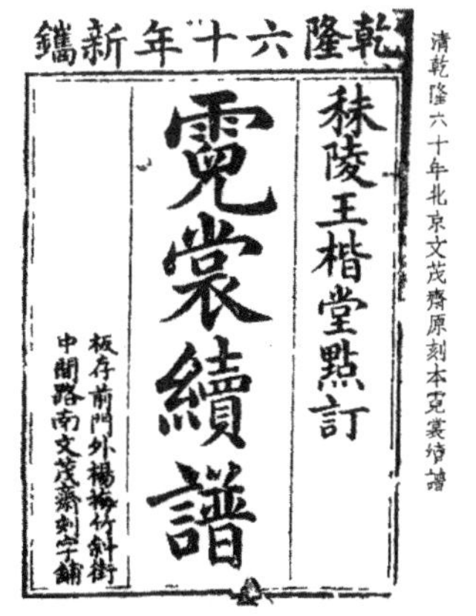
乾隆六十年新鐫

秣陵王楷堂點訂

霓裳續譜

板存前門外楊梅竹斜街中間路南文茂齋刻字鋪

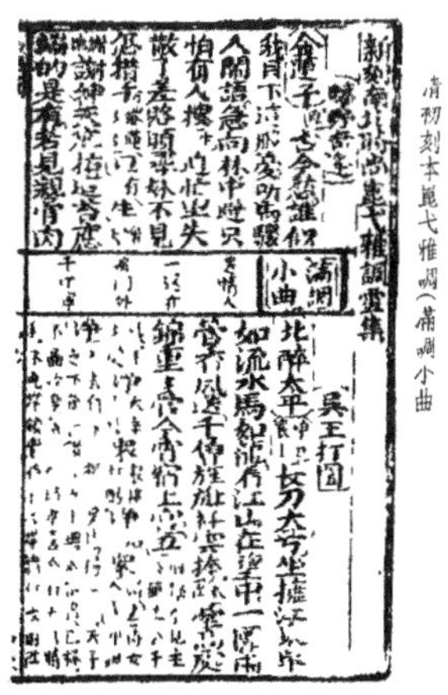

图 2–1　颜自德辑《霓裳续谱》八卷，乾隆六十年文茂斋刻本[①]

所知。由此可知，相比更重视知名刻工个人效应因而家庭作坊气息浓厚的发展早期，清后期刻字店似乎更注重店铺的整体性经营，而刻意淡化刻工工头或店主姓名的招牌价值，总体上说呈现出一种从小规模的家族式作坊经营逐渐转向规模更大的近代手工业店铺发展的趋势。清末民国时期一些特别大型的店铺如北京文楷斋等，鼎盛时期甚至拥有一百五六十位刻工，规模已接近现代的印刷工厂，经营管理上也开始逐渐向近现代企业的精细分工、团体协作的方向靠拢。但也正是因此，这类规模较大的刻字店铺也不再会以某位刻工为中心，与本书所讨论的核心对象“刻工”关系渐远，故本书不欲多作展开。今仅就晚清时期此

①按此系据蒲泉、群明编《明清民歌选（甲集）》卷首书影，1957年。

类刻字店较为集中且颇具特色的北京、温州两地略作介绍，以供参考。

（一）北京刻字店

清代北京的刻字业有一个很大的特点，即知名刻工不多，而刻字店却为数不少。尽管有清人称乾嘉时“京师书局刻手写手日益精好”[①]，然而就我们所掌握的资料来看，北京刻字业中有名姓可考并留下较多刻书作品的代表性刻工，除了民国时期的刘春生外，几付阙如。然而作为刻字业繁盛的另一种象征，北京的刻字铺又如雨后春笋般层出不穷。雷梦水在其《古玩铺、南纸店、帖铺刊书》一文中曾附“刻字铺刊书”，所列北京刻字铺有以下共29家：文楷斋、文德斋、文奎斋、文盛斋、秀义斋、宏文斋、晋文斋、梓文斋、会文斋、漱润斋、荣林斋、篆云斋、翰藻斋、龙文斋、龙云斋、龙元斋、龙华斋、龙盛阁、龙光斋、锦文斋、翰元斋、韫文斋、宝文斋、永盛斋、奎光斋、聚元斋、律古斋、文艺斋、炳文斋。[②]张秀民《中国印刷史》又补充文锦斋、文茂斋两家。[③]此外，就笔者浅见所及，则尚有荣文斋、聚魁斋、精华斋、魁元斋、近文斋、素存斋、元会斋7家。以上共计38家刻字铺，想必当尚有遗漏者，则保守估计清代北京的刻字铺当不下

①张穆《月斋书札诗稿》手稿本，转引自张秀民《中国印刷史（增订本）》，第393页。

②雷梦水《古玩铺、南纸店、帖铺刊书》，《河北出版史志资料选辑》第5辑，1990年，第119—122页。

③张秀民《中国印刷史（增订本）》，第393页。

于40家。

而在上述38家刻字铺中，创办时间最早的应该是文茂斋。此铺最早在乾隆六十年（1795）就已开店于杨梅竹斜街，应该是琉璃厂较早期创办的刻字店之一。又其在光绪十二年（1886）曾刻《（光绪乙酉科）明经通谱》，可知至少营业至光绪年间。不过此铺所刻书留存下来的不多，因此对其具体情况也很难作进一步的考察。

至于声名最盛的，则当属民国八年（1919）创立的文楷斋，主人为清末民国四大刻工之一刘春生。其原为杨梅竹斜街龙光斋刻字铺徒工，学成后独自开店经营，最鼎盛时拥有刻工"一百五六十人之多"，号称"京师第一大刻字铺"。除一般的方体字外，"兼能刻仿宋，可驾陶子麟而上之"。[①] 文楷斋一直营业到二十世纪五十年代才闭门歇业[②]，从其经营起止时间来看，这是一家不折不扣的民国刻字铺，故本书也不拟多作展开。

至于其馀数十家刻字店，在广泛收集其刻书资料后，不难发现，北京的刻字店大致有以下几个特点：

第一，店铺地址几乎全部集中在琉璃厂及其周边地

---

①刘承幹《求恕斋日记》"己未年"，转引自陈谊《嘉业堂刻书研究》，第85页。

②胡艳杰整理《金钺与文楷斋往来信札》，《历史文献》第十八辑，上海科学技术文献出版社，2014年，第356页。按据胡文，文楷斋最盛时期拥有三四百工人，写手三十多人，远超刘承幹所云之一百五六十人。

区，尤以琉璃厂中间路南北两边以及杨梅竹斜街南北两边为多。此外，也有不少直接将店铺开设在琉璃厂东门外皈子庙内的，如会文斋、漱润斋。据笔者考订(参见本章下一节)，皈子庙是北京刻字行会中北直一派的会馆所在地，则会文斋、漱润斋二店想必也是隶属于北直一派。

第二，刻书内容多为善书、科举一类读物，尤其是清晚期历科乡会试同年齿录、明经通谱之类，数量尤其巨大。因内容不精，故刻印质量亦大多难称优良，整体而言很难与清中叶江南地区的刻字铺相提并论。

第三，彼此之间常有合作刻书之举。这一点在乡会试同年齿录这类书籍的刊刻中表现得尤为突出。就笔者所见，有多至十家刻字铺合刻一书者，如光绪二十三年(1897)所刻《(光绪丁酉科)各省选拔同年明经通谱》，系由文奎斋、龙光斋、龙华斋、会文斋、文锦斋、荣文斋、龙云斋、聚魁斋、精华斋、魁元斋这十家刻字铺联合承办。此外，同治十三年(1874)所刻《(同治癸酉科)各省选拔同年明经通谱》系由文锦斋、龙文斋、元会斋、精华斋、律古斋、近文斋六家联合承办，光绪十二年(1886)所刻《(光绪乙酉科)明经通谱》系由龙云斋、文锦斋、荣林堂、漱润斋、文德斋、文茂斋六家联合承办，光绪三十三年(1907)刻《(光绪)举贡会考同年齿录》系由文奎斋、元会斋、龙光斋、翰藻斋、精华斋、龙云斋六家联合承办，宣统二年(1910)所刻《(宣统庚戌科)举贡会考同年齿录》系由文奎斋、宏文斋、聚元斋、文锦斋、龙云斋五家联合承办。至于其他二三家联合承办者更是屡见不鲜。

根据以上几点可知，清代北京地区的刻字业尽管店铺数量很多，但就所刻内容之丰富以及刻字质量之精良程度而言，还是很难与咸丰以前江南地区的刻字业相媲美。然而作为清代刻字业中北方地区最具代表性的刻字群体，我们又很难完全略过不谈。因此，谨于上述38家刻字铺中选择规模较大、刻书较多且较有代表性的几家，略作一些介绍，以一窥清代北京刻字业的基本面貌。

1. 文德斋

此店目前可知最早的刻书记录是嘉庆至道光年间所刻《宛邻书屋丛书》，其中最早的一部可能是《宛邻书屋古诗录》十二卷，有嘉庆二十年（1815）序，刻工题名作“京都琉璃厂中间路南文德斋史鸿德镌”，可知其时店铺位置在琉璃厂中间路南，店内则有刻工（或即店主）史鸿德。对于此书，《清代版本图录》评价云：“可称厂肆刊本，然亦颇精好，初非书坊恶刻以牟利者之比。”[①] 不过，丛书中其他有文德斋史鸿德题名的书籍都出现在道光年间，如道光九年（1829）刻《赖古斋文集》八卷，以及道光十年（1830）刻《词选》二卷附《续词选》二卷、《素灵微蕴》四卷，因此不排除《宛邻书屋古诗录》的实际刊刻时间很可能也是在道光年间。

而稍晚刊刻于道光十五年（1835）的《洪范宗经》三

①黄永年、贾二强编《清代版本图录》，第3册第83页。

卷，其卷末题名作“京都琉璃厂文德斋刻字铺陈廷林镌刻”，似乎这时的店主已变成了陈廷林。到光绪年间，据雷梦水《古玩铺、南纸店、帖铺刊书》介绍，文德斋的店主又改成了李灏臣。[①] 光绪三十二年（1906）所刻《（光绪丙午科）各省优贡同年齿录》内封作“琉璃厂文德斋刻字铺李灏臣承办”，也印证了这一点。此外，《唐烜日记》光绪三十三年（1907）二月初七日条载：“出前门，至琉璃厂文德斋，嘱其明日来寓，拟刻格板，缘去冬所刻者不合式也。”又初八日：“文德斋李掌柜来，嘱其刻格纸板。”[②] 可见其时文德斋主人确实为李姓。惟光绪年间，其店铺地址已非原来的“琉璃厂中间路南”，而是改到了“琉璃厂东门内路北”，似店铺曾经迁移。又或者两家实非同一店铺，只是前后同名而已，亦未可知。

2. 龙云斋

龙云斋所刻书颇多，笔者收集到的就至少有 35 种；经营时间亦颇长，目前所知刻书时间在道光六年（1826）至民国十一年（1922）间。其在光绪年间的店主之一当为王玉坡。唐烜曾在光绪二十二年（1896）十月二十八日的日记中记云：“顺路过琉璃厂，至益文堂小憩，过龙云斋刻字铺访其铺掌王玉坡，亦不遇，怅然而归。”[③] 所谓“铺掌”，当即店主或店铺负责人。又该铺在清末至民国年间曾为刘世

---

①雷梦水《古玩铺、南纸店、帖铺刊书》，第 119页。

②唐烜《唐烜日记》，赵阳阳、马梅玉整理，凤凰出版社，2017 年，第 286—287页。

③唐烜《唐烜日记》，第 54页。

珩刻书,《玉海堂景宋丛书·草堂雅集》有刊语作“时宣统丁巳(民国六年,1917)春王正月付京师龙云斋王介臣刻,戊午(民国七年,1918)夏五月告成”,又《暖红室汇刻传剧·双忽雷》有刊语作“己未(民国八年,1919)九月钱塘张砚孙写定,京师龙云斋安次王介臣刻”,知该铺尚有刻工王介臣,字安次,但未详与王玉坡是否有关系,或即其子嗣亦未可知。

此铺在光绪年间颇有声名。陈夔龙《梦蕉亭杂记》曾记载光绪十一年(1885)阎敬铭逸事一则,其中涉及龙云斋、翰文斋二家,兹录出以供参考:

> 平远丁文诚公宝桢,与朝邑阎文介公敬铭道义论交,老而弥笃。光绪乙酉(十一年,公元1885年),余在文诚西川幕府……未几,文诚在蜀病逝。公子慎五观察嘱余往谒文介,乞为文诚作墓志铭。文介允之,并谓可请曹竹铭殿撰篆盖,王可庄殿撰书丹。均各允诺。文介墓志稿撰就,由余持交可庄书楷。迩时京师刻工以琉璃厂西门翰文斋为第一,文介嘱交翰文镌刻。讵可庄忽来言,昨到翰文斋,见彼所刊成之字,与其笔意不合。凡所书铭石,必须厂东门龙云斋刻工方好,可否改延龙云斋刊刻。如不照办,请将所书者撤回,另请竹铭书丹,自改篆盖。谈次极其激烈。当徇可庄之请,商之翰文,令转交龙云刊刻。翰文不允,谓此碑石见方二尺六寸,京师少见,此石运入铺内,费十馀人之力,哄动全厂。今若送往他铺,面子上殊为难

堪。复往龙云,令其派人往翰文取石。龙云亦不允,谓与翰文交好,同在厂中营业,迹近攘夺,不便径取。此项生意,虽承王修撰照顾,情愿谢却。两方面所言,均有至理。余几穷因应。[①]

按文中谈的尽管是刻碑生意,但与刻书业务还是有相通之处的。其中翰文斋为琉璃厂书坊,据缪荃孙《琉璃厂书肆后记》、雷梦水《北京琉璃厂坊刻本考略》等文记载[②],其创始人名韩心源,而店铺之主要业务实为收售旧版古书,虽间有刻书事,但所刻并不多。且从文中所述来看,其刻工技艺显然也并不能令人满意。与此同时,以书法擅场的王仁堪(可庄其字)专门指定由龙云斋负责改刻,甚至不惜以撤回墨迹相要挟,则显然对龙云斋的刻字技艺比较认可。由此看来,陈夔龙所谓"京师刻工以琉璃厂西门翰文斋为第一"的说法似乎并不准确。但不管哪一家技艺为高,通过这则逸事的描写,北京琉璃厂一带刻字业激烈而又微妙的竞争状况,可说是不言而喻了。

3. 会文斋

此铺所刻书籍较多,笔者收集到20种左右,但多为

①陈夔龙撰,李立朴、李然编校《陈夔龙诗文集·梦蕉亭杂记》卷一,收入贵州省文史研究馆编《续黔南丛书》第六辑下册,贵州人民出版社,2014年,第1800—1801页。

②缪荃孙《琉璃厂书肆后记》,收入张静庐辑注《中国现代出版史料·甲编》卷四,中华书局,2011年,第375—379页;雷梦水《北京琉璃厂坊刻本考略》,《河北出版史志资料选辑》第五辑,1990年,第89—101页。

乡、会科举齿录之类书籍。目前所知刻书时间在道光十五年（1835）至清末。其中道光十五年所刻《仪礼问津》一卷，刊语作“杨梅竹斜街西口往南皈子庙路东会文斋郑姓雕”；又光绪十年（1884）刻《（咸丰戊午科）直省同年齿录》，内封刊记作“板存京师琉璃厂厂东门外皈子庙北头会文斋郑姓刻字铺”，可知其店主为郑氏，店铺则位于琉璃厂东门外皈子庙一带。

4. 龙文斋

此铺所刻书籍较多，目前收集到的题名书籍大概有20种左右，刻书时间则集中在道光二十二年（1842）至宣统二年（1910）间[①]。其同治六年（1867）所刻《江北运程》四十卷首一卷，刊语作“京都琉璃厂龙文斋陈恭超刊”，则店中有刻工名陈恭超，或即店主亦未可知。又据雷梦水《古玩铺、南纸店、帖铺刊书》一文记载，其道光间所刻《大佛顶首楞严咒》有刊语作“板存琉璃厂东门外桶子胡同龙文斋甘姓”[②]，则店中当尚有甘姓刻工，店铺位置则在琉璃厂东门外桶子胡同路南。

5. 漱润斋

此铺留下的刻书实物并不是很多，目前所知仅6种，但其中多著录有刻工信息。如光绪七年（1881）所刻《广灵县补志》，刊语作“漱润斋王振豪刊板”，则此王氏当即店

①清宣统二年刻有《（宣统庚戌科）优贡授职官职录》不分卷。

②雷梦水《古玩铺、南纸店、帖铺刊书》，第120页。

中刻工。又光绪十七年(1891)刻《憨山老人年谱自叙实录》二卷,刊语作“琉璃厂漱润斋刻字铺内张姓刊刻刷印”;民国九年(1920)刻《京兆圆广寺同戒录》不分卷,刊语作“北京前门外皈子庙漱润斋刻字铺内常姓刊刻刷印处”,则其店中还曾先后有张姓、常姓等刻工。又据各书刊语,此店位于琉璃厂东门内樱桃斜街皈子庙内,刻书时间则集中在道光至民国间。

(二)温州刻字店

在清代浙江诸多府县中,温州府的出版业向来不算特别兴盛。顾志兴《浙江印刷出版史》在谈及清代温州刻书时,多只提及瑞安孙氏之刻书活动,馀则皆一笔带过。[①]而俞光所编《温州古代经济史料汇编》及其《续编》中,亦未见涉及出版业之相关资料。然而笔者在调查浙江各府刻字业之情况时,意外发现同治以后在温州府曾陆续出现好几家在当地小有名气的刻字店,如郭博古斋、梅师古斋、叶怀古斋、戴咏古斋、陈崇古斋等。且从命名方式看,俱以店主姓氏冠于某古斋之上,形成一组颇有默契的刻字店系列,亦别具特色。因选择其中刻书较多的几家[②],略作考述如下。

1. 梅师古斋

店主梅氏,道光至光绪间开店梅师古斋,或又名梅师古堂。店在温州府永嘉县,具体地址不详。

---

①顾志兴编《浙江印刷出版史》,杭州出版社,2011年,第177—181页。

②其中陈崇古斋仅见同治九年所刻《清献集》一种,刊语作“陈崇古斋在温州城守前西首便是”(李录第330条),故不作展开。

梅师古斋是目前笔者所见资料中，最早标署刻工题名的温州刻字铺。据各书题名，可知其最早的作品为道光二十八年(1848)所刻《浪迹续谈》八卷，书中题名有两条，分别作“瓯郡梅姓师古斋镌”、“瓯郡刻工梅焕东镌刊”。由此可知，所谓梅师古斋的主人应该就是这位梅焕东。此外，在道光二十九年(1849)所刻《雁山游语》中，有“梅姓师古堂镌”之题名，又咸丰六年(1856)刻《茶话轩诗集》中，有“瓯城梅师古堂镌”之题名，则似乎此铺又名“梅师古堂”。当然，也不排除此实为两家店铺的可能性。不过梅师古斋位于“瓯郡”，梅师古堂在“瓯城”，二者均是温州府永嘉县之别名。就笔者所收集的资料来看，永嘉县在道光以前的刻字业并不发达，因此一县中同时出现两家店主姓梅且店名均作“师古”的刻字铺，可能性并不太大。事实上出现“师古堂”刊语的书籍很少，目前所见仅此两部，且刊刻时间都比较早，不排除该店在经营早期实为家庭式作坊，并无固定之店名招牌，类似于刘文奎、顾晴崖等在刊语中“局”、“家”并用之情形。

在梅师古斋所刻书中，有一部光绪四年(1878)所刻之《(泰顺)分疆录》颇值得关注。其内封左下有“浙瓯梅师古斋镌”之刊语，孙锵鸣序末则有“东瓯郭博古斋刻字”之刊语，则此两家刻字铺(郭博古斋详见下条)都曾参与此书之刊刻应该是毫无疑问的，关键在于如何参与。一般情况下，如果此书系两家合作刊行，则其题名形式通常是两家店名并列出现，如“浙瓯梅师古斋 / 郭博古斋刻字”之类。在清代,合作刻书并不是什么罕见的情况,在一些举业、善书等通行读物中则尤为常见,然而分开作两条刊语的情况却并不多见,一般仅发生在刻工合作的例子中。如果并非合刻而是先后两次刊刻,则又分两种情况。一种是全部重刻,如此则后刻者一般会抹去前刻者之刊记,不会令之并存,更何况还是在如此显眼的地方。而且就此书的实际情况来说,重刻的可能性极小。另一种则是一家刻成后另一家又补刻了一部分,相对而言,这种可能性似乎最大。从刊语位置来看,应该是梅师古斋先刻了大部分,而郭博古斋很可能只是增刻了序言而已。如果情况确实如此,则其中似颇有些一较高下的竞争气息。至少郭博古斋表现出一种寸土不让的强势姿态。事实上,尽管郭博古斋创设略晚,却很快就在温州甚至是周边府县内占据了一定的优势,由此例亦可略见一斑。

2. 郭博古斋

店主郭焕春,咸丰至光绪间刻工,字熙堂,温州永嘉人。开店郭博古斋,咸丰至民国间刻字铺。

郭博古斋可考最早的刻书记录,为咸丰五年(1855)所刻之《公馀偶谈》,可知其开店当在咸丰年间。按又有《瓯括先正文录》十五卷,初印本内封题“道光甲午秋镌/梧竹山房藏板”,而后印本内封则题“道光甲午仲冬开雕/板藏永嘉郭博古斋”,这很可能是郭博古斋后来得到了此书的版片,故据以重印,而并非在道光年间即有刻书之事。

又同治十三年(1874)所刻《括苍金石志》、光绪元年

(1875)所刻《草木子》二书，刊记俱有“东瓯博古斋郭焕春熙堂手镌”之语，可知店主名郭焕春，字熙堂。孙衣言之弟孙锵鸣曾在其《〈玄秘塔〉勤西临本跋》中云：“此癸酉冬日自皖寄归，为家塾模仿本。许君笑梅见而爱之，永嘉郭熙堂善摹勒，遂属其锓板，公诸同好。”[①]“勤西”即其兄孙衣言(字琴西，亦作勤西)，“癸酉”指同治十二年(1873)，“家塾”则很可能是指孙氏诒善祠塾。按瑞安孙氏特别是其中的孙衣言、孙诒让父子，在温州当地乃至全国都有很高的声望。从跋语看，郭焕春似与瑞安孙氏颇有往来。今所见郭博古斋的刻书目录中，至少有《水心先生文集》、《东瓯金石志》、《瑞安县志局总例》这三种书，系由孙氏委托刊行。

除了瑞安孙氏外，郭博古斋还承接了大量来自温州府县官员的刻书任务。首先是各种官修地方志的刊刻，先后承刻了《(光绪)玉环厅志》、《(光绪)永嘉县志》、《(光绪)乐清县志》三种；此外两部私人修志《(泰顺)分疆录》、《瓯乘补》前均有府县官员序言，则也带有一些官方色彩。至于为地方官员刊行的个人著述，更是不胜枚举。所涉官员中最引人瞩目的是同治、光绪间五任温处兵备道俞树风、方鼎锐、温忠翰、赵舒翘、李光久，这简直是垄断了温处兵备道的刻字业务，经营能力之强令人惊叹。此外，尚有温州府同知郭钟岳、温州府学教授戴咸弼、两淮盐运分司运

---

①孙锵鸣撰、胡珠生编注《孙锵鸣集·补遗》，上海社会科学院出版社，2003年，第768页。

判戴文儁、温州府瑞安县知县杨稺虹、温州府平阳县知县汤肇熙、处州府青田县教谕邹伯森等，官衔之多令人眼花缭乱，亦可见此铺交游之广。且从地域上看，所涉官员不仅囊括了温州府各县，而且还将生意做到了隔壁处州府。这可能是因为温处兵备道兼管温州、处州两府，故能召其跨府刻书。如刻书目录中同治十三年至光绪元年（1874—1875）所刻之《滑疑集》、《括苍金石志》、《草木子》三书，牌记俱作“处州府署”而不详具体所指，惟查时任温处道的正是方鼎锐[①]，则可知应即受方氏委任。至于方氏同治十三年（1874）所刻之《且园赓唱集》三卷，牌记署“且园开雕”，而所谓且园实际上是温处道署之后园[②]，只不过并非在处州，而是在温州府治所在之永嘉县。

郭博古斋能得到诸多官员的信赖，除了店主擅长经营交际外，其刻字技艺想必也确属上佳。如前及《且园赓唱集》为写刻本，卷端处题“且园主人手订”，则很可能是方鼎锐自书上版。此书不仅写得俊逸潇洒，刻得亦颇具神采。尽管刊语中未署郭焕春之名，但从前引孙锵鸣“郭熙堂善

①李鸿章撰，顾廷龙、戴逸主编《李鸿章全集》中有同治十年五月初一日《复三品衔温处道方鼎锐》一函（安徽教育出版社，2007年，第30册第226页），又光绪三年所编《处州府志》卷首所列纂修衔名中，有督修官“二品衔分巡温处道海防兵备道仪征方鼎锐”，可知在同治十年至光绪三年间（1871—1877），方鼎锐一直担任温处道一职。

②梁章钜撰、陈铁民点校《浪迹续谈》卷二“温处道署”条云：“康熙中，铁岭高且园公其佩分巡此邦，即题道署后园为且园。”中华书局，1981年，第260页。

摹勒”的评价中，可知郭氏当擅长于此类字体。

此外郭博古斋另一部写刻本《雁山游草》二种，刊语正署“东瓯郭焕春刻”；且目前所见的三方刻石，也均为郭焕春所刻。因此这部《且园赓唱集》应该也是出自郭焕春之手。而该刻字铺刻书精好的名气，甚至还传到了湖南。叶德辉在致缪荃孙信中曾云：

> 有族人云，温州博古斋(原注：即刻《永嘉丛书》经手者)刻书极精，价比苏廉。族人名昭敦，字咏霓，浙江实缺知县，资升道班。去年在湖南财政厅当科长，今已回，学问甚好，非风尘俗吏。据云温州刻书价现今尚与湖南相等，每字一千不过洋一元。曾见朱彊翁、赵学南兄，以为欲长刻书，不如公共要博古斋承领，一较湖北近便，一较苏州价廉，省刻资，多刻书，似非吝啬也。[①]

按此信落款署“丙辰十月朔”，则当民国五年(1916)十月初一日。尽管我们暂时并未找到这之后郭博古斋的刻书实例，但从叶氏所云来看，当时朱祖谋(号彊翁)、赵诒琛(字学南)都有意请郭博古斋长期刻书，未详是否成事。此外，信中还提及郭博古斋两大优势，即“刻书极精，价比苏廉”。特别是“价廉”一项，根据“每字一千不过洋一元”折算，每字竟然只要1厘左右，远远低于同时期南京、

---

①叶德辉致缪荃孙札第四十通，见钱伯城、郭群一整理《艺风堂友朋书札》，下册第696页。

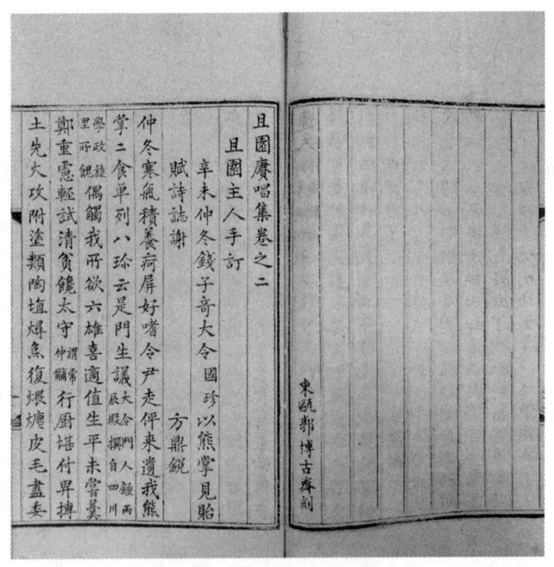
且園賡唱集卷之二
且園主人手訂
辛未仲冬錢子奇大令國珍以熊掌見貽
賦詩誌謝　方鼎銳
仲冬寒氣積養疴屏好嗜令尹走伻來遺我熊
掌二食單列八珍云是門生議大令門人鍾雨辰殿撰自四川
學政旋里所餽偶觸我所欲六雄喜適值生平未嘗嘗
鄭重憲輕試清貧饞太守謂常仲黼行厨堪付昇搏
土先火攻附塗類陶埴燖炰復煨爊皮毛盡委
東甌郭博古齋刻

图 2–2 《且园赓唱集》三卷，同治十三年且园刻本，复旦大学图书馆藏

苏州、宁波等地 2.5—3 厘每字的价格（详下节）。不过也正是因为这个工价相差实在太过悬殊，故笔者对这一数据的可靠程度还是持谨慎态度，期待日后能有更多资料来予以进一步佐证。

3. 戴咏古斋

戴咏古斋，光绪至民国间刻字铺，店址在瑞安县太平石街。店主或即戴钟毓，光绪至民国间刻工，温州府永嘉县人。

就笔者所收集的材料来看，最早在刊语中明确出现“戴咏古斋”字样的，是孙诒让在光绪二十四年（1898）所刻之《易简方》。而稍后光绪二十八年（1902）所刻之《周礼政要》亦为孙诒让所撰，可见戴咏古斋与瑞安孙氏当颇有往来。随又检得孙诒让在光绪十六年（1890）所刻之《古籀拾遗》中有刊语"永嘉戴钟毓刻字"，则疑此戴钟毓或即戴咏古斋之店主。又此书《张录》第385条著录云"永嘉郭焕春、戴钟毓、叶鸿翰刻，刻工古朴典雅"，认为是三位刻工合作刊行，然未详所据。惟《古籀拾遗》全书均系摹仿籀文上版，字体古奥，刊刻颇有难度。戴钟毓能当此任，亦当为温州地区难得的良工。

此外，黄绍第《瑞安百咏》、周喟《南雁荡山志》二书刊记俱有"瑞安"字样，前者更明确为"瑞安太平石"，可知戴咏古斋店址在瑞安县，这与孙诒让之里籍亦相吻合。又《孙衣言孙诒让父子年谱》光绪元年（1875）条云："是年，衣言营新居于本籍城北宋都桥西南之太平石，自题斋榜二：曰'邵屿寓庐'，曰'联床听雨之斋'。"[①] 这里的"本籍"指瑞安县，则孙氏所营新居也恰好是在太平石。孙衣言还曾进一步提到："予城中新居，在东北隅宋都桥南畔。考乾隆邑志《水利》，宋都桥在忠义庙东。"[②] 今瑞安市尚有忠义街，孙氏故居即在临近之道院前街，可知所谓太平石亦当在此一带。这里是瑞安县旧县衙所在，亦是繁华之地。

---

①孙延钊撰，徐和雍、周立人整理《孙衣言孙诒让父子年谱》，上海社会科学院出版社，2003年，第129页。

②见梅冷生撰、潘国存编《梅冷生集》卷五《温州区地方资料汇编（选）》，上海社会科学院出版社，2006年，第303页。

4. 叶怀古斋

店主叶鸿翰（1856—1934后），字墨卿，号砚农，温州府永嘉县人。著名篆刻家，西泠印社社员，有《榴荫山房印谱》[①]、《太上感应篇印谱》[②]等。开店叶怀古斋，光绪至民国间刻字铺。

叶鸿翰的生年，可据《永嘉叶墨卿先生乙亥八䄅唱和诗》一书予以推考。其卷首池源瀚序云："永嘉老叟叶墨卿先生，以明岁孟陬之月，为其八十生日之辰。"[③]落款署"甲戌"，即民国二十三年（1934），以此逆计，则叶氏当生于咸丰六年（1856）。卒年不详，但亦可据此书推断必在民国二十三年之后。按这部唱和诗集所收诸诗，多出自温州当地印坛、文坛名流之手，可见叶鸿翰在温州的地位与声名。丁建顺在谈及晚清温州印坛时曾云："那时温州篆刻首推叶鸿翰和谢磊明。叶鸿翰以刻印为业，印风取浙派方硬剥蚀的一路。"[④]亦是一证。其所刻印章，可以在其自编《榴荫山房印谱》钤印本、《太上感应篇印谱》钤印本中

①《榴荫山房印谱》不分卷，（清）叶鸿翰刻，光绪三十四年钤印本。

②《太上感应篇印谱》不分卷，（清）叶鸿翰刻，民国十年钤印本。"永嘉叶怀古斋装订"。

③郭敦崇等编《永嘉叶墨卿先生乙亥八䄅唱和诗》，民国二十三年榴荫山房石印本。

④丁建顺《百年篆刻名家研究：以西泠印社为例》，上海人民出版社，2015年，第261页。

略见一斑。[①]

至于所谓“以刻印为业”，则指叶氏曾开设刻字铺。按叶氏自编之《太上感应篇印谱》内封牌记作“永嘉叶怀古斋装订”，而黄迂在《叶墨卿先生八十寿诗》中有句云“此老平生工刻石，谁家旧业守镌书”，下有注云：“《永嘉诗人祠堂丛刻》，为君家怀古斋镌版。”[②]则所谓“叶怀古斋”，当即叶氏刻字铺之名。今检冒广生于民国四年（1915）所出版之丛书《永嘉诗人祠堂丛刻》，其中《儒志编》中正有“永嘉叶怀古斋镌”之刊语，亦可进一步证明之。此外，冒广生在民国六年（1917）所刻之《永嘉高僧碑传集》中，亦有“叶怀古斋镌”之刊语，则此二人在这数年中当颇有些往来。据孔品屏《冒鹤亭先生印事编年》记载，叶鸿翰在民国四年曾为冒广生治“如皋冒广生印”、“疚斋翰墨”对章，民国六年又治“冒广生印”、“书耆元宰文师姬传”对章，[③]其时间恰好与两次刻书相吻合。而为冒氏刻书也是叶怀古斋已知最后的刻书之举，未详是否从此即专心治印，不再刻书。

---

①按胡珠生著《温州近代史》称叶鸿翰尚有《叶怀古斋印存》，今藏温州图书馆古籍部，惜笔者未见。辽宁人民出版社，2000年，第532页。

②黄迂《慎江草堂诗钞·续集》卷上，黄素毅印本，1986年，第120页。

③孔品屏《冒鹤亭先生印事编年》，收入冒怀滨主编《水绘集——冒鹤亭晚年诗稿》，上海文化出版社，2014年，第53—54页。

三、"承刻承印"：刻字店的经营模式

随着清代刻字店的普遍出现与迅速发展，以及刻字店主与出版者之间承包关系的确立，清代的刻字业就逐渐以一种更加独立的姿态，从传统的书坊业中分离出来。对于这个问题，以往的研究似乎并未加以重视，因此一直以来，刻字店往往被笼统纳入到书坊的范畴之下，而很少有专门的讨论。如张秀民《中国印刷史》就将书坊与刻字铺所刻书都归在"书坊本"条目下，其中提到的穆大展，实际上也是刻字店主而非书坊主。①

当然，也有少数学者注意到了两者的区别。如叶瑞宝在提及苏州"有耀斋局"时，认为其"当为刻书专设，为私家、书店等刻书，与'扫叶山房'书肆不同，不行销书籍，刻书与卖书分开。这是社会经济发展的必然产物"②，简单概括了刻字店的主要特点，却仍将其归在"书坊"之列。此外，雷梦辰在谈论"坊刻本"时，亦曾拈出所谓"名牌刻字铺"，对这个问题作了一定程度的探讨：

> 坊刻本的范畴与区分，总的说，"坊"、"铺"、"局"都代表"店"字，"坊刻"就是店刻，"坊刻本"就是店刻本。但"坊刻本"一词，不仅指书店刻本，其他各店铺刻本均列在内，如"馒头铺"、"刻字铺"、"药铺"刻

---

①张秀民《中国印刷史(增订本)》，第392、395页。

②叶瑞宝《苏州书坊刻书考》，第132页。此外，叶瑞宝认为凡署"局"者已不同于刻字店，如提及"喜墨斋张遇尧局"时，认为"先为刻字店，后发展为局"，可视为一家店的两个不同阶段(第136页)。

> 印自销兼批发的《唱本》、《搢绅》、《药目》都称“坊刻本”。但是“刻字铺”刻的书，其称谓也有区分，如：清末民初时，名牌刻字铺称“南陶”、“北文”，是指南方的陶子麟刻字铺和北方的文楷斋刻字铺，两家都聘用高技术写工和刻工，刻的书都是代刻代印，如陶兰泉在文楷斋刻印的书称陶刻，张宗昌在文楷斋刻印的《石经》称为《张刻石经》，因其刻印精良，现在统称“善本”。前者与书店有共同点，后者则反，因其代刻故不能列入“坊刻本”。①

文中所谓“店铺刻本”，包括“馒头铺”、“药铺”以及“刻字铺”，惟前二者刻书数量非常少，所以重点其实就是在刻字店上。作者又将刻字店分为两类：其中陶子麟、文楷斋等属于“名牌”刻字店，所刻之书列为“善本”；还有一类“非名牌”刻字店，所刻之书则可列入坊刻本的范畴。这里的划分有两层依据，第一是所刻书籍的质量高下，第二则是“代刻”这一经营模式。作者的重点显然放在刻书质量上，即认为刻书质量决定着两类刻字店的属性，而其落脚点则还是放在叶德辉“私刻”与“坊刻”的区分上。所谓“名牌”刻字店的产品，显然属于私家刻本的范畴，其他则可归入坊刻本。然而质量高下终究缺乏客观具体的衡量标准，即“名牌”的定义亦显得含混不清。又或者，是否所有出

①雷梦辰著、曹式哲整理《津门书肆记》，天津古籍出版社，2014年，第182页。

自“名牌”刻字店的书籍都能笼统归入私家刻本？“非名牌”出品者，又绝对不能归入私家刻本？这些问题，都是实际操作中会遇到，而又绝难以“质量高下”作为简单的判断依据的。

值得注意的，倒是文中提到的“代刻代印”的现象，这实际上也正是本书此前所说的“承包”模式，即出版者将书稿外包给刻字店（或刻工头领），由后者负责完成写样、刻版、刷印、装订等全部或某几项流程。考虑到其中“承包”的意味要大于“代刻”，且版本学中的“代刻本”已另有所指[①]，因此不妨将此种经营模式称之为“承刻承印”。

由此，我们也不难发现，刻字店在经营模式上与传统的书坊有着非常大的区别。简单地说，刻字店面对的顾客主要是书籍的出版者，故其经营模式多为受出版者委托而“承刻承印”，一般不负责书籍的销售[②]；而书坊面对的则主要是书籍的购买与阅读者，其虽然也刊刻书籍，但最终目的是为了销售以谋求营利。从另一个角度说，书坊需要

---

①陈正宏在《越南汉籍里的中国代刻本》一文中，将“代刻本”定义为“传统的东亚汉籍中，某个国家的作者或编选者，委托另一国家的出版关联人或机构刊刻的其所著所编或所选书籍”。收入《东亚汉籍版本学初探》，第125页。

②按部分刻字店也存在未经委托、自主编刻甚至加以售卖获利的现象。如光绪年间长沙陈挹秀刻字店曾承揽朱克敬所委托的各种书籍，刻成后板存店中，该店又汇印成所谓《挹秀山房丛书》，俨然以编辑者自居。还有一些贡举、善书之类，刻字店也会自主编纂、刊印。但这样的情况总体比例不高，所刻书的种类也相当有限。因此还是应该把“承刻承印”视为刻字店最主要的运营模式。

负责一部书籍从策划到刻印再到销售的全部过程，而刻字店则只承担刻印这一项流程，因此这实际上是一种行业细分的表现。换言之，在刻字业尚未从书坊业中分离出来之前，一些类似于"承刻承印"的需求实际上也是有赖于书坊而实现的。例如早在宋代，就已有官方委托书坊刻书的现象存在。① 毕竟在刻字店产生之前，除了鸠工至家外，只能委托书坊刊刻。这也是很多研究者并未将书坊与刻字店加以细分的重要原因。然而随着刻工群体的日趋庞大与成熟，刻字业务逐渐从书坊中独立出来并转移至刻字店，也是一种必然的趋势。换句话说，即便刻字店并不是"承刻承印"业务的惟一承担者，但随着行业分工的细化，也必将成为其最主要的承担者。至清代晚期，甚至还出现了书坊将刻字业务外包给刻字铺的现象。② 事实上，现代出版

---

①可参考方彦寿《建阳书坊接受官私方委托刊印之书》（《文献》2002年第3期）、刘方《北宋委托书坊刻书的出版方式创新及其相关问题》（《湖州师范学院学报》2010年第4期）等论文。

②许涤新、吴承明主编《中国资本主义发展史》第一卷《中国资本主义的萌芽》在提及"刻字铺和家庭副业刻字的兴起"时，曾对这一问题展开讨论："如果真是'乐善君子'或官僚、文士在这类刻字铺刻书，那并不改变刻书手艺人的性质。但如果是书坊商人向他们加工订货，情况就不同了。因为书坊刻书是大量的，经常的，并且是以赢利为目的的。这样，书坊商人就会同刻字铺建立比较固定的关系，并由于保证后者的经常就业而能够左右加工订货的工值，成为书坊利润的来源。这就如同小商品生产中的包买商，具有了资本主义萌芽的性质。而刻字铺的手艺人，较之小商品生产者更具有依赖性，他们没有自己的产品市场，须完全按照顾主的规定进行劳动。"社会科学文献出版社，2007年，第330页。

业就正是朝着这个方向发展进化的。负责书籍全部出版过程的书坊演变为出版社,而刻字店则成为了专门负责排版与印刷的工厂。

关于清代刻字店"承刻承印"书籍的具体流程与个中细节,由于资料的缺乏,我们已很难获知详情。惟在一些清人的文集、日记中,会有零星记载。如道光间黄金台《听鹂馆日记》中,就记载了其委托刻字店刊行《木鸡书屋文集》的一些片段:

> (道光十二年二月二十七日)是日,以骈体文二集六十篇付钱渭山店开雕,议定刻价三十千(小字注:字数约四万二千,而价只如此,皆由介庵一人之力)。
>
> (道光十二年闰九月十六日)至城。同鲁介庵至钱渭山店,属其刷印文集二百部,定价十洋。①

这里提到的"钱渭山店",就是一家刻字店,负责刻字与刷印。黄氏选择此店,应该是通过其友人鲁介庵的介绍,还因此得到了一些价格上的优惠。由此可知,清代刻字店的生意来源应该正与熟人、旧客的介绍有关。按店主钱渭山还曾于道光十四年(1834)为张凤刻《读画楼诗稿》二卷(刊语作"禾郡钱渭山刻"),但我们在《木鸡书屋文二集》中却并未找到他的刊语。

此外在南浔嘉业堂主刘承幹的日记中,也记载了一些

---

①黄金台《听鹂馆日记》,稿本,今藏上海图书馆。本书所引,系据徐雁平《用书籍编织世界——黄金台日记研究》一文,《学术研究》2015年第12期,特此说明。

委托刻字店刻书的相关内容。惟因嘉业堂财力雄厚，刻书也较多，因此其选择合作的刻字店更多，范围更广，雇佣流程也会略显复杂一些。据陈谊《嘉业堂刻书研究》介绍，嘉业堂采取"寄刊"的方式，将刻书业务分别委托给上海鸿文斋、苏州穆子美（铺）、苏州文铭斋、湖北陶子麟（铺）、扬州周楚江（铺）、南京姜文卿（铺）、北京文楷斋共六地七家刻字店。陈谊还在文中总结嘉业堂的刻书形式云：

> 嘉业堂刻书，不是将工人招致藏书楼内组织写样与刊刻，而是与刻书铺签订刻书承揽（即合同）后，付给开办费、工料费、工人工资，再将书稿交给刻书铺主人，由其自行组织写样、购板、雕刻、刷印、装订等工艺流程，而文字内容校勘等环节，则由刘承幹请缪荃孙主持负责。[①]

除了刻书地点分布在六个城市之外，嘉业堂的刻书流程与黄金台等人其实并无本质上的区别。至于选择异地"寄刊"，主要还是因为南浔本地无法找到这么多优秀的刻字店，而清末交通的发达，则为这样一种异地"寄刊"提供了极大的便利。

值得一提的是，刻书者委托刻字店刊印书籍，其与刻字店主人当存在直接的委托雇佣关系，然而实际情况并不完全如此。特别是一些地位较高或无暇旁顾的出版者，其刻书工作可能会聘请专人负责董理。如清中叶孙星衍等

①陈谊《嘉业堂刻书研究》，第90页。

人校刻的书籍，多由顾广圻负责，并交南京刘文奎局刊刻（详参第三章）；而晚清刘承幹等人校刻的书籍，又多委托缪荃孙董理，并交湖北名工陶子麟刊刻。这就使刻工与出版方之间的关系更显复杂起来。例如由于缪荃孙对陶子麟过于回护的态度，以至于研究者不免要怀疑“在翻版的高端市场，缪氏已与陶氏结成利益共同体”[①]。这种可能性应该也是存在的。

而这种非直接雇佣的现象同样存在于刻字店与下属刻工之间。在黄国声《广东马冈女子刻书考索》一文中，曾提到这样一种刻工雇佣模式：

> 刻字铺是一个重要的角色。刻字女工是分散的，没有业务经营的能力，不可能与外地书坊建立业务关系。刻字铺则作为经营者担负起承接业务，交收书板的工作，对于马冈刻书业的顺利运作和发展起着重要的作用。现存刻本上常见的某某堂承刊、承接刊字样，而鲜见刻工的题名，正好反映了它的经营特点。[②]

文章认为，刻字铺与这些马冈女工之间并不存在长期雇佣关系，而更接近于一种二次承包：出版者将刻书任务外包给刻字铺，刻字铺又转包给马冈女工。尽管作者并没有对这种关系作进一步的展开，也没有援引具体的材料，看

①郭立暄《中国古籍原刻翻刻与初印后印研究·通论编》，中西书局，2015 年，第 28页。

②《文献》1988 年第 2期。

上去似乎是一种推测，但应该还是比较符合当地的事实情况的。在清代坊刻比较发达、散工大量存在的福建、广东等地，这种二次外包的合作形式，确有可能普遍存在。惟目前尚缺乏可靠的材料，这一问题日后或可作进一步察考。

四、出版者对刻字店的管理与刻资的支付

在清代刻字店的委托代刻模式出现之前，出版者与刻工之间多为直接雇佣关系，为了方便管理与支付报酬，刻工往往会将名字刻在相应的书叶上。这种方式的优点是刻字质量与报酬数量一目了然，缺点则是雇主需要亲自管理多位刻工，特别是在刻工人数较多，或流动性比较大的情况下，往往会给雇主的管理带来很多麻烦。如石祥在《清初书籍刻印的实态细节——清通志堂刻试印本〈读史方舆纪要〉读后》一文中，就提到一位"严厉而暴躁的审阅者"，对数十名刻工的技艺不断提出质问。然而有趣的是，该作者发现"后几卷中审阅者的严厉批评乃至恫吓大为减少，刻版效果却未见显著提高，或许审阅者被刻工们的不思进取搞得心力交瘁，无可奈何地放弃了"[①]，可见刻工管理之艰难。而从此书刻工"称名式"的题名方式来看，当时所采取的应该是直接雇佣的模式，以至于管理者不得不独自面对诸多刻工，因此难免出现"心力交瘁"的结果。

---

①《中国典籍与文化》2017 年第 4期。

清中叶以后，随着刻字店的出现，委托式的承包制度成为一种更常见的模式，刻书者一般只要追究刻字工头或者刻字店主人的责任即可，就显得相对轻松一些。特别是一些名牌刻字店的出现，使刻书质量相对得到保证。如清中叶南京的刘文奎局、苏州的穆大展局、杭州的爱日轩，清晚期湖北的陶子麟铺、福州的吴玉田铺等，都在当时赢得了较好的口碑。而很多刻书者在雇佣了这些刻字店后，为了管理沟通的方便，往往会再度乃至反复雇佣。如卢文弨所刻《抱经堂丛书》十七种中，有十种都出自南京著名刻字店刘文奎局之手，且前后雇佣时间长达九年，表现出对这家刻字店的较大信任。而其后孙星衍等人与刘文奎局的合作，更持续了十七年之久，刻书多达三十四种，亦是一时佳话。

当然，也有部分知名刻工或刻字店在成名之后，出现懈怠现象。如袁枚在其致堂弟袁树的家书中，就曾保留一段与知名刻工汤鸣岐周旋的珍贵材料：

> 弟《论砚》一则，即可发刻，不必再改。《红豆村人集》久已刻完，今刷印百本寄上。开首一卷刻得最劣，去年我将汤鸣岐大骂一顿，命其改刻。今仍是原本刷本，看来还要赏他几两银子才好也。如弟看后，以为不必重刻，则亦罢了。二卷、三卷所以好者，以骂后所刻故也。[①]

①袁枚《随园家书》。

按此书作于乾隆四十六年（1781），其中提到的汤鸣岐是清中叶扬州地区的著名刻工，曾于乾隆二十五年（1760）刻《冬心先生自度曲》一卷，乾隆三十六年（1771）刻《半舫斋编年诗》二十卷，乾隆三十七年（1772）刻《读史提要录》十二卷、《崇川诗集》十二卷，黄裳称其所刻“精写精雕，为广陵刻本代表作”[①]。袁枚请其为袁树刻书，想必正是看中他的声名，然而却开首就“刻得最劣”，而且即使被袁枚大骂一顿，亦不作修改，以至于袁枚不得不改变策略，打算“赏他几两银子”。出资刻书者的无奈，亦可见一斑。值得一提的是，今检《红豆村人诗稿》，却并未发现汤鸣岐的刊语，或许是因为刻得不认真故而放弃了留名。

此外在郑丽生《闽广记》中，有《校刊道光〈福建通志〉刻匠》一篇，涉及福建诸知名刻字店主共同协作刊刻《福建通志》之事，其中甚至还有了一些行业垄断的味道。其文云：

> 余藏有乡先生某（原注：署名曰元，未详姓氏）致杨雪沧（原注：浚）函稿，中述及校刊《福建通志》事，颇与邦献有关，移录如下：
>
> “再校刊重纂《福建通志》，自旧年三月开局，校至九月，稿本过半。九月廿三日发写，十月廿三日发刊。截至本年六月十一日止，核计刻本全卷已缴者，约二百廿馀万字，发刻未缴者（现校者在内）约一百四十

①黄裳《清代版刻一隅·读史提要录》，第254页。

馀万字；发写未缴者六十二卷(字未计)。每卷以二万字为率，未发写者十八卷，约六十馀万字。刻本已缴者，随缴随校，再经总校校过，陆续发匠修补省事。写本刻手原属无多，原领六匠首(吴玉田、陈文鸣、林士灿、王文光、陈聚旺、施光宝)，旧年九、十月，续领二匠首(王友士、陈金鸣)。匠首八人，每日只领刻一万零字。中间邓方伯发刊《学仕遗规》一部，都廿万馀字，自旧腊刻起至四月底竣事，系玉田、文鸣领刻。又《正谊课选》，系士灿、友士领刻，陆续刻有八十篇左右，皆与通志并刊，不无分工之患。又闻近日长邑修志，写手刻工亦被雇去，而正谊补刊，又不出此数匠，则迟缓之咎，又所难免矣。局中诸君或议多招匠，究之能多招匠而不能多刻手，无益也。或曰召南匠，又恐南匠佳者不来，劣者来，亦未尽善。且写手好者近又较少，写不敷刻也。现惟有严催各匠首多雇刻手赶刻，期于年冬可以竣事，或再加修补一两月功夫耳。”

此同治间事也。所云匠首中，前二三十年刻坊有仍用其牌照者。吴玉田最著，在南后街；陈文鸣在鼓楼前，后改营纸铺；王文光在侯官县前，兼拓碑；王友士在东街，多刊善书。殆皆其子孙世其业耳，今则无一存者。[①]

按这里的“乡先生某”，据谢水顺考订，当为福建通志局提

---

①郑丽生著、福建省文史研究馆编《郑丽生文史丛稿》，海风出版社，2009年，第59页。

调孟际元，写信时间则在同治八年（1869）。[①] 据此信可知，《福建通志》虽为官局刻书，但其刻工之雇佣则仍采取外包形式。信中所列之“匠首”吴玉田、陈文鸣、林士灿、王文光、陈聚旺、施光宝、王友士、陈金鸣，皆为福州当地知名刻字店的主人，郑丽生在信后也略微作了介绍；而所谓“领刻”、“催各匠首多雇刻手赶刻”云云，则知这些“匠首”手下又雇佣了很多其他刻工，否则每日“一万零字”的进度显然是不可能实现的。从信中所述来看，除了《福建通志》外，这些“匠首”还兼管着《学仕遗规》、《正谊课选》等其他书籍的刊刻工作。其虽一心多用，导致刻书迟缓，但通志局因刻手缺乏，也只能忍气吞声、听之任之，虽云“严催”，其实却充满无奈。

又民国十三年（1924）正月，况周颐向著名刻字店主姜文卿去信询问《蕙风词话》的刊刻进展时，竟“并不敢催，只是软求回信，仍复杳然，令人望眼欲穿，惆怅无已”[②]。语虽不无夸张，但其中之懊恼亦可想见。而此事直到三月底仍未得到回复，况氏乃不得已再次致信赵尊岳并抱怨云：

> 姜勿念处之书，至以为念。彼所示之限期已届（原注：三月廿日之外），又逾一来复矣，断无消息，奈何！弟命宫磨蝎，所如辄阻，区区刻一书耳，亦复五角

①谢水顺、李珽《福建古代刻书》，第500页。按书中亦全文引录此信，惟尚有缺字，且论年辈亦晚于郑丽生，故今据郑文迻录。

②郑炜民、陈玉莹《况周颐年谱》民国十三年正月十五日条引况周颐致赵尊岳函，齐鲁书社，2015年，第493页。

六张，坎壈一至于是，令人懊恼无极。[①]

显然，无论是官局还是私家刻书，一旦外包给了刻字铺，特别是有名的大型刻字铺，就多少都会受到这些刻字铺的掣肘。与其说是店大欺客，倒不如说是晚清民国的刻工群体已具备了相当之独立性与主动权，与出版者之间的关系也开始有了一种微妙的平衡。

在刻工管理这一问题上，报酬的高低显然也是一个很重要的决定因素。关于清代刻字工价，相关论述虽不算太多，但也时见涉及。叶德辉《书林清话》最早讨论这一问题，张秀民《中国印刷史》亦设专门章节及之，此外如刘卫武、刘亮《明代绣梓成本考》[②]，周启荣《明清印刷书籍成本、价格及其商品价值的研究》[③]，刘蔷《清代武英殿刻书之组织运作与技术创新——基于匠作则例之考察》中关于武英殿刻字工价的部分[④]，宋平生《清代刻书与售书价格丛拾》、陈谊《1913至1935年间中国书籍雕版之工价——以刘承幹嘉业堂刻书为例》[⑤]等，都对这一问题作了比较充分的研究与分

①郑炜民、陈玉莹《况周颐年谱》民国十三年三月二十八日条，第496页。
②刘卫武、刘亮《明代绣梓成本考》，《图书馆杂志》2009年第9期。
③周启荣《明清印刷书籍成本、价格及其商品价值的研究》，《浙江大学学报》2010年第1期。
④刘蔷《清代武英殿刻书之组织运作与技术创新——基于匠作则例之考察》，第170—177页。
⑤两篇文章均收入周生春、何朝晖编《“印刷与市场”国际学术研讨会论文集》，第182—195、196—202页。

析。还有一些相关文章，如袁逸《清代书籍价格考》（上、下）[①]、孙文杰《清刻本图书的价格与分析》[②] 等，虽然主要讨论的是书籍售价，但其中也不乏涉及刻书工价者。总的来说，决定刻字工价的因素很多，如刻工水平高低、字体难易程度、刻字数量多少以及所处地域等，都会影响其工价。刘蔷在谈及武英殿刻书工价时，提及“清内府刊刻的每部书，成本都很高”，“如将写刻工价、刷印工价、纸墨、装潢、托裱及匠役、饭食等费用合在一起的耗费，数目惊人，尤其是和私家刻书相比”[③]。可见仅就官方与民间的刻书成本来说，即存在非常大的差距，不可一概而论。

当然，就总体而言，清代的刻字工价是逐年走高的。“清初刻字工价比明季稍高”，至康熙年间“比明万历时适贵一倍”，到清中叶更是逐年递增。[④] 嘉庆六年（1801），汪辉祖在其笔记中感慨历年刻字工价之涨幅云：

> 四月朔，属梓人开雕《三史同名录》。曩刻《双节赠言初集》，每百字版片写刻共制钱五十六文，追刻《续集》，增工价七文。丙辰（嘉庆元年）儿辈刻《梦痕录》，又增十七文。今欲仍八十文之数，承揽者尚有难

---

①袁逸《清代书籍价格考》（上、下），分别见《编辑之友》1993 年第 4、5期。

②孙文杰《清刻本图书的价格与分析》，《出版科学》2013 年第 4期。

③刘蔷《清代武英殿刻书之组织运作与技术创新——基于匠作则例之考察》，第 177页。

④参见张秀民《中国印刷史（增订本）》，第 674页。

色，强而后可。昨年以文言杭、苏已至一百十文，而刻手不如《初集》之工。镂版日增，势实使然。[①]

按汪氏《双节堂赠言初集》刻于乾隆四十年(1775)，至嘉庆六年(1801)不过短短二十六年，而刻工工价已从每百字五十六文涨至八十文，甚至一百十文。涨价幅度可谓不小。然至清末，这个价格则更高。据石祥考订，丁丙在光绪二十二年(1896)曾委托时任宁波府学教谕的孙树义代刻《西湖游览志》、《西湖游览志馀》等书籍，并推算出当时“宁波刻工工价为每百字一百二十六文弱”，“仅为官书局的一半左右”[②]，可见官书局的工价甚至还要再翻一倍。出现这种情况，当然首先与清代货币购买力下降有关。据彭信威《中国货币史》，“清朝货币的购买力，继续下降。三百年间，白银的购买力，约减成三分之一，以铜钱计算的物价，涨成六七倍”[③]。从这一点看，清代刻工的工价实际上是明升而暗降的，因为其增幅显然还赶不上通货膨胀的速度。

到了清后期，西方银洋开始流入中国，同时清政府也开始铸造铜元，因此清末至民国的工价开始以“洋”来结算。同样是宁波的工价，民国八年(1919)由宁波文光斋所刻之《八识规矩颂注发明》三卷，其末有识语云“刻工

---

①汪辉祖《病榻梦痕馀录》，清道光三十年刻本，《续修四库全书》第555册。

②以上俱见石祥《杭州丁氏八千卷楼书事新考》，第282—283页。

③彭信威《中国货币史》，上海人民出版社，2015年，第605页。

共计字拾五万五千四百六十个，连圈在内每字三厘，算付洋四百六十六元四角"，折合每字大概3厘左右，这与同时期周边城市相比，其实处于一个较高的水平；如当时南京金陵刻经处所刻书籍多附有详细工价，挑选其中同样刻于民国八年（1919）者，如《大宝积金论》卷末有识语云"连圈计字五万二千二百六十个……共一百三十四元三角二分八厘"，平均每字2.6厘不到；又《角虎集》卷末识语云"连圈记字五万六千七百四十三个，由愿款支给工赀银元一百四十四圆四分"，平均每字仍然是2.6厘不到；又《在家律要广集》识语云"连圈记字十三万六千六百十九个，由愿款支给工赀银元三百三十六元四角五分"，平均每字则只要2.5厘不到。[①] 此外，据陈谊考订，"1913年至1916年间，南方（沪、宁、苏、扬）书坊承刻书籍工价（连写刻）约在每千字二元贰角至二元五角之间"，1920年至1927年则因物价上涨而提高至"二元七角至三元之间"。[②] 民国八年（1919）如以中间值计算，则每字恰亦在2.6厘左右，与金陵刻经处相合。此外，据上一节讨论郭博古斋时所引叶德辉信札，民国初年温州以及湖南一带的刻字工价，甚至可能低至"每字一千不过洋一元"，即折合每字1厘左右。而

①以上数据均参见王孺童编《金陵刻经处刻经题记汇编》，中西书局，2017年，第316—317页。

②陈谊《1913至1935年间中国书籍雕版之工价——以刘承幹嘉业堂刻书为例》，收入周生春、何朝晖编《"印刷与市场"国际学术研讨会论文集》，第197页。

这主要还是江南地区的报价，广东等坊刻发达的地区，工价可能还更便宜，以至于清代中后期不少文人都开始辗转赴广东刻字。不过，由于字体、精细程度等方面的差异，刻书工价并不能一概而论，很多时候还要结合具体的书籍情况来予以分析。

与刻书工价相关的，是刻资的支付问题，对这一问题的讨论则相对较少。陈谊《嘉业堂刻书研究》曾专辟“刻工薪资”一节，专门考察了清末民初刻工薪资支付的相关问题。此外，《清代文字狱档》中的一些记载，也能在一定程度上反映清中叶书籍刊刻、薪资支付的相关情况。如乾隆三十三年（1768）“李浩背卖孔明碑记图案”一则记载云：

> 讯据傅阿有供称：原籍浙江人，移居福鼎县，刻字生理。七月间有不识姓名人拿有《安良图》三张、草纸抄写《孔明碑记》一张，讲了三百二十工钱叫小的刊刻。随即刊完交给他拿去。[①]

据档案记载，傅阿有实际上是“桐山地方傅姓刻字店”的店主。据其描述，李浩是拿着文字与图画底稿，主动登门请求刊刻的，而且因为所刻内容不多，所以很快就刻完交付工价为三百二十文。这应该是小规模刻字的典型支付方式，即一手交钱一手交货，无需其他琐碎环节。

---

①原北平故宫博物院文献馆编《清代文字狱档》第二辑“李浩背卖孔明碑记图案”，第119页。

另一则材料则是乾隆三十二年（1767）蔡显刻《闲渔闲闲录》一案，就显得相对复杂一些。档案记载云：

> 缘蔡显系雍正己酉科举人，现年七十一岁，自号闲渔，平日著有前项书籍，于乾隆二十二年起陆续刊刻。其《闲闲录》一种于三十二年三月内刻竣，有浙江湖州书客吴姓自备纸张将《闲闲录》刷印一百二十部，留二十部给该犯偿抵板价，吴姓自带一百部而回……
>
> 闻声远系刻字匠闻子尚之子，闻子尚雇与蔡显刊刻《闲闲录》，刻成之后即已病故，蔡显念其手刻送给伊子一部，闻声远素不识字，未悉其中有不法情事。马刻匠系刷书生理，为吴建千雇往蔡显家刷书，蔡显给与《闲闲录》一部抵作酒资，不知系悖逆之书。[①]

档案中并没有提及刻书费用，却描述了湖州书商借版刷印并支付版资的情况。此书先由蔡显自行雇佣刻工闻子尚刻成，在刻资之外，又额外赠送一部书给其子闻声远留作纪念。随后，则由湖州书商吴建千自备纸张，并雇佣刷工马匠前往蔡家刷印。马匠的工钱当由吴氏付给，但蔡显也给了一部书作为酒资。此书共刷一百二十部，吴建千自留一百部，还有二十部则送给蔡显充作板资。显然，《闲闲录》一书的出版，是出资者蔡显与书商吴建千共同合作完

①原北平故宫博物院文献馆编《清代文字狱档》第二辑“蔡显《闲渔闲闲录》案”，第86、91页。

成的。其中刻版由蔡氏出资,刷印则由吴氏出资。蔡氏并无获利的要求,因此只得到二十部书聊充版资;吴氏的付出包括马匠的工钱、纸张的成本以及版资(二十部书),其获利部分则在于另外一百部书籍的售卖所得。这里支付给工匠的(无论是刻工还是刷工),当然都是现银,但也不排除偶尔以书抵资的现象,如蔡显赠送马匠、闻声远者。

事实上这一现象在清代并不少见。如《张清恪公年谱》记载张师栻康熙年间"著书卖书"一事云:"臣著书卖书,臣自愧学问空疏,止据先儒之成书而表彰之。又因闽中刻匠至苏,无以资其饮食,曾令刷卖。此实臣鄙陋之见,有失大臣之体。"[①] 可见其卖书实为贴补刻工费用。又清末萧穆亦曾云:

> 先是庚寅秋,黟县老友李爰得假南陵徐氏所得《徐骑省集》旧钞本见示,余力劝其付梓,乃浼长洲朱孝廉孔彰校刊于金陵。朱君知其原钞多有脱讹,别无他本参校,曾以意改订数十处,为札记以志之。去年秋,乃得完工。李君遂印数十部以送同好,而刻工李氏亦印百馀部,出售于应秋闱者。[②]

文中提及"刻工李氏亦印百馀部"出售,这显然是在萧穆的授意下才能实施,而这样做很可能也是为了贴补一部分刻

---

①张师载编《张清恪公年谱》康熙五十一年条,清乾隆四年刻本,《续修四库全书》第554册。

②萧穆《敬孚类稿》卷六《跋朱竹垞先生所藏徐常侍集》,《续修四库全书》第1561册。

资。换句话说，刻工等工匠的工钱，有时可能并非全以现银支付，而是以书籍售卖等方式折现后贴补。

五、结语

在本节的讨论中，笔者刻意没有从出版方的角度，区分所谓的“坊刻”与“私刻”，而是从刻工的角度统称其为“民间刻字业”。这是因为从刻字的一方来看，其服务对象无论是商业性的坊肆，还是私人刻书家，其实都没有本质的区别。毕竟他们都没有官方所拥有的政治特权与经济优势（事实上在匠籍取消以后，官方特别是地方性官府的刻工雇佣方式也越来越商业化与民间化），因此只是在雇佣的具体形式、时间长短上可能存在一些区别而已。一般来说，坊肆可能更倾向于长期雇佣刻工或二次外包，以减少成本；而私家则多委托刻字工头或刻字店全权承办，以保证质量。就刻工的利益而言，后者的薪资水平与发展空间，显然要超过前者。因此由刻字店“承刻承印”的模式在清代日渐发展与盛行，也就不难理解了。

然而，由于材料的缺乏，我们对清代刻字店发展壮大的详细过程，以及其运营管理的具体细节，实际上并无充分的了解。因此本节最后所能呈现的，也只是由零碎材料拼凑而成的局部描述，有些甚至只是一些大胆的推测。但即便只是管中窥豹，这样的尝试与探索想必仍然是有意义的。

第三节　清代刻字行会的建立与发展

在本章前两节中,我们通过对文献记载与刻工题名的分析,自上而下地梳理了清代刻工的组织与经营状况,并在大体上了解了清代刻工特别是刻字店的基本发展脉络。而在这一节中将要讨论的,是行业发展与成熟的另一个重要标志,即行会的出现与行规的制定。

乾隆四年(1739),在苏州地区出现了专门的刻字行业公会"剞劂公所",这也是中国已知建立最早的刻字行业公会。它的出现,标志着清代刻工独立意识的进一步增强,以及刻工行业的进一步成熟。而据一些存世资料显示,清末各地应该都已出现了刻字行会,并制定了非常详细的行业条规。通过这些条规,我们可以了解到清代(主要是晚清)刻工在行业独立以及自我管理上的种种努力。当然,也有不少研究者认为,行会制度的种种措施虽然"在某种程度上起到规范行业管理、防止过度竞争、避免两极分化的积极作用",有其合理意义,但过多的限定还是会"束缚生产力的发展,不利于技术进步和行业的结构调整"。[①]这当然是就近代工业化进程而言,但对刻工这一古老的民间手工业来说,行会的存在无疑还是有其积极的一面。

---

①任放《明清长江中游市镇经济研究》,武汉大学出版社,2003年,第92页。

一、苏州"剞劂公所"的建立及其旧址考订

传统手工业中与出版相关的行业，包括书坊业、刻字业、刷印装订业、纸业等，其业务内容互有差别，发展进程也并不完全一致。其中书坊业的发展相对其他各个行业都要更快一些，早在康熙十年（1671），苏州就成立了专门的书业公会，亦即崇德公所（原名崇德书院）。其后虽因太平天国战乱而被毁，但很快在同治十三年（1874）重建并一直存在至近代。其主要职责在于"为同业订正书籍、讨论删原之所。并同业中异乡司伙，如有在苏病故，无力回乡者，代为埋葬狮山义冢等项事宜"[①]，可见除了刻书事宜外，还会负责行业以内甚至以外的一些相关事务。

不过作为一个书业公会，崇德公所维护的主要还是书坊业主的利益，因此与刻字、刷印等刻字业工匠实际上处于对立面。如道光二十五年（1845），崇德公所就曾组织各坊坊主，对苏州刷印行业的一些行为予以严厉禁止：

> 兹据职员李炳初、赵万青，监生林祁、吴逵、徐馨，生员陆焕斗、席元章，抱属李升禀称：职等书坊一业，贸易四方。苏郡会集之所，是在宪境设立崇德公所。缘刷印书籍，向无行规。前有印手许怀顺倡立行规，霸持各店，收徒添伙，勒加印价……近有朱邦良等，仍敢复立行规，霸持各店收徒，勒增节礼，刷印草率，讹

①同治十三年《书业捐资重建崇德公所碑》，收入苏州历史博物馆编《明清苏州工商业碑刻集》，第100页。

> 诈外来印手入行钱文……为此示，仰书坊铺户及印手人等知悉：自示之后，印价仍照旧章。节礼钱文，悉照各店各规。除席元章一坊不加外，每节每人外给酒钱三十文。添伙收徒，应听书坊各店随时雇收，毋许再霸持勒增。[①]

从此碑所述来看，道光年间各书坊所雇刷印工人也曾组织过一些似乎并没有得到官方认可的行会，并对刷印工价、节礼钱文甚至书坊聘请学徒等都有一定的主张与干涉，从而暗中与各书坊雇主相制衡。从书坊主的角度来看，这当然是一种"欺行霸市"的行为，必须受到官府的惩处；但就刷印工人而言，这显然是他们为争取本行业权益所作的积极斗争。这说明在清代出版业内部，已经存在比较明显的行业划分与利益分化。当然，从最后的结局看，势力更加强大的书坊主获得了胜利，而刷印工人则黯然败北。

显然，如果没有强大的行业公会作为后盾，本行业的利益恐怕很难得到应有的保障。而上述案例中所提到的虽然是刷印装订业与书坊业的斗争情况，但以之推测刻字业，想必也不会相去太远。只不过刻字行业的独立意识显然比刷印装订业要出现得早。早在乾隆四年（1739），在刻字业发达的苏州地区就出现了专门为刻字业设立的"剞劂公所"。关于这个"剞劂公所"的相关材料很少，我们能够

---

①道光二十五年《吴县禁书坊印手把持行市碑》，收入苏州历史博物馆编《明清苏州工商业碑刻集》，第95—96页。

找到的，只有顾震涛在《吴门表隐》中的一句简单记载，即所谓“剞劂公所在教场南，乾隆四年，刻字同业公建”[①]。这条文献反映的信息颇为有限，不过结合其他文献材料，我们或许可以对此“剞劂公所”作更进一步的查考。

按所谓“教场”，一般是指操练与检阅军队的场地，历代地点不一。而在《吴门表隐》中，至少尚有四处提及“教场”，分别为：

> 钩玉湾金阊十字路口，明初刑人之所……嘉靖二十六年，诛湖匪叶永春等，始至北寺后教场。（卷一）
>
> 明指挥何少槐墓在教场西。少槐先世因太祖近亲，赐第苏州教场杨山太尉庙傍。（卷九）
>
> 江东财神庙在教场西，吴赤乌二年建，为吴中神庙最古，明成化五年重建。（卷十）
>
> 日云峰在教场江东庙后，高二丈许，玲珑挺峙。明万历初，垦土所得。（卷十一）[②]

可见顾氏所谓的“教场”在明嘉靖年间曾为苏州刑人之所，附近尚有北寺、何少槐墓、杨山太尉庙、江东财神庙等所在。其中北寺一般指苏州报恩寺。汪琬《重修报恩寺记》云：“报恩寺在府治卧龙街之北，俗但谓之北寺。”[③]《（同治）

---

①顾震涛撰、甘兰经等校点《吴门表隐》卷三，江苏古籍出版社，1999年，第42页。

②以上几条分别见顾震涛撰、甘兰经等校点《吴门表隐》，第3、111、128、152页。

③汪琬《尧峰文钞》卷二十三，清康熙间林佶写刻本。

苏州府志》也同其说。而所谓江东财神庙即江东神祠，据府志记载，“江东神祠……一在报恩寺教场内（原注：地隶吴县），吴赤乌二年建，今废”[①]，这也进一步验证了这个教场正是在苏州报恩寺附近。按报恩寺至今尚存，在苏州人民路1918号。而在报恩寺往北不到一公里，尚有校场桥路。据《苏州老街志》介绍，“校场桥路东端以北一带，包括原铁道师范校址及路口人民路以北直至平门桥，清代为校场”[②]。这里所介绍的区域，正是前所考教场之所在，可见“校场”即“教场”。则所谓“剞劂公所在教场南”，其位置当大致在今苏州校场桥路以南一带。

值得一提的是，教场南这一带，正挨着清代著名的版画集中地桃花坞。苏州盛产版画之所有二，其一是苏州城外阊门与虎丘之间的山塘街，鼎盛时曾集中数十家画铺，还有一处就是城北的桃花坞。顾禄《桐桥倚棹录》曾记载云：“山塘画铺，异于城内之桃花坞、北寺前等处，大幅小帧俱以笔描，非若桃坞、寺前之多用印板也，惟工笔、粗笔各有师承。”[③]可见不仅桃花坞多画铺，即报恩寺附近的教场一带，也集中了不少版画铺。且顾禄指出桃花坞、报恩寺一带的画铺多用印版，因此必然集中了不少刻字工人。而

①李铭皖、谭钧培修，冯桂芬纂《（同治）苏州府志》卷三十七，收入《中国地方志集成·江苏府县志辑》第8册，第145页。

②苏州市地方志办公室编《苏州老街志》，第155页。

③顾禄撰、王稼句点校《桐桥倚棹录》卷十“市廛”，中华书局，2008年，第379页。

沿着桃花坞大街往西大约一公里，即与石幢弄、尚义桥相连属，正是书坊业崇德公所的所在。其南则为专诸巷，这又是一个手工艺人集中的地方。纳兰常安《受宜堂宦游笔记》卷十八“匠役之巧”条载：

> 苏州专诸巷，自琢玉雕金、镂木刓竹，与夫髹漆装潢、像生针绣，咸类聚而列肆焉。其曰鬼工者，以显微镜烛之，方施刀错；其曰水盘者，以砂水涤滤，泯其痕纹。凡金银、琉璃、绮彩、锦绣之属，无不极其精巧，概之曰苏作。广东匠设，亦以巧驰名，是以有“广东匠、苏州样”之谚。[①]

此外，钱泳《履园丛话》还记载了清初专诸巷有钦姓者，父子兄弟“俱善作伪书画。近来所传之宋元人如……诸家，小条短幅、巨册长卷，大半皆出其手，世谓之‘钦家款’”[②]，则又是另一种精巧技艺。前文曾提及的内府刻工朱圭，也是专诸巷人氏，可能是从小生活于其中，难免耳濡目染，不觉学成一种技艺。而从专诸巷再向西数里出城，就是同样以版画闻名的山塘街了。可见从报恩寺一直到山塘街这一带，集中的都是手工业，尤以版画、木刻等为多。在这样一个地方出现一个专门的刻字公所，显然正是这个行业发展的必然结果。

---

①纳兰常安《受宜堂宦游笔记》卷十八，清乾隆十一年刻本，第7a页。

②钱泳撰、张伟校点《履园丛话》卷十一下，中华书局，1979年，第298页。

二、从湖南刻字店条规看晚清刻字业

尽管苏州“剞劂公所”成立很早，但并没有留下具体的文字材料，因此很难对当时的行会情况作更进一步的查考，不免令人遗憾。而除了苏州之外，乾隆年间在湖南长沙也已出现了刻字行会。据彭泽益介绍，长沙在“乾隆年间，刻字业公同置有房屋，供奉文昌帝君，以昭敬诚”[①]，可知其时已有行会之实体，惟未详其所依据之材料。而目前可以看到的关于湖南刻字行会的直接材料，是收入《湖南商事习惯报告书》中的三份湖南刻字店条规。其中两份为长沙刻字业所立，一份设立时间为咸丰四年（1854），光绪十一年（1885）曾作修订重申，以下简称“咸丰条规”；另一份设立于光绪十六年（1890），以下简称“光绪条规”；还有一份则是常德府武陵县所立，设立时间未详，以下简称“武陵县条规”。这些条规的内容非常具体丰富，可以说相当完整地呈现了晚清湖南刻字业的行业生态。且其中很多方面的内容，实际上并非湖南刻字业所独有，而是晚清整个中国刻字行业的某种缩影。然而在此前的研究中，版本学界多不重视清代的刻工研究，而经济史领域又很少将眼光专注于刻字行业，因此这些材料尽管也时不时被一些论著所提及并加以引录，却始终没有得到应有的重视，这难免有些遗憾。因不惮繁冗，将三份条规全文附录于后，并作简要之分析。

---

①彭泽益编《中国近代手工业史资料（1840—1949）》第一卷，第187页。

按关于清代手工业行会的相关研究很多，其中有一些比较宏观且已经为学界所普遍接受的总结性论述，我们不妨直接加以借鉴。例如关于清代手工业行会的组织与管理机制，彭泽益曾总结为以下几个方面：（一）加入行会的条件，具体包括手工业作坊主的开业、外来工匠的入帮；（二）行会条规的议定与遵守；（三）建立行会集会的公所（以会馆为主）；（四）选举值年首士管理会务。上述四点在湖南刻字店条规中俱有相应的呈现，其中尤以第一点即入会之条件最为重要。

综览三种条规可知，刻字行业主要是通过拜师学艺而间接获得入会之资格。因此，为了限制行内成员人数的增长，条规中规定了非常严格的学徒招收制度。首先是要求挑选学徒"必择已读书识字者"，虽然看上去并非强制规定，但如果出现竞争，这条显然就会有效提高选拔之门槛。此外，这条也有利于纠正我们对于刻工文化水平普遍不高的固有看法[①]，毕竟在授徒这一问题上，识字与否被首当其冲地加以提出，足见其受重视的程度。其次则是必须缴纳一定的费用，除了交给老师的学费外，还有所谓"入行钱"。长沙一般为四千文，即便是父子兄弟之间的家传家教，也需一千五百文；武陵县则为一千文，这应该与其经济和消费水平较低有关。不过"咸丰条规"在光绪十一年（1885）

①如钱泳《履园丛话》卷十一"六朝人书"条云："若刻工之恶劣，若生平未尝识字者，诸碑中竟有十之七八，可笑也。"虽然指的是石刻刻工，但亦常被用以引证刻工多不识字的观点。

修订时,已对那些“行中有学艺多年而行费未楚”者提出了警告,到了“光绪条规”中则更进一步规定新收徒弟时,必须“将上行钱交清”,否则连师父也要罚钱。这些日趋严厉的惩罚手段,恰恰说明所谓“入行钱”的收缴可能常常遇到困难。

而最重要也是最严厉的规定,则体现在对授徒名额的限制上。“咸丰条规”明确规定“其徒只许一进一出,不得连带数名”,“光绪条规”则进一步强调“毋论开店、帮伙,所带徒弟,只准出一进一”。“武陵县条规”则规定以四年为一个学徒期,带徒满两年后方可另带,虽较长沙条规略显宽松些,但两地之竞争环境显然也完全不可同日而语。其中“光绪条规”还提到了一个反面典型,即所谓“重带者,照戊寅年(按:当指光绪四年,1878)庄西林堂重带徒弟,罚钱四串文入公”。这里将“庄西林堂”指名道姓地写入条规,显然带有极其严重的警示意味,这种对颜面的羞辱,可能比“罚钱四串”要来得更加有效。不过相比其他竞争更加激烈的行业,这种惩罚仍然属于比较温和。清代手工业中,因为授徒名额而引发的最为骇人听闻的案例之一,是咸同之际黄钧宰在《金壶七墨》中所记载的关于苏州金箔作的故事:

> 苏州金箔作,人少而利厚,收徒只许一人,盖规例如此,不欲广其传也。有董司者,违众独收二徒,同行闻之,使去其一,不听。众忿甚,约期召董议事于公所。董既至,则同行先集者百数十人矣。首事四人令

> 于众曰："董司败坏行规，宜寸磔以释众怒。"即将董裸而缚诸柱，命众人各咬其肉，必尽乃已。四人者率众向前，顷刻周遍，自顶至足，血肉模糊，与溃腐朽烂者无异，而呼号犹未绝也。比邑侯至，破门而入，则百数十人木立如塑，乃尽数就擒，拟以为首之四人为抵焉。①

仅仅因为多招了一个徒弟，这位"董司者"竟遭百数十人咬啮至血肉模糊，其惩罚之严厉实在令人感觉恐怖。回头再看刻字行业，只斤斤于罚款，则到底还是显得比较温和。不过，"光绪条规"第十五条也指出，当发生矛盾时，"常有发言盈庭，忿詈诟骂，或摸拳擦掌，不由分说"，则詈骂乃至打架的情况显然也并不少见。这应该也与光绪以后刻字业的竞争渐趋激烈有关。

至于外来工匠入帮，则一般会设置比较高的入会费门槛，这当然是为了最大限度地保证行内原有成员的利益。如"武陵县条规"第五条规定："议外来司务，捐钱三千二百文入公。"又第十二条规定："议外来司务开店设桌，捐钱三十千文。倘有外来开报条铺，亦不准开设。如有持强卡开，公同革除。"这里对开报条铺直接予以禁止；而对入帮、开店等行为，虽称允许，但其所设定的价码，相比本帮工匠的入帮二百文、开店三千文而言（见"武陵县条规"第三、七条），足足翻了十倍甚至十六倍之多，基本等同

①黄钧宰《金壶七墨·逸墨》卷二"金箔作"条，《续修四库全书》第1183册。

于拒之门外。不过长沙的条规中并没有明确提及外来工匠入帮的问题，只云新开店等需交牌费贰串文，但这价格比武陵县还要低得多，显得有些不太合理，或许这只是针对行中成员新开店铺而言。此外，“光绪条规”第十二条提及当承揽业务字数太多时，虽然也允许“招雇外帮，或分送外出”，但必须“先倩雇内帮写刻”，而且对“只尽外帮，不顾内帮者”还要“传众重罚”，显然内帮、外帮之间仍然有非常清晰的界限与壁垒，并不是区区二千文就能够突破的。

与之相近的，还有对外行人员涉足本行业务的严厉禁止。例如“咸丰条规”第五条规定“书坊及专刷书装订者，不得悬挂刻字招牌”，明确将书坊、刷印装订店排除在了刻字行业之外。事实上，在版本学、印刷史研究领域中，向来很少区分书坊与刻字店，这主要是因为“官刻、家刻、坊刻”三分的概念太过深入人心，而刻字店一般会与书坊一样被纳入“坊刻”的叙述范围内。然而从这一条行规来看，刻字业对自己的行业定位是相当清晰的，即主营为刻字，不仅与主营售卖的书坊界限分明，甚至还将专事刷印、装订的店铺也排除在外（虽然在本书的定义中，这两类工种同样属于刻字业）。这虽然看上去是因为“恐值年无从查察滥刻等弊”，实际上也隐含了一种高度独立的行业意识。值得注意的是，记载这些行规的是咸丰年间的湖南刻字业，相信在刻字业兴起更早且更为兴盛的江南地区，特别是苏州、南京、杭州等地，这种清晰的行业独立意识很可能早已出现，只可惜并没有文字流传下来而已。

这种行业独立意识，还表现在对其经营范围的维护上。除了与书坊等划清界限外，刻字业还对红纸店（即南纸店）表现出一种异乎寻常的警惕。在“咸丰条规”已明令禁止红纸店等“暗地钻营行内生意”之后，“光绪条规”又进一步指出“近来红纸店钻营接刻、刷印本色单张讣闻、孝帖、试卷、诰封、门条、册子等样不一”，指斥其“紊乱行规”，要求“嗣后除文郎二封、簿格、信签、各色花纸、印板、包板，其馀不得接刻”，显然二者在经营范围上出现了一定程度的重叠，而这在刻字业看来属于严重的越界行为。有意思的是，雷梦水在《古玩铺、南纸店、帖铺刊书》一文中[①]，曾一口气列举了北京秀文斋、成兴斋、松竹斋、伦池斋、清秘阁、淳菁阁、铭泉阁、荣宝斋、懿文斋、豹文斋这十家南纸店的刻印书情况，其中所谓专门“精刻翰苑各种书籍摹本”的松竹斋，所刻书籍竟多达二十三种，且内容远远超出所谓“讣闻、孝帖、试卷”等范围。尽管北京在同治年间已经明确产生了刻字行会（详下），但因未见具体条规，故未详其对于这些大肆逾界的南纸店，究竟是何种态度。惟从长沙条规之一再重申来看，尽管刻字业曾摆出一副寸土必争的态度，但实际上的效果可能并不尽如人意。

至于彭泽益所提到的另外三个方面，总的来说刻字行业与其他行会组织的区别并不是很大。惟关于集会之地，

---

①雷梦水《古玩铺、南纸店、帖铺刊书》，第117—118页。

刻字行业一般会购置一座供奉文昌帝君的祠庙作为会所，并举办各种祭拜活动，这也是湖南刻字条规中多次申明的内容。按所谓文昌帝君，亦即梓潼帝君，是书坊业、刻字业、镌碑业等多个行业共同供奉的神祇。如苏州书业崇德公所供奉的正是此君，而本书所提到的湖南、北京等地的刻字行会，所祭祀的亦无一例外都是此君。行会众人通常会在二月初三文昌帝君诞辰之日，召集"同业公议，各出份金若干，敬备花果，拈香称庆，借伸事神之敬，而联同业之欢"①。

此外，基于刻书业的特殊性质，湖南刻字业条规中也出现了一些彭泽益等人并没有总结到的内容。其中最重要的一点，是强调对刻字内容与来店对象的严格审查。如"咸丰条规"第三、第四条即提醒行内众人，首先要审查所刻内容有无违禁，其次则要仔细调查来店之可疑人员，谨防如"以数字凑成一语、一语合成一事"的狡诈手段。而到了"光绪条规"中，对这方面的内容则更是反复强调。其在引首部分即提到咸同年间曾经发生的种种案例，不仅有所谓"矫功牌而伪造关防，假军务而冒称奖赏"，而且"厥后愈出愈奇，作奸作伪，或以零星单字分送各店刊雕，或以别样文词散及数家镌刻，意图纂集成句，裁截成文"，

①孙殿起《琉璃厂小志》第五章所载"书行进德会整理登记启"，北京古籍出版社，1982 年，第 282 页。按关于刻书业敬奉文昌神君的相关情况，可参考李乔《行业神崇拜：中国民众造神史研究》中的相关内容（北京出版社，2013 年，第 191—193 页），此处不赘。

足见刻字业确实面临着其他行业所没有的额外风险。为此，“光绪条规”第一至第五条所列，全部是关于如何规避此类风险的条款。其中活字摆印被严格限制在修谱这一门类之内，其馀一切篇幅较为短小的文本，因其刻印、传播都较为容易，且不会留下书版等实物证据，更在严厉禁止之列。由此可知，传统刻书业好用雕版而不喜活字的原因，除了成本、效率上的考量外，还有这一层政策上的因素。

然而尽管刻字行会在条规中反复“谆谆教诲”，行中的刻字铺还是屡屡违反禁令。被“光绪条规”在第五条中点名的长沙曾郁文堂，很快就因为协助周汉刻印反洋教书籍，在湖南引起轩然大波，于光绪十八年（1892）被迫关店。关于此事前后始末，相关研究论述已多[①]，这里只摘录张之洞电牍、奏稿中关于刻字铺的一些材料，以供参考：

> 湖南在籍陕西候补道周汉号铁真，宁乡人，寄居长沙。素好攻诋洋教，编成歌谣图画极多。刻字铺不肯代刻，乃自教其诸子皆习刻字，专刻诋洋教之书，刷印数十万本，托人各省分散。（张之洞《致总署（光绪十七年十二月二十日发）》）[②]

> 邓懋华、曾郁文、陈聚德三人均以刻字为业，曾

①如可参考刘泱泱《周汉反洋教案述论》，收入《近代中国教案研究》，四川省社会科学院出版社，1987年，第373—395页。

②张之洞撰、苑书义等主编《张之洞全集》卷一八七“电牍十八”，河北人民出版社，1998年，第7册第5667—5668页。

郁文已于上年身故。当讯据邓懋华供,向在长沙省城小西门内路边井独自开店,刷卖账簿,并未与周汉合伙刊刻书籍,惟与之熟识往来……据陈聚德供,开设刻字店多年,曾代周汉刊刻《得一录》、《官绅宝训》、《育婴良法》、《拯溺宝筏》、《格言联璧》、《传家宝训》、《扩充恻隐》各种善书,所有板片,随时取去自行刷印,伙店人数众多,不谙文义,向来刻书,照字算钱,不问来历,所有《辣手文章》等书并一切画图,是否间有伙店代刻,实在记忆不清。据曾郁文店伙吴东海供,店主曾郁文曾代周汉刊刻善书,已于上年身故。至于毁骂洋教书本曾否刊刻,实不知情,自奉将店门封闭,各伙俱已散去……邓懋华、陈聚德均请照不应重律各拟杖八十、加枷号三个月满日折责发落;吴东海讯系曾郁文帮伙,不知店务,应与病故之曾郁文均无庸议,仍将各该铺永行封闭,不准复开。(张之洞《查办湖南刊布揭帖伪造公文一案折(光绪十八年三月二十五日)》)[1]

张之洞在光绪十七年(1891)年底致总署的电牍中尚称"刻字铺不肯代刻",因此周汉只能培训自己的儿子学习刻字。但很快在次年查明,代周汉刻书的主要是长沙邓懋华、曾郁文、陈聚德三家刻字铺。其中陈聚德一家刻书

①张之洞撰、苑书义等主编《张之洞全集》卷三二"奏议三十二",第2册第840—844页。

最多，且云“向来刻书照字算钱，不问来历”，这显然并没有遵守长沙刻字业条规中反复提出的对所刻内容与来店人员必须“询访明白”的要求。尽管此事经张之洞斡旋最终并未深究，但三家刻字店还是遭到了“永行封闭”的处理，相关店主包括辩称并未参与刻书的邓懋华，也都受到了“杖八十、加枷号三个月”的责罚。从这一案例来看，长沙刻字业条规所表现出来的这种谨小慎微，显然是可以理解的。

附录：《湖南商事习惯报告书》所载湖南刻字业条规[①]

壹　咸丰四年湖南长沙府《刻字店条规（省城）》

窃技艺各有议条，同行理宜遵守。民等艺营刻字，以枣梨为工本，剞劂为生涯，公同置有房屋，供奉文昌帝君，以昭诚敬，以迓神庥。虽曰立有旧规，以严杜害，无如人心不一，间有希图厚利，妄行刻刷，一经查出，送县究惩。是以同行新酌，定规杜害，嗣后务合遵照。后开各条，共相传谕，以振行规而杜奸伪。倘敢故违不遵，值年人等指名禀究。所有规条，开列于后。

①本附录系据彭泽益主编《中国工商行会史料集》第三篇《各省工商行业条规选辑》中《湖南商事习惯报告书·商业条规》相关文字录入，为引论方便，其中条目重新作了编号，部分标点则稍作调整。上册第294—301页。书中尚有光绪三十四年《书业条规（省城）》、宣统元年《书业条规（省城）》、光绪三十年《书业条规（武冈）》、年代不详《书业条规（新化）》、年代不详《书肆简章（桃源）》，相关研究者可参看。

一、每年二月初三日，恭逢文昌帝君圣诞之期，凡同行人齐集寿坛，拈香礼拜，以昭诚敬。

二、每年同行择派公正六人值年，伺应文昌阁祭祀，逐月分巡长、善刻店。如有不遵规示、滥刻违艺等项，许即扭禀。倘同行扶同徇隐，或挟嫌栽诬，藉图需索，准予并请严究，以免后累。

三、查道光己亥年，前县传集刻字一行，谕禁滥刻匿帖冤词，并一切不经谬语及造黑捏白、假示假票等项，示谕昭彰。所有乡会题名录、诰封、试卷、阴骘经文、诗稿、文集、摆修族谱等件，于各行规条无碍图记，凡在理所常有者，任其刻刷生理，诚恐日久玩生，易滋弊端，如有贪利滥刻之徒，许同人等查明指名，公同禀究。

四、言语形迹可疑之人来店倩刻，务必询访明白，查明居处。或有零星字样，尤宜详察。若系以数字凑成一语、一语合成一事者，奸诈巧变，实难揣测，必须商同值年禀究，以杜奸伪，毋稍徇隐，自取其累。

五、书坊及专刷书装订者，不得悬挂刻字招牌，各有规条，不宜混杂。即或一家兼做两行，须另佃悬牌；抑或一身两艺，挂牌仍止一行为定，不得并标。因恐值年无从查察滥刻等弊，自应各归各行。倘乱规者，许即公同禀究。

六、红纸店及外行并违犯、革退之师、各帮人等，毋得暗地钻营行内生意，致滋流弊。凡在行中，亦不得私帮外行入伙。倘有紊乱规条，许即公同禀究。

七、新开店或原牌改字，或租牌加记，或顶牌及同宗挂旧牌名，必先具柬知会值年，查其果系老成谙练，向无不法事故，许牌费钱贰串文交值年，以便发给示谕规条，违者禀究。

八、带徒必择已读书识字者，方易教授，免致后来不谙文理滥刻。进师之日，除交师俸外，许备入行钱肆串文，先期具柬知会值年，同赴文昌阁敬神入公，书名入簿，以便查察。其或家传家教，亦备入行钱壹千五百文。凡属嫡堂同宗，入行钱肆千。至外府，念谋生路远，减一半。若挂牌开店，仍上肆千交值年收，以备祭祀及收检字纸费用。其徒只许一进一出，不得连带数名。为师者须将犯规等事勤加训迪，无使暗地私刻违禁等字，违者禀究。

九、书坊补刻原板字样，毋得铺在铺面刊登，使难查察，有坏行规，违者禀究。

十、请师帮伙，须要报名入簿，帮伙人亦要知会值年，以便查察。大凡生意至三十两，每两抽厘一分，以备每年祭祀用费。多者以次递加，随捐入簿，毋得以多报少，任意延搁。如恐不便，即交帮师带回入公，违者议罚。倘帮师未收，罚帮师赔还。

十一、开铺面无论远近，间隔八家为定。除已前不计外，嗣后或新开，或原店迁徙赶棚，无分街道转湾，凡有栅棚牌坊照牌，厮屋均不计家数。即有双合铺面开一家，即算一家，开两家则仍算两家。公馆、祠林、庙宇各算一家，以后总要出八家之外，方可开张。

光绪十一年，因蒋以仁滥规钻开，经行众禀局控县，迭经讯明在案,并当堂吩咐,刊条再申,兹特重加厘正,禀请定案,另刊附后。

一、行中有学艺多年而行费未楚,只因规条紊乱,以致如此。所有未楚,务须查明收纳,以销簿据,嗣后请帮伙者,必要查明有无该欠,以便追还,违者公同议罚。

二、每岁值年准于二月初八日交接。如本值年己分及家传一脉,师父徒弟有应出之费未楚,均系本届交出销簿。其收管之行费,除用度外,所存几何,逐一算明,交与下手。倘有不清,下手毋得轻受。交代违者,公同议罚。若已收各费,不曾入簿,查出亦议罚。

三、新值年一受交接,责任匪轻。每年初次巡查,即印刷示谕条规,布发长、善同行刻店,务宜严密细查。倘他人有犯规条,更须鸣众议论,毋稍疏忽。

四、公举总管,择其素习谨慎二人,经理三年。收存屋契总簿,修理屋宇各项,以每年二月交帐之期,持契据及收存总簿,凭值年查验核算清楚,过登总簿,以凭查考。经理年限完满,公同再议。

咸丰四年三月十三日

贰　光绪十六年湖南长沙府《刻字店重定条规(省城)》

窃维共遵成法,为吾行永定之条;公议新章,叶《周易·同人》之象。预防思患,因事制宜,固我辈所乐从,亦同行之善举也。吾业祀重文昌,创由先哲。《诗》、《书》、《易》、《礼》,存圣贤之典型;政事文章,载国家之制度。前传后教，守法奉公，相继相承，无偏无党。咸丰之始，兵燹相寻，同治之初，逆氛乍靖，乃有不法之辈、无藉之徒，娇功牌而伪造关防，假军务而冒称奖赏，藉我等之镌刻，遂此辈之骗奸。迭奉宪示煌煌，令值年稽查严密；复定规条井井，幸吾辈懔懔提防。厥后愈出愈奇，作奸作伪，或以零星单字分送各店刊雕，或以别样文词散及数家镌刻，意图纂集成句，裁截成文。经我等识破奸谋，公同送存宪案。既已荷蒙剖断，若辈受惩；务须增定章程，同行知谨。尤赖值年总管，规历久而愈严；况复倩伙收徒，法其美而且善。爰从众论，增刻数条，凡我同人，永遵恪守。

一、前经府宪暨长、善县示谕规条，奉此永远遵照办理，违者禀究。

二、刻军务关防，必须局宪传刻。如门市倩刻者，概不准接，违者禀送。

三、刻各宪告示，投店倩刻，必同诣衙问交。若诰封、讣闻，均须包刻包刷存板，否则议不准接，违者议罚。

四、刻未入刷行之板，除经史外，所有朝考卷及各试卷、诰封、告示、谱牒、讣闻、零星等件，向不准其帮刻，诚恐奸徒借端生弊，是以再加详议。我行毋得贪利，悄行帮做。如有不遵者，公同议罚。

五、摆字太多，易生奸弊，值年虽以觉察周知，嗣后检字，只准摆修谱牒、箱梓，如诰封、告示、诗文、讣闻、孝帖、规约、药方、同门齿录、劝世诸文，及一切单张，概不准摆。因昔年曾郁文堂及陈利吾检摆讣闻箱梓，早已凭行焚毁。

若有别店再摆,除谱牒外,毋论何项箱梓,查明罚归公管,或者照前焚毁。倘有违者,禀革。

六、新带徒弟,遵照旧规,必先知会值年,将上行钱交清,方许拜师学习。若不先期知会,交清行费,除上行外,罚师父钱四串文入公。毋论开店、帮伙,所带徒弟,只准出一进一。重带者,照戊寅年庄西林堂重带徒弟,罚钱四串文入公。如日后违者照罚。倘恃强不遵者,鸣众议论,再行重罚。

七、新开铺面,遵照旧章,以隔八家开设,违者封闭。如有不遵者,禀究。

八、每年庆祝后核算,除动用外,并上年实存钱数上百串者,经管人必须会同值年,随时置买房屋生息。其所有修理一切,值年不得擅行施为。违者议罚。

九、每年正月二十七、八日进庙,虔办祭祀。期后二月初八日,请凭总管三班,将经手出入账项核算明白登簿,并将本届徒弟、招牌名目,缮书大簿,毋得遗漏混登,移交下首。若逾期不交,或核算不符,以及庆祝费用并上街伙食过于奢华滥用者,听总管鸣众议罚。

十、值年本届所收徒弟、招牌、捐输等费,毋得私接。本行手择期票,如接上首,外行票据届期不清者,问其承接人赔出,违者重罚。

十一、新迁值年,定于二月初一日,本班必协同总管三班选择向系老成谙练、毫无过犯,方许书名悬牌,举为值年。若不查明混迁者,责成上首不谨之咎。老手听择一二人以交接，间五年为限，方可复迁。其馀新手听举。

十二、包刻板生意，必先倩雇内帮写刻。或生意字数太多，内帮人少事繁，须知会值年，公同酌议，或设局招雇外帮，或分送外处均可。若内帮人多，或随意发写，希图塞口，只尽外帮，不顾内帮者，查觉确实，鸣知值年，传众重罚。至写刻价值，看生意若何，听包主斟酌。内帮不得抬价卡索，包主亦不得矮价抵塞。刻价照写价加成四股，若有写刻价值不符者，查出公同议罚。

十三、凡讲生意，大则书字为定，小则或交定钱，或交稿样为准。既经接成之后，毋得闻风抢夺，并巧诈、奸谋、妄取等弊。如果情弊显然，传众公同议罚。若店内帮伙，议罚加倍。恃强不遵者，革出。

十四、凡接生意，见写成宋字样子者，毋论投店倩往，须查问明白，可接则接。若不问清来历，明知暗昧，希图渔利，或被前接成写样店主查觉，许传三班理论，或应归先定接做，听众理处，毋得争夺。倘不遵公论者，公同议罚。

十五、凡有公事，传集入庙，总管及众等，俱当秉公理论，毋得袒护。事主亦当服理，毋得争论。常有发言盈庭，忿詈诟骂，或摸拳擦掌，不由分说，如此情形，殊属不成事体。嗣后宜由一二人主议，馀众参详，即有所当辨者，亦宜善为说词，毋至喧闹，否则公同议罚。

十六、查近来红纸店钻营接刻、刷印本色单张讣闻、孝帖、试卷、诰封、门条、册子等样不一，匪惟紊乱行规，抑且易滋流弊，值年无从查察。嗣后除文邮二封、簿格、信签、各色花纸、印板、包板,其馀不得接刻。凡我同人,亦不得被诱贪利,悄行帮刻。倘有不遵,查出公同议罚。

十七、新带徒弟试手准一月为度,乡城一体。一月外备上行规钱四串文交值年,先登草簿。倘日久而不知会值年之人交清行费者,查明公同议罚。

十八、每逢二月初一晚,凡入庙庆祝者,必整肃衣冠,以昭诚敬。倘衣冠不齐整者,不得与祭,亦不得与席。凡我同人,各宜遵循自爱。

十九、同行凡讲大小生意,原示生意自三十两起,每两抽厘一分。近因生意淡泊,各自量力捐输,不得强吝,而值年等亦不得压捐。

二十、住家或搭居外行铺店,凡写刻堂名字样条子,长准一尺,宽四寸。若大书张贴,照规出牌费钱二串文,随时交送值年人收存登簿,违者议罚。已上牌费者不论。

二十一、近来有一伙无赖之徒,店局既无人雇请,潜藏僻处,时沿街托卖年号,假为名色,实系隐藏不测、招致射利之辈,悄售其奸,刊刻假票、伪札、匿帖、关防、新闻等报,一切违禁等项。事经发觉,形同鬼蜮,远遁无方,使行受其株累。嗣后遇有沿街托卖年号者,即行革逐,不准停留。倘有恃强不服者,公同指名送惩。

二十二、店局倩伙,必须查明有无会款该欠,原外帮会款未楚者居多,仍照丁丑年例,店主每月扣钱二百文交值年人收,不得任其展搁。查近来各店局未曾按月扣收者不少,动以亏空推诿。无论亏否,值年按月按名照例往收,倘店主有不遵者，公同传众议罚。

二十三、客师进店，须分宾主；生意进店，自有公私。实系客师交情找来，方可接做，不准悄接瞒主，违者重罚。

光绪十六年春月日公立

叁　湖南常德府武陵县《刻字店条规（武陵）》

粤稽上古之世，结绳而治，后世圣人，易以书契，而文字兴焉。夫字者，孳也，取生生义也。古圣庖羲氏作，睹河图之瑞，征龙马之祥，始制爻象六书，雨粟飞金，发天地之精奇，泄山岳之灵秀，字之系乎，万世古今，岂浅鲜哉？故五帝三王，秦汉而下，如李斯、蔡邕、钟、王辈，因虫鸟而作大篆、小篆，变鼎彝而易秦隶、汉隶，四体八法，字于是乎大备。然虽先圣有作，恒苦于缮写之艰；倘剞劂无传，安睹乎利用之溥？我辈虽擅雕虫末技，岂攻金攻木所可同日语乎？今岁仲春，帝君圣诞之期，重整旧规，共襄典礼，见其规矩之井然有条，秩然不紊，莫不踊跃输成。是以爰议数条，公之同人，一以答神庥于万一，一以励人事之整齐也。尤愿同行自此均相和洽，勿怀嫌而挟诈，恪守规模，永遵勿替，则幸甚。谨将公议条规开列于左：

一、议各宪差务，向来应派有店，毋得滥承。

二、议我行干系匪轻，恐有不法之辈，贪图重利，私刻官印、钤记、功牌以及匿名谣词、红式、假票等项者，有关法纪，务须验明，毋得滥刻。

三、议各店每会捐钱四百文，司务捐钱二百文，以作文帝圣诞祭祀之需，毋得捏故推诿，违者罚钱一千二百文入公。

四、议生意无论大小，以及城乡摆修谱牒，务必任客投店，毋得低价钻夺。概不准与外行合伙，亦不准请外行帮做，违者罚钱五千文入公。

五、议外来司务，捐钱三千二百文入公。其钱起工之日老板垫出，违者不准帮做。

六、议设桌提盒，必遵守公规，倘私行低价，查出罚钱一千二百文入公。

七、新开店面者捐钱三千文入公，开张之日，酒席二桌，其钱交值年收讫，违者不准开设。

八、议徒弟任牌招带，准以四年为满。进师之日，酒席二座，上会钱一千文，随交值年首人书名登簿。至于伯叔兄弟，均照外人定规，违者不准学习。恐四年未满，不准出师，同行亦不准容留。立字日起，满了二年，方可另带，违者罚钱二千四百文入公。

九、议报条生意、开设考棚者，每逢岁试捐钱一千文，科试捐钱六百文。倘有持强抗公者，罚钱二千四百文入公。

十、议门市生理，各项价值均有规例，嗣后稍有低价滥规者，公同人查实，即行报公，罚钱一千二百文敬神。

十一、议开店者，亦不准请外行，如有违者，公同重罚。

十二、议外来司务开店设桌，捐钱三十千文。倘有外来开报条铺，亦不准开设。如有持强卡开，公同革除。

十三、议有外人刻各项报条板，我行必须问楚，不刷不刻，并板不出外，违者公同重罚。

十四、议糕签板每块五百文，外套糕名每字二十文。

公白

三、其他地区刻字行会述略

至清代晚期，随着手工业整体发展水平的提高，很多城市的各行各业都开始陆续设立行会组织，刻字行业自然也不例外。其中如北京、宁波等地，虽然并没有留下如湖南这样内容较为丰富的刻字业条规，但也有相关碑刻文字得以流传。其他各地，亦有零星之文献记载。因捃摭所见，略作梳理如下：

（一）北京刻字行会

北京有资料可查的刻字行会组织，大概成形于同治年间，又于光绪二十四年（1898）正式设立祀庙。在《明清以来北京工商会馆碑刻选编》中，载有《重建文昌祠记》碑文一篇[①]，题下注："原碑在前门外皈子庙街十五号。"又碑文如下：

> 今天下自国都至于郡县，得通祀者，惟社稷之神，与学之先圣先师，而文昌帝君居其一焉。凡以尊崇正学，维斯文之统，典至钜也。京师刻字行，向分南北

①见李华编《明清以来北京工商会馆碑刻选编》，第161—162页。以下所引此碑内容俱见此篇，不再说明。

二派，春秋致祭，皆兢兢洁牲，量币修祀，事于帝君，若以不得与祭为憾。尝窃疑之。粤自鸿荒初辟，载籍无征，飞龙造书，莫可殚记，其稍足摅者，惟黄帝史仓颉最著。迹其仰观俯察，通于神明，依类象形谓之文，形声相益谓之字，著于竹帛谓之书。以字学源流论，仓圣，鼻祖也。《周官》备载六书，《尔雅》作于中古，元圣二祧列也。下逮李斯、程邈、蔡邕、萧子云之流，领异标新，各极撰述。而许慎《说文》，尤有裨经学，功不在禹下。又尝考《宣和书谱》云：羲、献以字画之妙出东晋，旷然为千古翰墨之祖。据此则俎豆馨香，均于义近。抑知作者谓圣，述者谓明，而毓秀钟灵，实惟神是赖，人文主宰，即吾道干城。譬彼江河，沧海实其归宿，何独于神而疑之？至神迹原委，《成都志》、《蜀辅日记》所载，言人人殊，要以六匡丽曜，累代垂灵，天人合一，无愧聪明正直者近是。若夫道家者流，穿凿傅会，蔓衍支离，窃所不取。今北直刻字行等，恐春秋祀典历久而忘也，爰于光绪廿三年十一月四日，用金陆百两，购得正阳门外樱桃斜街皈子庙故址，共殿宇十三楹。稍加修葺，择后殿设位祀焉，礼也。前殿旧祀七圣，今仍之。每岁十二人司事，行中轮值祀事，所资则有乡会年之捐例在先。是同治七年闰四月二日，曾于广安门外白石桥东路南，购置义园二十亩，备行中无力归葬者权厝之所。盖至是而恭桑敬梓之心，与报本返始之意，两告无憾矣。惟冀神灵默佑，协圣世昌明之景运，重通儒文字之科名，则行中食德孔长，是所深幸也夫。

赐进士出身翰林院编修会典馆协修加三级纪录三次杨士骧薰沐敬撰、赐进士出身翰林院编修会典馆协修加三级纪录三次冯恩昆薰沐敬书、诰授奉政大夫内阁中书方略馆校对加三级纪录三次崔师范薰沐篆额。

大清光绪二十四年太岁在戊戌孟冬之月吉日。京都刻字行等敬立。

据碑文可知，此碑为清末北京刻字行中的北直一派于光绪二十四年（1898）所设立，地址在正阳门外樱桃斜街皈子庙（原碑地址为“前门外皈子庙街十五号”），设立目的则是为了祭祀行业神文昌帝君。按所谓“皈子庙街”，据王灿炽《清末民初北京工商会馆（部分）地址新旧地名对照表》记载，即今西城区樱桃胡同，“北起杨梅竹斜街，南止樱桃斜街”[①]。这实际上是在北京书业的集聚地琉璃厂附近。据孙殿起《琉璃厂小志》卷首“琉璃厂示意图”，清代的樱桃斜街正是在琉璃厂的东南方向。又据吴长元《宸垣识略》记载：“琉璃厂在西河沿南杨梅竹斜街之西，内有琉璃窑。”[②]可知所谓杨梅竹斜街也是在琉璃厂的东面。这些地名至今尚存，检现今之北京市地图，即可知其距离现在的琉璃厂文化街不远。事实上，与书坊一样，清代北京的刻字铺

①收入王灿炽著《王灿炽史志论文集》，北京燕山出版社，1991年，第390页。

②吴长元《宸垣识略》卷十，北京古籍出版社，1981年，第186页。

很多也都位于琉璃厂及杨梅竹斜街这一带,刻字行会设祀庙于此,显然也是为了方便。与之相对应的,是书业所设的"北直文昌会馆",位于"和平门外琉璃厂小沙土园"[①],据《清末民初北京工商会馆(部分)地址新旧地名对照表》记载,此即今"宣武区小沙土园胡同","北起琉璃厂东街,西止南新华街"[②],则相对更靠近琉璃厂的核心位置。

此外,该行会设立祀庙的时间虽然是在光绪二十四年(1898),但从碑文中提到的"同治七年闰四月二日,曾于广安门外白石桥东路南,购置义园二十亩"之举来看,其行会组织应该早在同治七年(1868)就已形成,只不过可能因为力量相对比较单薄,所以并未购置祀庙而已。而力量相对较强大的书业,则早在同治三年(1864)就"置买沙土园路西火神庙一座,添修文昌会馆,名为北人公会之地"。值得一提的是,无论是刻字行会还是书业行会,都曾提到行内向分"南北二派",其中书业行会更进一步强调"南人极多,北人甚少。每逢会议,诸多不睦。于是北人之徐志沺、刘清淮、魏显泰者,始创其端",则显然以南人为主的书业行会出现时间更早。对此,孙殿起《琉璃厂小志》曾有一段介绍:

> 文昌馆,在琉璃厂有二处:一在厂东门内路北,一在小沙土园内。缘清咸丰、同治年间,厂甸书贾,江西

---

①李华编《明清以来北京工商会馆碑刻选编》中"北直文昌会馆碑",第123页。按下引此碑内容,俱见此篇,不再说明。

②收入王灿炽著《王灿炽史志论文集》,第389页。

> 人居多，盖来京应试落第者，改业为此。向在厂东门路北建立文昌馆，每届二月初三日文昌诞辰，书业师弟皆来拈香，以江西帮派为主。至光绪中叶，河北冀属人业书者渐多，足与江西派抗衡，而往文昌馆拈香者，辄被江西人所拒绝；北方书贾愤甚，遂集资在小沙土园购地，修建北直文昌会馆。①

据此可知，所谓“南人”以江西人居多，其行会地址也是在琉璃厂东门附近，出现时间可能是在咸丰、同治年间。而“北人”则以河北人居多，孙殿起在此文后又列举了“北直书行在会已故诸公”前后三秩名单，基本上都是河北人。而从雷梦水在《北京琉璃厂坊刻本考略》所列举的书坊情况看，清末民初琉璃厂一带的书坊已基本是北方人的天下。以此推想刻字行业中的情况，恐怕也相去不远。惟据雷梦水回忆：“北京坊间刻书，多由山东东昌府的刻工和北京琉璃厂、杨梅竹斜街几家刻字铺承刻。”并提到了曾刊刻《四书备旨》的“山东东昌府堂邑县刻工人杨金雄”②。则刻字行业中的“北人”，除了河北外，可能还有山东刻工。

（二）宁波刻字行会

在《甬城现存历代碑碣志》中，载有一篇《刻字行合议

---

①孙殿起《琉璃厂小志》第五章“文昌馆及火神庙”，第273页。

②雷梦水《北京琉璃厂坊刻本考略》，《河北出版史志资料选辑》第五辑，1990年，第115页。

会订立享馂折钱及身后抚恤等规约碑记》[1]，落款时间为光绪三年(1877)。具体内容如下：

粤稽炎农结绳而治，迨至史颉书契始兴，而百官以车，万品以察。盖依类象形谓之文，形胜相益谓之字。文字者，孳乳多而布于方策者也。吾镌刻一业，虽有规则，而无馀资。是咸(丰十)一年间，荣等(邀集)同(行)各友设立义会，(名曰)“合(义)”，(公)议将起谢师折(酒钱文)，(归入)会内，(积)蓄存储已十馀年矣。置得永买房屋，坐落土名开后。吾行每年逢五月择吉，就邑庙演戏酬神。因思各友享馂，奈人多口囔，不得备办。自同治乙亥年起，公议每友给折酒菜钱叁百文。倘同行友身后者，会内柱首议付奠费钱拾贰千文，无论贫富，以全同谊。诚恐年远日久，虑防同业后裔将会业私自抵押，于光绪三年间，备呈请示有案，如违从重请究。至前置房屋(永)业，则间分、土名，开载于(后)。是为序。

计开：

一、尽买东北叁啚钉打桥地方，坐北朝南店楼叁全间。

一、尽买东南四啚握兰庙跟地方，坐东朝西店楼屋壹全间。

---

①见章国庆、裘燕萍编著《甬城现存历代碑碣志》，宁波出版社，2009年，第201—202页。据说明文字，此碑记内容系据拓片录出，其中“拓片破损处字样则依残留笔划或文意”用( )补出，本书予以照录。

一、尽买东北壹啚千岁坊地方，坐东朝西楼屋壹全间，后有披屋两间。

光绪三年长至月日，同业司事童炳荣、徐大江，杨莼斋、蒋美林、沈增鸿、童午亭、徐成烈、戴宗明、庄开岳、崔宏鋂、严朝宾同行公立。

根据碑文，宁波的刻字行会最早由童炳荣等设立于咸丰十一年（1861），名“合义”会，并储蓄经费购买了房屋三处。从同治十三年（1874）前后开始[①]，会中还每年给行会成员发三百文酒菜钱，以及为所有去世成员发放奠费十二千文。尽管很多手工业行会确实都有着互帮互助的慈善意味，但其帮扶对象多为确有经济困难者，很少看到像宁波的刻字行会这样，“无论贫富”，以普惠的方式每人发放酒菜钱和奠费。从这一点看，宁波刻字业的整体经营状况应该是比较良好的，因此其行会的收入也显得比较可观而稳定。

此外，碑记中提到的行会三处房产，分别位于钉打桥、握兰庙跟和千岁坊。这里的钉打桥一带，是宁波铁器店集中之处。[②] 据《四明谈助》记载，县治东南有冲虚观，其街西

①按原文作“同治乙亥”，但同治并无乙亥，光绪元年始为乙亥，今姑系于同治十三年。

②据李子瑜《宁波述旧》记载：“宁波的钉打桥，其实起自叮当打铁之声，多的是铁店。所产菜刀，甬名薄刀，是钢口靠硬，锋利无比，因此流动乡村铲薄刀的人，都喊‘钉打桥铲薄刀’，说明铲薄刀技术，来自宁波钉打桥。”见张行周编集《宁波风物述旧》，北京大学中国民俗学会编《民俗丛书》第八辑第149种，东方文化书局，1974年，第25页。

即泰和桥,桥西有泰和坊,桥东达钉打桥。[①] 此观清初改建为药皇殿,至今尚存,在宁波市中心天一广场内。则钉打桥亦在附近。又握兰庙跟未详具体所指,这个“跟”在宁波地名中颇为常见,可能有跟前的意思。据《四明谈助》记载:“(新寺后巷)今称沙井巷……西抵渔栏桥,(南)达握兰桥,有重桂坊孙氏、项观察第、握兰庙等迹。”[②] 按沙井巷在药行街中段[③],则握兰庙亦当在此附近。又宁波至今有握兰巷[④],得名自宋代握兰坊,同样位于今药行街一带,由此推断这个“握兰庙跟”应该也是在药行街附近。至于千岁坊,则为自宋以来的旧坊名,据《宁波市鄞州区地名志》记载,民国时“千岁坊西横街改为迎凤街”[⑤],则知即今迎凤街一带,靠近旧城之中心鼓楼。按千岁坊在清末有文光斋,相毗邻之百岁坊则有周佑黻翰墨林刻字铺,可知当为刻书业较为集中的地段。当然前及钉打桥、握

---

①徐兆昺撰、桂心仪等点注《四明谈助》卷二十七“冲虚观”条,宁波出版社,2003年,下册第930—931页。

②徐兆昺撰、桂心仪等点注《四明谈助》卷二十五“新寺后巷第四”条,下册第829页。

③宁波市海曙区地方志编纂委员会编《宁波市海曙区志》第四编“宁波古城”第三章“古城街巷、桥梁”之“沙井巷”条:“北至药行街,南至君子街。”浙江人民出版社,2014年,上册第142页。

④宁波市海曙区地方志编纂委员会编《宁波市海曙区志》第四编“宁波古城”第三章“古城街巷、桥梁”之“握兰巷”条:“南至县学街,折东通开明街,北至新街。”上册第142页。

⑤宁波市鄞州区地名志编纂委员会编《宁波市鄞州区地名志》,西安地图出版社,2006年,第7页。

兰庙跟所在之地，亦位于宁波城之核心商业区，皆属繁华之地。

至于碑记中最后所列十一位刻字同行，应该都是当时宁波刻字铺的店主或刻工，但因资料的缺乏，对其店铺、所刻书籍等等均一无所知，只能留待日后再作补充。

（三）其他刻字行会

1. 成都“仓颉会”。《四川省志·出版志》载：“清同治年间，成都木刻书业分别建立了‘仓颉会’和‘文昌会’。刻字铺老板和刻书工人参加‘仓颉会’，书坊老板和印刷、装订工人参加‘文昌会’。光绪年间，‘文昌会’改名‘多文会’，后又改名‘同文会’。‘文昌会’在学道街、小淖坝街有两处印书作坊，存书版数万个。只有加入行会后才能享有刻书、印书和版权保护的权利。外地来成都揽活的刻书工人必先加入‘仓颉会’，取得行会同意后才能接活。行会经费来源为会员交纳会金和使用公有设备抽头。民国初期，木刻书业逐渐衰退。两会在1924年为‘木书业同业公会’取代，除原有木书业会员外，并吸收古旧书业书铺入会。40年代中期解散。”①

2. 重庆“书帮公所”。《四川省志·出版志》载：“重庆书帮公所盛于清代后期，会员多系业主、技师及账房。公所设会首、龛司、账房各一名，由龛司总揽产权、财权、接纳

①四川省地方志编纂委员会编《四川省志·出版志》，四川人民出版社，2001年，上册第421页。

会员及审批刻字制版、换版等事务。公所除自行印刷《百家姓》、《三字经》一类蒙学书籍以及历书、账簿、唱本、信笺等外,还出租印版。凡未入会者不能印售印刷品,未经公所批准,不许刻字制版。1919年部分会员退出,另立'书东帮',开展铅印、石印业务,兼营纸张、文房四宝。书帮公所于抗日战争胜利后解散。"①

按关于成都、重庆两地刻字行会,又可据王孝源《清代四川木刻书坊述略》一文略作补充云:"刻书业在'仓颉会'之下按地域形成几帮。成都有岳池、绵竹、成都三帮;重庆有岳池、重庆两帮。印书业在'文昌会'之下,按分工把工人分为印刷、装订两帮。行有'行董'(又称'总理'),帮有'揽子'(又称'揽头')。刻印装工价和'工口'由行业组织统一规定,工人无论在何处做工,都需完成'工口',才能得到规定的工价。'工口'即定额,分别为:刻书每月六千字,印书每月十万张,装书(从折页到成品)'齐墨'②者每月六万页,不'齐墨'者每月十万页。专营刻书的刻字铺一般由'揽子'开设,但这种店铺不多,而且他们长年雇请的工人也很少。'揽子',就是包工头。无论书坊刻书或私人刻书,都非经过他们不可,由他们去联系、组织那些分

①四川省地方志编纂委员会编《四川省志·出版志》,上册第421—422页。

②原文有脚注:齐墨,又称"齐线"、"齐栏",是木刻书一种装订技术。印好的书页,经过"折页"、"分书"两道工序后,还要把每册书页的底线对齐,叫做齐墨。

散的个体刻字工和尚未脱离生产、以刻书为副业的农民承担书稿的镂版。”[①] 又王纲《清代四川的印书业》则对四川刻书业中的所谓成都帮、岳池帮、重庆帮、绵竹帮等均有介绍[②]，可作参考。惟因不涉及行会材料，故不作赘引。

3. 河南雕印业行会。据《河南出版史话》记载：“清末河南的雕印业还出现了自己的民间组织行会，开封城马道街的文昌宫为雕印业的敬祖之处。每年二月初三，全城从事刻字、印刷业的人员在文昌宫聚会，唱戏敬神，大摆宴席。这种聚会例由会首主持，同业中重大事项，由聚会商议决定。聚会所用款项，由同业各家根据规模大小、营业状况斟酌分担。雕印业行会的出现也反映了清代坊刻的兴盛。”[③]

①王孝源《清代四川木刻书坊述略》，收入《中国近代现代出版史学术讨论会文集》，中国书籍出版社，1990 年，第 190页。

②王纲《清代四川的印书业》，《中国社会经济史研究》1991 年第 4期。

③海继才、温新豪著《河南出版史话 · 清代河南的坊刻印刷》，文心出版社，1996 年，第 112页。

第三章　交流与协作：出版者与刻工之间的互动

在以往的研究中，出版者与刻工之间的关系通常会被视为一种雇佣与被雇佣、管理与被管理的关系。从各自的身份归属上看，这当然没有太大问题。出版者提供资金，刻工付出劳动以换取报酬，这是民间手工业中最基本的一种经济互动形式。然而在实际的刻书过程中，由于书籍的生产不同于一般商品，不少私家出版者兼有文人、学者的身份，也不同于一般的商人，因此刻工与出版者之间有时候会产生一些超越普通雇佣关系之外的交流与互动。特别是清中叶以后，随着一批以名工领衔的家族式刻字店的出现，部分刻工的地位逐渐上升，与出版者之间开始形成一种长期而稳定的合作关系，这就从交往机制上增加了两者之间产生深入交流的可能。这种交流可能是显性的，如本章第一节所讨论的穆大展，通过遍邀名流为其题画撰文，表现出非常主动的结交意愿；也可能是隐性的，如第二节所讨论的刘文奎兄弟，通过默默为卢文弨、孙星衍、顾广圻等人刻书，不动声色地承接了当时南京地区绝大多数的学术出版工作。但无论是何种方式，这些交往都反映了清代刻工阶层与文化名流之间通过出版而产生的微妙互动。

第一节　近文为名：穆大展与乾嘉名流的互动

在清中叶的诸多刻工中，穆大展可以说是最具代表性的一位。同时代人阮葵生在所著《茶馀客话》中，曾将“穆大展刻字”与薛晋臣治镜、曹素功治墨、顾青娘王幼君治研、张玉贤火笔竹器等民间艺人并称，言其“皆名闻朝野，信令传后无疑也”[1]。而从穆大展流传下来的刻书作品与相关文献记载来看，其不仅刻字技艺精湛，留下了以仿元刻本《两汉策要》为代表的精品之作；而且还曾广交乾嘉名流，与当时文坛中最负盛名的一批文人学者如沈德潜、袁枚、王昶、钱大昕、王鸣盛等人有实质性的交往，邀请他们在《摄山玩松图》、《近文斋记册》上留下丰富的诗文题跋。显然，无论是“名闻朝野”还是“信令传后”，穆大展都当之无愧。然而这样一位颇具传奇色彩的刻工，学界的关注却并不多，这未免令人遗憾。本节即拟从各种文献记载与书籍实物入手，对穆大展的生平与交游作出详尽考订，以展现其以一介刻工而与诸多乾嘉名流往来的过程与细节；同时也尝试通过这一典型个案，来审视刻工群体与上流文人阶层之间的微妙互动。

---

①见阮葵生《茶馀客话》卷二十，《续修四库全书》第1138册。

一、文献可征：从《摄山玩松图》到《近文斋记册》

在2013年保利香港秋季拍卖会上，成交了一件题作《摄山玩松图》的设色绢本手卷，系清中叶画家陆灿为苏州刻工穆大展所绘之肖像图。这件作品尽管拍出了两千多万港币的高价，却并未引起研究者的关注。幸运的是，保利公司曾专门为此手卷制作了完整而清晰的图录，我们才得以在画作拍出之后仍能一览此手卷之全貌。

图3–1 《摄山玩松图》画心部分①

据图录卷首高运刚所撰《穆大展与摄山玩松图考》一文介绍，此手卷宽43厘米，画心长141厘米，题跋部分长1870厘米，题跋者多达八十馀人，多为乾嘉文坛名流，其中不乏沈德潜、袁枚、钱大昕等文坛学界之巨擘。高文因作总结云："参与长卷题写人数之众、影响力之大、时间跨度之长，史上鲜有能与其匹敌者。"评价极高。然通览全文，作者主要还是从艺术收藏的角度来讨论手卷的价值，对画像主人穆大展的介绍亦基本承袭黄孝纾的题跋。至于穆

①此图系翻拍自保利香港拍卖公司所制专题拍卖图录，下同。

大展独特的刻工身份，以及手卷的文献价值，则基本未作展开，未免略显遗憾。事实上，尽管文人与刻工有往来实属寻常，但能留下文字记载的却颇为少见，而留下如《摄山玩松图》这样鲜活生动、内容丰富的文献实物，更是弥足珍贵。

惟令人不安的是，由于这是一件已无法目验原件的拍卖品，笔者只能从复制品入手去考察此手卷，对其真伪问题更是无从置喙。从文献学的角度看，这当然是有失稳妥的。然而考虑到手卷极其特殊且重要的文献价值，如果视而不见、弃而不谈，恐怕也会留下很多遗憾。好在手卷题跋者多为乾嘉名流，行迹皆历历可考，且其诗文集中不乏能够与此手卷相互印证的文字（参见本节附录一）。再加上递藏者之一黄孝纾也曾专门撰文介绍此手卷（详下），因此其作伪的可能性似乎并不高。当然，为了避免其中可能存在的风险，笔者在利用手卷中的题跋信息时，将尽量参考其他相关文献来作为佐证，以确保结论的可靠性。

根据题跋，此《摄山玩松图》完成于乾隆三十三年（1768）秋，是穆大展的肖像图。画中穆氏头戴斗笠，身着长衫，面貌清癯，神色恬淡，身旁侍立一小童，身后则以摄山九老松作为背景。此画系乾隆年间娄东名家陆灿所写。陆氏工人物花卉，尤长于写真，曾奉诏入京为乾隆帝、六世班禅绘写真。[①] 穆大展选择这样一位名家为自己写真，已可见其欣赏趣味与水准绝非一般刻工可比。

---

①传见冯金伯《国朝画识》卷十四，清乾隆刻本。

画作完成之后,穆大展及其后人遍求海内名家为此画题跋,先后共得八十三家,其中有七十六家题于穆氏生前,故其反映的主要是穆大展生前之社交活动,有极高的文献价值。根据图录所示,此卷最前为沈德潜题耑,后接陈弘谋边跋,再后则为画心主体。画右上有汪志伊题诗,左下则有作画者陆灿之款识,其后另纸接续各家题跋,依次如下(标*号者为穆氏去世后所题):谢墉、沈德潜、彭启丰、王昶、钱陈群、秦大士、钱汝诚、张泰开、王鸣盛、薛观光、蒋谢庭、介玉涛、蒋熊昌、李檠、陈景良、戴奎、葛正笏、史尚确、彭绍升、张大金、张其炜、吴贤、顾惇量、顾宗泰、陆鸿绣、应澧、韩锡胙、孙登标、金祖静、陈兰森、袁鉴、袁枚、张凤孙、张埙、严长明、吴文溥、王玙、钱坫、毕泷、蒯谦吉*、张复纯、毕沅、毕溥、王文治、黄轩、谢鸣篁、李廷敬、王杰、杨墱、蒋元益、宋思仁、钱大昕、沈沾霖、刘墉、蒯嘉珍*、徐昌期、蔡九龄、季惇大、毛藻、毛怀、吴友松、熊枚、段琦、舒怀、许宝善、范来宗、尤维熊、刑信、甄辅廷、沈起凤、潘奕隽、舒位、王昙、石韫玉、单沄、李翃、王赓言*、康基田*、黄孝纾*、沈裕君*、夏承焘*。

这些题跋约一半署有时间,最早为乾隆三十四年(1769),最晚为1975年,时间跨度长达二百馀年。大致按照题写时间依次接续,但其中也有不少明显的次序颠倒,可能是经过重新拼接装裱。如题于乾隆三十五年(1770)的陈弘谋跋,即作为边跋列在最前,而题于乾隆三十四年(1769)的沈德潜、钱陈群诸跋反而位列其后;

此外题于道光三年（1823）的蒯谦吉跋本该居于卷末，却夹在乾隆四十年（1775）前后题跋诸人之中。这种次序上的混乱为考订穆大展与众人之交游带来了一定的困难，如果没有明确的落款时间，就只能根据前后题跋大致推考其题跋时间。

诸跋中，最末之黄孝纾、沈裕君、夏承焘三跋作于清亡以后，实际上已属于鉴藏跋。其中沈、夏二跋只有落款，惟黄孝纾跋则交代了此画之由来，并简单考订了穆大展之生平，颇有可供参考之处。按黄孝纾（1900—1964），字颙士、公渚，号匑庵、匑厂。有《匑厂文稿》六卷。其跋作于民国十三年（1924）三月初三日，跋中称此卷系"强学簃主人"王氏得于姑苏故家[①]，故于是日召集冯煦、朱孝臧、张元济、郑孝胥等二十七人集刘承幹嘉业堂同观，并嘱黄孝纾考订穆氏生平，作跋于上。可能正是这一番机缘，使黄孝纾对此图印象深刻，以至于后来竟辗转收藏了此图，同时悉心收集穆氏相关文献，并在原跋之基础上增订内容，重新撰成《刊书家穆大展行乐图》一文[②]。因此文内容重要，又未见研究者征引[③]，故不避辞繁，全引如下：

---

①按"强学簃"系王秉恩、王文焘父子共用之书斋名，未详此处所指究系何人。

②此文未见于黄氏文集，而见于张伯驹编《春游社琐谈》中。文前署名"劳人"，而据书前作者名录，此即黄孝纾笔名。北京出版社，1998年，第80—81页。又，原文若干标点有误，笔者有所改动。

③高运刚《穆大展与摄山玩松图考》中曾提及此文，但似未见全文，仅引数语而已。

穆近文字大展，一字孔成，金陵人。诸生，少游沈归愚门。工诗古文，精鉴别，多蓄三代秦汉钟鼎彝器；擅篆刻，模秦汉印鉩入能品；而碑版尤精，尝获《晋右军将军王夫人墓志》于吴门短簿祠，影刊行世，几于乱真。性淡泊不慕荣进，市隐阛阓，设书肆自给；躬任剞劂，所刻书校写精审，风行海内，名与汲古阁埒。生于康熙六十年，卒于嘉庆十七年，年九十一。子廷梅、君度能世其业。吴中书业至今守其矩矱，称极盛焉。大展所刊书以写刻本最精。墨谑庼藏有《昭代词选》三十卷，吴县蒋重光辑，乾隆锄经堂刊。卷后有“金陵穆大展刻字”一行，写刻极精。二为《金刚般若波罗密经》二卷，乾隆四十六年刊。前序有“吴门弟子穆大展熏沐敬刻”各一行。三为《关圣帝君圣迹图志集》四卷，长洲沈德潜增订，嘉庆七年苏郡全晋会馆刊。是书共二十五图，首图左下角有“吴门穆大展局镌”，末图左下角有“吴门穆君度镌”各一行。图绘精致，刀法熟练，犹存明文林阁遗矩。

大展爱栖霞山松柏之胜，晚年筑精舍山椒，春秋佳日徜徉其间，极夷旷之高致。余藏有《摄山玩松图》，为娄东陆星山绘。星山名灿，字幕云，善传神。尝绘清高宗御容称旨，赏赉优渥；画有士气，为世所重。卷高一尺三寸，长约四尺强。图绘古松七株，虬柯龙鬣，躨跜夭矫，临风披偃，谡谡有声，若与鸣泉相应。立松下戴笠笑睨者为大展，长身鹤立，貌清癯，双

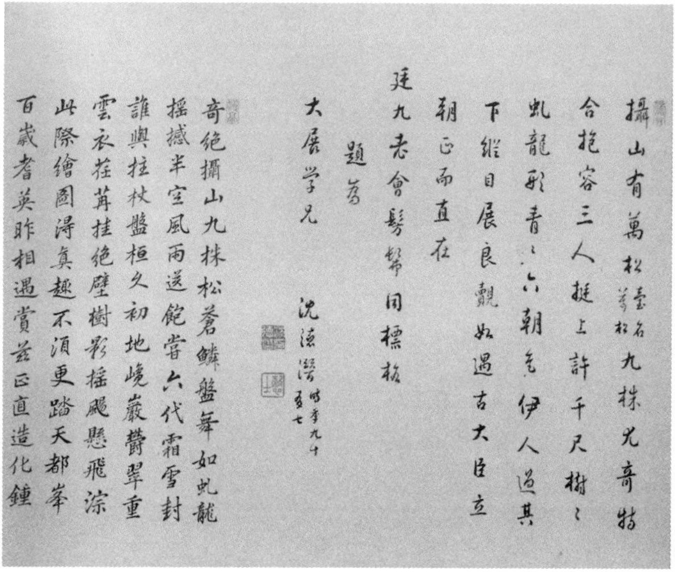

图 3–2 《摄山玩松图》部分题跋

目炯炯有神。一小童撰杖侍侧，极谨愿。松石淡墨染，松身及岩石侧面略用淡赭渲；人物铁线描，钩勒简净，有筋骨；衣物淡着色，画风近曾波臣。图作于乾隆三十三年戊子，大展时年五十六岁。前额为沈德潜隶书“摄山玩松图”五大字。另纸题跋为陈弘谋（中略）等八十一人。大展风流儒雅，交游遍天下。生际承平，寿跻大耋。图卷题识，乾嘉名流学者名公巨卿十居八九，极一时之盛，可备书林掌故焉。

这段文字从开头至“子廷梅、君度能世其业”一段，基本承袭黄氏原跋文字，其下则为后来增订之内容。相比原跋，此文对穆大展之生卒、籍贯、生平、交游等的介绍更为详细，还提供了不少穆氏刻书之实例，并给予他“名与汲古阁埒”的高度评价。其下则又增加了对《摄山玩松图》之介绍，还一一列出题跋者之名，为后之学者了解此图提供了丰富的信息。在此画湮没无迹的数十年中，周叔弢、张秀民等文献学家关于穆大展的零星论述[①]，即根据黄孝纾之文辗转总结而来。

而除了《摄山玩松图》之外，在更早一些的2007年上海道明秋季拍卖会中还曾拍出一部《近文斋记册》，同样是穆大展名下之物。据拍卖会图录介绍[②]，此册页凡两本计一百零二开，依次收录沈德潜、彭启丰、王鸣盛、王文治、彭元瑞、胡季堂、袁枚、梁同书、顾宗泰、谢墉、毕沅、王杰、杨皆、蒋元益、莫瞻菉、倪素、汪缙共十七位文人的题跋、文章[③]，落款时间则

---

①周叔弢1982年为《古文辞类纂》一书所撰之题识中，曾提到穆大展生平及其刻书事迹，并云材料得自“吾友黄公渚”。见李国庆编著、周景良校定《弢翁藏书题跋》所附《弢翁藏书年谱》“一九八二年”条，紫禁城出版社，2007年，第325页。此外张秀民《中国印刷史（增订本）》第三章“历代写工、刻工、印工生活及其事略”亦曾提及穆大展生平，材料同样来自黄孝纾。浙江古籍出版社，2006年，第677页。

②上海道明拍卖有限公司《2007秋季拍卖会·中国古代书画》第431号拍品。

③按诸人中惟杨皆、倪素二人生平不可考。其中杨皆文中“吾师李芳园先生”，所云疑即李永书（号芳园），曾于乾隆二十六年至三十一年（1761—1766）间任苏州知府、江苏按察使等职，在苏州有年。又倪素自号“弁阳樵者”，或袭周密“弁山之阳”之意，则当浙江湖州一带人士，与苏州亦相去不远。

在乾隆三十四年至四十九年(1769—1784)之间。与《摄山玩松图》一样，此册页同样无从见其真容、考其真伪。且因拍卖公司并未制作全册图录，因此我们连册页的全貌都无从得见。不过凭借拍卖图录中提供的一些照片与题跋片段，我们还是找到了一些相关的文献材料(参见本节附录一)，可以作为印证。因此，这部《近文斋记册》与《摄山玩松图》一样，都是考察穆大展生平交游不可多得的重要文献。

二、耄耋匠人：穆大展生平考述

尽管黄孝纾之文对穆大展生平已作基本介绍，然其中所记或失之太简，或与其他文献记载有出入，容易造成误读及混淆。因根据《摄山玩松图》、《近文斋记册》中所载题跋文字，再结合笔者所收集到的各种材料(以下所引，凡未出注者皆见本节附录一)，对穆大展的生平略作补充、辨析如下：

其一，穆氏之刻工身份及其刻书活动。黄文谈及穆大展“设书肆自给”，并称“名与汲古阁埒”，容易引起误解，似乎穆大展是与汲古阁毛氏一样的藏书家兼书坊主。但就笔者所收集到的数十条穆氏题名资料来看，他应该只是一位刻工，所经营的也只是一个刻字作坊，与兼有收藏、买卖等活动的汲古阁并不相同。不过除了刻工这一身份外，黄文还提到穆大展为“诸生”，而穆氏在所刻部分石碑上，确曾多次自称“国学生”或“太学生”，这应该就是“诸生”之依据。惟乾隆间已无南监，北监制度尚严且穆氏亦从未入京，故此“国学生”云云应该是捐纳生员的美称。此外，在嘉庆元年（1796）所刻《增修赣榆县志》中，出现了“钦赐县左”这样的称号。所谓“县左”，当即“县佐”，则较国学生又进了一步。惟未详“钦赐”之来由，或与《御制淳化轩记》之刻有关。

作为一名刻工，穆大展一生刻书颇多。其中已知最早的作品，当为乾隆十三年（1748）参与刊刻的《（乾隆）苏州府志》。惟其早期刻书均只署穆大展，而未出现“局”、“斋”等字样。而其题名中最早出现“局（斋）”字样的，是乾隆二十八年（1763）所刻之《晚翠堂诗钞》一书，可见至少在乾隆中叶穆大展已有了自己的店铺。梁同书曾云：“今吴中穆氏父子世精其业，开设广肆，号召能手，以售伎于江左。”所谓“开设广肆”，即指穆氏曾开设专门的刻字坊；而所谓“父子世精其业”，则指参与其中的还有穆大展之家人子嗣（详下）。显然这应该是一个有家族经营色彩的刻字铺。此后，穆大展局在苏州刻书业中一度非常活跃，刻书数量颇多，且质量精良。就这一点而言，穆大展还是能够与汲古阁相媲美的。在《摄山玩松图》和《近文斋记册》的题跋文字中，很多人都对穆大展的刻字技艺表示了极大的赞叹和肯定。如彭启丰称“近年来，吴门所刻金石文辄谋诸穆生大展”，彭元瑞云“（刻书）今日而吴为极盛，而穆氏以其艺特闻”，梁同书则称“凡梨枣珉石之役、鸿章雅制之流传，舍穆氏无以办”，均将穆氏视为苏州地区第一流的刻工。

而从诸人评价中所谓“梨枣珉石”、“金石文”等语，可知穆大展的业务范围除了常见的木版雕刻，还兼营金石之刻。彭启丰就曾特别盛赞其石刻《摄山赋》“钩勒精采，日星辉耀，诚非他手所能及”。此外，所刻《仁聚堂法帖》亦为摹勒诸家碑帖而刻之于石者，清人刘恕曾评价曰：“摹勒甚工，于诸家笔法能各存其面目……亦近刻中之佳者也。”[①] 按穆大展局目前存世作品共54件，其中22件为石刻碑铭，占据总数的三分之一强。事实上，穆大展开始石刻的时间与版刻基本同步。其有记载的最早的石刻作品是乾隆十三年（1748）刻成的《文昌阁碑》，与最早的刻本完成于同一年。而直到乾隆五十九年（1794），七十三岁的穆大展还曾刻有《苏州建修福神祠乐输姓名捐助数目及动用各款碑》[②]，刻石生涯长达四十六年。嘉庆以后，虽然其刻字业务已经传承给了子嗣，但偶尔仍会从事一些相关活动。如包世臣《艺舟双楫》就曾记载其拓碑轶事一则云：

> 嘉庆丁巳，吴人修短簿祠，土名东山庙，安设大铁炉于殿前，掘地丈馀，得志石。首署王夫人，尾署子二人，长子珣，次子缺其名之右半，其左斜王旁具在，群

---

①刘恕《仁聚堂法帖》跋语，转引自容庚《丛帖目》第二册《仁聚堂法帖》条目下，第470页。

②金菊林整理《苏州方志馆藏碑刻拓片选刊》，收入苏州市地方志编纂委员会办公室等编《苏州史志资料选辑》，2002年，第135—137页。

以为所缺者乃民字，遂指为东晋之石。召镌工穆大展拓之，数纸而石损，大展携碑去，遂为所匿。壬戌，予至吴，访大展，许以重值，求一纸不可得。①

文中嘉庆丁巳指嘉庆二年（1797），时穆氏已近八十高龄，而仍受命拓此晋碑，足可见其精神之旺健与技艺之超凡。②冀淑英曾估计“一位刻工毕生工作时间大约可以延续三十年左右，因为刻字是技术活，需要目力，还要手上操作功夫，恐怕年纪大了，总会受到一定影响”，但后来见到穆大展所刻诸书后，始信穆氏刻书“可能达到半个世纪”。③

而穆大展在擅长石刻的同时，还能将其中如“双钩”等技艺运用于版刻书籍之中，对那些需要保留书法笔意的写刻本，尤其是仿真程度要求较高的摹勒之本，就尤为得心应手。事实上，穆大展诸多作品中最为人称道者，正是其在七十三岁高龄之际所完成的《两汉策要》十二卷。此本系摹刻元代钞本而成，其底本神似赵孟頫手笔④，曾经周

①见包世臣《艺舟双楫》卷六“论书二”《跋重刻王夫人墓志》，收入《续修四库全书》第1082册。

②黄孝纾文中也曾提及此事，有“尝获《晋右军将军王夫人墓志》于吴门短簿祠，影刊行世，几于乱真”之语。惟据包文，穆氏仅拓之而已，并未影刊行世。则穆大展已知最后的碑刻作品，仍当以乾隆五十九年所刻为是。

③冀淑英《谈谈明刻本及刻工——附明代中期苏州地区刻工表》，《文献》1981年总第7辑。

④按毛扆《汲古阁珍藏秘本书目》著录此书云：“元人手抄二书，一笔赵字，或者谓赵文敏手书而无款，不敢信之，确是元人学赵字者尔。其笔法之妙不可殚述，一见便知尔。”可知并不能断定为赵孟頫手笔。嘉庆五年黄氏士礼居刻本，《续修四库全书》第920册。

良金、汲古阁毛氏等名家递藏，乾隆年间归张朝乐，乃命穆大展摹勒刊行。此书末姚棻跋语有“命良工双钩刻于吴下”之语，可见张朝乐为刻此书，曾精心挑选刻工。而所谓“双钩”，是指以细劲墨线钩出原字内外两层轮廓，是摹写手书、碑帖的常用手法。明赵宧光云：“凡摹刻而单钩，锋出则肥，锋入则瘦，皆失也。惟双钩从中发刀，弃其馀墨，不失故步。”①穆大展精于碑版，于此道自然驾轻就熟，这应该也是张朝乐选择穆氏的重要原因。书中到处可见穆大展留下的刊语，其中如“玩松山人穆大展时年七十有三刻”、“玩松子穆大展时年七十有三钩刻”等均提及七十三岁之龄，得意之情溢于言表。有些牌记还特意刻成比较特别的篆字印章样式，虽然未详是否曾专门为此书制作印章，但至少可以说明穆大展对此书特别用心。而其主人张朝乐允许一位刻工留下如许多刊语，也足见对穆氏之赏识与敬重。且就最后完工的情况来看，此本不仅摹刻极工，而且笔意流畅自然，丝毫未现晚年衰颓之象。故叶德辉在《书林清话》中提及此书时，不忘赞赏“摹仿极工”②；今人陈先行则称“今原写本虽不可见，而此本摹刻极精，宛然赵书。前翁氏序及后窦氏以下诸跋手书上板，皆甚逼肖”③，

①赵宧光《寒山帚谈》卷下附“拾遗”，明崇祯刻本。

②叶德辉撰、紫石点校《书林清话》卷七“元刻书多用赵松雪体字”，第179页。

③柏克莱加州大学东亚图书馆编《柏克莱加州大学东亚图书馆中文古籍善本书志》，上海古籍出版社，2005年，第337页。

亦评价颇高。此元钞底本于2011年现身拍卖市场，并拍得4830万的天价。今取拍卖图录所附书影，与穆大展摹刻之本进行比较，发现两者相似度确实极高，由此知前人“摹仿极工”、“逼肖”之说并非虚词。

值得一提的是，在《两汉策要》中，除穆大展刊语外，其《前策》卷二、卷七共十五叶左下版框外均有“许庆龙镌”一行，此许庆龙或即刻坊所雇刻工之一。此外，道光二十九年（1849）所刻《修建音乐台记事碑》，落款作“府署东首穆大展刻字局程芝庭镌”[①]，则此程芝庭亦当所雇之刻工。彭启丰曾引穆氏自语云：“吾之为此，岂一手一足之烈哉？聚众工之能以为能，而先酬其直，缓责其成，于是远近翕然相应。”这也进一步印证了穆大展局确曾出资雇佣远近刻工。不过这位程芝庭在同治十一年（1872）所刻石碑《翁赠君朴庵传》中，仅署“吴门程芝庭镌”，而不再提及“穆大展局”的名号，未详是否意味着“穆大展局”在同治年间已不复存在。不过，即便穆大展局仅经营至道光末年，前后亦长达百年，可谓相当持久。

其二，穆氏之名号。黄文云穆氏名近文，字大展，此实有误。袁枚曾为穆大展作《近文斋记》，在提及“近文”之由来时，直书其“以‘近文’名斋，谦词也”，并录穆氏语云：

---

①按此“府署东首”当指苏州府衙东首，即今道前街一带。这也是已知惟一记录近文斋所在位置的刊语，惟未详是否仍为乾隆年间之旧址。碑文见刘念慈《戏曲文物丛考·苏州老郎庙碑文考释》，中国戏剧出版社，1986年，第138—139页。

“其不得不与文相近者，势也。取以名斋，我子孙目击道存，从形下而悟形上，或勿叛于文也，其庶乎！”[①] 此外，沈德潜《近文斋记》亦有“颜其所居斋为近文斋”之语。[②] 由此可知，所谓“近文”实系穆大展斋号，取“与文相近”之意，以表其刻工身份，而非称其本名。又其乾隆三十六年至三十七年（1771—1772）所刻之《洞庭王氏续修家谱》，有题名作“吴县籍穆孔成字大展”，则穆氏本名当为孔成，字大展。不过检穆氏所刻诸书，题名多署“穆大展”，偶亦称“孔成氏穆大展”，则当以字行。

其三，穆氏之生卒。据黄文，穆氏“生于康熙六十年（1721），卒于嘉庆十七年（1812），年九十一”，又云“图作于乾隆三十三年戊子（1768），大展时年五十六岁”。然就上述年份彼此覆按，则其享年当为九十二岁，且乾隆三十三年当为四十八岁，皆不相符合，可知其中必有误。按《摄山玩松图》中有嘉庆十年（1805）李翃题跋，云其时大展“年已八十有四矣”，以此计算，则其生年当为康熙六十一年（1722）。值得一提的是，穆大展曾于乾隆年间为张朝乐刻《两汉策要》二十卷，书中多处留下“玩松山人穆大展时年七十有三刻”、“玩松子穆大展时年七十有三钩刻”等刊语。后人根据此书乾隆五十六年（1791）序跋推算穆氏生年当为康熙五十八年（1719），与前之结论相悖。但事实上《两

①袁枚《小仓山房文集》卷三十五，清乾隆、嘉庆间增刻本。

②沈德潜《近文斋记》残篇，见许宏泉《管领风骚三百年：近三百年学人翰墨（叁集）》“沈德潜”篇所附图，黄山书社，2010年，第51页。

汉策要》真正的完成时间很可能并非乾隆五十六年[①],故据此推考并不一定准确。在没有其他新的材料证明之前,或仍当以李翊所记为是。

至于穆氏卒年,黄文称为嘉庆十七年,此亦不确。《摄山玩松图》有康基田作于嘉庆十五年(1810)之题跋,有"衹今化鹤不可招"、"题穆生大展摄山玩松图遗照"之语,可知穆氏至少在嘉庆十五年已经去世。以此计之,则穆大展享寿至多为八十九岁,而非九十一岁。

其四,穆氏之里籍。黄氏原跋称穆氏为"元和(今江苏苏州)诸生",后又改为"金陵(今江苏南京)人",前后不一。事实上,《摄山玩松图》中薛观光题诗说得颇为清楚:"开卷缅伊人,摄山具故里。当年恣钓游,松下一童子。今即家吴门,心不忘桑梓。"可见穆大展祖籍南京,后来则移居苏州。事实上,就笔者所见数十种穆氏所刻之书来看,其刊语多署"吴门"、"吴郡"[②],而彭元瑞《赠苏州刻工穆大展序》更直接称其为"苏州刻工",可见其苏州人之身份已得到众人包括其本人的认同。然而穆大展选择南京栖霞山(摄山)作为其肖像画之背景,亦足见其对故乡的深厚感

①此书卷末有乾隆五十六年四月周骏发跋,称"闻已钩摩上刻",揣其语意,其时此书并未刻成。其馀诸跋虽同样作于乾隆五十六年,但均未提及此刻本,亦可证此书是年并未刻成面世。且此书系以双钩摹刻而成,费时费力,以穆氏古稀之高龄,耗费两三年光景始克完成,也是合乎情理的。

②只有《昭代词选》、《关圣帝君圣迹图志全集》两种书曾署"金陵穆大展"。

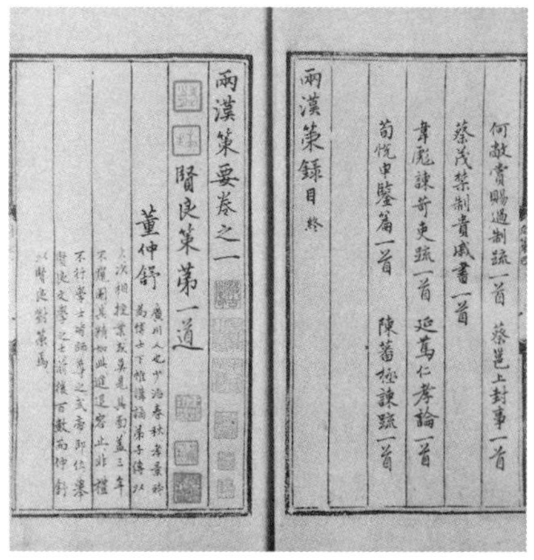

何敞賞賜過制疏一首　蔡邕上封事一首
蔡茂禁制貴戚書一首
韋彪諫苛吏疏一首　延篤仁孝論一首
荀悅申鑒篇一首　陳蕃極諫疏一首
兩漢策錄目終

兩漢策要卷之一
賢良策第一道
董仲舒
廣川人也少治春秋孝景時為博士下帷講誦弟子傳以久次相授業或莫見其面蓋三年不窺園其精如此進退容止非禮不行學士皆師尊之武帝即位舉賢良文學之士前後百數而仲舒以賢良對策焉

图 3-3　（宋）陶叔献等辑《两汉策要》十二卷，元钞本①

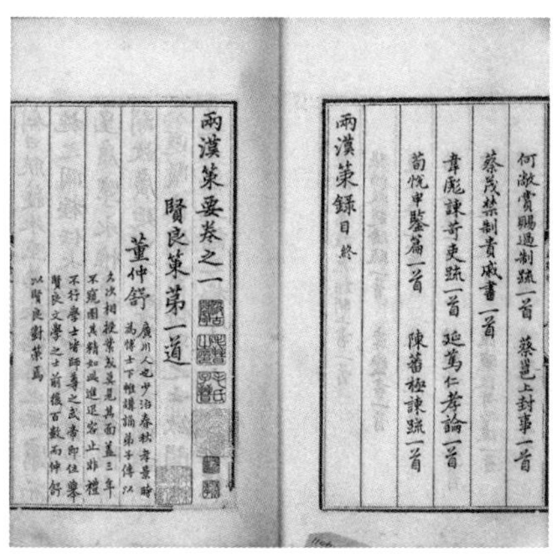

何敞賞賜過制疏一首　蔡邕上封事一首
蔡茂禁制貴戚書一首
韋彪諫苛吏疏一首　延篤仁孝論一首
荀悅申鑒篇一首　陳蕃極諫疏一首
兩漢策錄目終

兩漢策要卷之一
賢良策第一道
董仲舒
廣川人也少治春秋孝景時為博士下帷講誦弟子傳以久次相授業或莫見其面蓋三年不窺園其精如此進退容止非禮不行學士皆師尊之武帝即位舉賢良文學之士前後百數而仲舒以賢良對策焉

图 3-4　（宋）陶叔献等辑《两汉策要》十二卷，清乾隆五十六年张朝乐刻本，上海图书馆藏

①图片翻拍自中国嘉德国际拍卖有限公司特制拍卖图录《赵书神理》，2011 年制作发行。

情。因此，称穆大展为祖籍南京之苏州人，当是比较符合实际的。惟黄文有“晚年筑精舍山椒”之语，未详所据。通览《摄山玩松图》诸题跋，皆仅提及穆氏扶筇游山一节，故疑筑舍云云恐是黄氏推测之语。

其五，穆氏之子嗣。黄氏原跋有“子廷梅能世其业”一语，后于“廷梅”下增“君度”二字。按廷梅之名，当出自《摄山玩松图》中蒯谦吉作于道光三年（1823）之题跋，即所谓“有金石事就正于廷梅大兄，得观尊甫玩松先生遗照”之语；而君度则出自《关圣帝君圣迹图志全集》一书，此书中除穆大展（局）之刊语外，尚有“吴门穆君度镌”之刊语，可知此穆君度当亦与大展有关，惟未详其与廷梅之关系。周叔弢先生将其理解为“子廷梅，字君度”，但未详所据。

而除了廷梅、君度外，还有多处文献提到穆大展的另一位子嗣士华。如《摄山玩松图》李翃题跋云：“令嗣士华能世其家……况其后嗣振起，能传家业。”彭启丰《赠近文斋主人说》亦云：“幼子士华，年髫髻即能世其业。尝刻《三希堂法帖》四箴，波磔纵横，摩勒有法。”① 按成书于嘉庆元年（1796）的《第一香笔记》卷四末有“榴舫穆士华校对”之刊记一行②，而笔者亦在《摄山玩松图》中发现

①此外《近文斋记册》中尚有两处提及，一为王杰云：“其子士华亦善其业。”另一则王鸣盛云：“予更持此为士华赠云。”俱见上海道明拍卖有限公司《2007 秋季拍卖会 · 中国古代书画》所附《近文斋记册》图录。

②按黄裳《清代版刻一隅》称此书为“吴中刻本”，亦可证此穆士华与穆大展之渊源。齐鲁书社，1992 年，第 295页。

有两处提及榴舫者。如嘉庆二年（1797）尤维熊题词落款云："题玩松先生玉照，并请瓶庐、榴舫两兄正之。"又嘉庆八年（1803）舒位题跋云："泊舟吴下，榴舫携图来观，因附题句。"可见榴舫当即穆大展幼子穆士华之字号。而尤维熊所及"瓶庐"或指长子廷梅，亦未可知。姑存之俟考。

三、近文为名：穆大展与乾嘉名流之交往

在了解了穆大展的基本生平与刻书情况后，我们不妨再利用《摄山玩松图》与《近文斋记册》，对其交游略作考述。惟两件作品中，只有《摄山玩松图》可见全貌并所有题跋文字，因此本小节将主要围绕此图作一些分析。

在《摄山玩松图》诸多题跋者中，题耑者沈德潜无疑是最引人瞩目的一位。沈德潜（1673—1769）字确士，又字归愚，江苏苏州人。六十七岁始中进士，其后则深得乾隆赏识，官至礼部侍郎，加尚书衔。致仕后，退居苏州，掌教紫阳书院，以"格调"为论诗主旨，门人众多，俨然当时江南文坛之执牛耳者。沈氏之跋作于乾隆三十四年（1769），是年穆大展曾刻《关圣帝君圣迹图志全集》一书，而其增订者正是沈德潜，这可能使穆大展获得了亲近沈氏并求取题跋的机会。但这应该并不是穆大展与沈德潜的首度接触。就笔者所掌握的材料看，穆大展于乾隆十八年（1753）刻《长洲县志》，前有沈德潜序；又乾隆十九年（1754）刻《重

建前明福建范氏义庄》碑，则由沈德潜撰文。[①]惟黄孝纾文中称穆氏“少游沈归愚门”，笔者却并未找到直接的文献依据。[②]

沈德潜在苏州声名极盛，穆大展请其题耑，显然正是欲倚重其地位以张名，而沈氏亦不负所望。其题诗初看平平无奇，细读下来，却颇有用意。诗云：

> 摄山有万松（原注：台名万松），九株尤奇特。合抱容三人，挺上许千尺。树树虬龙形，青青六朝色。伊人过其下，纵目展良觌。如遇古大臣，立朝正而直。在廷九老会，仿佛同标格。题为大展学兄，沈德潜，时年九十有七。

据落款，此诗作于沈氏九十七岁高龄，同年（即乾隆三十四年，1769）九月沈氏即逝于苏州，故未见于沈氏集中。诗歌先从摄山九松破题。九松相传系南齐明僧绍在此隐居时手植，此图以九松为背景，本意即在追缅隐士、附庸风雅，故沈诗上来就直点其意，着重突出九松的意象。诗中对穆大展的形象几乎没有正面涉及，而是有意加以虚化，伊人云云，夹于六朝、古大臣之间，现实感淡到极致，恍惚间倒成了古人。诗末提及“九老会”，虽源于唐白居易等“香山

---

①见程义《石刻考工录补遗——“一普”所见苏州石刻刻工》，《碑林集刊》2015年总第21辑。

②按沈氏在落款中称穆氏为“大展学兄”，但“学兄”二字使用范围颇广，《摄山玩松图》中这样称呼穆氏之人亦比比皆是，故应该是表示客气，而非表明师生之身份。

九老”，这里实际指的却是乾隆二十六年（1761）高宗邀沈德潜等朝中诸老臣重开九老会之事[①]。沈氏巧妙利用“九”这一数字，将六朝名士与当朝重臣联系在一起，既称颂了以九松、九老为象征的远离世俗的高古气节，又顺带标榜了自己。而穆大展这一普通刻工的形象，也借助九松、九老等意象获得了极大的提升，并成功赋予了他汲汲以求的风雅士人的假想身份，从而在一定程度上泯灭了名流巨卿与普通工匠之间的巨大鸿沟。

而根据此图创作时间以及所有题跋的内容、落款时间来看，沈德潜此诗即便不是《摄山玩松图》的第一首题诗，也应该早于绝大多数题跋者。而以沈氏的身份地位以及在苏州的影响力，此诗一出，就直接奠定了《摄山玩松图》的核心主旨，其后大部分题跋者都按照沈德潜设定的九松、九老这两个意象发挥，形成叠加效应，从而不断地加强、拔高穆大展的风雅形象。而这种名流集体塑造的风雅形象，又进一步影响甚至震慑后来的题图者，从而产生一种“吾家宗伯导先声，逐雅追风半俊英。留得研光笺尾在，今朝贱子也题名”（沈起凤题跋）、“徙倚山之侧，拱揖深景仰。不用哦新诗，无言得心赏”（袁鉴题跋）的效果。在这

①沈德潜《沈归愚自订年谱》乾隆二十六年条：“十一月……十四日，命与九老会……凡九老三班，在位九人，在籍九人，武臣九人……二十四日，赐游香山，符香山九老之数。”今题图诸人中，沈德潜、钱陈群、张泰开俱在九老之列。《北京图书馆藏珍本年谱丛刊》第91册。

一篇又一篇的题跋中，作为刻工的穆大展与诸名流之间的悬殊地位获得了某种微妙的平衡，这恐怕是那个时代能够给予一位普通工匠最大的宽容。

当然也不乏有意突破沈氏之套路者。其中比较典型的，正是与沈德潜在诗论上针锋相对的袁枚，他以两首清新脱俗的五绝跳出了沈德潜的设定。诗云：

> 摄山多苍松，枝枝插云里。是谁常来看，只有赤松子。
>
> 云压千山重，风吹一笠轻。支筇何处去，石上听溪声。[①]

此二诗既未提及九松，亦未提及九老，连六朝、僧绍这些字眼也不曾出现，纯是写景，惟一使用的典故只有赤松子而已。且诗中虽然也表现出将穆大展比作仙家的意图，但相比沈德潜等人的浓墨重彩，显然清淡含蓄得多。此时袁枚无论就身份地位还是文坛号召力而言，都无法与沈德潜相匹敌，但此诗的创作，却隐隐有相抗衡之意。

如前已述，袁枚还曾为穆大展作过一篇《近文斋记》，收入《近文斋记册》之中，据拍卖图录誊录如下；

> 以近文名斋，谦词也。何谦乎尔？近之云者，昵之即之，而不敢自居之词也。然而穆子之所司皆文也。文则郁郁乎，曰博我以文，曰君子以懿文德。居

---

①按袁枚二诗未见于集中，落款亦未注明年份，故题跋时间不详。惟从前后题跋来看，当大致作于清乾隆四十年（1775）左右。

之而已，曷云近乎？曰：近之时义大矣哉。近潴者湿，近兰者芳；近愚者悖，近哲者良。染之而不觉其化焉，亲之而不觉其似焉。择最上者而近之，穆子志也。穆子能攻木，能磨崖，能镌琬琰，能与士大夫相狎交，亦几乎近人之所不能近矣。扬子曰：近玄者，玄亦近之。文奚独不然？吾知其子若孙将为赵衰之文乎？为子太叔之文乎？胥于是斋也卜之。袁枚。

按这篇文章后又收入《小仓山房文集》（详后附录一），取之与《近文斋记册》相校勘，发现二者文字上颇有不同。一方面，收到文集中的文字显得更加驯雅，这应该是袁枚后来作了一定的修饰与润色；另一方面，则在于叙述者的角度变化。《记册》中通篇贯以袁枚的自问自答，到了文集中则改成了袁枚问而穆大展答，这就极大地增强了文字的生动性，同时也塑造出一个谈吐儒雅、彬彬向文的穆大展形象。而文集中最后一段文字，亦颇耐人寻味：

今士大夫身以文显，而往往得志后弃之如遗，远若万里。然则穆子因技悟道，岂不高出寻常万万哉！吾闻唐职官有镌勒使一员，衔居六品。他日穆子及身而贵，未可知也。即不然，而将来继起者，安知其不为赵衰之文乎？不为公叔文子之文乎？皆可于是斋也卜之。吾为欣然作记以待。

这一段文字，显然是承袭《记册》中最后几句话而来，但在篇幅上却大大增加，就文字效果而言，也使得袁枚对穆氏的肯定大大增加。而文中将穆大展置于那些得志而忘文的士大夫之上，虽不免有夸张之嫌，但显然也不乏对穆氏平等看待之真诚。相比《摄山玩松图》中的题诗，这篇改定后的《近文斋记》显然更能见出袁枚对穆大展之态度，也更符合袁枚一贯的思想和作风，故当一并观之。

袁枚的题诗在一定程度上打破了沈德潜之影响所造成的沉闷局面，其后题诗诸人如吴文溥、钱大昕、舒位等，都开始有意无意地摆脱沈德潜等人所着重强化的意象。如舒位诗云："六代松风六月寒，名流词画动豪端。一笻一笠寻常有，谁似先生绝顶看。"就已经跳出了对画作本身的评论，转而来围观这一场题跋的盛宴，其中"绝顶看"一语，看似恭维，实带调侃，这就完全脱离了沈德潜题诗的旨意。

然而对穆大展而言，沈德潜诗中之意无疑要比袁枚等人之作更深得其心。整部手卷中惟一题在画作之上的题跋，是嘉庆八年（1803）前后时任江苏巡抚汪志伊的题诗[①]。诗云："松似人耶人似松，清高正直不凡庸。难忘桑梓恭而敬，况此青苍九老容。"论汪氏之地位声望，与此前题跋众人相去甚远；其诗亦不佳，惟胜在简单明了——无论

①汪氏落款并无时间，惟有钤印"中丞之章"。中丞乃巡抚之别名。据钱实甫《清代职官年表·巡抚年表》（中华书局，1980年），汪志伊曾于嘉庆二年至六年任福建巡抚，又于嘉庆八年至十一年任江苏巡抚。穆大展居于苏州，故此跋当作于汪氏江苏巡抚任内，姑系于嘉庆八年。

是九松之譬喻，还是对九老之追怀，都切中了穆大展欲借此图附庸风雅的良苦用心，难怪此画要以此诗来作为点题之笔。

然而无论是沈德潜还是袁枚，抑或其他名流，在题跋中都没有或很少交代与穆大展之交情。这一方面是因为题画诗多不偏重于叙旧情，另一方面恐怕还是因为诸名流与穆大展并无深交，因此实在无从叙起。倒是个别声名不甚显达者，因与穆大展有相对深入的交往，他们的题跋往往能反映出更多的信息。如舒位题跋落款署“为大展表姊丈一粲”，李棨落款署“题奉大兄老妹丈”，似二人与穆大展有姻亲之谊。又如嘉庆十年（1805）李翃之题跋云：

> 余识缪篆之学，隆古文也。唯大展先生素深于秦汉摹印，而碑版尤精，名几遍海内。令嗣士华能世其家。余以先中丞督学吴中时初识先生，余犹童年耳。十九岁应试北闱，二十五岁举贤贵第一，两次遇吴，皆得亲其光仪。今余年四十有七，由词林转侍御，以忧去官，复见于吴下，而先生年已八十有四矣，出《摄山玩松图》索题。余惟先生之寿、先生之学有以养之也，况其后嗣振起，能传家业。《书》曰：“身其康强，子孙其逢，殆其有焉。”凡卷前题咏，皆余先达辈行，中有亲炙其光者，景行仰止，亦不无抚今追昔之思与。

作者不仅深知穆大展之专长、子嗣，还详细交代了与穆氏交往的过程。按李翊乃李因培之子,所谓“先中丞督学吴中”云云,当指其父于乾隆二十年至二十四年(1755—1759)、乾隆二十七年至二十九年(1762—1764)两任江苏学政之事。而以嘉庆十年李翊四十七岁计,其生当在乾隆二十四年,故其结识穆大展只可能在李因培第二次出任江苏学政期间,时李翊至多不过六龄之孩童。此后二人又于乾隆四十二年(1777)、四十八年(1783)两度往来,可谓相交多年。这就使得李翊之文字相较他人之题跋,多了一份抚今追昔的诚挚情感。

四、结语

在传统社会中,像穆大展这样一位普通刻工能引起的关注是相当有限的。张秀民曾概括说:“在旧时代,他们并无地位,被作为普通匠役看待,为统治阶级所不齿,在史书中很难发现他们的姓名。”[①] 这样的判断大致不差。袁枚《近文斋记》曾转述穆氏语云:“我不能挥柔翰、掞天庭,自著其文,而徒揭揭然以攻木为文,以镌金石为文,以摩崖搨碑为文,是我与文一而二者也,不足以为文也。”可见穆大展对其刻工身份也有足够清醒的认识,并因其不能文,而以“近文”名斋。然而通过为当代名公刻书这一方式,穆大展不仅顺利实现“近文”之目的,还获得了乾嘉名流的普遍尊重,今天留在袁枚、彭启丰等人诗文集中的作品就是最

①张秀民《中国印刷史(增订本)》,第655页。

好的证明。换句话说，即使没有《摄山玩松图》、《近文斋记册》所录之题跋文字，上述文字也足以令穆大展不朽。而就笔者所搜集到的材料来看，清代刻工通过名家所赠题跋文字扬名的并非个例，只是其他人留下的文献没有穆大展那么多且精彩而已。对这方面材料的研究也有助于我们从更全面的角度去审视刻工这个群体，并体会其与文人阶层之间的微妙互动。

附录一：清人诗文别集中的穆大展相关材料

（一）严长明《题穆大展摄山玩松图》四首[①]

手裁松偃亿经年，闲话家山思惘然。忽忽披图如梦里，天风吹堕怒涛前。

飘然身世一枯藤，爱向苍云羃处登。谁似山翁此标格，瘦如饥鹤冷如僧。

居士明僧绍不孤，清苍离立想眉须。元规尘与刘舆腻，此际能教着得无？

忆别苍颜廿载经（原注：余于乙丑别君），为怜双

①见严长明《严东有诗集·归求草堂集》卷二。按此诗据编年系于“甲戌”，即乾隆十九年。然其第四首有“忆别苍颜廿载经”之句，且注明“余于乙丑别君”。此“乙丑”当乾隆十年，距“甲戌”至多只能算十年，明显与诗句不符。此外，据《清代人物生卒年表》，严长明生于雍正九年，至乾隆十九年不过虚龄廿四，此又与下一句中“双鬓各星星”语不符。考虑到《严东有诗集》系近人叶德辉代编，故颇疑此诗系年有误，或非“甲戌”，而为“丙戌”（即乾隆三十一年）前后。见《续修四库全书》第1450册。

鬓各星星。题诗好寄长镵老,漫道山寒少茯苓。

(二)钱陈群《题穆大展摄山玩松图》一首①

摄山有九松,寿与僧绍齿。苍茫二千载,特立无所倚。我曾奉诏游,一抚秋山里。天藻肃仰瞻,清韵流瑷逮。吴兴今诗仙,对之辄欢喜。扶杖偶婆娑,竟日忘归矣。胜事多留传,图画盛甫里。至今九老会,古致足比拟。我亦会中人,忘年自兹始。

(三)毕沅《穆生大展摄山玩松图》一首②

霜纨肖幽踪,冷翠满空谷。苍然一笠云,松子拾盈握。树古不记年,人古不谐俗。长镵劚云根,茯苓煮初熟。闻昔明僧绍,飞锡驻山麓。不见六朝人,瑶草春坛绿。

(四)尤维熊《台城路·穆大展〈摄山玩松图〉》③

栖霞岭接长干路,巑岏一峰江表。缭白纡青,流丹耸翠,吐纳烟云不少。看山客到。听茶版谈禅,粥鱼催晓。三百年来,道场初地缅僧绍。　　六朝柯叶不改,有苍官列队,九树夭矫。万壑涛飞,半天虬舞,阅古雪霜俱饱。先生同调,倩韦偃毕宏,肖他姿

①钱陈群《香树斋诗续集》卷二十七,收入《四库未收书辑刊》第9辑第18册,北京出版社,2000年。按此诗据编年作于清乾隆三十四年。

②毕沅《毕沅诗集》卷二十八,杨焄点校,人民文学出版社,2014年,第653—654页。此诗系年"昭阳大荒落",即乾隆三十八年。

③尤维熊《二娱小庐词钞》卷一,嘉庆十七年刻本。

貌。何必香山，丹青图九老。

（五）彭启丰《赠近文斋主人说》[1]

金石之刻，最足以垂世而行远。自周秦以来，岐阳之鼓、峄山之碑，盛称于世；阅唐宋而碑文尤盛。纪功铭德，往往与史氏相表里。其以镌石名家者，如朱静藏、伏灵芝之徒，尤为文苑诸公所引重，诚以其艺之难精而传之可久也。近年来，吴门所刻金石文辄谋诸穆生大展。吾尝陟栖霞，见李鹤峰学使所撰《摄山赋》，穆生为辇石摩勒于大殿中，钩勒精采，日星辉耀，诚非他手所能及。穆生之言曰："吾之为此，岂一手一足之烈哉？聚众工之能以为能，而先酬其直，缓责其成，于是远近翕然相应。非以为利也，将求如昔者纪功铭德之文，刻而传之，以垂百世。彼夫持心计，权子母，俯拾仰取，治产积居，岂某之所有事哉？"予闻其言而善之。大展幼子士华，年髫髻即能世其业，尝刻《三希堂法帖》四箴，波磔纵横，摩勒有法。从此探讨典籍，当由艺而进于道，不徒与向所传朱、伏之家争胜。是则善承大展之志，匪直以其业而已。因为之说，以贻穆生，兼以勖其子焉。

（六）彭元瑞《赠苏州刻工穆大展序》[2]

刻书昉于蜀，富于闽，工于吴，至今日而吴为极盛，而穆氏以其艺特闻。刻书之法，木必梨枣，取诸其

①彭启丰《芝庭文稿》卷八。

②彭元瑞《恩馀堂辑稿》卷一，《续修四库全书》第1447册。

质之坚也；稿必精雠，端其始也。既成而勘之，则补者易脱。不具稿而翻它本，则多讹。字画交者，刃径过则工省，而其滮也速。久不摹印，则木理裂；摹印至百番而不已，墨则渍而溃。吾闻诸穆氏云："嗟乎！今之为学者，何独不然？其立志也不坚，其始即以苟且影响之心求之，铢寸饾饤，稗贩剽贼，不求诸根本，而务以欲速然。且一暴十寒，暂作而久辍，其胸中所得者无几，日日出之而陈腐馁败，无复新知。"此予所以闻穆氏之言而憬然悟且愧也。穆氏其名大展，兼善刻石，为予摹刻《万福集成赞》，极有法。挟技多从士大夫游。试以此言示世之读书者，共勉之，盖其言有近于文者矣。

（七）袁枚《近文斋记》①

以"近文"名斋，谦词也。何谦乎尔？穆子司开雕，文事也。文则郁郁乎君子以懿文德矣，彬彬乎通识懿文矣。以文名斋，何所为疑，而胡以"近"名？穆子曰："嘻！'近'之一字，岂易言哉？近兰者芳，近棘者伤；近愚者悖，近贤者良。我不能挥柔翰、掞天庭，自著其文，而徒揭揭然以攻木为文，以镌金石为文，以摩崖搨碑为文，是我与文一而二者也，不足以为文也。然而，居是斋也，已卅年矣。所往来者、商榷谈笑者，非方闻缀学之士，即摩研编削之才。染之久，而不觉神移焉；相亲久，而不觉与梦通焉。其不得不与文相

①袁枚《小仓山房文集》卷三十五，清乾隆、嘉庆间增刻本。

近者，势也。取以名斋，我子孙目击道存，从形下而悟形上，或勿叛于文也，其庶乎！”余告之曰：“昔扬子云作《太玄经》，至幽远也，而其言曰：人之与玄近者，玄亦近之；人之与玄远者，玄亦远之。子之志，即扬子之志也。”今士大夫身以文显，而往往得志后弃之如遗，远若万里。然则穆子因技悟道，岂不高出寻常万万哉！吾闻唐职官有镌勒使一员，衔居六品。他日穆子及身而贵，未可知也。即不然，而将来继起者，安知其不为赵衰之文乎？不为公叔文子之文乎？皆可于是斋也卜之。吾为欣然作记以待。

（八）梁同书《题穆氏近文斋册》[①]

汉以前碑版，多不署刻者姓名，唐宋始有之。长安石工安民为最著，以其不肯镌名奸党碑后，其事足以千古。伎之工，故弗论也。至若为文人学士所赏识而游扬之者，殆不多见。惟杜少陵有《送翰林张司马南海勒碑》一诗，前人谓是镌刻者流。又崇宁间李仲宁以开苏、黄词翰得名，黄太史题其居曰“琢玉坊”，此见于王明清《挥麈录》者。今吴中穆氏父子世精其业，开设广肆，号召能手，以售伎于江左。凡梨枣珉石之役、鸿章雅制之流传，舍穆氏无以办。其所周旋，大率皆名公巨卿，若古之杜陵、苏、黄其人者。赠遗之作，登诸简册，如云如椽，穆君其足以自豪矣哉。而顾

①梁同书《频罗庵遗集》卷十一，《续修四库全书》第1445册。

乞言于乡里无闻之人，又乌足为穆氏增价？余窃自恧矣。因读诸公记叙而识数语于册尾云。

附录二：穆大展刻书、刻石目录

（一）刻书目录

1.《（乾隆）苏州府志》八十卷首一卷，（清）雅尔哈善等修、习寯等纂，乾隆十三年刻本。“金陵穆大展镌”；版心另有刻工5人：王兆奇、周魁祥、柏秀生、邱汝揆、邱本厚。

2.《虎丘缀英志略》二卷，（清）释佛海编，乾隆十六年刻本。“吴郡穆大展镌”。

3.《（乾隆）长洲县志》三十四卷首一卷，（清）李光祚修、顾诒禄纂，乾隆十八年刻本。“吴郡穆大展镌”。

4.《梦喜堂诗》六卷，（清）梦麟撰，乾隆十九年刻本。“吴门穆大展镌”。

5.《晚翠堂诗钞》一卷，（清）戈地宝撰，乾隆二十八年刻本。“吴趋顾兰辉芗园录正”、“吴郡穆大展局刻”。

6.《三江水利纪略》四卷，（清）庄有恭纂，乾隆二十九年刻本。“吴门穆大展局刻”。

7.《培远堂偶存稿》十三卷，（清）陈宏谋撰，乾隆三十年序刻本。“吴门穆大展局刻”、“吴门近文斋穆氏局刻”。

8.《双荫轩诗钞》六卷，（清）李华国撰，乾隆三十年刻本。“吴郡顾兰辉芗园录正”、“吴郡穆大展镌”。

9.《（乾隆）长洲县志》三十四卷首一卷，（清）李光祚修、许治增修，乾隆三十一年重刻本。“国学生穆大展镌”。

10.《休宁古林黄氏纂修族谱》十二卷首二卷末一卷，（清）黄治安修纂，乾隆三十一年刻本。卷首基址图："许志韶绘，穆大展刻。"另版心刻工共计29人：杜有叙、杜有聚、杜尊义、刘立仁、穆履道、穆谦益、穆亮宗、穆敬芳、周启寿、程尚玉、柏义先、柏华芳、柏华方、柏华仪、柏秀书、高敬远、高景远、王景桓、王兆奇、王宝光、王凤仪、王善长、王汉珍、黎云升、秦步云、邓之祥、昝御六、曾可久、余继圣。

11.《佛香阁诗存》五卷，（清）郭肇鐄撰，乾隆三十二年吴钺刻本。"吴门穆大展局刻"。

12.《秋水堂双翠圆传奇》二卷，（清）夏秉衡撰，乾隆三十二年刻本。"古吴王舜芳写"、"吴趋穆大展镌"。

13.《昭代词选》三十八卷，（清）蒋重光辑，乾隆三十二年刻本。"金陵穆大展刻字"。

14.《关圣帝君圣迹图志全集》五卷，（清）王輅等编，乾隆三十四年刻、嘉庆七年印本。"吴门穆大展局镌"、"金陵穆大展敬刻"、"吴门穆君度镌"。

15.《参读礼志疑》二卷，（清）汪绂撰，乾隆三十六年洪腾蛟刻本。"吴门穆大展局刻"。

16.《四书考辑要》二十卷，（清）陈弘谋辑，乾隆三十六年陈兰森校刻本。"吴门穆大展局刻"。

17.《洞庭王氏续修家谱》卷数不详，（清）王奕组等编，乾隆三十六至三十七年间刻本。"绘图：东洞庭施芳洲字鹏年、常熟马寿字如松"、"监刊：吴县籍穆孔成字大展、郡城李枚字卜臣"。道光六年本《洞庭王氏续修家谱》

卷首附“续修家谱姓氏目录”。

18.《葆璞堂诗集》四卷《文集》四卷，(清)胡煦撰，乾隆三十七年胡季堂刻本。“玩松山人孔成氏穆大展刻字”、“玩松山人穆氏大展局刻”、“吴门穆大展局刻”。

19.《万言肄雅》一卷，(清)屈曾发撰，乾隆三十七年刻本。“近文斋穆大展刻”。

20.《饴山文集》十二卷附一卷，(清)赵执信撰，乾隆三十九年赵念谨刻本。“吴门近文斋穆局刻”。

21.《冠山堂诗钞》二卷，(清)王时熏撰，乾隆四十二年刻本。“吴郡穆大展局镌”。

22.《金刚般若波罗蜜经》二卷，(姚秦)鸠摩罗什译，乾隆四十六年刻本。“吴门弟子穆大展薰沐敬刻”。

23.《三元喜燕诗》不分卷，(清)钱棨编，乾隆四十六年序刻本。“近文斋孔成穆大展局刻”。

24.《阴骘文像注》四卷，(清)赵如升绘注、吴铨校，乾隆五十二年吴成佐刻、道光七年印本。吴成佐跋：“吴门有穆生大展者，善刻金石文，予因以其事委之。”

25.《两汉策要》十二卷，(宋)陶叔献等辑，乾隆五十六年张朝乐刻本。“玩松山人穆大展时年七十有三刻”、“玩松子穆大展时年七十有三钩刻”、“古吴穆大展刻”、“吴门近文斋穆氏局刻”、“玩松穆氏局刻”、“玩松穆大展刻”、“许庆龙镌”。

26.《黄侍郎公年谱》三卷，(清)顾镇编，乾隆间刻本。“吴门穆大展局刻”。

27.《玉芝堂文集》六卷《诗集》三卷，（清）邵齐焘撰，乾隆间刻本。“吴门穆大展局刻”、“吴门穆大展局刻字”。

28.《御制淳化轩记》不分卷，（清）爱新觉罗·弘历撰、王杰书，乾隆间刻本。“臣穆大展敬镌”。

29.《二客吟》二卷，（清）刘大观辑，乾隆至嘉庆间刻本。“吴门近文斋穆氏局刻”。

30.《（嘉庆）增修赣榆县志》四卷首一卷，（清）王城修、周萃元纂，嘉庆元年刻本。“钦赐县左穆大展镌”；“楷书陈辅”；“金陵缪明等梓”。

31.《桃花扇传奇后序详注》四卷，（清）花亭闲客编，嘉庆二十一年刻本。“吴门穆大展局刻”。

32.《默斋诗钞》五卷《默斋诗馀钞》一卷，（清）陆敬撰，道光初年刻本。“玩松穆大展局刻”。

（二）刻石目录

1.《文昌阁碑》，（清）沈中天撰、李元升书，乾隆十三年刻。“吴郡穆大展镌”。现藏苏州碑刻博物馆，参见程义《〈石刻考工录〉补遗——“一普”所见苏州石刻刻工》。

2.《重建前明福建[范式义庄]》，（清）沈德潜撰并书，穆大展刻字。现藏苏州景范中学，参见程义《〈石刻考工录〉补遗——“一普”所见苏州石刻刻工》。

3.《增置祀田碑记》，乾隆二十四年刻。“吴郡穆大展镌”。王国平主编《明清以来苏州社会史碑刻集》第236—238页。

4.《三峰祖堂记》，（清）薛起凤撰、邵齐然书，乾隆三十一年刻。“吴郡穆大展镌”。现藏常熟兴福寺，参见程义《〈石刻考工录〉补遗——“一普”所见苏州石刻刻工》。

5.《仁聚堂法帖》八卷，（清）葛成笏撰集，乾隆三十五年刻。“太学生孔成穆氏大展镌”。容庚编《丛帖目（二）》第466页、王靖宪《中国历代法帖叙录》第247页。

6.《酣古堂法书》四卷，（清）佚名编，乾隆中叶刻。“玩松穆大展镌”。容庚编《丛帖目（二）》第472页。

7.《太原王氏三世墓表》，（清）蒋元益撰、王关伯书，乾隆中叶刻。“穆大展镌”。《洞庭山金石》卷二。

8.《常少府题破山寺诗》，（清）言如泗立石，乾隆三十七年刻。“半百玩松山人穆氏大展铁笔”。常熟兴福禅寺内立碑。

9.《宋氏义田碑记》，（清）宋邦绥志、宋思仁附记，乾隆三十七年刻。“太学生穆大展镌”。《吴郡西山访古记》卷五。

10.《江苏按察司请立三贤祠碑》，乾隆三十八年刻。“吴趋穆大展镌”。王国平主编《明清以来苏州社会史碑刻集》第495—497页。

11.《贞丰里全福寺重整禅林碑记》，（清）陆起仙撰、篆额并书丹，乾隆三十九年刻。“吴门穆大展刻字”。现藏常熟兴福寺，参见程义《〈石刻考工录〉补遗——“一普”所见苏州石刻刻工》。

12.《皇清敕授修职佐郎博罗县训导诰封奉政大夫翰林院编修加四级西峯吴公墓志铭》，乾隆五十二年刻。“翁方纲撰并正书，曹仁虎篆盖，穆大展刻”。《北京图书馆藏墓志拓片目录》第397页M4094。

13.《梓潼阴骘文碑》，（清）钱大昕撰并书，乾隆五十三年刻。“国学生穆大展镌”。《嘉定碑刻集》中册第945页。

14.《兕觥归赵诗册》刻石，（清）王文治等书，乾隆五十三年刻。“吴门玩松山人穆大展”。现藏苏州狮子林，参见程义《〈石刻考工录〉补遗——“一普”所见苏州石刻刻工》。

15.《重修苏州府学记碑》，（清）闵鹗元撰、梁同书书、钱大昕篆额，乾隆五十四年刻。“吴郡国学生穆大展刻石”。陆雪梅主编《苏州碑刻博物馆藏碑系列丛书·儒学碑刻》第114页。

16.《重修茅君殿记》，（清）潘奕隽撰并书，乾隆五十四年刻。“国学生穆大展镌”。现藏苏州穹窿山上真观，参见程义《〈石刻考工录〉补遗——“一普”所见苏州石刻刻工》。

17.《重修三贤祠碑记》，乾隆五十八年刻。“国学生穆大展镌”。王国平主编《明清以来苏州社会史碑刻集》第498—499页。

18.《苏州建修福神祠乐输姓名捐助数目及动用各款碑》，乾隆五十九年刻。“国学生穆大展镌”。金菊林整理《苏州方志馆藏碑刻拓片选刊》第137页。

19.《陪昭武侯图盖亭方伯增履庵两先生游焦山有作诗》，乾隆间刻。“吴郡玩松山人近文穆大展镌”。袁道俊编著《焦山石刻研究》第74页。

20.《上海药业重修药皇庙碑》，嘉庆二十四年刻。“吴郡穆大展局镌”。《上海碑刻资料选辑》第 258 页。

21.《修建音乐台记事碑》,道光二十九年刻。“府署东首穆大展刻字局程芝庭镌”。刘念慈《戏曲文物丛考》第 138—139 页。

22.《净慈禅寺双塔记》,清刻。刻工:穆大展。叶为铭《五朝镌刻墓志碑铭石师姓氏录》[①]。

第二节 学术良工:刘文奎局与乾嘉学人的著述出版

清代另一家无法绕开的著名刻工,就是同样活跃于乾嘉时期的刘文奎兄弟。相比前一节所提到的苏州刻工穆大展,刘氏兄弟尽管同样终日出入于乾嘉名流之间,却要沉寂得多。除了书籍上留下的刻工题名以及个别出版者书信中提及他们的只言片语外,我们很难找到其他更丰富的文献材料,因而也无从像穆大展那样对他们的生活与经历作深入的了解。当然,这才是古代刻工最常见的一种存在状态—默默而无闻。然而,当我们仔细梳理刘文奎局所参与的诸多乾嘉学术著作的出版活动之后,发现借助刻工这一线索,实可牵出乾嘉学术史中的许多问题。一些原本看似毫无关联的书籍或人事背后,或许交织着相同的刻工或者出版者;一些看似不经意的工匠雇佣或者出版形式的

---

①见王巨安《叶为铭佚稿〈浙江石刻石师录〉与陈锡钧》,《杭州文博》2008 年总第 7 辑,第 118页。

调整与改变，有时也能够反映出乾嘉学者（出版者）对于学术问题的一些考量。因此，与以往主要从思想内容层面切入不同，本节尝试从刻工与出版史的角度进入对乾嘉学术史的观照，尤其关注乾嘉学者们在出版活动中与刻工之间的种种互动，从而为更好地理解和把握乾嘉学术的变化脉络与走向，提供一个新颖而饶有趣味的视角。

一、刘文奎局基本情况概述

刘文奎局的主人主要是刘氏兄弟三人，长兄文奎，二弟文楷，三弟文模，皆先后从事刻字行业并以技艺精湛而著称。在他们所刻书籍的序文、目录之后或是全书卷末，多会留下一行基本格式为"金陵（或江宁）+ 署名 + 镌（或镌字、锓板等）"的刻工题名，其中"署名"部分的内容常常各不相同，但亦呈现一定规律，即基本按照刻书时间的先后，依次出现"刘文奎"、"刘文楷"、"刘文奎家"、"刘文模"、"刘文奎局"、"刘文奎子觐宸、仲高"、"刘文楷家"、"刘文奎刻字铺"等多种名称，大致呈现出一个从个人刻书到兄弟合作，再到开设家庭式作坊（刻字铺）的发展过程。事实上，早在乾隆五十二年（1787），卢文弨就已在信中称刘文奎为"此铺"（详下），但当时可能并不存在实体的店铺；至嘉庆三年（1798），其所刻书中开始出现"刘文奎家"这样带有明显家庭作坊意味的刻工题名；到稍晚的嘉庆十六年（1811），开始出现"刘文奎局"的题名，这已经是当时刻字铺的一种通行叫法了。而刊行于道光六年（1826）的《最乐编》一书，其内封上部题“道光六年二月廿八日镌”，其下则作“长白自新堂德心斋重刊 / 最乐编 / 版存江宁状元境贡院旁刘文奎刻字铺”，这说明至少在道光年间，刘文奎局已拥有实体店铺，且其具体位置是在南京书坊的主要集聚地状元境一带，亦即现在的夫子庙附近。由于不同时期的题名并不一致，为行文省便，本节一般统称作“刘氏兄弟”或“刘文奎局”，而不再作具体的区分。

此外，就目前笔者所收集到的资料来看，刘文奎局已知刻书数量至少有 90 种，刻石 2 种[①]。其中乾隆四十年（1775）所刻之《元和郡县补志》九卷为已知最早的作品，最晚的则是道光二十年（1840）所刻之《金陵朱氏家集》二十九种四十卷。由此可知，刘文奎局经营时间当不少于六十六年。考虑到他们在刻书前期很可能不留刊记，同时必然还存在一些笔者所不了解的刻书活动，因此保守估计，其刻书活动的持续时间应该在七十年左右。

而这七十年间，也正好是乾嘉学术出版发展最鼎盛的时期。刘文奎局精湛而专业的刻字技艺吸引了大批学者、文人纷至沓来。叶德辉在《书林清话》中云：“乾嘉时，如卢文弨、鲍廷博、孙星衍、黄丕烈、张敦仁、秦恩复、顾广圻、阮元诸家校刻之书，多出金陵刘文奎、文楷兄弟。”[②] 此语虽

---

①今南京甘熙故居有嘉庆十七年（1812）石刻《江宁甘氏友恭堂记》，署“金陵刘文奎家镌”。

②叶德辉撰、紫石点校《书林清话》卷九“古今刻书人地之变迁”，第247页。

只是简单列举，却非常敏锐地注意到了刘文奎局与乾嘉学者之间的密切联系。而据笔者考订，文中所举乾嘉学人，除鲍廷博、黄丕烈、阮元三家未详所据，或当予以排除外，还可以补充严观、毕沅、赵怀玉、姚鼐、吴鼒、胡克家、汪为霖、汪喜孙、沈恕、张五典、陶焕悦、廖寅、陈宗彝、吴启昌、朱士彦、朱绪曾等十馀位，所涉几乎涵盖了当时活动于南京及周边地区的大部分知名学者与文人。而所出版的书籍，如《抱经堂丛书》、《平津馆丛书》、胡刻《资治通鉴》《文选》等，也都是乾嘉学术史上的经典之作，并以刊刻精良而著称。从这个角度看，或可称刘文奎局为"学术良工"，以对应其在乾嘉学术出版史上的重要作用。

而在刘文奎局的诸多雇佣者中，最值得一提的当属卢文弨、孙星衍、顾广圻这三位学者。他们与刘文奎局不仅合作时间较长，而且出版书籍的数量也相当多。更重要的是，他们从学术出版的角度给予刘文奎局一些专业的训练，使刘文奎局获得了能够迥然超越于同行的专业素养，从而为其成长为"学术良工"奠定了非常良好的基础。因此本节的讨论，就将主要围绕刘文奎局与上述三人的合作而展开。

二、教导成就：刘文奎局与卢文弨《抱经堂丛书》

目前已知最早出现刘文奎局刻工刊记的书籍，是乾隆四十年（1775）前后为严观所刻之《元和郡县补志》九卷，署"江宁刘文奎镌"。从书籍实物看，此书虽然只是普通的方体字，却刻得认真严整，一丝不苟。而在完成此书后差不多十年时间内，都没有找到留下刘文奎局题名的其他书籍，可能在这一阶段中，刘文奎一直没有得到独立或者领衔刻书的机会。一直到乾隆五十年（1785），在著名学者卢文弨所刻《抱经堂丛书》之《春秋繁露》十七卷中，才又再次出现了刘文奎局的题名。值得一提的是，卢文弨曾在乾隆四十年（1775）为《元和郡县补志》作序[①]，按常理推断，书刻成后严观当会呈送一部给卢文弨，因此卢氏很可能早在乾隆四十年（1775）就已经注意到了刘文奎局及其刻字技艺。惟卢文弨最初开始刊行《抱经堂丛书》时并不在南京[②]，因此一直到乾隆五十年（1785）卢文弨因再掌钟山书院而重返江宁时，才开始延请刘文奎局刊行《春秋繁露》。此后数年中，卢文弨在南京陆续刊行《抱经堂丛书》中《荀子》、《西京杂记》、《群书拾补》诸书，其刻字工作也全都委托给了刘文奎局，足见对其之倚重。

不过，在雇佣的最初阶段，也有一段小小插曲。在一通致友人梁同书的信札中，卢文弨曾经谈到过对刘文奎局

①按此序见《元和郡县补志》卷首，落款作“乾隆四十年青龙在乙未极旦月哉生明东里卢文弨书于钟山书院之须友堂”，而在收入《抱经堂文集》时系年则作“乙巳”即乾隆五十年。因《元和郡县补志》卷首严观自序亦署乾隆四十年，而《抱经堂文集》系嘉庆间后人整理出版，存在讹误可能，故以乾隆四十年为准。

②按《抱经堂丛书》始刻于乾隆四十九年，最先刻成的是《新书》、《辅轩使者绝代语释别国方言》、《白虎通》三种，其中《方言》内封明言刻于杭州，《新书》、《白虎通》则可能刻于苏州太仓。

的不满：

> 此地梓人，弟所教导成就者，本无多人，今凡刻书者，俱归此铺。渠贪多务得，赶办不前，其板似亦不及杭州。我意若刻《吕览》，须在杭州为妙。[①]

据信札整理者彭喜双考订，此札当作于乾隆五十二年（1787）九月十四日。当时卢文弨身在南京且正刊行《西京杂记》、《群书拾补》诸书，刻工题名俱署"刘文奎"，因此信中提到的"此地梓人"必然就是指刘文奎。而从札中"此铺"云云来看，尽管这一阶段刘文奎局的题名中尚未出现"家"、"局"等字样，但应该已经拥有了刻字作坊，只是可能规模尚小而已。然正是因为规模尚小，人手不足，而作为经营者又必然有扩张与盈利的诉求，因此难免就会出现"贪多务得"的结果。事实上，在这一年中，除了卢文弨《抱经堂丛书》的工作外，刘文奎局还承接了张五典《荷塘诗集》十七卷、陶焕悦《自怡轩诗集》四卷等书的刊刻工作[②]，这必然会影响刻字进度，因而招致卢文弨"赶办不前"的指责。

因为上述不满，卢文弨在信中流露出弃用刘文奎局的

---

①国家图书馆藏《梁山舟友朋书札》所收卢文弨信札手稿，转引自陈东辉主编《卢文弨全集》，浙江大学出版社，2017年，第10册第250—252页。

②按张五典时为上元知县，陶焕悦则于钟山书院求学，二人俱与卢文弨有过从，因此他们请刘文奎刻书，或许也与卢文弨有关。可参见张波、赵玉敏《清卢抱经文弨先生年谱》乾隆五十年、五十一年、五十四年条，收入陈东辉主编《卢文弨全集》，第16册第302—303、310—311、335页。

想法："若刻《吕览》，须在杭州为妙。"这里的《吕览》，指的是由卢文弨校勘、后收入毕沅《经训堂丛书》中的《吕氏春秋》二十六卷。[①] 今检此书（刊行于乾隆五十三年，1788），发现其中仍然有刘文奎的题名，可见最后还是委托给了刘文奎局。而据相关材料可知[②]，此书的刊刻工作实际上也是由卢文弨负责的，因此刻工雇佣应该也主要取决于卢氏。由于材料的缺乏，我们不清楚其中是否还有一些转折，但从最终结果来看，刘文奎局显然重新赢得了卢文弨的信任。事实上，此后一直到乾隆五十七年（1792），卢氏《抱经堂丛书》中陆续出版的书籍几乎全部交给了刘文奎局。期间卢文弨曾离开南京前往常州，刘氏兄弟很可能也一直追随左右。在赵怀玉致卢文弨的一通信札中，曾云：

> 独孤《昆陵集》向托一友人钞录，近始送到。初拟携至浙中，与鲍君商刻。今得来示，知院中梓人刻下甚闲，可以就近付梓……又其文有集中所无而《英华》有之者，尚欲觅人补钞，非七八日不能卒业，未知

①信札前文云："《吕氏》抄出清本于七月下旬托钱献之寄豫。其日不及写书，旬馀乃从苏州毕公宅内补寄一函，迩日尚未见覆。"对此彭喜双有详细考订，可参考。见彭喜双、陈东辉《抱经先生集外函札辑释》，《图书馆研究与工作》2017 年第 10期。

②汪中《述学・补遗》代毕沅所作《吕氏春秋序》云："《吕氏春秋》世无善本……于时嘉善谢侍郎、仁和卢学士并好是书，及同学诸君，各有校本。爰辑为一编，而属学士刻之。"清刻本，收入《续修四库全书》第 1465 册，第 422页。

梓人能待否？[①]

据《卢抱经文弨先生年谱》，此札当系于乾隆五十四年（1789）前后。[②]而卢文弨自乾隆五十三年（1788）起主常州龙城书院，故札中所谓"院中"当即指龙城书院。这一阶段卢文弨所刻书籍均出自刘文奎局之手，如同样收入《抱经堂丛书》中的《释名疏证》、《群书拾补》、《颜氏家训》等，故所谓"院中梓人"应该正是指刘氏兄弟。据此或可推测，刘氏兄弟曾被卢氏带至常州专门为其刻书。对刻工来说，这种应雇主要求赴外地刻书的情况是非常常见的。后来在嘉庆年间，刘氏兄弟还曾应孙星衍之邀赴苏州刻书，亦可见一斑。

值得一提的是，札中"刻下甚闲"云云，与此前卢文弨所谓"贪多务得，赶办不前"的状况可谓大不相同。这一方面可能是因为刘文奎局此时在常州专门受雇于卢文弨，故业务量较少；另一方面，也可能是在遭到卢文弨批评后，刘文奎局有意识地增加了人手。自乾隆五十四年（1789）刻《颜氏家训》等书开始，刘文奎局的题名中开始频频出现二弟刘文楷的署名，这显然大大提高了刻书的效率，以至于出现"甚闲"之档期。不过，最后填补这一档期的并非信

①赵怀玉《亦有生斋文集》卷十《与卢绍弓学士》，收入《续修四库全书》第1470册。

②张波、赵玉敏《清卢抱经文弨先生年谱》，收入陈东辉主编《卢文弨全集》，第16册第338页。

中所提到的《毘陵集》(此书后来刻成于乾隆五十六年[①],1791),而很可能是另一部同样由赵怀玉所辑并刻成于乾隆五十五年(1790)的《韩诗外传》(题名作“江宁刘文奎/楷镌字”)。其卷首赵怀玉自序云:“岁戊申(乾隆五十三年,1788),馀姚卢弓父先生来主吾郡讲席……过从之暇,偶及是书,先生出手定本见示。”又卢文弨序云:“余亟怂恿付梓,公诸同好。”可见《韩诗外传》正是两人在常州共同校勘又共同谋刻的。惟因《毘陵集》此时可能尚未完成,故改成《韩诗外传》率先出版。

到乾隆五十七年(1792)卢文弨离开龙城书院之前,《抱经堂丛书》一共出版了十四种,除了最初刻于外地的三种,以及由谢墉代刻的《逸周书》之外,其馀十种竟全部出自刘文奎局之手。离开常州之后,卢文弨又回到杭州主掌紫阳书院,至此结束了与刘文奎局的合作。乾隆六十年(1795)六月亦即卢文弨去世前数月,他在杭州完成了《仪礼注疏详校》十七卷的刊刻工作,但书中并无刻工题名。至于其遗稿《抱经堂文集》与《龙城札记》,则系后人完刻于嘉庆年间,且版刻风格大异,自然也不可能出自刘文奎局之手。因此,刘文奎局与卢文弨的合作实际上就集中在乾隆五十年至五十七年(1785—1792)这八年之中。而这八年,对于刘文奎局来说可谓意义深远。

首先,是对刘文奎局早期业务的扶持与稳定。《抱经

---

①据卷首赵怀玉自序。

堂丛书》是刘文奎局承揽到的第一项长期业务，这对此前并无稳定业务来源的刘文奎局来说显然至关重要。而且，由于卢文弨的身份与地位，他还在客观上协助刘文奎局发展了一批新的顾客（且不论是卢文弨主动介绍还是刘文奎局借机结交），如毕沅、赵怀玉等。此外，随着《抱经堂丛书》及其他学者著述的广泛传播，又进一步扩大了刘文奎局的声名，从而使其在竞争尚属激烈的南京刻书业中逐渐脱颖而出，为接下来嘉庆年间的迅速发展奠定了良好的基础。

其次，则是对刘文奎局刻字技艺的悉心"教导"。如果没有过硬的技术，仅仅倚靠卢文弨的"人脉"关系，刘文奎局显然并不足以自立。因此这八年中，其在技术水平上的日臻成熟更为重要。这其中当然有刘氏兄弟本身天赋与后天努力的因素，但更不应忽视的，还是卢文弨在前引致梁同书信中所提到的"教导成就"。这种"教导"，除了一般刻字技术层面上的训练外，窃以为还应当考虑到其中可能包含的"学术"成分。作为一名严谨的学者，卢文弨对所刻书籍内容的准确性必然有着非常高的要求。早在乾隆四十七年（1782）致孔继涵的书信中，卢文弨就曾提醒孔氏注意普通刻工容易误刻古字的问题：

> 今足下校正此书，于马本所补亦不肯轻徇，宁阙所疑，慎之至矣。然绣梓时，一以委之剞劂氏，彼俗工，但知世俗所行之宋体字耳，于廾卄、日曰、弓㢧、舟月、月冃之辨皆不能审，古意寖微。而于唐时避讳之阙

笔，仅有一二留者，至偏旁，则皆写全矣。[①]

卢文弨在信中指出，孔氏所刻书籍虽然校勘精良，对前人的成果亦能慎重吸收处理，但在刊刻时却因刻工不能辨别古字、避讳等情况，而出现原本没有的讹误，可谓功亏一篑。显然，对于强调校勘、辩证的卢文弨乃至其他乾嘉学者而言，刻工能否一丝不苟地完全按照写样刻版，不因马虎而漏刻、错刻，也不妄改、增删笔划，实是极其重要的基本素养。而要做到这一点，首先当然需要态度认真、严谨细心，其次则需对一些基本的古文字常识有一定的熟悉度。对于后者，一般刻工多不能具备，即使学习也不一定有此悟性，故卢文弨所谓的“教导成就”很可能主要是指这一方面。而一旦刘文奎局熟练掌握了此类学术著述之刊刻门径，卢文弨自然就不会轻易更换刻工。毕竟要想重新“教导成就”一个熟练的刻工，需要花费很大的时间和精力。

由此，也就能很好地解释刘文奎局在随后的嘉、道年间广受文人、学者雇佣的原因。纵观刘文奎局的刻书目录，基本上都是经部、史部类著述的校勘之作，其中不仅存在大量与当下通行写法相异的古体字、异体字，而且还需要不时地辨析一些因字形相近而导致的混淆和讹误，这就

①卢文弨《抱经堂文集》卷二十一《荅孔荭谷书》，收入陈东辉主编《卢文弨全集》，第9册第399页。据董婧宸赐告，“马本”指扬州马氏丛书楼刻《五经文字》，而孔氏所刻则为微波榭本《五经文字》。

对写样者和刻工产生了比较高的要求。由于写样者通常具备一定的文化水平（非职业写样者则素养更高），因此问题尚不突出；但满足这样要求的刻工则相对较少，这就更显刘文奎局的价值。换句话说，虽然卢文弨苦心"教导"刘氏兄弟，主要是为了适应其个人在著述出版上的一些要求，但这种"学术"训练正满足了清中叶学者们在学术出版上的一些普遍需要，也为刘文奎局造就了一项"看家本领"。

三、贯穿始终：刘文奎局与孙星衍、顾广圻的学术出版

离开卢文弨之后，刘文奎局开始广泛承接乾嘉文人学者的刻书业务。而其中往来最多、时间最长的则是孙星衍，以及协助孙氏代行校勘与刻书之事的顾广圻。可以说，刘文奎局在嘉庆年间最主要的刻书活动，基本上都是围绕着此二人而展开的。

刘文奎局与孙星衍有接触往来，大概是在嘉庆六年（1801）。时孙星衍曾重刻宋景定《建康志》五十卷，所用刻字铺就包括顾晴崖局与刘文奎局。据孙序，此书"凡用白金七百馀两，阅半载竣工"。刊刻如此迅速，当与两家刻字铺合力刊刻有关。次年即嘉庆七年（1802）前后，孙星衍与刘文奎局亦当有所接触。在《小莽苍苍斋所藏清代学者书札》中，收录了一通孙星衍"致颜运生"的书信，其中云：

> 寄来银两即付刻字人，现已令其速行改正。旧板之误，不一而足，至府中旧刻，竟有将叙文二首互

> 刻舛误之处，今俱改正。尊名缘先从兄处手发名条，又核之《缙绅》，亦俱作“桀”字，不知何以不符？既蒙示改刻，即已照□……安国本并奉阅，黏签甚多，一一改正矣。[①]

按所谓“颜运生”，即颜崇椝，一名崇桀（故信中有关于名字的讨论），字运生，据云是颜真卿的三十代孙，嘉庆七年（1802）曾刻有《颜鲁公文集》十五卷补遗一卷附年谱。今检此本，卷端校刊者署“崇椝”，且卷首有孙星衍序，提到以“安国旧本”校正云云，这些都可以与信中内容相印证，可知二人所谈论者即此《颜鲁公文集》。此外，孙序末有“江宁刘文奎家锓”一行，则所谓“刻字人”即指刘氏兄弟。综合上述情况可知，《颜鲁公文集》一书的出资方为颜崇椝，而实际负责校勘与出版工作的当为孙星衍，且其时他已经与刘文奎局有了合作。

次年即嘉庆八年（1803），刘文奎局又承刊了《（嘉庆）庐州府志》的刊刻工作（刊语作“江宁刘文楷镌”），而此书的主纂者即孙星衍。一般来说，地方志都属于官方刻书，且通常卷帙繁多（此书凡五十四卷附图一卷），利润空间因此也显得更大一些。刘文奎局能承接到这样的工作，想必正与孙星衍的介绍有关。而差不多在同一年，刘文奎局再次与顾晴崖局合作，刊刻了《东皋诗存》四十八卷，而此书

---

①孙星衍《与颜运生书》，见陈鸿森辑《孙星衍遗文续补》，《书目季刊》2014年第四十八卷第一期，第81—82页。

亦与孙星衍有关。其卷首分别有嘉庆十年（1805）阮元、孙星衍序，其中阮序云："今又重刻于江宁，阳湖孙渊如观察为之校凡两岁，克复旧观。"又卷末有嘉庆二十四年（1819）汪为霖跋云："因属孙伯渊观察重刊是集于金陵。字多鲁鱼之误，故刻而未印。又数年己卯夏日……精审勘校，以成完书，集始复出。"可知此书同样是请孙星衍负责校勘、付梓。不过从"字多鲁鱼之误"来看，其最初刻成时质量似乎不高，未详是校勘还是刊刻的问题，抑或另有隐情。惟可以确定的是，孙星衍在南京之际，刘文奎局应该是他比较熟悉且雇佣较多的刻字铺，且早在嘉庆十年（1805）刻《物理论》（收入《平津馆丛书》）之前就已经协助孙星衍刻书。

嘉庆八年（1803）冬，孙星衍离开南京赴山东为官，直至嘉庆十六年（1811）才解职南还。由于山东刻书业远不如江南地区发达，鲜有刻字佳手，因此孙星衍仍将其主要的刻书基地放在了南方，先后刊行了不少重要书籍。对此，他自己也甚感满意，曾在致何元锡信中云："弟在江南所校刻古书颇多，亦有益于世之事，未尝一息稍暇，可告良友。"[①] 惟因此时孙星衍身在山东，故其在江南的刻书事业主要都委托给了顾广圻董理。关于孙、顾二人之交往及相关刻书事，李庆《顾千里研究》、焦桂美《孙星衍研

---

①孙星衍《与何梦华书》，见陈鸿森《孙星衍遗文再续补》，《中国典籍与文化论丛》2013 年总第 15辑。

究》俱已详述[①],此处不赘。今仅就其中与刘文奎局相关之材料,略作梳理如下。

早在嘉庆四年(1799),顾广圻就已经开始与孙星衍过从并协助其刻书[②],所刻即《平津馆丛书》中最早付刻的《孙子》、《吴子》、《司马法》三书,惟此时承刻者并非刘文奎局[③],而很可能是黄丕烈所雇者。黄氏曾题跋此三书云:

> 近孙渊如观察过苏,与抱冲从弟涧蘋谈及是书,思以付梓。适余家命工翻雕影宋本《国语》毕,涧蘋即影摹一本,就荛圃中开雕。[④]

由此可知,三书当刻于苏州,且刻工应该正是为黄丕烈刻《国语》者,惜姓名未详。又孙星衍曾序三书云:"《孙子》三卷,魏武帝注;《吴起》二卷,《司马法》三卷。皆宋雕本。嘉庆五年三月,属顾茂才广圻影写刊版行世。"且三书卷末俱有"嘉庆庚申兰陵孙氏重刊小读书堆藏宋本,顾千里手摹上版"之刊语,可知三书俱由顾广圻影写上版,这也是孙

①李庆《顾千里研究(增补本)》,(台北)学生书局,2013年;焦桂美《孙星衍研究》,上海古籍出版社,2017年。

②参见李庆《新订顾千里年谱》嘉庆四年条,见《顾千里研究(增补本)》,第58—59页。

③按孙星衍《平津馆丛书》共收书四十三种,可明确由刘文奎局负责者有十三种,最早的一种应该是嘉庆十年所刻之《物理论》。此外,刘文奎局还曾承刊孙星衍的《岱南阁丛书》,惟数量较少,只刻了其中三种。

④黄丕烈《荛圃藏书题识续录》卷二"《魏武帝注孙子》三卷《吴子》二卷《司马法》三卷(平津馆刻本)"条,见黄丕烈撰,余鸣鸿、占旭东点校《黄丕烈藏书题跋集》,上海古籍出版社,2007年,第761页。

星衍以影摹的方式翻雕宋元旧本的开始，其中很可能是受到了黄丕烈、顾广圻的影响。

嘉庆十年（1805）前后，顾广圻应孙星衍、张敦仁的邀请前往南京刻书。孙星衍曾在致顾广圻的书信中云：

> 奉烦足下督办写样复校，古馀工调金陵，一切甚便，可与古馀熟商之。曾烦校《初学记》，务为留意。弟既不能乞假送柩，一身独居官署，甚无聊。但校《琴操》、《古史考》等各书小种，年外亦寄金陵付刊，并烦校核耳。[①]

按此信据焦桂美考订，当作于嘉庆十年（1805）十一月前后。[②]又检李庆《新订顾千里年谱》是年十一月条，云："千里应张古馀之招，为其校书，离家赴江宁。"又十二月条云："为张古馀影摹宋抚州公使库本《礼记》第一、二卷；上版刊刻。"[③]则孙星衍信中所谓"督办写样复校"，很可能就是指影摹宋抚州本《礼记》之事。此书中有"刘文奎刻字"之刊语，可知正是出自刘文奎局之手。这也是刘文奎局第一次承担写刻本的工作。而此前一年即嘉庆九年（1804），张敦仁曾出资为严观刻《江宁金石记》八卷《待访目》二卷，其题名作"江宁刘文奎家锓"，可知亦出自刘文奎局之手。考虑到严观早在乾隆四十年（1775）就曾雇请刘文奎局刻

①孙星衍《与顾千里书二》，收入陈鸿森辑《孙星衍遗文续补》，第77—78页。

②参见焦桂美《孙星衍研究》，第118—119页。

③参见李庆《新订顾千里年谱》，第82—83页。

书,因此张敦仁与刘文奎局有所接触应该也是源于严观的介绍。当然,也有一种可能是源于孙星衍的推荐,毕竟其与刘文奎局亦早有往来。不管怎样,从这几年中张敦仁、孙星衍等人开始不约而同地雇佣刘文奎局这一点来看,其在南京学者圈中的声名已经颇著。

此后数年中,顾广圻又继续为张敦仁刊行了《仪礼注疏》,为孙星衍刊行了《平津馆丛书》中《魏三体石经遗字考》、《牟子》、《黄帝五书》、《华氏中藏经》、《说文解字》、《尚书考异》、《续古文苑》七种,以及《岱南阁丛书》中《故唐律疏议》、《宋提刑洗冤集录》、《古文苑》三种,刻工俱为刘文奎局。且其中有六种皆为写刻本,数量竟占总数的一半。如果算上同时期为其他学者所刻之写刻本,则总体比例更高。显然,这一阶段的刘文奎局,不仅已将其业务经营范围拓展到了写刻,而且发展迅猛,大有超过原来方体字业务的态势。此外,随着刘文奎局的进一步发展,三弟刘文模之名也首次出现在嘉庆十一年(1806)所刻之《牟子》中。与此同时,长兄刘文奎的署名则日见减少。目前已知最晚出现刘文奎单独署名的书籍,是大概刻成于嘉庆十六年至二十年(1811—1815)间的《读诗传讹》三十卷,这距离其第一部作品差不多四十年时间,基本上已到达了古代刻工的工作极限。

而在为孙星衍校书、刻书的同时,顾广圻还曾为许多学者校刻过书籍,其中有不少也是出自刘文奎局之手。如前文提到的张敦仁刻《礼记》、《仪礼注疏》即是如此,此外至少尚可得以下七种：

嘉庆十四年，为胡克家校刻完成仿宋淳熙本《文选》[①]，刻工："江宁刘文奎弟(文楷/文模)镌。"

嘉庆十七年，为吴鼒校刻完成《宋元检验三录》[②]，刻工："金陵刘文奎家镌。"

嘉庆十九年，为廖寅校刻完成《华阳国志》[③]，刻工："金陵刘文奎弟文(楷/模)镌。"

嘉庆十九年，为沈恕校刻完成《(绍熙)云间志》[④]，刻工："金陵刘文奎弟(文楷/文模)锓。"

嘉庆二十年，为汪喜孙校刻完成《述学》[⑤]，刻工："江宁刘文奎子(觐宸/仲高)镌。"

嘉庆二十一年，为胡克家校刻完成仿元本《资治通

---

①李庆《新订顾千里年谱》嘉庆十四年："为胡克家重刻宋淳熙本《文选》。"第102页。又其校刊过程可参考李庆《胡刻文选考异为顾千里所作考》，见《顾千里研究(增补本)》附录五，第451—460页。

②李庆《新订顾千里年谱》嘉庆十六年条引孙祖基语："元和顾广圻既为孙渊如摹刻元刊《洗冤录》，后又得《平冤》、《无冤》二录旧钞本，以语吴山尊学士。吴为之付刻，与《洗冤录》合为一编。"第112页。

③廖寅《校刊华阳国志序》："元和顾茂才广圻，是正诸书最称审密，竭半岁之力，为予督工开雕。"嘉庆十九年刻本。

④李庆《新订顾千里年谱》嘉庆十九年条云："千里作《云间志跋》，为孙渊如刊行之。"可知此书亦与孙星衍有渊源。第117页。又可参见此书顾广圻、王芑孙跋。

⑤汪喜孙《汪氏学行记》录顾广圻信札："《(述学)内篇》以下并为欧体……委刊刻《述学》，兹已竣工，奉上清样全部。"收入《江都汪氏丛书》，民国十四年影印本。

鉴》[①],刻工:“江宁刘文奎弟(文楷/文模)镌。”

嘉庆二十三年,为吴鼒校刻完成仿宋乾道本《韩非子》[②],刻工:“江宁刘文奎子(觐宸/仲高)镌。”

上述书籍,虽出资委托者不尽相同,但据相关文献可知,其实际校勘者乃至“督工开雕”者均为顾广圻。对此,李兆洛在《顾君墓志铭》中曾云:

> 当是时,孙渊如观察、张古愚太守、黄尧圃孝廉、胡果泉中丞、秦敦夫太史、吴山尊学士皆深于校雠之学,无不推重先生,延之刻书。为孙刻宋本《说文》、《古文苑》、《唐律疏议》,为张刻抚州本《礼记》、严州本单疏本《仪礼》、《盐铁论》,为黄刻《国语》、《国策》,为胡刻宋本《文选》、元本《通鉴》,为秦刻《扬子法言》、《骆宾王集》、《吕衡州集》,为吴刻《晏子》、《韩非子》,每一书刻竟,综其所正定者为考异,或为校勘记于后,学者读之益钦。[③]

不难发现,文中所列诸书,绝大多数即出自刘文奎局之手。从这一点看,似乎这些不同的出版者选择刘文奎局,很可能是出于顾广圻的推荐。但实际上顾氏在刻工的选择上

---

①胡克家《资治通鉴序》:“延文学顾君广圻、彭君兆荪及族弟枢为校勘翻雕之。”嘉庆十七年至二十一年胡克家翻元刻本。

②吴鼒《重刻韩非子序》:“明年丁丑五月,携至江宁,孙渊如前辈怂恿付梓。又明年戊寅五月刻成……元和顾君千里实为余校刊。”嘉庆二十三年吴鼒翻宋刻本。

③顾广圻《思适斋集》卷首李兆洛撰《顾君墓志铭》,收入《续修四库全书》第1491册。

究竟有多少主动权，我们并不清楚。倒是孙星衍在其中的影响，我们不应当忽视。上述诸书若深究下去，会发现其背后或多或少都与孙星衍有关。如《华阳国志》一书，邓邦述曾云：

> 涧蘋校此书，本为渊如刻板之用，后题襟馆乃借刊耳……廖氏以蜀人摹刻是书，故渊如让之。直取涧蘋已校成者，付诸廖氏，故册尾跋语云云，犹认孙为刻书之人，无一字及廖也……甚或刻将成而廖氏出资加一跋语，亦未可定也。①

可知此书最初的策划者实为孙星衍，而廖寅很可能只是最后挂名而已。

更为典型的是胡克家那部著名的仿元刻《资治通鉴》，孙星衍不仅参与其出版策划（前引《与顾千里书五》有"总须刊《通鉴》"之语），而且还提供刻书场地：苏州孙子祠②。按孙子祠为孙星衍之家祠，始建于嘉庆十一年（1806）夏秋之间，其址在苏州虎丘一带。③孙星衍在致顾广圻的信札中，曾屡次提及在孙子祠刻书事：

> 《古文苑序》甚好，即可刊入此书。《续古文苑》现在收拾，即觅便寄稿尊处，可在孙子祠开局刊刻，计需六百金……正月廿八。（《与顾千里书一》）

①李庆《新订顾千里年谱》嘉庆十八年条转引邓邦述《寒瘦山房鬻存善本书目》卷六"顾千里手校《华阳国志》十二卷"条，第115页。
②胡克家《资治通鉴序》："设局于孙伯渊观察之家祠。"
③参见马振君《孙星衍年谱新编》嘉庆十一年条，第325、327页。

> 前有札奉寄，托足下在孙子祠办理刻书之事，每岁与张古馀各奉修金百数十两，计可安身。刻工即交刘文楷经手，设局在祠内最便，足下亦可移居读书。……尚有借到额盐政小字《说文》，遇便寄交尊处翻版等事，乞先为留意。（《与顾千里书三》）
>
> 廿九日接方伯代递来字，悉宋刻《说文》等收到，即为筹刻，甚慰。家君于廿六日南归，必至吴门，住孙子祠，刻赀带上，并竹友代垫薛祠项亦拟偿之……钱同人写本甚整齐，然觅便祈归，又复迁延时日。吴门如有佳书手，亦不必惜小费，此部留存亦有用也……孙子祠内象龛有弟小象，觐瞻不便，乞属竹友代作一黄幔施于龛内，仅露吴将之容为妙。方伯许写扁，祈催之。《文选》虽刊，总须刊《通鉴》。（《与顾千里书五》）①

按“书一”中提及《古文苑序》，检《古文苑》卷首顾广圻序，落款在嘉庆十四年（1809）。又“书三”中提及“额盐政小字《说文》”，即指额勒布所藏宋小字本《说文解字》，据董婧宸考订，此事当在嘉庆十二年（1807）十二月，而此札或作于同时或次年一月。最后的“书五”则作于嘉庆十三年（1808）二月。② 由此可知，至晚在嘉庆十三年初，孙子祠已开始作为刻书场所，并于随后陆续刊行了《说文解字》、《续古文苑》等书。值得注意的是，在“书三”中，孙星衍还明确指示“刻

---

①以上俱见收入陈鸿森辑《孙星衍遗文续补》，第79页。

②以上俱见董婧宸《孙星衍平津馆仿宋刊本〈说文解字〉考论》，《励耘语言学刊》2018年第1期，第222—224页。

工即交刘文楷经手”，可见选择刻工的主动权很可能是在孙氏手中。

这一点也可以从另外两方面予以印证。一是在嘉庆十三年（1808）顾广圻与黄丕烈交恶之前[①]，黄氏所刻之书多由顾氏校刊，却未见有刘文奎局之题名；二是嘉庆二十三年（1818）孙星衍去世之后，尽管顾广圻仍代人校书、刻书不辍，却未见其与刘文奎局再度合作。由此可知，顾广圻与刘文奎局的密切合作主要还是集中在为孙星衍校刻书籍的阶段，除此之外均未见其对刘文奎局有所偏爱。因此，其所校刻之书籍多委托刘文奎局刊刻，可能主要还是与孙星衍有关。

嘉庆二十三年（1818）正月，孙星衍去世。在其家人的主持下，刘文奎局又继续完成了《平津馆丛书》中《芳茂山人诗录》九卷（附《长离阁集》一卷）的刊刻工作，这才正式结束了与孙星衍的合作。如果从嘉庆六年（1801）刻《建康志》算起，其受雇于孙氏的时间长达十八年。而这十七年也正是刘文奎局发展最为鼎盛的时期，期间刻书多达 48 种，中不乏如《资治通鉴》这样的巨帙。而在这之后的二十馀年间，尽管刘文奎局的刻字技艺仍然精湛[②]，刻书数量却大幅下跌，可以找到的只有区区 17 种而已。而且

①按关于二人交恶时间，参见李庆《新订顾千里年谱》嘉庆十三年条，第98页。

②如周叔弢曾盛赞其道光五年所刻之《古文辞类纂》，而辛德勇则曾高度评价其道光元年所刻之《养初堂诗集》、《红姜馆词抄》。

就所刻内容来看,也以集部文献居多,再也不复此前经史著述煌煌大观的盛况。显然,在道光以后,刘文奎局不仅再也没能找到一位如卢文弨、孙星衍这样的长期雇主,而且连来自一般学者的刻书业务也渐趋减少。这其中的原因当然很多,但乾嘉考据的渐趋衰落或许也是其中很重要的一点。

四、风气转换:从方体精刊到摹刻宋元

纵观刘文奎局在乾隆年间所刻诸书,使用的全部都是方体字,而其中较早且较具代表性的正是《抱经堂丛书》。卢文弨刻书采用方体字,这当然主要是出于经济上的考虑。毕竟他的刻书资金基本靠友朋赞助,因此无法也无意仿照卢见曾《雅雨堂丛书》等的做法,以软体字精写精刻。而朴素实用的方体字,似乎也更符合卢文弨追求校勘精准、质朴无华的学者作风。惟方体字同样存在多种形态变化,这一点熟悉明清版刻史的学者都非常清楚,无须赘述。发展至清中叶,比较常见的是一种接近正方的字形,这也正是《抱经堂丛书》所采用的字形。而据前文可知,《抱经堂丛书》最初刊刻的三部书籍均非出自刘文奎局之手。其中最早为《輶轩使者绝代语释别国方言》一书,内封有"杭州刻本"之语,可知刻于杭州;稍后的《新书》、《白虎通》未详刻地,或同样刻于杭州。作为一部丛书,形式上的整齐与统一显然颇为重要,因此上述三书的版式字体,基本上就成为《抱经堂丛书》此后各本的刊刻标准。

换句话说，刘文奎局在接任续刻此套丛书时，实际上是有既定的字形范式的。从实物看，其最初刊刻的《春秋繁露》等书，也确实与上述三书如出一辙。此后各本，虽偶因写样者不同而略有差异[①]，但总体上还是保持了一种方正整饬、疏朗雅致的风格面貌，这应该主要是应雇主卢文弨的要求。

至于卢文弨采取此种字体的原因，除了与当时流行的版刻风尚有关外，笔者猜测还可能受到了鲍廷博《知不足斋丛书》的影响。作为乾隆时期最具代表性的学术类丛书之一，《知不足斋丛书》开刻于乾隆四十年（1775）前后，向以搜集广博、校勘精审而闻名。卢文弨曾多次襄助鲍氏校书，对此书可谓十分熟稔，而除了肯定其校勘上的成就外，对版刻亦多所赞许，称其“枣梨既精，剞劂亦良”[②]。按据马培洁《鲍廷博知不足斋刻工研究》一文考订[③]，为鲍氏写样、刻书的主要有杭州工匠方溥、高擎亭、陈世彭、陈立方、陈载周等人。或正因为此，卢文弨对杭州刻工始终颇为肯定，乾隆四十三年（1778）在《书石林燕语后》一

①如《经典释文》一书，字体略显扁方，行款亦不尽相同。此外，后人刻于嘉庆年间的《龙城札记》、《抱经堂文集》二书，因写工、刻工俱不同，故面貌差异较大。

②卢文弨《征刻古今名人著作疏》：“晨书暝写，句核字雠，迺始付之梓人氏。枣梨既精，剞劂亦良，以是毁其家不恤也。”见鲍廷博编《知不足斋丛书》二十六集卷首，清乾隆至道光间刻本。

③马培洁《鲍廷博知不足斋刻工研究》，《文献》2013 年第 1期。

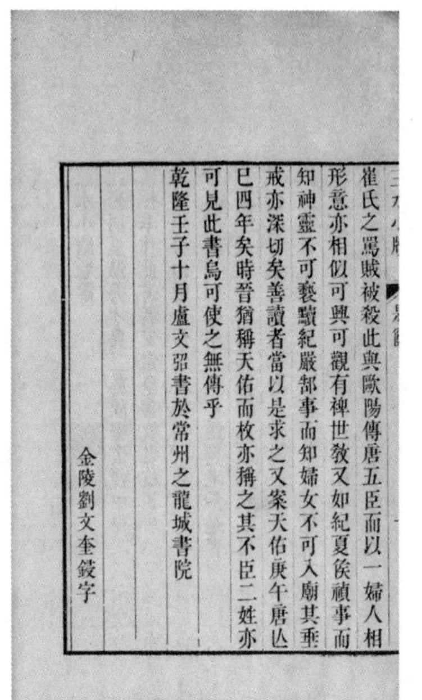

崔氏之罵賊被殺此與歐陽傳唐五臣而以一婦人相
形意亦相似可興可觀有裨世敎又如紀夏侯禎事而
知神靈不可褻黷紀嚴郜事而知婦女不可入廟其垂
戒亦深切矣善讀者當以是求之又案天佑庚午唐亾
已四年矣時晉猶稱天佑而枚亦稱之其不臣二姓亦
可見此書烏可使之無傳乎
乾隆壬子十月盧文弨書於常州之龍城書院
金陵劉文奎鋟字

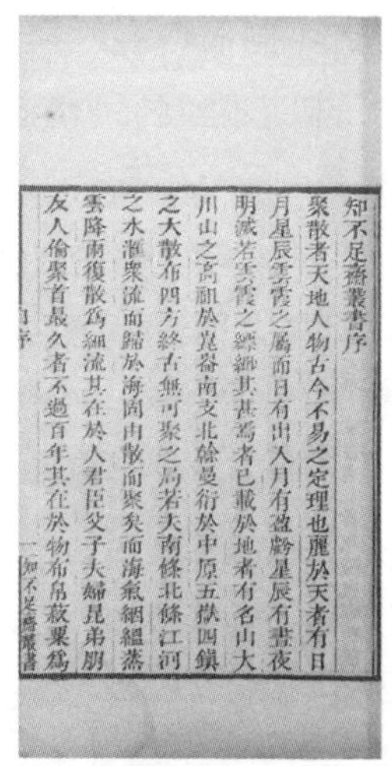

知不足齋叢書序
聚散者天地人物古今不易之定理也麗於天者有日
月星辰雲霞之屬而日有出入月有盈虧星辰有晝夜
明滅若雲霞之縹緲其甚焉者已載於地者有名山大
川山之高祖於崑崙南支北幹蔓衍於中原五嶽四鎮
之大散布四方終古無可聚之局若夫南條北條江河
之水滙衆流而歸於海固由散而聚矣而海氣絪縕蒸
雲降雨復散爲細流其在於人君臣父子夫婦昆弟朋
友人倫聚首最久者不過百年其在於物布帛菽粟爲

图 3–5　左：卢文弨《抱经堂丛书》，乾隆五十七年刻本，上海图书馆藏；
右：鲍廷博《知不足斋丛书》，乾隆至道光间增刻本，复旦大学图书馆藏

文中云："其言天下印书以杭州为上，此在近日犹然。"①故其刻《抱经堂丛书》，最初选择的是在杭州开雕；而当不满刘文奎局"赶办不前"时，第一想到的也是改去杭州刻书。当然，由于《知不足斋丛书》采取巾箱小本的版式，字形

①卢文弨《抱经堂文集》卷十一《书石林燕语后》，收入陈东辉主编《卢文弨全集》，第8册第212页。

也略显扁方局促，相比《抱经堂丛书》疏朗雅致的整体风貌，还是逊色不少。这应该也正是得益于刘文奎局的精心雕造。

《抱经堂丛书》刻成之后，后人对其版刻效果颇为肯定，如傅增湘在《抱经堂汇刻书序》一文中曾云："书之规模雅饬，亦出一时善工，较诸趋步宋椠，其神采各不相掩。"① 即认为这种整齐雅致的方体字并不逊色于所谓的"仿宋"，并将其功劳归之于"善工"亦即刘文奎局。事实上，乾隆至嘉庆前期刘文奎局所刻之方体字，大多数都保持了这种方整雅致的总体风格。如乾隆四十年（1775）所刻之《元和郡县补志》，五十二年（1787）所刻之《荷塘诗集》、《自怡轩初稿》，五十三年（1788）所刻之《吕氏春秋》，五十四年（1789）所刻之《释名疏证》，五十五年（1790）所刻之《韩诗外传》，五十七年（1792）所刻之《封氏闻见记》，五十九年（1794）所刻之《海愚诗钞》，六十年（1795）所刻之《韩诗内传征》，以及嘉庆八年（1803）所刻之《东皋诗存》等，总体上来说都比较方正，与《抱经堂丛书》之字体较为类似。因此，与其将此种字体视为卢文弨的个人喜好，倒不如说反映了当时文人对于方体字的一种整体审美取向。

嘉庆以后，刘文奎局所刻之方体字又有了一些变化，

---

①见傅增湘《藏园群书题记》附录二"藏园序跋选录"，上海古籍出版社，1989 年，第 1066—1067页。

总体来说有一种向细长秀丽变化的趋势，不如前期那么方正。如果以《平津馆丛书》中出自刘文奎局之手的方体字本与《抱经堂丛书》相比，就会发现前者的竖笔往往更细，同时整个字形也显得略微拔长。[①]而在《平津馆丛书》之外的一些私家刻本中，由于写样普遍更加精致，因此秀丽的倾向会更加明显一些，如嘉庆七年（1802）所刻之《颜鲁公文集》、十四年（1809）所刻之《燕川集》，道光五年（1825）所刻之《古文辞类纂》等，俱于方正之中别有一种细长秀丽之态。值得一提的是，周叔弢曾评价其中之《古文辞类纂》一书云：

> 此本是清代乾嘉间金陵名工刘文奎、刘文楷兄弟所刻。寓流丽于方整之中，纸墨莹洁，传世甚稀，良可珍玩。清代乾嘉间金陵刻书习用刘氏方整之体，独穆大展则用楷书精刻。[②]

文中以“寓流丽于方整之中”来概括刘文奎局在嘉、道年间的字体特色，可谓允当。不过其后又将此种“方整之体”贯以“刘氏”之名，则又有些言过其实。毕竟所谓“方整之体”在刘文奎局之前就早已存在，刘氏也不过是顺应潮流的“惯用”者之一而已。相比较而言，辛德勇在其《简论清代中期刻本中“方体字”字形的地域差异》一文中，将刘文

①但这种变化总体上比较微弱，只有嘉庆十九年（1814）所刻之《尚书考异》，字形明显瘦长，但这应该主要与写样者有关。

②见李国庆编著、周景良校定《弢翁藏书题跋》所附《弢翁藏书年谱》“一九八二年”条，第325页。

奎局所刻字体视为清中叶“苏式方体字”在南京地区的典型代表之一，可能更为准确一些。不过该文评价道光元年（1821）所刻之《养初堂诗集》与《红姜馆词抄》云：“字形秀丽潇洒，单纯就审美角度而言，已经超出于普通‘苏式’刻本之端庄平正之上。”① 实际上所谓“端庄平正”代表的正是刘文奎局前期的刻字风格，而“秀丽潇洒”则属于后期的发展变化，二者并不矛盾。当然这也仅仅是一种非常粗浅的区分，由于写样者的不同，还有不少书籍是完全越出上述风格范畴的。如道光末年所刻之《金陵朱氏家集》，字体扁方，版式紧密，就完全是另外一番风貌了。

至于刘文奎局第一次承刻写体字本，则是在嘉庆十年（1805），所刻即张敦仁之《礼记》三十卷。此书系由顾广圻手摹“宋抚州公使库本”上版，刊刻难度显然较普通写刻更大。不过虽然是首度尝试，其质量应该还是获得了顾广圻等人的基本肯定，这一点可以从接下来的频繁委托中看出。次年八月，在《礼记》尚未完全刻成之际，顾广圻与孙星衍就将另一部写刻之本《魏三体石经遗字考》交给了刘文奎局；同年，顾广圻又请刘文奎局重新翻刻了明吴元恭本《尔雅》，此虽并非写体，却也不同于普通方体。随后数年中，孙星衍陆续将《岱南阁丛书》中的《故唐律疏议》、《宋提刑洗冤集录》、《古文苑》以及《平津馆丛书》中的《说文解字》、《续古文苑》这几部写刻本交给了刘文奎局，足见

---

①《中国典籍与文化》2012 年第 1期。

对该局的倚重。其中《故唐律疏议》、《洗冤集录》二书刻成后,孙星衍曾在跋语中高度评价称“与元刻不爽丝发”,可谓相当满意。

而在为孙星衍仿刻宋元旧本的同时,刘文奎局还承接了不少其他雇主的写刻业务。除了最早为张敦仁所刻之仿宋本《礼记》外,尚有为胡克家所刻之仿宋本《文选》、仿元本《资治通鉴》,为廖寅所刻之仿宋本《华阳国志》,为吴鼒所刻之仿宋本《韩非子》,为沈恕所刻之仿宋本《(绍熙)云间志》,这六部都是所谓仿宋元本,且其出版过程多少都与孙、顾二人有关。其他写刻本,则尚有为韩怡所刻之《读诗辨字略》、《读易传心》,为汪喜孙所刻之《述学》,为陈宗彝所刻之《熹平石经残字》,为严可均所刻之《说文校议》,为张宝所刻之《漓江泛棹图》,为朱士彦所刻之《山带阁集》、《凌溪先生集》等书。其中《述学》刻于嘉庆二十年(1815),系顾广圻所负责校刻者,题名中则出现了刘文奎之子刘觐宸、刘仲高的名字。至此,刘氏一家中,已有五人参与到刻书的工作中来。

又上述诸书中,最具代表性且最为人所熟知者,当推为胡克家刻的仿宋本《文选》、仿元本《资治通鉴》。此二书历来被高度评价,皆称善本。这里的“善”,不仅指其校勘之精,亦赞其版刻之佳。其中《文选》系据宋淳熙年间尤袤刻本重雕,胡克家在自序中云:

> 往岁顾千里、彭甘亭见语,以吴下有得尤椠者,因即属两君遴手影摹校刊行世,逾年工成,雕造精致,勘

对严审，虽尤氏真本殆不是过焉。

文中“雕造精致”、“真本殆不是过焉”云云，得意之情可谓溢于言表。而《资治通鉴》则为仿元刻本，更多达二百九十四卷（后附《释文辨误》十二卷），卷帙繁浩却又能写刻精美，更属难能。惟对于翻刻本而言，是否能够做到对原刻字体形神毕肖的摹仿，显然是非常重要的。对此，后人亦有不少讨论。莫友芝《宋元旧本书经眼录》在提及《资治通鉴》时云：“是刻字体多波折，四边线极粗，嘉庆间鄱阳仿刻亦称善本，而未能毕似也。”[①] 显然认为胡刻《资治通鉴》在字体上未能做到“毕似”。而黄永年、贾二强所编之《清代版本图录》在评此二书时亦云：“惟《文选》仿宋尚在仿佛之间，此《通鉴》仿元实不似耳。”[②] 则认为《文选》之刻尚属差强人意，而《资治通鉴》却“实不似”。这应该主要是黄永年的观点，其在《版本学讲义》中论述得更为具体：

胡刻本：胡克家仿刻尤袤《文选》，用“文革”后期出的影印本与尤袤刻《文选》对比，更方，看起来好看。胡又刻《资治通鉴》，以元建本为底本。元建本字体为颜体，但他刻的，颜、欧都不像。[③]

①莫友芝撰、张剑点校《宋元旧本书经眼录》卷二“资治通鉴”条，中华书局，2008年，第56页。

②黄永年、贾二强编《清代版本图录》，第3册第85页。

③黄永年述、曹旅宁记《黄永年文史五讲·版本学讲义》，中华书局，2011年，第63页。

文選卷第一

梁昭明太子撰

文林郎守太子右内率府録事參軍事崇賢館直學士臣李善注

賦甲 賦甲者舊題甲乙所以紀卷先後今卷既改故甲乙並除存其首題以明舊式

京都上

班孟堅兩都賦二首 自光武至和帝都洛陽西京父老有怨班固恐帝去洛陽故上此詞以諫和帝大悦也

兩都賦序

班孟堅 范曄後漢書曰班固字孟堅北地人也年九歲能屬文長遂博貫載籍顯宗時除蘭臺令史遷爲郎乃上兩都賦大將軍竇憲出征匈奴以固爲中護軍憲敗

图 3–6　左：《文选》六十卷，嘉庆十四年胡克家仿宋刻本，上海图书馆藏；
右：《文选》六十卷，宋淳熙刻本，中华再造善本影印

取诸家评价相对较高的《文选》书影互相对照，不难发现原宋刻本确实要更加圆转自如一些，胡刻本则略显僵硬板滞，分视或尚可一观，如若并置，则其间差异一望即知。至于各家均认为刻得不像的《资治通鉴》，则更是与原本迥然不同。

有鉴于此，我们又进一步将刘文奎局所刻之其他仿宋元本，一一与原刻作了对比，发现这样的现象同样存在。对此，黄永年认为可能与实际负责督工的顾广圻有关，并

称顾氏校刻之书，均只是“校勘上仿宋而已，字体与宋本几乎不像，看起来比宋本整齐，但都不是宋本的样子”①。对这段话，我们或可作两方面的理解。一方面，刘文奎局所刻诸仿宋元本，不少写样均出自于顾广圻（但胡刻二书并不包括在内）②，这说明其摹写尚不够逼真；另一方面，也是更重要的，则是指出了出版者（这里实际上也应当包含孙星衍等人）对所刻书籍从内容到形式的主观影响。尽管相比卢文弨而言，顾广圻等人已经开始强调形式与内容并重的出版理念，但作为一名学者，在精力、财力俱有限的情况下，毕竟内容还是要放在第一位的。换句话说，逼真与否并不取决于客观能力，而是取决于主观上的取舍抉择。郭立暄曾进一步总结云：“（翻刻本）刻得与原本不像，并非是写手、刻工在技术上无法达到，而是刊刻者主观上没有对摹真作出要求。究其原因，或许是出于成本的考虑。”③这显然是说到了问题之核心。

那么从摹写到刊刻，翻刻一部宋元本的花费究竟如何？我们或可在孙星衍的一些记述中略窥一二。在仿元刻《故唐律疏议》三十卷之跋语中，孙星衍提到其工价

①黄永年述、曹旅宁记《黄永年文史五讲·版本学讲义》，第63页。

②按顾广圻曾为孙星衍摹写《平津馆丛书》中《孙子》、《吴子》、《司马法》、《古文苑》、《说文解字》（篆字部分）以及《岱南阁丛书》中《故唐律疏议》、《宋提刑洗冤集录》等书，又曾为张敦仁摹写《礼记》。

③郭立暄《中国古籍原刻翻刻与初印后印研究·通论编》，中西书局，2015年，第34页。

为"计需刊板银六百馀两";此外在与顾广圻的书信中,则提到刊刻《续古文苑》二十卷,同样"计需六百金"①。平均计算,每卷多达二十至三十两,实在令人咋舌。而这可能还没算上写样的费用。孙星衍曾请钱侗影抄王昶所藏宋本《说文解字》,费用是"工价白银七十两"②,但最终这部钞本没有付刻,故孙氏又嘱托顾广圻"吴门如有佳书手,亦不必惜小费"③,则实际上付出的写样费用可能翻倍。因此,尽管孙星衍的经济状况明显要好于卢文弨,但仍然会感到难以负担而"力不能成",故常需众人"捐赀"④。由此再回头看胡刻二书,《文选》正文六十卷,而《资治通鉴》正文更多达二百九十四卷,如果按照孙星衍的报酬标准来计算,刻《文选》至少千金,刻《资治通鉴》更不啻天价。因此,翻刻《文选》或尚可做到与原书仿佛,到《资治通鉴》恐怕也只能是有心而无力了。因此,指责其不能"必似"显然是过于苛刻了。

五、结语

刘文奎局在嘉庆十年(1805)以后共刻书58部,其中

---

①孙星衍《与顾千里书一》,收入陈鸿森辑《孙星衍遗文续补》,第77页。

②见钱侗影抄王昶本孙星衍跋:"此本从王少寇藏祠宋本影钞。戊辰(嘉庆十三年)正月,钱文学侗到德州见付,酬赠工价白银七十两。"转引自董婧宸《孙星衍平津馆仿宋刊本〈说文解字〉考论》,第223页。

③孙星衍《与顾千里书五》,收入陈鸿森辑《孙星衍遗文续补》,第79页。

④见《故唐律疏议》卷首孙星衍自序,嘉庆十二年《岱南阁丛书》本。

写刻本22部，数量将近一半。相比此前三十年中一部都没有的状况，可谓突飞猛进。这其中尤其值得注意的是十部仿宋元刻本，虽然数量并不算突出，但质量却相对较高。这些书从刊刻时间看，主要集中在嘉庆十年至二十三年间（1805—1818），正好是刘文奎局与孙星衍、顾广圻合作之阶段；而细究其出版之过程，亦基本上与孙、顾二人有关。这一方面自然再次说明了孙、顾二人对刘文奎局发展的重要意义，另一方面似乎也暗示着嘉庆年间以孙星衍、顾广圻为中心的学者群体，在校勘、出版古代典籍时一些观念上的转变。特别是与乾隆时期卢文弨、鲍廷博等人相比，嘉庆年间的诸位学者在整理出版旧籍时，虽然也同样重视内容上的审慎校勘，但形式上的仿古复古也渐成风气。具体表现在，其校勘成果往往是以考异、校勘记等形式附录于卷末，而原书旧貌则以仿宋元旧刻的形式得到基本保留。无论是从学术史还是出版史的角度来说，这种形式与内容并重的观念性转变无疑都是值得我们关注的。

而出版风气的转变，尽管主要还是来自出版者的推动，但刻工在其中所起到的作用也不容忽视。除去最基本的写样、刻字等工序外，其他诸如对文本内容准确性的把控，对"仿"宋元本逼真程度的拿捏，以及对刻书成本的考虑与控制等方面，都需要刻工拥有超乎寻常工匠的能力和素养，以及与雇主之间良好的交流与沟通，才有可能实现。从这个角度来说，像刘文奎局这样的"学术良工"的出现，既是对时代潮流与需求的顺应，同时也反过来在一定程度上促进了学术出版业的发展。

附录：刘文奎局刻书、刻石目录

(一)刻书目录

1.《元和郡县补志》九卷,(清)严观辑,乾隆四十年刻本。“江宁刘文奎镌”。

2.《抱经堂丛书·春秋繁露》十七卷,(汉)董仲舒撰,乾隆四十九年卢文弨刻本。“江宁刘文奎刻字”。

3.《抱经堂丛书·荀子》二十卷附校勘补遗,(战国)荀况撰、(唐)杨倞注,乾隆五十一年谢墉刻本。“江宁刘文奎刻字”。

4.《抱经堂丛书·西京杂记》二卷,(汉)刘歆撰,乾隆五十二年卢文弨刻本。“江宁刘文奎镌字”。

5.《荷塘诗集》十七卷,(清)张五典撰,乾隆五十二年刻本。“江宁刘文奎镌字”。

6.《自怡轩初稿》四卷,(清)陶焕悦撰,乾隆五十二年刻本。“江宁刘文奎镌字”。

7.《抱经堂丛书·群书拾补》三十九卷,(清)卢文弨撰,乾隆五十二年至五十五年刻本。“江宁刘文奎镌”。

8.《经训堂丛书·吕氏春秋》二十六卷附考一卷,(秦)吕不韦撰、(汉)高诱训解,乾隆五十三年毕沅刻本。“江宁刘文奎镌”。

9.《抱经堂丛书·颜氏家训》七卷附录一卷,(北齐)颜之推撰,(清)赵曦明注、卢文绍注补,乾隆五十四年刻本。

"江宁刘文(奎 / 楷)镌字"。

10.《经训堂丛书 · 释名疏证》八卷《续释名》一卷《释名补遗》一卷，(汉)刘熙撰、(清)毕沅疏证，乾隆五十四年刻本。"江宁刘文(奎 / 楷)镌字"。

11.《拜经堂丛书 · 卢氏礼记解诂》一卷补遗一卷附录一卷，(汉)卢植撰、(清)卢文弨辑，乾隆五十五年臧氏拜经堂刻本。"江宁刘文(奎 / 楷)镌字"。

12.《抱经堂丛书 · 独断》二卷，(汉)蔡邕撰，乾隆五十五年卢文弨刻本。"江宁刘文(奎 / 楷)镌字"。

13.《抱经堂丛书 · 钟山札记》四卷，(清)卢文弨撰，乾隆五十五年刻本。"江宁刘文(奎 / 楷)镌字"。

14.《地理全书解》四卷，(明)张宗道撰、(清)章攀桂解，乾隆五十五年刻本。"江宁刘文奎镌"。

15.《韩诗外传》十卷补逸一卷，(汉)韩婴撰，乾隆五十五年赵怀玉刻本。"江宁刘文(奎 / 楷)镌字"。

16.《抱经堂丛书 · 经典释文》三十卷考证三十卷，(唐)陆德明撰、卢文弨校，乾隆五十六年刻本。"江宁刘文(奎 / 楷)镌字"。

17.《抱经堂丛书 · 解春集文钞》十二卷补遗二卷诗钞三卷，(清)冯景撰，乾隆五十七年卢文弨刻本。"江宁刘(文奎 / 文楷)镌字"。

18.《抱经堂丛书 · 三水小牍》二卷，(唐)皇甫枚撰，乾隆五十七年卢文弨刻本。"金陵刘文奎锓字"。

19.《封氏闻见记》十卷，(唐)封演撰，乾隆五十七年秦恩复刻本。“江宁刘文奎锓”。

20.《炙砚琐谈》三卷,(清)汤大奎撰,乾隆五十七年赵怀玉刻本。“江宁刘文(奎/楷)锓字”。

21.《海愚诗钞》十二卷,(清)朱孝纯撰,乾隆五十九年朱尔赓额刻本。“江宁刘文奎锓字”。

22.《韩诗内传征》四卷叙录二卷,(清)宋绵初撰,乾隆六十年刻本。“江宁刘文奎锓”。

23.《鸣秋集》一卷,(清)杜嵩撰,嘉庆元年刻本。“金陵刘文奎镌”。

24.《五言今体诗钞》九卷《七言今体诗钞》九卷,(清)姚鼐辑,嘉庆三年刻本。“江宁刘文奎家刻”。

25.《惜抱轩文集》十六卷,(清)姚鼐撰,嘉庆三年刻本。“江宁刘文奎家镌”。

26.《(景定)建康志》五十卷,(宋)马光祖修、周应合纂,嘉庆六年孙忠愍祠刻本。“江宁顾晴崖局刻字”、“江宁刘文奎锓字”。

27.《颜鲁公文集》十五卷补遗一卷附年谱,(唐)颜真卿撰,嘉庆七年颜崇椝刻本。“江宁刘文奎家锓”。

28.《(嘉庆)庐州府志》五十四卷图一卷,(清)张祥云主修、孙星衍纂修,嘉庆八年刻本。“江宁刘文楷镌”。

29.《包孝肃公奏议》十卷,(宋)包拯撰,嘉庆八年鉴湖亭刻本。“江宁刘文楷镌”。

30.《全史吏鉴》十卷,(明)徐元太撰、(清)张祥云增订,嘉庆八年鉴湖亭刻本。“江宁刘文楷锓”。

31.《东皋诗存》四十八卷，(清)汪之珩辑、孙星衍校，嘉庆八年至十年汪为霖刻本。“江宁(顾晴崖 / 刘文楷)镘版”、“金陵刘文奎家镘”。

32.《江宁金石记》八卷《待访目》二卷，(清)严观撰，嘉庆九年张敦仁刻本。“江宁刘文奎家镘”。

33.《平津馆丛书·物理论》一卷，(晋)杨泉撰、(清)孙星衍校集，嘉庆十年刻本。“金陵刘文奎家镘”。

34.《礼记》二十卷《释文》一卷《抚本礼记郑注考异》二卷，(汉)郑玄注、(唐)陆德明撰，嘉庆十年至十一年张敦仁翻宋刻本。“刘文奎刻字”。

35.《尔雅》三卷，(晋)郭璞注，嘉庆十一年顾广圻翻明吴元恭刻本。“刘文楷刻”、“彭万程刻”。

36.《平津馆丛书·牟子》一卷，(汉)牟融撰，嘉庆十一年孙星衍刻本。“江宁刘文(楷 / 模)镌”。

37.《平津馆丛书·魏三体石经遗字考》一卷，(清)孙星衍撰，嘉庆十一年刻本。“刻字人刘文楷”。

38.《四知堂文集》三十六卷附《崇祀录》一卷，(清)杨锡绂撰，嘉庆十一年杨有涵刻本。“金陵刘文奎家镌”。

39.《仪礼注疏》五十卷，(唐)贾公彦等撰，嘉庆十一年张敦仁刻本。“江宁刘文楷刻字”。

40.《读诗辨字略》三卷，(清)韩怡撰，嘉庆十二年前刻本。“江宁刘文奎镌”。

41.《岱南阁丛书·故唐律疏义》三十卷，(唐)长孙无忌等撰，嘉庆十二年孙星衍刻本。“嘉庆丁卯顾千里手摹上板”、“江宁刘文奎弟文(楷/模)镌”。

42.《岱南阁丛书·宋提刑洗冤集录》五卷,(宋)宋慈编,嘉庆十二年孙星衍翻元刻本。“金陵刘文奎镌”。

43.《平津馆丛书·黄帝五书》五种六卷,(清)顾广圻校,嘉庆十二年孙星衍刻本。“江宁刘文(楷/模)镌”。

44.《竹书纪年辨正》四卷,(清)韩怡撰,嘉庆十二年刻本。“江宁刘文模镌”。

45.《经韵楼丛书·释拜》一卷,(清)段玉裁撰,嘉庆十二年张敦仁刻本。“江宁刘文楷镌”。

46.《读易传心》十二卷《图说》三卷,(清)韩怡撰,嘉庆十三年刻本。“江宁刘文奎弟文(楷/模)镌”、“江宁刘文模镌”。

47.《平津馆丛书·华氏中藏经》三卷,(汉)华佗撰,嘉庆十三年孙星衍刻本。“江宁刘文(楷/模)镌”。

48.《岱南阁丛书·古文苑》九卷,(宋)章樵注,嘉庆十四年孙星衍翻宋刻本。“江宁刘文(楷/模)锓”。

49.《文选》六十卷附《考异》十卷,(梁)萧统编、(唐)李善注,嘉庆十四年胡克家翻宋刻本。“江宁刘文奎弟(文楷/文模)镌”。

50.《燕川集》十四卷,(清)范泰恒撰,嘉庆十四年范照藜刻本。“江宁刘文奎家镌”。

51.《重订周恭肃公奏疏》一卷《重订周忠毅公奏议》二卷,(明)周用、周宗建撰,(明)熊鱼山编次,嘉庆十四年周鹤立绿满书窗刻本。“江宁刘文奎家锓字”、“江宁刘文奎镘”。

52.《平津馆丛书·说文解字》十五卷，（汉）许慎撰、（宋）徐铉校定，嘉庆十四至十五年孙星衍刻本。“顾文学广圻手摹篆文，辨白然否，校勘付梓”、“江宁刘文奎弟文（楷/模）镌”。

53.《达生编》二卷附《保生碎事》，（清）亟斋居士撰，嘉庆十五年刻本。“金陵刘文奎店藏板”。薛清录编《中国中医古籍总目》第566页。

54.《李氏音鉴》六卷，（清）李汝珍撰，嘉庆十五年刻本。“江宁刘文奎家镌字”。

55.《沧来自纪年谱》一卷，（清）于鳌图撰、于定保续撰，嘉庆十六年刻本。“金陵刘文奎家镌”。

56.《读诗传讹》三十卷，（清）韩怡撰，嘉庆十六年刻本。“江宁刘文奎镌”、“江宁刘文奎局镌”。

57.《小维摩诗稿》一卷，（清）江珠撰，嘉庆十六年江氏刻本。“金陵刘文奎家镘”。

58.《红楼梦说梦》一卷，（清）二知道人撰，嘉庆十七年刻本。刻工：金陵刘文奎。参见刘世德《〈红楼梦说梦〉作者考》、赵春辉《〈红楼梦说梦〉作者二知道人新考》。

59.《平津馆丛书·续古文苑》二十卷，（清）孙星衍辑，嘉庆十七年刻本。“金陵刘文奎弟文（楷/模）镌”。

60.《宋元检验三录》八卷，（清）吴鼒辑，嘉庆十七年刻本。“金陵刘文奎家镌”。

61.《资治通鉴》二百九十四卷附《释文辨误》十二卷，（宋）

司马光撰、(元)胡三省音注,嘉庆十七年至二十一年胡克家翻元刻本。“江宁刘文奎弟(文楷/文模)镌”。

62.《春秋左传诂》二十卷,(清)洪亮吉撰,嘉庆十八年刻本。“金陵刘文(奎/模)局锓”。

63.《(绍熙)云间志》三卷续一卷,(宋)杨潜撰,嘉庆十九年沈恕刻本。“金陵刘文奎弟(文楷/文模)锓”。

64.《华阳国志》十二卷附《补华阳国志三州郡县目录》一卷,(晋)常璩撰、(清)廖寅补,嘉庆十九年刻本。“金陵刘文奎弟文(楷/模)镌”。

65.《楝亭五种·集韵》十卷,(宋)丁度撰,康熙四十五年扬州使院刻、嘉庆十九年补刻本。“金陵刘文奎弟文(楷/模)镌”。

66.《平津馆丛书·尚书考异》六卷,(清)梅鷟撰,嘉庆十九年孙星衍刻本。“金陵刘文奎局刻”。

67.《七录斋诗选》八卷,(清)阮葵生撰,嘉庆十九年百龄刻本。“金陵刘文奎局锓”。

68.《莫愁湖志》六卷首一卷,(清)马士图撰,嘉庆二十年刻本。“江宁刘文奎家刻”。

69.《述学内篇》三卷《外篇》一卷《补遗》一卷《别录》一卷,(清)汪中撰,嘉庆二十年汪喜孙刻本。“江宁刘文奎子(觐宸/仲高)镌”。

70.《韩非子》二十卷附《识误》三卷,(战国)韩非撰、(清)顾广圻校,嘉庆二十三年吴鼒翻宋刻本。“江宁刘文奎子(觐宸/仲高)镌”。

71.《平津馆丛书·芳茂山人诗录》九卷附《长离阁集》一卷，（清）孙星衍、王采薇撰，嘉庆二十三年兰陵孙氏刻本。“江宁刘文模镘”。

72.《四录堂类集·说文校议》十五卷，（清）姚文田、严可均撰，嘉庆二十三年孙氏冶城山馆刻本。“江宁刘文模镌”。

73.《老子章义》二卷，（清）姚鼐撰，嘉庆二十三年吴启昌刻本。“金陵刘文奎局镌”。

74.《酬红记》不分卷，（清）小鹤正谱、野航填词，嘉庆二十五年刻本。“金陵刘文奎家刻字”。

75.《八月梅花草堂集》十六卷，（清）侯学诗撰，嘉庆间刻本。“金陵刘文奎局镘”。

76.《百萼红词》二卷，（清）吴鼒撰，道光元年刻本。“金陵刘文奎局镌字”。

77.《养初堂诗集》十二卷附《红姜馆词抄》不分卷，（清）冯震东撰，道光元年刻本。“金陵刘文奎局镌字”。

78.《独抱庐丛书·熹平石经残字》一卷，（清）陈宗彝辑，道光三年刻本。“刘文模镘”。

79.《古文辞类纂》七十五卷，（清）姚鼐辑，道光五年吴启昌刻本。“金陵刘文（奎／楷）家镌”。

80.《最乐编》八种，（清）保光、德启辑，道光六年刻本。“版存江宁状元境贡院旁刘文奎刻字铺”。

81.《寄园诗存》不分卷，（清）夏震撰，道光九年刻本。“江宁刘文奎局镘字”。

82.《洞箫楼诗纪》二十四卷，（清）宋翔凤撰，道光十年至道光末增刻本。“江宁刘文楷家锓”。

83.《居业堂文集》二十卷,(清)王源撰、管绳莱编订,道光十一年刻本。“金陵刘文楷家镌”。

84.《漓江泛棹图(五集)》不分卷,(清)张宝编,道光十一年刻本。“金陵刘文楷刻”。

85.《续泛查图(六集)》不分卷,(清)张宝编,道光十一年刻本。“羊城尚古斋张太占刻”、“金陵刘文楷刻”。

86.《凌溪先生集》十八卷补遗一卷,(明)朱应登撰,道光十五年朱士彦刻本。“金陵刘文楷家镌”。

87.《山带阁集》三十三卷,(明)朱曰藩撰,道光十五年朱士彦刻本。“金陵刘文楷家镌”。

88.《易确》二十卷首一卷,(清)许桂林撰,道光十七年陶应荣刻本。“江宁刘文奎局镌”。

89.《金陵朱氏家集》二十九种四十卷,(清)朱绪曾编并刻,道光二十年。“金陵刘文楷家镌”。

90.《春柳湖庄排律》一卷,(清)周长泰撰,道光间刻本。“金陵刘文楷家镌”。

(二)刻石、刻帖目录

1.《江宁甘氏友恭堂记》,(清)王芑孙撰文,嘉庆十七年刻。“金陵刘文奎家镌”。南京甘熙故居。

2.《愓无咎斋藏帖》二卷,(清)杨懋恬撰集,嘉庆十六年刻。“金陵刘文奎子镜澄镌刻”。见张伯英原著、吴元真增补《增补法帖提要》第81页。

第四章　个性与程式：写样者与版刻字体的选择

在历代古籍刻工题名中，除了一般的刻工姓名或店铺信息外，有时还会出现写样者、刷印工、装订工的相关信息，尤以写样者为多。这主要是因为写样与刊刻都是雕版印刷过程中的核心工序，且写样就流程而言还在刊刻之前，所谓“从来精椠先精写，此体无如信本宜”①，正是肯定了写样者的重要作用。当然，没有良工操刀，再好的写样恐怕也会流于庸俗之体。因此，写手与刻工之间更多是一种互相依存、紧密合作的关系。

然而在关注写样者群体时，我们发现其情况相比刻工更显复杂。一方面，写样者的身份各异，既有专职的写样工，也有偶一事之的非职业写样者，后者甚至较前者更加广为人知，因此不能简单以“写工”总称之。如清初书法名家林佶有著名的“林氏四写”，称之为“写工”就显然不妥。故本书在行文时，一般以“写手”或“写样者”总称之。另

①叶昌炽撰，王锷、伏亚鹏点校《藏书纪事诗》卷七，北京燕山出版社，2008年，第571页。

一方面,无论是职业或非职业写样者,他们出现在刻工题名中的几率其实并不高,这就给我们的研究带来了一定的困难。因此在本章的研究中,除了利用古籍刻工题名所提供的线索外,我们还参考了一些其他的文献记载,以期对清代古籍写样者的群体面貌作一个初步的勾勒。

第一节　写样者的分类

按照写样者的职业化程度,我们可以把他们大致分为职业写样者与非职业写样者两类。在雕版印刷尚未高度商业化的宋元时期,刻书均用软体字,对写样者的文化素养要求较高,因此多请擅长书法者写样,这时的写样者当以非职业者居多。后来随着刻书业的日趋繁盛与商业化,职业写样者的队伍才逐渐庞大起来。

当然,作这样的区分只是为了论述的方便,很多时候所谓职业与非职业的界限是很难划定的。有些写样者的身份可能介于职业和非职业之间,有些写样者则可能因为地位的提升而从职业者转变为非职业者(或正好相反),而更多的情况则是由于材料的缺乏,我们无从判断某位写样者的身份属性。因此,这样的分类其实是非常粗略而不严谨的,只能看作一个初步的尝试。希望随着研究的推进,我们能够更深入地了解每一位写样者,并作出更加严谨与细致的群体分类。

一、非职业写样者

所谓非职业写样者，是指那些不以写样为谋生手段的文人学者。他们一般都精通或至少擅长书法艺术，偶尔应人之请，代为写样，亦有自书上版者。非职业写样者的出现，是随着雕版印刷术的发明而自然产生的。在宋元及明代前期，刻书皆以手书体上版，对写样者要求较高，因此非职业写样者的数量应该是比较多的。明代中期以后，由于出现了更便于职业写样者操作的方体字，因此非职业者的比例必然有所下降。不过明清写刻本的数量仍然相当庞大，因此对非职业写样者的需求也依旧大量存在。毕竟职业写样者中虽亦不乏擅长书法之士，但其字形结构、书写风格大多中规中矩，难免趋向流俗一派，因此那些对字体有个性化、艺术化要求的刻书家，往往还是更倾向于延请在书法上有一定造诣的非职业写样者来誊写书稿。特别是在精写精刻之风盛行的清代前中期，非职业写样者的数量仍然是相当可观的。

尽管非职业写样者也会在一定程度上接受刻书者的报酬，但他们与刻书者之间一般不存在商业上的雇佣关系，而更多是一种建立在家族、地缘或科举、仕宦等人际交往层面上的社会关系，这应该是他们与职业写样者的本质区别。具体来说，他们或是刻书者的亲朋好友、同乡同年、门生后辈，或是经这些关系辗转委托的书法名家，或是作者、刻书者本人。换句话说，如果一位书法家明码标价，并多次受雇于一批毫无关联的陌生刻书者，则将之视为一位职业写样者或许更为恰当。

一般来说,普通文人的交际圈有限,故通常只能请自己的子孙、朋友代为书写,影响范围亦较小;而官位越高、名望越大、财富越饶者,能够调动的人脉资源就越丰富,其邀请写样的书手水平也就越高,所写书籍的影响也越大。通常后人所津津乐道的所谓"名家写样",就往往出自这一类。当然,"名家"的定义亦略显含糊,毕竟所谓"名气"并没有十分明确的评判标准。比较通行的看法是,凡是书写流畅自然、别具书法韵致而不落入流俗窠臼的,都可以算作是"名家写样"。这样的例子在诸多版本学著作中可谓比比皆是。如叶德辉在《书林清话》中就曾分别以"宋刻本一人手书"、"元刻书多名手写"、"明人刻书载写书生姓名"、"国朝刻书多名手写录亦有自书者"等专节,详细列举了历代写样之"名手",其中绝大多数就是此类非职业写样者。当然,职业写样者亦有名家,如陆贞一、许翰屏、饶星舫之类,但其数量非常稀少,因此几可忽略不计。

清代名家写样之风尤盛。特别是康熙年间,精品迭出。黄裳曾云:"康熙中名手写样付刻之风甚盛。"[①] 如著名的"林佶四写",数百年来一直传为美谈。而至清中叶,这种风气丝毫未见衰减,反见增长之势,无论是数量还是质量均毫不逊色于清初。黄裳曾总结云:

> 为读书界所熟知并赞赏的写刻本,也即软体字的

①黄裳《清代版刻一隅·研溪先生诗集》题跋,第144页。

> 精刻本，在有清一代雕版史上自然占有特殊重要的地位。它所继承的传统可以追溯到明代嘉靖、隆庆、万历时代，那是从宋代起经过元代赵（孟頫）体书盛行后写刻传统的又一次高峰，从明初的粗放转趋非凡的精丽。一百多年来不绝如缕，到了康熙又逐渐恢复了。开始是文士们珍重地写成了他们的诗文作品，付工雕版，这是要以有比较安定、富裕的生活为必要前提的。①

这里所谈虽是比较笼统的“写刻本”，但其中之核心仍是以名家写样为主的精写精刻之本，这从他后面所列举的诸多书籍实例就可见一斑。

咸丰以后，由于国力渐衰、战乱频繁，再加上西方石印、珂罗版等技术的传入，传统的雕版印刷业受到一定程度的冲击，非职业名家参与写样的现象也有减少之势。如《清代版刻一隅》仅载光绪九年（1883）潘志万写《藏书纪要》一例，《书林清话》则干脆只字未提。不过这一阶段出现了一种比较特别的写样形式，即由多位非职业写样者联合写样，这似乎是清代前中期很少发生的现象。如同治六年（1867）所刻《太上感应篇》一卷，写样者共二十四人，其中不乏潘祖荫、张之洞、李文田等知名文人；而光绪六年（1880）常熟夏氏漱芳斋刻《唐诗三百首》六卷，写样者更多达五十八人，虽名气普遍不如前者，但也多出自世家大户。一般来说，请非职业者写样往往都是仰慕其书法，而

---

①黄裳《清代版刻一隅》代跋《清刻之美》，第422页。

多人写样会使得字体前后不一，因此这只能算是一种风雅游戏之举，并非单纯追求版刻之精美。

就具体的字体形态而言，非职业写样者一般以端楷写样，偶尔亦有作隶书、篆书、行书、草书等其他书体者。但无论何种字体，写样者往往都会持一种非常敬业的态度，一丝不苟地加以完成，故往往能成传世之名作。如林佶曾在《汪氏说铃》抄本跋语中云："余欣然命笔，但不能如录《尧峰文抄》时笔书之端楷。盖彼为镂版计，故不得不刻画，又时年丁强盛故尔。此则随笔书去，往往有天真烂熳之致。"[①] 可见即便对书法名家而言，写样也是一件极其耗费精力之事，必须用心书写、笔意端正，而不能有随意潦草之态。又如乾隆年间，余集曾为好友鲍廷博所刻《庚子销夏记》一书写样，工将成时，乃追述其写样时之艰辛云：

> 庚辰冬，吾友鲍以文将付之梓，而属余书。时方岁晏，每晨起，坐小楼，写三数翻，旭日杲杲，照几砚间。虽严寒，亦呵冻书之不辍，今年二月始毕事……昔东坡居士尝书陶诗入刻，艺林得之以供清玩。松雪翁书非茅绍之刻不工，今余书恶劣不逭古人，而刻手亦非善于操刀者，要不足观也，好古者亦读其书可矣。刻既竣，书其后。维时丰山之钟铿然自鸣，岁又将晏

①转引自黄裳《清代版刻一隅》之《汪氏说铃》条，第172页。

矣。辛巳霜降。[①]

这里的庚辰是指乾隆二十五年（1760），时余集不过二十三岁，虽尚未成名，文中却已委婉流露欲借写样此书而留名之念想。因此，余集对写样之事颇为郑重，每日坚持早起，更不顾严寒之逼人，历数月而始成。如此一种敬业态度，也难怪后世对其写样之书赞誉有加。

值得一提的是，尽管非职业写样者多自书其体，不喜从众从俗，但其字体一旦写样上版，有时也会成为一种经典之参照而受到其他刻书家甚至职业写样者的追捧与模仿，从而反过来影响一时一地的写样风尚。黄裳曾云："康熙写刻以谨严端秀为最大特色，后渐趋率易，姿媚转多矣。"又云："大抵清初写手多尚端整，后来乃渐趋流丽，而名家手写上板者渐出，于书手影响甚大，开板亦更多华美，此风气转变之大略也。"[②] 这实际上正是点出了非职业写样者特别是书法名家对清代写刻风气的巨大影响。对于这一问题，下章还将作进一步的阐述，此先不赘。

二、职业写样者

职业写样者是指以写样为主要谋生手段者，即一般意义上的"写工"，也包括一些以抄写文书为业的底层知识

---

①余集《秋室学古录》卷一《跋庚子销夏记后》，《续修四库全书》第1460册，第292页。

②分别见黄裳《清代版刻一隅》中《柯庭文薮》、《出塞诗》条，第130、82页。

分子。

随着明中期方体字的出现,写样逐渐变得程式化且易于操作,因此职业写样者的数量也开始随之增多。对明清以后的职业写样者来说,他们的入门字体应该正是方体字。因其相对于写体来说,显然更容易一些,即使是普通工匠,只要略通文墨,并通过持续的练习,一般都能很好地掌握方体字的写样工作。《雕版印刷》一书曾对写样学徒学写方体字的基本流程作过一些介绍,看行文口气当获授于老一辈写样者,弥足珍贵,故引录如下:

> 雕版写样的老宋体,基本是正方形,仿宋体为长方形,还有更窄的称长宋体,扁方形的,称之为扁宋……过去干雕版印刷这一行的,学习写样,主要从仿宋字写起,靠师傅对徒弟的口传心授。徒弟的文化程度可以不高,但要悟性好,能参透其章法。接下来就以依葫芦画瓢式的方法,先从简单的笔画练,遵守横要平、竖要直,撇像刀、捺像锹的基本功法,再到练单个字,逐步成行,直至整页的练习,强化性的练习,还要掌握好起笔运笔及收笔的一切根本要素。练习的过程是较枯燥的,就连坐姿都不可满坐于椅子,两腿必须似马蹬的姿势端坐于椅子的前半段。写工提笔写字时,脑子里就要有这个字间架结构的影像,练字时不仅是练字,练笔的握力,更是练记忆,练运气(就是要气运丹田,聚全身之力于毫端),最终练就的是一种心境。宋体字是雕版印刷的专用字形,所以

> 匠气很足，也适合死记硬背这种学习方式。尤其在民间，家刻、坊刻居多，写雕版样的基本要求，就是笔画统一，约定俗成。所以通过这种方法学成的，只会写仿宋字的人被称为写字匠人，即写匠，字体也称为匠体。[①]

上述虽然是比较近代的训练方法，但因明清以来方体字基本上遵循"横要平、竖要直"的书写规范，整体变化不算太大，因此还是能作为一种参考。从训练内容看，虽然也十分强调对基本功的练习，但仍然会用"依葫芦画瓢"、"死记硬背"等词来描述这一学习过程，正说明方体字的程式化程度很高，可以进行简单的机械式摹仿，因此对写样者没有太高的文化或艺术素养上的要求。

同时，也正是由于方体字写样比较程式化、规范化，因此很多看似字体一致的方体字本，其写样工作很可能实际上是由多位职业写手共同完成的。对此，魏隐儒曾记载云：

> 此种字体，书法家不为之，明清以来坊肆主人专门培养誊写工人，用来雕刻书版字体。横竖撇捺钩折圈点，都有一定规矩，曾问及晚清文楷斋工人訾瑞恒，言之甚详，按照规矩几个人合写一部书稿，字画一致，神气相同。因为在练习时有共同要求，合写一部书稿，难辨张三李四。[②]

这里提到的訾瑞恒是民国著名刻字铺文楷斋的一位工人，

①扬州中国雕版印刷博物馆编著《雕版印刷》，第69页。
②魏隐儒、马世华编著《历代汉字字体与书法选粹》，印刷工业出版社，1993年，第168页。

后来曾进入中华书局工作。刘乃和在《从〈励耘书屋丛刻〉说到中华书局——陈垣生前著作的出版情况》一文中，曾对他有过一番比较详细的介绍：

> 知道訾瑞恒住址后，我当即骑车去找，终于在法源寺后街17号找到了老訾。得知他原是文楷斋工人，对木板印刷全部工序都能掌握。在文楷斋时他做零活，不象别人各抱一角，所以他能刻字、补字、改字、印刷，能染封皮、切裁、折页、装订，是木板印刷的全能。自从文楷斋倒闭，他闲住在家……中华书局设立木板印刷业务的木刻组后，我们推荐老訾同志进入中华工作。在中华他除印刷工作外，并授徒传艺，带出不少青年木板印刷专业工人。①

显然，这位訾瑞恒作为老牌刻字铺的旧工匠，应当目睹并熟悉传统雕版印刷的全套流程，因此他所叙述的几位写样工“按照规矩”合写一部书稿的过程，应该也是符合事实的。而所谓的字体“规矩”，亦即上文所提及的“横要平、竖要直，撇像刀、捺像锹的基本功法”。对此，卢前曾在《书林别话》中予以总结云：

> 宋体字写法，横要平，竖要直，长字宜瘦，扁字宜肥，长字撇捺均宜硬，扁字撇捺均宜软。不问横之多寡，所空要齐，竖竖亦然。横谓之仓口，直谓之间架。写字

①刘乃和《从〈励耘书屋丛刻〉说到中华书局——陈垣生前著作的出版情况》，收入中华书局编辑部编《回忆中华书局（下编）》，中华书局，1987年，第47—49页。

能正最好，否则偏左不可偏右，右偏则行款必歪斜。[①]

这样的字体，主要强调端庄整齐、匀称和谐，虽也有审美之要求，但与传统书法显然完全不同，也更容易写得整齐划一，如出一手。当然，即便是写样时稍异，方体字多直线的刻版方式也能在一定程度上予以修正，从而使得全书“字画一致，神气相同”。

值得一提的是，方体字“字画一致，神气相同”这一特点，不仅表现在多人合写的一部书稿上，同样也表现在同一刻字铺所经手的不同书稿之间。如清中叶南京刘文奎局所刻方体字本，即使出资委托者不尽相同，但字体却大体相似，这说明其写样应该都出自店中那些训练有素的职业写工。其他如苏州吴青霞斋、扬州柏华陞刻字店等都有类似的现象。这也正是商业化出版不追求个性而更追求效益的一种表现。相比名家之个性化写样，在职业写样者中所流行的规范化字体可能更容易影响当时的版刻字体风尚，因其本身就有主动趋同之要求。今人在论述明清版刻字体特别是方体字时，常常能总结出一时一地之典型范式，这显然就是诸职业写样者共同作用的结果。

而在刻字铺以外，还有不少受雇于私人或官方刻书机构的书胥，他们的文化程度和地位较一般写工为高，但因其性质亦为被雇佣之一方，故仍可视为职业写样者。如清

①卢前《书林别话》，收入张静庐辑注《中国现代出版史料·丁编》，第629页。

初吕留良就曾雇佣专门的私家写手：

弟处自开刻局，有二十许人，皆恃汤生一手写样给之。而刻局中一应收发料理，亦皆汤生主其事。若令出门一日，则二十人皆须罢遣矣，故势有不能。有吕建侯者，其字与汤生同，但手慢，每日不及五首。其人自以为非策，故不肯写样，而为琢砚、镌碑帖、雕印钮、刻扁额斋联诸事，时下无出其右者。今特令走谒，试鉴定何如？[①]

信中提及两位写样者，一为旌德汤生，不仅专门负责吕氏天盖楼所刻诸书之写样工作，同时亦协助打理局中诸多杂务，可知颇具才干。另一位为吕建侯，则主要负责雕镌金石碑版，偶尔亦兼顾写样。两位显然都是吕留良雇佣的职业工匠。按吕留良曾于康熙四十年（1701）刻《四书朱子语类》三十八卷，其卷二末有"旌邑刘国英镌"一行，卷末又有"旌德汪乘六缮写、刘子礼镌"刊记一行，可见吕氏所雇佣之写刻工匠多为安徽旌德人。

此外，如鲍廷博《知不足斋丛书》中所记录的方溥、陈性安、高擎亭、陈世彭、陈立方等人，亦当是鲍氏所雇佣的职业写样者。[②] 至于嘉庆、道光年间苏州的许翰屏，据

①吕留良《吕晚村先生文集》卷四《答韩希一书》，清雍正三年吕氏天盖楼刻本。

②所写包括《南湖集》、《耕织图诗》、《万柳溪边旧话》、《故宫遗录》、《北山酒经》、《名医类案》等。另据马培洁《鲍廷博知不足斋刻工研究》，上海图书馆藏《诗传注疏》三卷、南京图书馆藏《归潜志》十四卷附一卷，亦为陈性安、高擎亭等人所钞，书上还保存了关于写样字数、酬劳等相关信息，可见这些写手确曾受雇于鲍氏。

徐康《前尘梦影录》记载，当时各私人刻书家无不延其写样（尽管这一点尚未得到确证），则应当也是一位职业写样者。

由于材料的缺乏，我们很难了解一位职业写样者从受雇到完成书稿的全部具体过程。不过在一些因种种原因而留下来的写样本或试印本中，偶尔还是能够发现一些写样者与雇佣者之间的互动，可谓弥足珍贵。例如复旦大学陈正宏教授在《从写样到红印——〈豫恕堂丛书〉中所见晚清书籍初刻试印程序及相关史料》一文中所提及的《豫恕堂丛书》之写样、红印本，其中就不乏出版者沈善登与写样者之间的互动。[①] 此外，复旦大学图书馆藏有清末民初刘世珩所编《汇刻传奇》试印样本十四种，同样处于试印、校勘阶段，故其上留有不同校勘者（包括徐世昌、吴梅等）的大量批跋，有不少内容即针对写样而发。其中除了因内容改变而作的改写、补写要求外，还有一些则是因为对写样质量不满意（如书写不整齐、出现错字、大字误作小字等）而提出的重写。如其中《玉茗堂还魂记》卷上外封有墨笔题跋："魏先生重写第一百十七、十八号二页，□行宽仄不同。子麟先生分付细细勘补修好，此番即完成矣。"这里的魏先生当即写样者（或补写样者），重写的原因则显然是因为不够整齐。至于子麟先生，当指此书之刻工陶子麟，显然这应该已经是最后一次校改，故委托刻工作

①《中国典籍与文化》2008年第1期。

最后的审订。从这一点看，所谓魏先生很可能是陶子麟手下的写样者。陈谊《嘉业堂刻书研究》提及陶子麟刻书铺中有位“专门负责影写宋本书”的魏小溪[①]，未详是否即此人。此外又如《邯郸记》二卷，不少叶面都因存在各种错误而被要求重新写样。如卷下第五叶，试印本一共被指出了四处错误，两处为原作大字当改小字，一处“棹”误写作“掉”，还有一处则为“金钲奏”三字重复。有趣的是，此叶后还附有写样者根据上述要求所重写之叶，其中前三处错误都得到了改正，唯独第四处重复之误仍然没有改正，于是又被朱笔圈出，并贴白纸批：“金钲奏只用一句，应删去一句。”看来再写之叶仍然未能合格，还须第三次重写。此书卷下末有“辛酉十一月廿八寄京王介臣重写”一行，可知写样者为北京王介臣，写样时间则是在民国十年（1921，辛酉）。按刘世珩另有两部书与这位王介臣有关：一部是同样收入《汇刻传剧》中的《小忽雷》二卷《大忽雷》一卷，刊语作“京师龙云斋安次王介臣刻”；另一部是收入《玉海堂景宋丛书》的影元本《草堂雅集》十三卷，刊语作“时宣统丁巳春王正月付京师龙云斋王介臣刻，戊午夏五月告成”。由此可知，这位王介臣隶属于北京知名刻字铺龙云斋，则其身份系职业写样者当无疑。惟从二书刊语来看，王介臣除了能写样外，亦能刻书，是位写刻兼长的双料工匠。

此外，晚清一些刻书家的日记中，也会零星出现与

---

①陈谊《嘉业堂刻书研究》，第79页。

写样者交往的文字材料，亦可作为一种参考。如叶昌炽（1849—1917）在其《缘督庐日记》中，就记载了与写样者金缉甫的交往，其中有关聘用考核的一段尤其值得注意：

> （光绪八年二月二十日）丁生来，云金君缉甫能写影宋，因取汪刻《郡斋读书志》及抱经堂本《白虎通义》，令依样各写一种以定优劣。
>
> （二十三日）早晨到馆，致丁生柬，取到金君字样，笔意方劲，雅近平原，极合格也。①

叶氏用以考核的题目，分别是嘉庆间汪氏艺芸书舍刻《郡斋读书志》与乾隆间卢文弨抱经堂刻《白虎通》，前者为翻宋写刻本，后者则为方体字本。如此考量显然是有原因的。其时叶昌炽正主持刊刻蒋凤藻所辑《铁华馆丛书》六种、《心矩斋丛书》八种，其中前者系据瞿氏铁琴铜剑楼所藏宋本摹刊，后者则为方体字刻本，聘请金缉甫正是为了此二书之写样，因此必须两种字体皆所擅长。而在考核之后，叶氏称“极合格”，可见对金氏的写样技术颇为满意，故在《藏书纪事诗》中还不忘为其作宣传云：

> 余为蒋香生太守刻《铁花馆丛书》，仿宋精写，皆金缉甫茂才笔，摹率更体，秀劲亦不减翰屏，缉翁雅不愿署姓氏。然无好写，即有良工，又安从得佳椠？②

①叶昌炽《缘督庐日记》，第2册第773页。
②叶昌炽《藏书纪事诗》卷七“许翰屏”条，第572页。

文中称金氏为“茂才”,可知他也是拥有秀才功名的知识分子,惟仕途无望,不得已以写样糊口,后来甚至改行做了风水先生。叶昌炽在民国三年(1914)的日记中提及云:“缉甫旧为香生太守佣书,铁华馆影宋本皆出其手。今三十年矣,闻其改习堪舆术,延至敝庐相度,定换柱吉辰。”① 可见随着雕版刻书业的衰败,即便是精于写样也已难以维持其生计。

此外在贺葆真(1878—1949)的《收愚斋日记》中,我们还能看到一些关于如何委托刻字店代为写样的流程记载,具体如下:

(七月二十九日)与梓山先生访徐梧生先生,不遇。既归,而徐先生随至,因以刊印文集事询之。

(七月三十日)徐梧生为介绍刻字铺两家,曰龙云斋、龙光斋,皆尝为之刻书者。今日龙云斋刻字铺王某持所刻样本示余,梧生先生亦至,因言龙云斋刻书稳妥,索价或少昂;龙光斋所刻似差胜,可比较访询也。

(七月三十一日)龙光斋刻字铺亦携来样本多件,字体较胜龙云斋,而索价颇昂,盖故高其价而待人磋商也。

(八月五日)至龙云斋与定刊本款式。

(八月十二日)龙云斋已写样本,尚属雅驯,即与订议。龙光索价太昂,故不令其承办也。顷辟疆语余曰:黎《续古文辞类纂》款式最雅,字大画粗。

①见叶昌炽《缘督庐日记》民国三年二月十六日条,第11册第7280页。

（八月二十六日）刻字铺写样本数次，最后乃稍似黎选古文款式，见者多谓近雅。每页二十四行，每行二十五字，十一万言，可订四册。拟用夹连及最高毛边，兼印毛太纸，凡三种。

（八月二十七日）龙云斋承办刻书，仍其初次索价，每百字，银一钱八分，许四个月刻毕。①

从日记所载可知，贺氏在考察两家刻字店时，店铺都会主动携带“样本”来请雇主过目，而其考察的重点之一即在字体。一旦选定某家店铺后，先商议价格、款式，随后就由刻字店“写样本数次”，即提供各种写样字体供雇主选择，一直到其满意为止。尽管书中所记为晚清之刻字店，但应该也大致反映了清代委托刻字铺写样的一般流程。

第二节　写样字体的选择与版刻风尚的流行

无论是职业还是非职业写样者，在写样之前，一般都会与出版者就写样之开本、行款、字体等版式内容进行交流。如就行款而言，“通常为半页十行，行二十一字，最便于刊诗，五言绝句空一字，七言绝句则适为三句”；但也有遵循个人之不同口味者，如“江阴缪氏爱用宽边瘦字，南浔张氏《适园丛书》有作半页十四行，行二十五字，大抵视文

---

①贺葆真《贺葆真日记·收愚斋日记》，徐雁平整理，凤凰出版社，2014年，第220—225页。

稿性质,以定款式”。[1]一般来说,私家精刻书籍的版式整体上显得疏朗大气,而坊刻或体量较大的丛书等,则会采取小开本、紧排字的方式以节约成本。此外还有一些对书写格式的要求。如李联琇在《崇明县志考证凡例》中,对如何空格、顶格等均有十分具体的要求。[2]而更重要的,则是对字体的选择。本节即尝试从写样这个角度入手,围绕版刻字体的选择与版刻风尚的流行等问题展开一些讨论。

一、出版者指定字体

在一部书籍的出版过程中,负责出资或者管理工作的出版者应该是最具话语权的一方。因此,在字体的选择上,通常首先会遵从出版者的意愿,即由出版者指定某种字体,或提供示范样本。特别是一些对版刻风格有个性化要求的出版者,普遍都会亲自书写或提供写样稿。如道光

---

①卢前《书林别话》,第628页。

②李联琇《好云楼二集》卷十六《崇明县志考证凡例》:“每页二十行,每行二十四格,惟表之分层多者改三十四格,少者仍二十四格。每志中子目及子目附皆低二格书,其他标识低一格书,不与目混。正文顶书,应分处跳行顶书,不应分而略为别者,空一格书。参论与正文联属者,低一格大书。注释入正文内,双行小书。考订及引录旧文,别行低一格小书。正文遇应抬字样,无论一抬、二抬、三抬,皆顶书。其非正文,凡低格及双行书者,遇应抬字样,单抬者空一格,双抬者空两格,三抬者空三格,皆不顶书,妨与正文混也。子目注附字于下者,亦子目也,皆录于目;其注附字于上者,以与子目不类也,不皆录于目。”这样的缮写格式可谓相当琐细。咸丰十一年刻本,收入《清代诗文集汇编》第682册,上海古籍出版社,2010年。

年间南浔范锴，刻书喜欢用一种篆书与楷书的综合体写样，显得颇为怪异。黄裳称其“喜欢用奇字刻书，满纸都是怪字，常将篆隶化入今体。书刻得并不精致，但一见就知道这是他的著作了。如《花笑庼随笔》、《汉口丛谈》、《浔溪记事诗》、《幽华诗略》等都是”[①]。其中道光十五年（1835）所刻《浔溪纪事诗》二卷后有范氏自跋，叙此书写样、刻书事极详：

> 汉口剞劂氏梅玉溪发瑶，善碑刻。其尊甫春华老人与余相交有素。余作《纪事诗》，忽忽三十馀载，拟梓未果。乙未春，玉溪来言，近有写样者颇识偏旁，不致写俗体字。余因以稿本付之，偶曰：“试写诗句何如？”时余归省先茔，匆匆挂席，八阅月始返，而诗刻已竣，似篆非篆，无可更易，阅者幸勿讶其怪诞。[②]

文中提到此书刻工为汉口梅发瑶，而写样之人则是由梅氏专门介绍来的所谓善识小篆偏旁者。有趣的是，此书刻成后，果因字体太过怪异而遭人诟病，以至于不得不找友人陈文述商量对策，陈氏在序中叙此事云：

> 所作《浔溪纪事诗》，竹垞《鸳湖棹歌》流亚也……昨岁重来，则刻工梅生玉溪已为梓成。诗用篆体，从君原来本也。盖君喜《说文》字，尝病六籍旧文相承，传写多求便俗，讹伪日滋，故平日作楷旁每用篆体，梅生

①黄裳《清代版刻一隅·清刻之美》，第426页。
②范锴《浔溪纪事诗》卷末自跋，清道光十五年刻本。

> 遂仍其旧。读者苦之,议为修改,则裒然大集,势有所难。属其弟子诗僧韵禅冒雨渡江,就予商榷……若以楷书汇录各诗,列之卷首,则读者便若列眉。其征引记载,则如注之有疏,纲之有目,不难次第寻绎。藉此转移,以通骑驿,亦《春秋》调人法也。[①]

尽管陈文述在文中给出了自己的建议,但范锴似乎并未重新"以楷书汇录",毕竟这也是相当浩大的一项工程。不过有趣的是,黄裳曾提及自己收藏过另一部范锴的著作《汉口丛谈》,其中怪字"乃一一用白粉涂去异体,别书正楷,改之未尽,废然而止,亦可笑已"[②]。此虽未详系何人所改,却也印证了"裒然大集,势有所难"之语。事实上,《汉口丛谈》刻于道光二年(1822),其时范锴尚未觅得合意之写样者,因此书中怪字的数量相对来说还不算太多。

此外,有一些摹刻、覆刻宋元旧本者,出版者也会要求写样者按照底本依样摹勒。这时还会存在一个像与不像的问题。正如本书第三章在讨论刘文奎局刻书问题时,所举胡克家刻《文选》、《资治通鉴》的例子,在后人看来,《文选》仿宋尚能得其仿佛,而《资治通鉴》仿元却"实不似"[③],这主要就与出版者(包括出资者胡克家以及协助者孙星衍、顾广圻等)的主观意图有关。一般来说,学者刻书更重

---

①范锴《浔溪纪事诗》卷首陈文述序。

②黄裳《来燕榭读书记》卷六"范白舫所著书"条,辽宁教育出版社,2001年,下册第192页。

③见黄永年、贾二强编《清代版本图录》,第3册第85页。

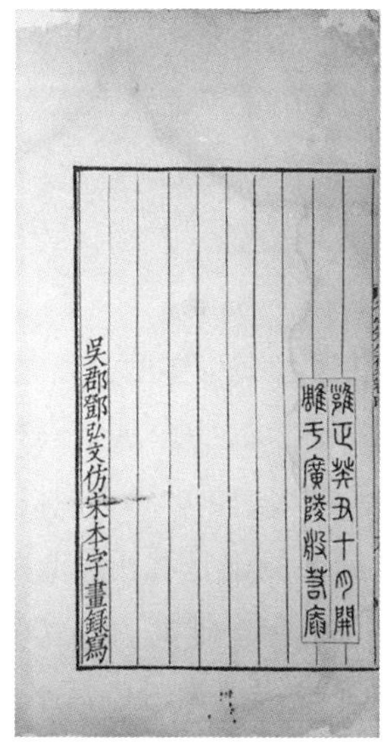

雍正癸丑十月開雕于廣陵般若庵

吴郡鄧弘文仿宋本字畫録寫

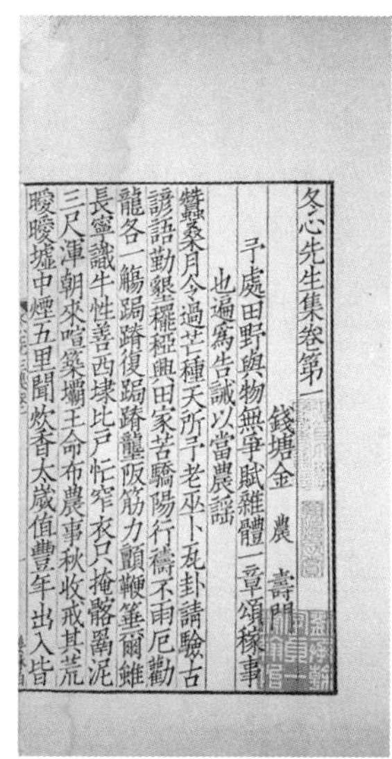

冬心先生集卷第一

錢塘金農壽門

予處田野與物無爭賦雜體一章頌稼事也遍寫告誡以當農謠

蠶桑月令過芒種天所予老巫卜瓦卦請驗古諺語勤墾穲稏與田家苦驕陽行禱不雨厄勸龍各一觴踢踏復踢踏龍阪筋力顛鞭箠爾雖長蜜識牛性善西埭比戶怗窄衣只掩骼蜀泥三尺渾朝來喧築墻王命布農事秋收戒其荒曖曖墟中煙五里聞炊香太歲值豐年出入皆

图 4-1　金农《冬心先生集》四卷，雍正十一年刻本，复旦大学图书馆藏

视内容之正确与否，对字体的相似程度则只能视时间、成本等情况尽力而为。特别是成本问题。[①] 清人钱泰吉即曾云："必欲如宋元刻书之活脱有姿态，良工亦能为之，惟工料数倍，卷帙繁重者势有不能。盖今之板价、工价倍增于前，而刻工俱习为宋体书，若欲楷写，必倩名手。刻工之拙者，亦不能奏刀也。"[②] 所论可谓中肯。即就上述胡刻二书

①郭立暄《中国古籍原刻翻刻与初印后印研究·通论编》曾云："（翻刻本）刻得与原本不像，并非是写手、刻工在技术上无法达到，而是刊刻者主观上没有对摹真作出要求。究其原因，或许是出于成本的考虑。"第34页。

②钱泰吉《曝书杂记》卷一，收入《续修四库全书》第926册。

而言,《文选》正文不过六十卷,而《资治通鉴》正文则多达二百九十四卷,对后者如果也像对前者一般尽力摹写,则其人力、物力、财力之费必然也会数倍于前者。

二、写样者个性书写

这一类多见于由非职业性书法名家写样的书籍之中。即出版者退居其次,而以写样者为主导,力求展现写样者个人独特的书写风格。此类例子甚多,如著名的“林佶四写”就非常典型,四部书稿呈现出来的都是林氏个人的典型风格,令人一见即能辨识。此外,雍正年间由邓弘文所首创的“仿宋字”写样,也颇具典型意义。因学界对此人关注不多,故略作介绍。

邓弘文字雨桐,江苏苏州人,约生活于康熙、雍正年间,馀不详。据笔者所知,邓氏一共曾为三种书籍写样,其中最为人所熟悉的是雍正十一年(1733)前后成书的金农《冬心先生集》四卷、《冬心斋研铭》一卷。魏隐儒曾称赞《冬心先生集》之字体云:

> 笔势铿锵有力,雄伟壮阔,有骨有筋有肉。缮写人书法似有六朝根基,字画刚毅,无懈可击,字字珠玑,学书者可以此为典范……惜不记缮写人姓名,颇以为憾。①

魏氏对此书字体评价极高,惟以“不记缮写人姓名”为憾。

①魏隐儒、马世华编著《历代汉字字体与书法选粹》,第166—167页。

事实上，二书卷末均有“吴郡邓弘文仿宋本字画录写”之刊记，可知正是出自邓弘文之手。关于此书字体的具体形态与渊源发展，在下一章中还将作详细分析，此姑不赘。可以肯定的是，这是一种极具个人风格的写样字体，与当时所流行的版刻风气可谓极不相牟。

由于此书出版者金农也是清代书坛的代表性作家之一，且个人风格亦十分明显，因此不少研究者在看到上述二书别具一格的字体风貌时，往往会将之归因于金农的独特审美，甚至认为是金农自书[①]。但事实上，金农并不是此种字体的首位使用者。换句话说，邓弘文在为金农写样之前，还曾用此种字体为其他出版者写样。

我们现在能够看到的由邓弘文写样的最早的一部书籍，实际上是出版于雍正八年（1730）的《淳化秘阁法帖考正》十二卷。此书作者为王澍，出资刊刻者则为其友人汪玉球。在此书卷十末，有一条题作“吴郡邓弘文雨桐仿宋本书”的写样者题名，且其字体亦与前述金农二书如出一辙，可知早在三年前，邓氏就已使用这种字体写样。不过由于此书原刻颇为少见，坊间所行多为削去邓氏题名的翻刻本，故此条题名很少为研究者道及。[②]值得一提的是，由

①如叶德辉撰、紫石点校《书林清话》就称“金农自书《冬心集》”，第241页。

②此书有初刻初印、初刻后印以及各种翻刻本，邓弘文的刊语出现在初刻初印本中，后印时则被剜去。关于此书的版本情况，可参考郭立暄《中国古籍原刻翻刻与初印后印研究·实例编》，第367页。

于金农与王澍素有往来，因此上述三部书的写样，应该有其内在之联系。考金农于雍正三年（1725）入京并结交王澍，同年旋往泽州。而王澍于次年离京后，则一直居住在无锡。[①]雍正八年（1730），金农回到扬州，此后数年间一直在扬州及其周边地区活动，并与王澍颇有往来。[②]推测金农应该就是此时看到《淳化秘阁法帖考正》一书，欣赏其独特的字体风格，乃邀请邓弘文为其书写样。

有趣的是，由于金农对邓弘文的写样风格非常喜爱，因此后来在乾隆年间刊行《冬心先生三体诗》、《冬心先生画竹题记》二书时，仍继续沿用了这一字体。只不过此二书的写样者已非邓弘文，推测此时邓氏很可能已经离世，或不愿再出面写样，因此金农不得不更换写样之人，但字体风格却在大体上保持了一致。显然到这个阶段，金农对写样字体的选择，已经从原来遵循写样者的个性书写，而变成了由其指定字体。顺带值得一提的是，金农出版的上述四种书籍，尽管字体风格始终如一，但刻工却一直都在更换[③]，似乎金农一直都没有找到能够完美表达此种字体风格的刻工。又或者对金农而言，写样者的作用更为

①据卞孝萱《金农书翰十七通考释》之相关考证，《南京艺术学院学报》1981 年第 3期。

②据张郁明《金农年谱》雍正三年至九年条，收入卞孝萱主编《扬州八怪年谱（上）》，江苏美术出版社，1990 年，第 202—212页。

③按此前《冬心先生集》系由姜林伯、孟子衡、张登荣、穆四传、穆弘图、姜鹏九、耿相臣七位刻工联合操刀梓成。而《冬心先生三体诗》、《冬心先生画竹题记》则分别由刘之科、杜而儒刊刻。

重要，刻工反而显得比较次要了。

而在金农反复多次的积极效仿之后，由邓弘文首创的这种“仿宋字”又陆续被多位出版者所效仿，并从扬州推广到了南京、杭州、苏州等地，从而成为清代版刻字体中的一种别样风貌。换句话说，发展到后来，这种字体从最初的写样者个性之书写，逐渐成为一种流行之风尚，亦即下文所要阐述者。

三、遵循流行之风尚

如果说由出版者指定与写样者自书体现的是写样字体的多样化，那么在出版业高度商业化的清代，我们也不应忽视仍有大量程式化写样字体的存在，且此种字体往往被视为某个时期或区域内的流行风尚。一般来说，这类字体都具有一些程式化的书写特征，因其易于摹仿，且很多时候符合大众的审美眼光，故能在一定时间与范围内得到不同程度的流行。对于刻字店来说，刊行这类流行字体无疑是比较熟练且更加方便的。而对绝大多数出版者来说，在刻字店所提供的几种写样范例中挑选一种当下较为流行的字体，不仅方便，也显得更为“时尚”。而这又回过头来促进了这些字体的进一步流行。

此类流行字体，在方体字本与写刻本这两个体系内都存在，但各自又有不同的表现。就方体字本而言，其自明中叶产生以后，就成为区别于传统写刻本的“流行字体”，且在发展的每个阶段又呈现出各不相同的字体特征。如"(嘉靖本)一反前期的赵体字,而仿南宋浙本用欧体字……至于稍前正德本的字体一般比嘉靖本厚重些,稍后隆庆本的字体则比嘉靖本更方整,从而向万历本过渡",万历间则"转变成为更加方板整齐,横平竖直,而且横细竖粗,完全脱离欧字的新字体"。[①]天启崇祯一直到清初则流行一种细瘦的长方体字,至清中叶则变得比较方正。换句话说,每个时期都有每个时期特定的流行样式。而据李开升、辛德勇等学者研究,无论是在明代还是清代,不同地区的方体字也会呈现出细微的差别,这就从空间上进一步拓展了对于这些"流行"字体的认识。

而就写刻本而言,影响因素则更为复杂多样,其中主导因素之一应该还是一时一地所流行的书法风尚。如元代至明代前中期刻书流行赵孟頫体,就与当时书坛普遍尚赵字有关。徐康《前尘梦影录》曾云:

> 元代不但士大夫竞学赵书……其时如官本刻经史,私家刊诗文集,亦皆摹吴兴体。至明初,吴中四杰高、杨、张、徐,尚沿其法,即刊板所见,如……皆狭行细字,宛然元刻,字形仍作赵体。[②]

这就非常明确地将刻书字体与当时的书法风尚联系在了一起。而清初直至清中叶流行一种"点划软美"的"软字",则很可能与当时盛行的"馆阁体"有关。对于这个问

①黄永年《古籍版本学》,第131—136页。
②徐康《前尘梦影录》卷下,《续修四库全书》第1186册。

题,下一章还将详细展开,此不赘述。

而无论是方体字还是写体字,其之所以能够流行,都有赖于民间出版业对字体的程式化改造。如从明代中后期发展而来的方体字,实际上就是工匠们为了追求刻字效率,对宋本欧体字不断程式化、规范化的结果。叶德辉曾将对方体字的规范化追溯到了南宋,认为“南宋时已开今日宋体之风”、“盖宋刻:一种整齐方板,故流为明体之肤廓”①,这也成为学界普遍认可的一种看法。而在强调书法韵致的写刻本体系内,各种字体的程式化程度虽较方体字要小得多,但在出版业日趋商业化的大背景与总体趋势下,其向着程式化的方向发展也是在所难免。特别是在清代,随着“馆阁体”的大肆流行,这种泛大众化的审美范式就会在一定程度上推动楷书体的进一步程式化。如乾隆中后期,因编纂、誊录《四库全书》的需要,翰林院招募了大量书手,而为了书写的统一,皆要求他们按“程式”缮写,凡有“字画潦草,不中程式”、“缮录不如式者”②,都要加以处分。而道光、咸丰时人金安清则记载了当时书手的超凡技艺云:

---

①叶德辉撰、紫石点校《书林清话》,第42—43页。

②分别见中国第一历史档案馆编《纂修四库全书档案》第八〇条“巡视南城监察御史胡翘元奏请停纂修提调等官自行保举謄录等事折”、第三一三条“大学士于敏中等奏请将《荟要》覆校改为分校并添设总校二员折”,上海古籍出版社,1997年,第123—124、488—489页。

> 往时官场承平之际，上下皆重文字……又蓄善书少年一二十辈，时尚楷书，所谓欧底赵面，皆华实挺秀，十数人如出一手。每有长函，则分手缮写，刻许已就，合而观之，不知为众所书也。①

这里所说的虽然是一般书吏缮写长函的做法，但强调“十数人如出一手”，则与前文所提到的文楷斋写样要求“字画一致，神气相同”，实殊途而同归。对于此类现象，徐伟曾总结云：

> 程式化、规范化是馆阁体的形式特征之一……这种书写方法的实际意义，是追求整齐一律的秩序美，而秩序美的基本条件就是近似于程式或规范，不断地强调、重复秩序美……馆阁体运用了秩序美的规律，使小字楷书整齐爽朗，大字行、楷雍容华贵。官方对这种楷书形式加以肯定，并作为正式通行的书写方式，促进了程式化的形成，程式化又促进了普及、推广，以至形成了“众手同书”、“千人一面”的书法现象。②

这里谈的虽然是书法上的程式化，但以之检视清代大量以馆阁体写就的风貌相近的写刻本，无疑也能得出相近的结论。事实上，在出版业高度商业化的清代，版刻字体的“流行”与“程式化”可谓相辅相成而又难分彼此。不过值得

①欧阳兆熊、金安清撰，谢兴尧点校《水窗春呓》卷下“书契圣手”条，中华书局，1984年，第44页。

②徐伟《清代馆阁体之我见》，《首都博物馆丛刊》1994年总第9辑。

注意的是，当版刻字体的流行与程式化发展到一定程度以后，很多时候也会引发一种反对与抵制。如前文所谈到的邓弘文的字体风格，在笔者看来，实际上就是针对当时流行的“软字”风尚而刻意营造的一种生新风格。只不过作为“扬州八怪”之一的金农，可能万万不会想到这种字体后来也逐渐成为另一种流行。

第三节　代表性职业写样者举隅

在职业与非职业写样者中，后者特别是其中的书法名家，往往因为拥有较高的身份地位和一定的知名度，故其留下的文献材料也相对丰富。而前者则不同，他们或是失意潦倒的底层文人，或是专事写样的书坊工匠，传统的历史书写很少会对这一群体表示关注，因此他们留下的文献材料也就相当有限。有鉴于此，本节选择了清代几位有代表性的职业写样者，尽可能多地搜集、整理他们所留下的相关书籍以及零星文字记载，以期对他们的生平事迹作一些初步的勾勒。今以各位写样者大致的生活年代为序，略述其生平行事，不拘长短，亦无定制。同时附其可考写样书籍于后，以供研究者参考。

一、陶士立

陶士立，字慎斋。自署籍贯秣陵，则当为江苏江宁（今属南京）人。约生活于乾隆至道光年间。

由陶氏写样的书籍，目前已知共八种，其中最早的刊成于嘉庆六年（1801），最晚的刊成于道光三年（1823），可知其当生活于乾隆至道光年间。与他合作刻书的刻工分别有彭万程、刘文楷、王景桓、柏志高、王日华、王粹夫、顾建亭等人，绝大多数是南京知名刻工，但目前未见陶士立与其中任何一位有两次以上的固定合作，可知他应该是一位相对自由独立的职业写样者，而并非受雇于某家刻坊或书坊。

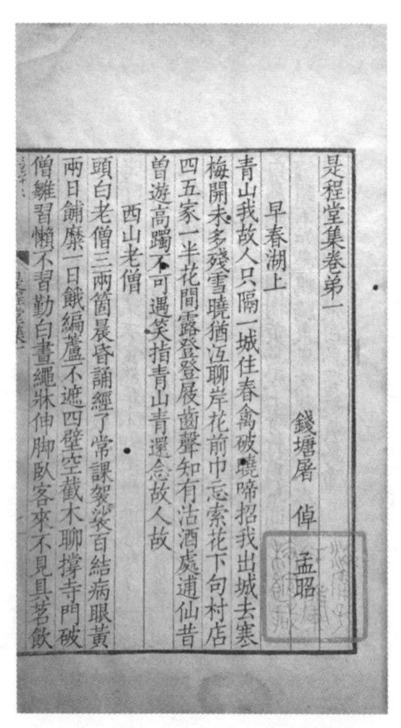

是程堂集卷弟一
錢塘屠　倬　孟昭
早春湖上
青山我故人只隔一城住春禽破曉啼招我出城去寒
梅開未多殘雪曉猶沍聊岸花前巾忘索花下句村店
四五家一半花間露登登屐齒聲知有沽酒處逋仙昔
曾遊高躅不可遇笑指青山青還念故人故
西山老僧
頭白老僧三兩箇晨昏誦經了常課袈裟百結病眼黃
兩日餔糜一日餓編蘆不遮四壁空截木聊撑寺門破
僧雛習懶不習勤白晝繩牀伸脚臥客來不見具茗飲

图 4-2　屠倬《是程堂集》十四卷，嘉庆十九年刻本，复旦大学图书馆藏

陶士立擅长写体，由其写样之本全部为写刻本，且字体形态各异。其中特别值得一提的，是两种摹仿邓弘文使用所谓“仿宋字”的书籍，即分别刊行于嘉庆十九年（1814）、二十三年（1818）的《是程堂集》十四卷与《亦政堂诗集》十二卷。二书题名均作“秣陵陶士立仿宋书”，不仅同样以“仿宋”来命名，而且就字体形态而言亦与邓弘文之写样略有近似之处，表现出一定的摹仿意图。这应该也是在王澍、金农之后，出版者们再度有意识地将“仿宋字”这一概念与字体形态运用到写样之中。不过从实际版刻效果来看，邓弘文写样的那种独特斜势与有力转折，在陶士立的写样中都已消弭殆尽。可以说，陶士立的所谓“仿宋”，实际上是回归到了对宋本欧体字的摹仿之中。

陶士立写样书目：

1. 《尔雅图》三卷，（晋）郭璞注，嘉庆六年曾燠翻宋刻本。“秣陵陶士立临字，钱塘姚之麟摹，当涂彭万程刻”。
2. 《说文解字》十五卷，（汉）许慎撰，嘉庆十二年藤花榭刻本。“秣陵陶士立临字”。
3. 《存素堂文集》四卷《续集》二卷，（清）法式善撰，嘉庆十二年程邦瑞刻本。“秣陵陶士立缮写，江宁王景桓董刊”。
4. 《隶韵》十卷附《碑目考证》一卷《隶韵考证》二卷，（宋）刘球撰、（清）翁方纲考证，嘉庆十五年秦恩复翻宋刻本。“秣陵陶士立慎斋摹，上元柏志高刊”。
5. 《是程堂集》十四卷，（清）屠倬撰，嘉庆十九年刻本。“秣陵陶士立仿宋书，王日华董刊”。
6. 《唐人三家集·李元宾文集》六卷，（唐）李元宾撰，嘉庆二十三年秦氏石研斋翻宋刻本。“陶士立写，王粹夫刊”；又版心刻工四人：张佩胜、陈士矣、王青三、秉汝。
7. 《亦政堂诗集》十二卷，（清）刘珊撰，嘉庆二十三年刻本。“秣陵陶士立仿宋书，竹坡吴仪董刊”。

8.《栟榈先生文集》二十五卷附校勘记一卷,(宋)邓肃撰,道光三年邓廷桢刻本。“秣陵陶士立慎斋写,江宁顾建亭董刊”。

二、许翰屏

许翰屏,江苏长洲(今属苏州)人。约生活于嘉庆、道光年间。

相比一般写样者的名不见经传,关于许氏的记载要丰富一些,最早的一条见于徐康《前尘梦影录》:

> 嘉庆中年,胡果泉方伯议刻《文选》,假别本开雕,校书者为彭甘亭兆荪、顾千里广圻,影宋写样者为许翰屏,极一时之选……翰屏以书法擅名当时,刻书之家,均延其写样。如士礼居黄氏、享帚楼秦氏、平津馆孙氏、艺芸书舍汪氏,以及张古馀、吴山尊诸君,所刻影宋本秘笈,皆为翰屏手书。一技足以名世,洵然。

> 唐人诗文集最多,吴门缪氏仅刻《李太白集》一家,享帚楼续刻吕衡州、李翱等集,顾涧翁更觅得足本沈亚之等集七家,皆用昌皮纸,浼翰屏精写,不加装订,但用夹板平铺,以便付梓。余曾访涧翁文孙河之孝廉,曾一见之。今河之久殁,所居亦遭劫,书样无可访问矣。

> 宋板《鱼玄机集》只二十馀叶,大字欧体,乃宋椠之最精者。黄荛翁得之,装潢为胡蝶式,后为一达官某所赏,倩许翰屏影模上板,又托改七芗补绘玄机小

象于卷首。模本镂工不下原刻，时为嘉庆中叶。（原附江标按语：此书为松江沈十峰慈古倪园所刻。）[1]

文中云许翰屏"以书法擅名当时"，然而目前似未见任何真迹流传，亦无文献记载其有作品传世；且从徐康的叙述来看，其重点显然是在后面的"刻书之家，均延其写样"，因此所谓"书法"应该并非一般意义上的书法艺术，而是专指写样。从徐氏所列名单来看，曾经邀请许翰屏写样的刻书者，几乎囊括了嘉庆、道光年间江南一带最有名的私人刻书家。如果情况属实，则许翰屏显然也是一位职业写样者。

不过遗憾的是，我们并没有在上述书籍中找到题有许翰屏名字的刊记。只有秦恩复在嘉庆二十一年（1816）所刻《骆宾王集》卷末有"许翰写、杨肇刻"之刊语，未详此"许翰"是否即许翰屏。不过值得注意的是，《骆宾王集》是秦氏所刻《唐人三家集》之一种，另外两部则为李观《李元宾集》、吕温《吕衡州集》，并没有所谓"李翱文集"。且其中《李元宾集》明确标明为陶士立写样，亦与许氏无关。而顾广圻所校沈亚之文集，从徐康的叙述来看，似并未付刻。至于其他几位刻书者所刻之书，有一些也有材料明确表明并非出自许氏之手。如孙星衍所刻《故唐律疏议》三十卷附《宋提刑洗冤集录》五卷，卷首即有"嘉庆丁卯顾千里手

①徐康《前尘梦影录》卷下。

摹上板”字样，可知系出自顾广圻之手。[①] 此外为黄丕烈《士礼居丛书》写样者，多为其友人，已知有李福、施南金、陆损之、孙保安等人[②]，惟未曾见许翰屏之名。显然，徐氏所谓“所刻影宋本秘笈，皆为翰屏手书”之语，恐怕是有些夸大其词的。

尽管如此，徐康之语还是产生了较大的影响。如叶昌炽在《藏书纪事诗》中就曾专题“许翰屏”一诗云：“夹板何如胡蝶装，黄袖更画道家妆。若将画法评书法，平视云间改七芗。”将其与清代著名画家改琦相提并论。其下又引《前尘梦影录》诸语，并作按语云：

> 胡刻仿淳熙本《文选》，但有“江宁刘文奎文模镌字”，而不题翰屏名。吴山尊刻晏、韩二子与石研斋所刻书，亦无写官也……然无好写，即有良工，又安从得佳椠！自宋以后，录三人焉，才难不其然乎！[③]

---

①按顾氏平生乐于写样，李兆洛称“写样校雠，则一以属涧蘋（广圻之号），亦其所乐也”。见李兆洛《与汪孟慈农部》其一，见朱太忙编《名儒尺牍》卷上，大达图书供应社，1935年，第135页。

②其中李福为明道本《国语》写样，刊语作“邑李福书”；又施南金为《伤寒总病论》写样，刊语作“同邑施南金书”；又陆损之为《汪本隶释刊误》写样，刊语作“吴县陆损之书，男寿凤、孙美镐校字，沈良玉刻”；又孙保安为《仪礼》写样，刊语作“同邑孙保安书”。又按，黄丕烈也曾为三部自刻书写样，即《汲古阁珍藏秘本书目》一卷、《季沧苇藏书目》一卷、《百宋一廛赋注》一卷；而张敦仁《资治通鉴刊本识误》一书，亦系据张氏稿本影写上版。惟这四种所摹均非宋版，故略记于此，以供参考。

③叶昌炽撰，王锷、伏亚鹏点校《藏书纪事诗》卷七“许翰屏”条，第573页。

这里所谓的“自宋以后，录三人焉”，另两位指的是南宋傅稺与明代周慈。叶昌炽将许翰屏与之并举，显然是视此三人为历代写样者之代表。随后，叶德辉在《书林清话》中也两度提及许翰屏之名，并对徐康记载许氏之举大加赞赏，称“微徐《录》，将湮没不传矣”，“幸而记载流传，俾读者摩挲景仰。不然，没世无称，亦枉抛心力也”[①]。由于《书林清话》在文献学史上的重要地位，许翰屏也获得了更加广泛的关注。至此，后人凡提及清代写样者，无不提及许翰屏以及《前尘梦影录》所载诸语。但从笔者所搜集到的材料看，这些记载似乎大多只是承袭旧说，尚不能得到确证。

不过尽管如此，许翰屏的职业写手身份应该还是确定无疑的。据笔者所知，许翰屏至少曾在两部书籍上留下题名。一部是嘉庆二十四年（1819）长洲李佩金所撰《生香馆诗》二卷《词》二卷，刊语作“长洲许翰屏仿宋书，周宜和董刊”；另一部则是道光三年（1823）吴县李福所撰《子仙诗钞》八卷《文钞》二卷《拜玉词》二卷，刊语作“吴郡许翰屏仿宋书，沈良玉雕刊”。二书均刻于苏州，可见嘉道之际许翰屏的主要活动区域是在苏州本地。其中后书作者李福字备之，擅长“诗词及行楷书，书宗褚河南，圆劲多姿”[②]，

①分别见叶德辉撰、紫石点校《书林清话》卷九“国朝刻书多名手写录亦有自书者”、卷七“明人刻书载写书生姓名”，第240、189页。

②蒋宝龄撰、程青岳批注、李保民校点《墨林今话》卷十，上海古籍出版社，2015年，第209页。

曾为黄丕烈所刻明道本《国语》一书写样；而与许氏合作的刻工沈良玉，亦曾为黄丕烈刻《汪本隶释刊误》。从这一点看，许翰屏通过李福、沈良玉等人与同居苏州的黄丕烈结交并为之写样，确实存在有很大的可能性。

值得注意的是，许氏写样的两部书籍尽管也都署作“仿宋”，但与此前的邓弘文、陶士立等人的写样则均有所不同。简单地说，许氏的写样相对比较妩媚秀气，与邓弘文的挺拔有力自是相去甚远，相比陶士立中规中矩的欧体字则更加耐看一些。此外，这两部书籍尽管同出许氏之手，但字体还是有比较大的区别。其中《生香馆诗》稍有斜势，但更显修长；《子仙诗钞》则略微方正一些。这可能是应出版者的不同要求而写。特别是后书的作者李福，他不仅是一位书法家，而且还曾替黄丕烈写样，因此可以算是一位非职业写样者。不过此书刊行之际，李福已经去世。主持刻书工作的，是寓居苏州的王祖梅，亦即牌记中“百花盦”的主人。他们彼此间的联系，可能还有待于材料的进一步发掘。

许翰屏写样书目：

1. 《生香馆诗》二卷《词》二卷，（清）李佩金撰，嘉庆二十四年刻本。“长洲许翰屏仿宋书，周宜和董刊”。
2. 《子仙诗钞》八卷《文钞》二卷《拜玉词》二卷，（清）李福撰，道光三年刻本。“吴郡许翰屏仿宋书，沈良玉雕刊”。

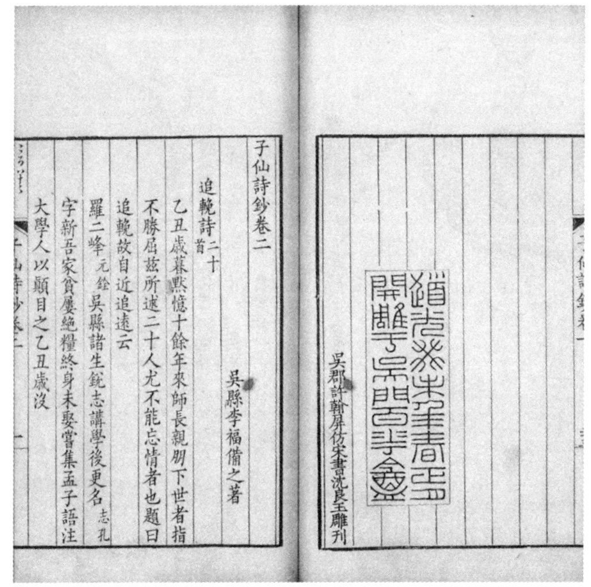
子仙詩鈔卷二
追輓詩二十首
吳縣李福備之著
乙丑歲暮默憶十餘年來師長親朋下世者指
不勝屈茲所述二十人尤不能忘情者也題曰
追輓故自近追遠云
羅二峰元鈴 吳縣諸生銳志講學後更名志孔
字新吾家貧屢絕糧終身未娶嘗集孟子語注
大學人以顯目之乙丑歲沒

吳郡許翰屏仿宋書沈良玉雕刊

图 4–3　李福《子仙诗钞》八卷，道光三年刻本，上海图书馆藏

三、沈锡堂

沈锡堂，浙江乌程（今属湖州）人。道光至咸丰时人。按与沈氏合作刻书的多为杭州刻工，如“武林王世贵”、“武林李星垣”等，未详其是否也曾在杭州一带活动。又据现有资料可知，沈氏兼有写样者与书商两种身份，未详究竟以何种为主业。但即便是贩书为主而兼营写样，也有比较浓厚的商业气息，与一般非职业写样者不同，故亦将之划入职业写样者之列。

沈氏至少曾为三部书籍写样。先是道光二十八年

(1848),为刘喜海所刻《六艺纲目》一书写样。其刊记作“苕溪沈锡堂写刊”,则除了写样,还同时负责刊刻。次年,又为朱绪曾所刻《棠阴比事》一书写样。前书翻元,后书翻宋,则摹写宋元旧迹当为沈锡堂之所长。此后咸丰年间战乱纷起,江浙藏书家旧籍多散出,沈氏遂专事书籍买卖,而未见写刻书籍。至同治三年(1864),始为吴云《二百兰亭斋古印考藏》一书写样。此书题名作“乌程沈锡堂仿宋”,则是所谓“仿宋字”在清晚期的一种延续。

至于沈氏作为书商的事迹,则零星见于一些藏书家的藏书题跋中。如瞿良士《铁琴铜剑楼藏书题跋集录》卷三“《重雕改正湘山野录》三卷《续录》一卷”条引杭州藏书家胡珽(1822—1861)题跋云:“咸丰丁巳(七年,1857)冬月,书友沈锡堂携宋刻元补钞本来,余强留二日,校得此本,复录一册,藏之恬裕斋。书中行款俱照宋刻,字之俗体亦仍其旧云。胡珽志。”文中称沈氏为“书友”,这实际上就是书商之代称,黄丕烈《荛圃藏书题识》之中即记录了不少类似的书友。此外,高均儒(1811—1869)亦与沈氏有过从,其《书大中祥符刊本玉篇后》一文云:“右《玉篇》卷首《序目》及‘一部’至‘玉部’共计十八叶半,楷目钞补一叶,宗湘文观察春杪在扶雅书肆检购,属苕估沈锡堂装治以示均儒。”① 这里则直接将沈锡堂称为“苕估”,其书商之身份可谓无疑。

---

①高均儒《续东轩遗集》卷上《书大中祥符刊本玉篇后》,清光绪七年刻本。

值得一提的是，胡珽于咸丰七年（1857）过录的《重雕改正湘山野录》一书，原属山东藏书家于昌进（约1807—约1857）所有[①]。沈锡堂与于氏交好，故于氏卒后藏书散出，首先就落到沈氏手中。除了这部宋刻元钞的《重雕改正湘山野录》，还有经何焯、黄丕烈手校的曹寅刻《钓矶立谈》一卷《墨经》一卷，后为松江藏书家韩应陛（1813或1815—1860）所得，其手跋云："咸丰丁巳十二月十七日得之书友席楚白，席取之苏州于湘山家友人沈锡堂手，价白金二两四钱。"[②]湘山为于昌进表字，而其得书时间恰与胡珽得《重雕改正湘山野录》之时间仿佛，可见于氏藏书散出正是在咸丰七年冬。

沈锡堂写样书目：

1.《六艺纲目》二卷，（元）舒天民等撰，道光二十八年刘喜海刻本。"苕溪沈锡堂写刊"。
2.《棠阴比事》一卷，（宋）桂万荣撰，道光二十九年朱绪曾刻本。"苕溪沈锡堂模仿，武林王世贵刻镌"。
3.《二百兰亭斋古印考藏》六卷，（清）吴云辑，同治三年刻本。"乌程沈锡堂仿宋，武林李星垣刻字"。

---

①按于昌进生平及藏书事迹，可参考沙嘉孙《文登于氏藏书考》，《文献》1996年第3期，第197—199页。

②邹百耐纂、石菲整理《云间韩氏藏书题识汇录》之"《钓矶立谈》一卷《墨经》一卷"条，上海古籍出版社，2013年，第49—51页。

四、饶星舫

饶星舫（？—约1928或1929），又作心舫等[①]，湖北黄冈人。饶氏是晚清民初最有名的职业写手，曾与陶子麟合作多年，即所谓“饶写陶刻”，一起刊刻了不少经典之作。近年来，学界对陶子麟关注较多，却很少看到对饶星舫的专门研究。而笔者在搜集资料的过程中，于上海图书馆发现一部饶星舫影钞的《窦氏联珠集》，无疑正是考察“饶写”的一个绝佳实例。因捃摭所见，对饶星舫的相关事迹略作考订如下。

（一）生平及刻书活动概述

关于饶氏生平，很多著述虽略有提及，却颇为零散，同时也十分简单。其中被征引最多的，是陶湘在其影宋本《百川学海》自序中谈及饶氏的一段话：

> 全书为黄冈饶星舫一手影模。星舫曩客艺风，多识古籍，与湘游亦十稔，所刻诸书皆出其手，《儒学警悟》亦其一也。而于此用力尤勤，不图杀青未竟，遽归永夜。

按《百川学海》内封题作“岁在丁卯武进陶氏涉园开版”，知此书开刻于民国十六年（1927）；又据陶湘自序落款，知此书刻成于民国十九年（1930）。陶湘云“杀青未竟，遽归永夜”，则饶氏卒年当在全书刻成之前，很可能是在民国十七

①按缪荃孙在日记中提及饶星舫时，又称“心舫”、“新舫”、“姓舫”、“小舫”等；魏隐儒《中国古籍印刷史》称“一作香舫”。这种因音近而混用的现象，在古人名号中颇为常见。

年至十八年间(1928—1929)。至于饶星舫的生年，则已无法确考。[①]

我们现在能够找到的最早出现饶星舫写样题名的书籍，是光绪三十四年至宣统元年(1908—1909)间端方宝华庵刻本《东坡七集》一百十卷，刊语作“黄冈饶星舫影写，陶子麟摹镌”。这也是饶星舫与陶子麟合作刻书最早的实例，自此以后，二人就渐以所谓“饶写陶刻”而闻名。吴则虞《续藏书纪事诗》中“陶子麟”条即云：“饶写陶刊妙入神，卷中墨浪照麒麟。范金字字皆精绝，天水平阳巧夺真。”[②]按关于饶、陶二人的关系，刘承幹在其《求恕斋日记》中曾云：“尚有饶星舫者，湖北黄冈人，为影写宋字好手。其人为陶子麟之伙，向住筱珊处。”[③]将饶氏视为陶子麟“之伙”，即共事之人；缪荃孙则曾称饶星舫为陶子麟的“心腹”[④]：则二人似乎更接近于一种合作的关系。在缪荃孙的日记中，他与饶、陶二人结算报酬时，均各自分开，这

---

①按我们现在能够找到的最早出现饶星舫写样题名的书籍，是光绪三十四年至宣统元年(1908—1909)间端方宝华庵刻本《东坡七集》一百十卷，刊语作“黄冈饶星舫影写，陶子麟摹镌”。由此可知饶星舫的写样生涯，当持续二十年以上。

②吴则虞撰，吴受琚增补，俞震、曾敏整理《续藏书纪事诗》，国家图书馆出版社，2016年，第523页。

③刘承幹《求恕斋日记》民国四年四月二十日条，引自陈谊整理《嘉业堂藏书日记抄》，凤凰出版社，2016年，第231页。

④缪荃孙《艺风堂书札》致刘承幹函第二百十六札：“(陶子麟)好友有石潜，心腹有心舫。”见张廷银、朱玉麒主编《缪荃孙全集》，凤凰出版社，2014年，第2册第660页。

也进一步证实饶星舫的独立性颇强，其与陶子麟之间可能并非简单的雇佣与被雇佣的关系。值得一提的是，陶子麟卒于民国十七年（1928），而饶星舫也几乎同时殂谢，这实在是湖北刻书业的一大损失。

除了陶子麟外，饶星舫还曾与缪荃孙过从甚密。陶湘序中云其“囊客艺风，多识古籍”，另外章钰在《景宋本百川学海跋》中也说“星舫先从艺风游，见旧本甚夥”[①]，这里的艺风就是指缪荃孙。今检缪氏《缪荃孙全集·艺风老人日记》（以下简称《日记》）所附人名索引，其中饶星舫之名共计出现65次，且不乏遗漏者（如一页数见而只计一次者，或简称老饶等而未计入者），因此实际次数还要更多。其中最早一次提到饶氏，是在光绪三十四年（1908）十二月二日，云“饶心舫借廿元”，并小字注“先后共五十元”[②]，揣文意则此前当已有往来。随后在宣统元年（1909）二月十七日的日记中，又提到“饶星舫自湖北来，带到《东坡集》四十卷清样，交匋斋”[③]。这里的《东坡集》，指的正是前文所提及的《东坡七集》，时缪荃孙正代端方校订此书。由此可知，《日记》中所提到的缪荃孙与饶星舫之间的早期往来，应该正是围绕这部《东坡七集》而展开的。

---

①章钰《四当斋集》卷三，民国二十六年铅印本。

②缪荃孙《艺风老人日记·戊申日记》，见张廷银、朱玉麒主编《缪荃孙全集》，第2册第536页。

③缪荃孙《艺风老人日记·己酉日记》，见张廷银、朱玉麒主编《缪荃孙全集》，第3册第12页。

在民国以后，饶星舫与缪荃孙往来渐多。民国二年（1913）三月五日至七日间，缪氏《日记》先后记载“老陶同心舫来”、“老陶来交董授经来稿，饶心舫移入宅”、“校《草堂词》与心舫”、“陶子麟回湖北”等语[①]，可知是年饶星舫曾在陶子麟的陪同下，移居缪荃孙家中为其专职写样。对此，缪荃孙在《云自在龛随笔》中曾云：“荃延饶心舫三年，丁少裘五年，工于摹写；又雇夏炳泉十年，所乐不下于荛圃。近均荐之刘翰怡。”[②]所谓荐之刘承幹（翰怡其号）事，在民国四年（1915）。《日记》是年四月九日条云：“翰怡交来五百元、《史记》二十册。招石潜来，交以五百元，书即交饶心舫。”[③]又四月二十日条云：“饶星舫移居刘宅。”[④]如果所谓“三年”之数只是约略言之，则从民国二年至四年正好相符。前引陶湘、章钰等人的说法，应该也正是源于这一段过从。

按饶星舫移居刘承幹宅，正是为了替刘氏专职写样影宋本“前四史”。在此之前，刘氏还先请饶、陶二人试刻了

①缪荃孙《艺风老人日记·癸丑日记》，见张廷银、朱玉麒主编《缪荃孙全集》，第3册第249页。

②缪荃孙《云自在龛随笔》卷四“书籍”，商务印书馆，1958年，第157页。

③缪荃孙《艺风老人日记·乙卯日记》，见张廷银、朱玉麒主编《缪荃孙全集》，第3册第381页。

④缪荃孙《艺风老人日记·乙卯日记》，见张廷银、朱玉麒主编《缪荃孙全集》，第3册第382页。

叶昌炽《邠州石室录》三卷，以作考核。[1]

在刻书过程中，叶昌炽对饶星舫的写样尤其满意，曾在日记中多次赞叹云：

(民国四年六月十八日)益庵自沪来，携《邠州石室录》写样见示，仿《金石苑》，峻峋露骨，瘦硬可喜。书手饶信芳，黄州人也。

(八月初一日)午后校《邠州石室录》，写样鄂渚饶辛舫之笔，隽雅绝俗，瘦硬通神。得佳刻手，可突过南雅、通政。序目一卷，仅讹一字。

(八月初二日)午后校《邠州石室录》第一卷毕，仅讹三、四字。彭城县主一通，原稿误为郡主，经其改正；跋中误字，亦得连类勘出。此写官洵加人一等。[2]

叶昌炽在日记中先称饶氏为"饶信芳"，后又改称"饶辛舫"，可知最初对其并不熟悉，以至于只凭读音而连连写错名字。而在看了写样之后，先是赞叹其笔法"隽雅绝俗，瘦硬通神"，认为可以超越乾嘉著名文人顾莼(号南雅)之写样[3]；旋又因饶氏不仅讹误极少，而且还能帮其校出原稿误字，不

①叶昌炽《缘督庐日记》民国四年三月廿二日条云："得益庵一函，告陶子麟到沪。陶为鄂渚手民，善仿宋，精妙不弱于东邻。翰怡延之来刊四史：《史记》影蜀大字本，《两汉书》白鹭洲书院本，《三国志》宋大字监本。先以拙稿《邠州石室录》付之，为发轫之始。"第12册第7529页。

②分别见叶昌炽《缘督庐日记》，第12册第7570、7590、7591页。

③据叶德辉撰、紫石点校《书林清话》记载，顾莼曾为钱大昕写样《元史·艺文志》。

免惊叹“洵加人一等”。由此可知，饶星舫不仅写得一手好字，而且还能协助校勘，确非一般俗手可比，这可能也得益于跟随缪荃孙的三年中“多识古籍”，因而增长了很多见识。

尽管饶星舫被推荐给了刘承幹，但他与缪荃孙的往来并未中断，一直持续到民国八年（1919）缪氏去世。事实上，饶星舫为刘承幹写样《史记》时，最开始还是在缪氏家中。缪氏曾致函刘承幹云：“饶星舫现在专与兄写《史记》，石铭兄之《尚书》差不多写完。敝寓人已挤满，可即令其移居尊处，以便专写为祷。”[①] 因此才有四月二十日移居刘宅之举。[②] 而在饶星舫移居刘宅后，他仍然为缪荃孙所辑之《三唐人集》写样，其中《欧阳行周文集》刊语作“乙卯秋七月黄冈饶星舫写”，而在《日记》六月八日条中有“饶心舫来，借《金石苑》去，又取《欧阳集》去”的记载[③]，正相吻合。而丛书中随后刊行的另两种《孙可之集》、《皇甫持正集》的写样也同样出自饶星舫之手。[④] 此外，更常见的还

①缪荃孙《艺风堂书札》致刘承幹一百十一，见张廷银、朱玉麒主编《缪荃孙全集》，《诗文》第2册第624页。

②按信中提及“石铭兄之《尚书》”，指的是吴兴张钧衡（石铭其字）所刻《择是居丛书初集》中的仿宋《尚书注疏》二十卷。《艺风老人日记》民国三年（1914）八月四日条有“交《尚书注疏》与饶星舫”之记载，可知此书写样者也是饶星舫。

③缪荃孙《艺风老人日记·乙卯日记》，见张廷银、朱玉麒主编《缪荃孙全集》，第3册第389页。

④缪荃孙《艺风老人日记·丙辰日记》三月二十一日载“送《孙可之集》与饶心舫”，又八月初一日“饶心舫来，交《皇甫持正集》去”，见张廷银、朱玉麒主编《缪荃孙全集》，第3册第439、457页。

是他人委托缪荃孙刻书，而缪氏又将写样、刻字等工作分别外包给饶星舫、陶子麟等人。如民国五年（1916）三月五日、六日条，有“饶心舫送《中州集》补叶来，钞资六元八角”、“寄授经饶写《中州集》补叶”，这里是协助董康（授经其字）刻仿元本《中州集》；又民国八年（1919），邵松年委托缪荃孙刻翁同龢《瓶庐诗稿》八卷，也仍然是请饶星舫写样。只不过上述诸书多未见饶、陶刊语，故后人多未加注意。

民国十年（1921），饶星舫又离开了刘承幹，北上受聘于董康。刘承幹《求恕斋日记》民国十年六月二十日条云：“夜间以饶星舫应董绶金（原注：名康，武进人，光绪戊子举人，庚寅进士，现为司法总长。许星舫在部中派一挂名差事，每月六十元）之招将进京，为之饯行。”[①] 又《徐乃昌日记》民国十年七月初一日条亦云：“饶星舫已辞翰怡，就董授经处事。”[②] 则饶星舫在是年辞别刘承幹后，曾北上受聘于董康。不过饶氏为陶湘写《儒学警悟》，大概也是在民国八年至十一年（1919—1922）间，正好穿插于缪荃孙、刘承幹、董康等人之间。显然，所谓受聘也并非专职，还是允许兼写他人书稿，因此自由度还是比较大的。

---

①刘承幹《求恕斋日记》，引自陈谊整理《嘉业堂藏书日记抄》，第414页。

②徐乃昌《徐乃昌日记》，南江涛整理，凤凰出版社，2020年，第1册第162页。

(二)从影宋钞本《联珠集》看“饶写”实例

饶星舫一生写样无数,且多为知名学者、藏书家仿写宋元旧籍,但却没有留下一部真正的写样实例。众所周知,写样本一般都会因为上版刊行而自动消亡,很少有写样本的实例留存,像“饶写”这样的名家写样更是难觅踪影。惟近日笔者在上海图书馆发现一部影宋钞本《窦氏联珠集》(索书号:线善762527,以下简称《联珠集》),据种种迹象推断,当系缪荃孙委托饶星舫影钞而成。尽管“影钞”严格来说并不能等同于写样,但其追求与底本逼似的主观意图与摹写手法,还是十分相似的,区别只在于用途而已。事实上,所谓“饶写”的概念本身也不应局限于写样,而当指所有由饶星舫精心摹写的书籍。从这个角度看,这部影宋钞本《联珠集》无疑正是考察“饶写”的一个绝佳实例。

这部影宋钞本《窦氏联珠集》共五卷,线装一册,深蓝色外函上有墨笔题签“窦氏联珠集”,其下小字作“景写宋刊本”。扉页有墨笔题字:“《窦氏联珠集》,宋刊原藏江阴缪炎之太史家,后归吴兴刘氏。其戚人蒋孟蘋乃据原刊刻入丛书中。”这里的“缪炎之太史”指的正是缪荃孙。卷首有褚藏言小序:“连珠之义,盖取一家之言,以偕列郎署,法五星如联珠。星,星郎也。诗凡一百首。”其后则分列窦常、窦牟、窦群、窦庠、窦巩兄弟五人之诗,各为一卷,卷前则系以小传一篇。卷末有王崧等跋。全书系以端楷抄写,字迹工整秀丽。半叶九行,行大字十七字,小字双行同。

白口，双鱼尾，四周单边。

此书首叶有朱印若干，自下至上分别为“江阴缪氏艺风堂精钞善本”朱文方印、“雷波”朱文方印、“李家滂印”朱文方印、“荃孙”朱文长方印、“盛铎”白文长方印、“半卷楼藏”朱文长方印、“求古居”朱文方印，卷末则有“艺风后人”白文方印、“缪禄保印”朱文方印。根据这些印章，可知此书当为缪荃孙艺风堂所钞，后曾归李盛铎、李滂父子收藏。检缪荃孙《艺风藏书记 · 再续记》，“影写本第六”中有“《窦氏联珠集》五卷”一条云：“宋本归他氏，影摹一册，聊以自娱，荛圃旧例。唐人集大出武林陈解元十行十九字本，独此集不同。”[①]所谓“影摹一册”者，当即指今上图所藏的这部影钞本。此外，笔者又在缪荃孙《日记》民国五年（1916）八月十五日条中，检得缪氏曾记载云：“饶心舫来，交宋版《联珠集》影写

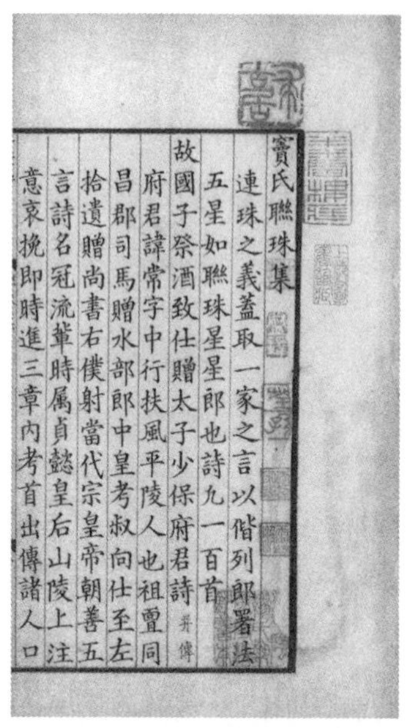
竇氏聯珠集
連珠之義蓋取一家之言以偕列郎署法
五星如聯珠星星郎也詩九一百首
故
國子祭酒致仕贈太子少保府君詩并傳
府君諱常字中行扶風平陵人也祖亶同
昌郡司馬贈水部郎中皇考叔向仕至左
拾遺贈尚書右僕射當代宗皇帝朝善五
言詩名冠流輩時屬貞懿皇后山陵上注
意哀挽即時進三章內考首出傳諸人口

图 4–4 《窦氏联珠集》五卷，饶星舫影宋钞本，上海图书馆藏

①缪荃孙撰，黄明、杨同甫标点《艺风藏书记 · 再续记》，上海古籍出版社，2007 年，第 529页。

本来。”[①] 由此可知，这部影宋本的抄写者应该正是饶星舫。

关于饶星舫影钞所据之底本，缪荃孙《艺风藏书续记》卷六“《窦氏联珠集》一册”条曾予以详细记载云：

> 宋刊本。唐褚藏言编。每半叶九行，行二十七字（笔者按：实际当为“十七字”，此误）。高六寸七分，广三寸八分。白口，单边。上有字数，下有人名，只一字。鱼尾下“联珠集”三字，诗题低三字，和诗同。衔名低四字，诗不低格。合窦氏五子常、牟、群、庠、巩为集，不分卷，无目录，析每人诗为一卷。诗首有传，即藏言所纂。后有潜夫题语及诗，又和岘跋，嵲《题记》，王崧跋。潜夫，张昭字，岘、嵲，和凝子也。刻于淳熙五年，诗作楷体，跋作行草，笔迹相似，极见古雅，疑即王崧所写以刻者。宋讳“贞”、“朗”、“跳”、“征”、“曙”、“署”、“树”、“佶”、“构”均作字不成。板刻清朗，楮印俱佳，宋刻中最精善之本……阳山顾大有旧物，归叶氏，后入士礼居黄氏，艺芸书舍汪氏，常熟瞿氏、赵氏，今归余插架。《百宋一廛赋》中物，只藏此一册而已。卷首末有“顾大有印”白文方印、“南阳叔子苞印”白文方印、“二泉”朱文方印、“下学斋图书记”朱文大方印、“百宋一廛”朱文长印。[②]

①缪荃孙《艺风老人日记·丙辰日记》，见张廷银、朱玉麒主编《缪荃孙全集》，第3册第459页。

②缪荃孙《艺风藏书记·续记》，上海古籍出版社，2007年，第379—380页。

文中对此书信息记录颇详，并盛赞其为“板刻清朗，楮印俱佳”的“宋刻中最精善之本”，可谓宝爱有加。不过，对此书后来的递藏情况以及自己获得此书的真正来源，缪氏却并没有明确交代。检《日记》，其中最早提到宋本《联珠集》，是在光绪二十七年（1901）八月四日，中云：“自诣柳门宅内，登万宜楼，观《吴郡图经续记》、《新定续志》、《联珠集》、《中兴馆阁录》、《许丁卯集》、《唐僧弘秀集》，皆宋本，极佳。”[①] 这里的万宜楼，是寓居苏州的汪鸣銮（柳门其字）的藏书楼，可知当时此书在汪氏手中，而缪荃孙曾亲眼寓目。后汪氏于光绪三十三年（1907）去世，其子不肖，藏书散出[②]，缪荃孙可能曾于暗中搜寻。其《日记》光绪三十四年（1908）十月十九日条记载云：“敏夫送《联珠集》来，又武陵春卷、《卷施阁全集》，皆敏夫物。”[③] 这里的敏夫，结合《日记》前后记载，当指苏州徐敏夫，可能是书商一类人物。[④] 换

---

①缪荃孙《艺风老人日记·辛丑日记》，见张廷银、朱玉麒主编《缪荃孙全集》，第2册第141页。

②邓之诚《骨董琐记全编·古董琐记》卷八“万宜楼”条：“汪柳门筑万宜楼藏书，其子不肖，以万五千金售之。有人见其额，诧曰：‘前定矣，不云万五楼乎？’闻者大笑。见《藕香簃别钞》。”中华书局，2008年，第282页。

③缪荃孙《艺风老人日记·戊申日记》，见张廷银、朱玉麒主编《缪荃孙全集》，第2册第530页。

④在同年稍前的十月十四日条，缪荃孙有所谓“书估送书来……还印子金《虢季子盘》、《小宛宝章》与徐敏夫……购敏夫《度人经》、《书谱》、《国初集册》、《郁氏书画记》、《卷施阁全集》，共一百五十元”的记载。见缪荃孙《艺风老人日记·戊申日记》，第2册第529页。

句话说，缪荃孙很可能是在汪鸣銮藏书散出之后，迅速从书商手中购入了这部宋本《联珠集》。后来汪氏藏书大部分都被蒋汝藻获得[①]，但宋本《联珠集》显已为缪氏捷足先登。

在购得宋本《联珠集》后，缪荃孙自是大为得意。宣统三年（1911），因辛亥革命爆发，缪荃孙移居上海，即将其藏书处命名为"联珠楼"[②]，足见他对这部宋本的重视和珍爱之情。然而数年之后，缪荃孙的经济状况每况愈下，最终无奈在民国五年至六年间（1916—1917）将这部《联珠集》连同其他一批宋本，转售给了刘承幹。在当时致刘承幹的一通书信中，缪荃孙曾云："弟书，宋刻十四种，名钞四种，价二万元，扣去一千元，议定候款到发书（原小字注：内一种在磋商）。兄如留，何妨留之。"[③]下列书目详单共十八种，其中宋本《联珠集》赫然在目，还特意注明"最著名"。此札系年不详，不过叶昌炽在其《缘督庐日记》"民

①按吴昌绶曾致函缪荃孙云："孟苹（蒋汝藻）以万四千元，与友人分买苏州书颇多，读示方知是郎亭故物。师所指数种，皆归安吴氏物，柳门非巧取，即豪夺，今亦有出门之一日，可喜可感。"据信中"读示"、"师所指"云云，可知缪荃孙一直在关注汪氏藏书的动向。见钱伯城、郭群一整理《艺风堂友朋书札》吴昌绶第九十六函，上海人民出版社，2018年，下册第1115—1116页。

②郑逸梅《艺林散叶续编》："缪艺风居海上虹口联珠楼，以得宋刊窦氏《联吟集》而名。楼上下五楹，藏书十一万卷，三万馀册，触目皆佳籍也。铭心之品，则置于卧内。"中华书局，2005年，第123页。

③缪荃孙《艺风堂书札》致刘承幹第一百六十，见张廷银、朱玉麒主编《缪荃孙全集》，《诗文》第2册第640—641页。

国五年八月初五日”条亦曾记载此事云：

> 艺风以精椠易米，翰怡持函目见示，以宋刻《尚书正义》二十卷、《新唐书》二百五十五卷为巨擘。《圣宋文选》，有荛圃跋；《庶斋老学丛谈》，明钱功甫钞本；又有唐《窦氏联珠集》，宋《范文正》、《吕东莱》两集：共宋本十四种、钞本四种，直二万元，不敢赘一辞。[①]

据此可知，缪荃孙打算售让这批书的时间，可能在民国五年（1916）八月前后。又刘承幹《求恕斋日记》民国六年（1917）五月二十五日条云：“周梦坡来，为筱珊售书事，于是日谈妥，共约一万一千元。”又六月二十日条云：

> 午后缪筱珊来，长谈而去。伊于四月间托醉愚来说，备述近况渐艰，欲以所藏宋元椠本十馀种让售予余，去岁曾与余面谈。此项书籍本与袁抱存有成约，计值二万元，让售与余特改为一万八千元，今则让至一万五千元。余托人将书单估价，约值六七千元。嗣又托孟坡来谈，余初还价一万元，书则较去岁所谈时亦少数种矣。其书为：……宋淳熙刊本《窦氏联珠集》（此系士礼居藏书，见《百宋一廛赋》注）……其洋已于今日付清。[②]

据此可知，民国五年（1916）二人议价未成，又于次年四月至五月间反复再作商议，最终刘承幹以一万一千元之价成

①叶昌炽《缘督庐日记》，第12册第7809—7810页。

②见刘承幹《求恕斋日记》，以上均转引自王茜《嘉业堂藏书聚散考》，复旦大学古典文献学2005年博士学位论文，第42—43页。

功购得这批宋本。只不过根据刘承幹所列书目看，书的数量减少为宋刻本十二种、钞本四种，但《联珠集》仍在其列。此外，叶昌炽在其民国六年（1917）四月十五日的日记中，也提及他在刘氏家中看到了这部《联珠集》：

休息至晚，赴翰怡之约。钝斋外，尚有佩鹤、子培、彊村、履樛、夔一、益庵，宾主共九人。主人出宋椠书共赏，《窦氏联珠集》最精，有顾大有藏印，又有"百宋一廛"及"荛圃藏书"诸印。钱叔宝手钞《华阳国志》，南宋刻《尚书孔传》附释音重言重意本，其次赵善璙《自警编》、真西山《大学衍义》，元明间刊本，闻皆艺风老人物，欲归翰怡，而谐价未成也。①

显然，早在是年四月，包括《联珠集》在内的这批书就已经到了刘承幹手中，只不过正式付清书款，则要到六月以后了。

回头再看饶星舫影钞此书的时间，其在民国五年（1916）八月十五日完成影钞工作，几乎与议售之事同步，足以证明影钞之举正是缪荃孙为售让此书所作的准备。由此可知前引缪氏自记"宋本归他氏，影摹一册，聊以自娱"云云，绝非泛泛之语，其中的抱憾沉痛之情可谓是见于言表。值得一提的是，这部宋本《联珠集》在归刘承幹后，大概在二十世纪三十年代又转售给了潘氏宝礼堂，随后又在1951年由潘世兹主动捐献给国家，现收藏于国

①叶昌炽《缘督庐日记》，第12册第8014—8015页。

家图书馆善本部,并影印收入《中华再造善本》。[①] 检影印本,缪氏所记各名家藏印俱赫然在列,版式、避讳等亦相吻合,可知正是缪荃孙当年所收藏的这一部。至此,缪荃孙曾经宝爱的宋刻本与聊以自娱的影钞本都见存于人世,可谓幸甚。

（三）影宋“失真”之议:“饶写”、“陶刻”孰之过?

上海图书馆郭立暄曾撰《陶子麟刻〈方言〉及其相关问题》一文,专门讨论陶刻影宋元本“失真”的问题,并通过大量的实物举例与文献论证,认为陶刻中普遍存在的“脱离底本原貌、自成一体的倾向”,“可能与饶星舫的写样有直接关系”。[②] 作者版本学素养深厚,不仅提出的问题极具代表性,而且很多论述也非常细致精到,给笔者带来很大启发。不过郭文在撰写之际,可能并不知道有《联珠集》这样一部“饶写”实例存世,所以关于饶星舫的讨论似未能作充分的展开。因此笔者就尝试继续围绕郭文所提出的问题,对“饶写”、“陶刻”及其在影宋过程中所出现的“失真”现象展开一些讨论。

正如前文所述,宋刻本《联珠集》与“饶写”影宋钞本俱存,因此我们可以很直观地将两部书并视,同异之处,可谓一览无馀。

---

①参见王茜《嘉业堂藏书聚散考》,第101—102页。

②《文献》2011年第1期。

竇氏聯珠集
連珠之義蓋取
五星如聯珠星
故國子祭酒致仕
府君諱常字中
昌郡司馬贈水
拾遺贈尚書右
言詩名冠流輩
意哀挽即時進

竇氏聯珠集
連珠之義蓋取
五星如聯珠星
故國子祭酒致仕
府君諱常字中
昌郡司馬贈水
拾遺贈尚書右
言詩名冠流輩
意哀挽即時進

《窦氏联珠集》
上：宋淳熙刻本
下：影宋钞本

图 4–5　《窦氏联珠集》对比图

通过对比，不难看出两书还是比较相似的，乍一看实难分彼此，确属用心“影钞”之作。但若细细比较，则还是有不少出入，并非纤毫不差。首先就内容而言，经校勘后，发现钞本至少出现了八处文字上的明显失误。第一是叶一 b 行三的“佶”字，宋本避讳缺末笔，而钞本疏忽未缺笔；第二是叶六 b 行三的“官”字，钞本误作“宫”字；第三是叶十六 a 行七“尽”字，宋本有残缺，钞本补作“益”字，误；第四是叶二十八 b 行八“挥”字，钞本作“禅”字；第五是叶三十一 b 行一“奉”字，钞本作“琴”字；第六是叶三十二 b 行七“莺”字，钞本作“鸶”字；第七是叶三十三 a 行九“鸟”字，钞本作“马”字；第八是叶四十四 b 行九

“天”字，钞本作“夫”字。其他以异体写法出现的，则更是不一而足。

其次就字形结构等而言，细细比较也有不小的区别。宋本字形整体略扁方，而影钞本稍显修长；结构上宋本内收而外放，呈现出欧体的风格特点，而影钞本则略为板滞拘谨，整体上看更显端整规范一些。具体到每个字的点划细节上，更是有不小的差异。如图4–5所示，第五行的“马”字，宋本横画间距较小，折笔略有弧度，最下四点俱为右点；而影宋钞本则横笔基本等分，折笔平直无弧度，最下四点基本处理成垂点；又第八行的“名”字，宋本长撇飘逸修长，而影钞本则短而平直，其他笔画亦各不相同。诸如此类，可谓举不胜举。由此可见，所谓“饶写”确实存在“失真”的现象。

而这一“失真”的现象，也同样存在于由饶星舫写样的其他影宋刻本之中。例如饶星舫为刘承幹写样的“前四史”，刘氏就似乎不太满意。其在致陶子麟的信函中，曾多次重申需“与原本无二”，不如意处还要求重刻。其中民国七年（1918）四月廿五日、五月望日两函中，更先后指出“其中字画与原本参差不同处，约有数百张之多。按之体例，必须重刻”、“其当日未照原本影写者，万难将就，当即逐一检出，请执事重刻，以归一律”。[①] 其中后一函更将矛头直接指向饶星舫的写样，认为其未照原本影写，且

①参见陈谊《嘉业堂刻书研究》，第25—26页。

到了“万难将就”的地步。而即便经过刘承幹的严格把关，此“前四史”的“失真”问题仍然颇为明显。郭立暄曾对其中之一《史记集解》的“失真”现象有过十分精彩的阐述：

> 原本有原版、补版之分，且补版过多次，绍兴原版字体浑厚端凝，南宋中期补版字体方整，元补版字体圆活，明补版字体软弱，各自不同，而刘刻自首彻尾，书体一致，为陶派固有面目。这些证据提醒我们，陶子麟刻书“太标致”的风格，可能与饶星舫的写样有直接关系。[①]

作者从补版字体当与原版不同的角度，指出此书版刻“自首彻尾，书体一致”的问题，并认为症结可能出在饶星舫的写样上，这一看法显然是切中肯綮的。从“饶写”《联珠集》这一实例来看，尽管表现得并没有那么明显，但饶星舫的影写相比底本确实要显得端正、整齐很多。

而除了字体面貌趋于端正、整齐之外，郭立暄认为“饶写”还有一个比较大的“失真”表现，就是“棱角分明”、“锋芒毕露”。如其举饶写、陶刻之《东坡七集》、《花间集》，认为“字体棱角分明，失去原本流丽的韵味”；同时又举陶子麟刻翻元本《大戴礼记》为例，认为其“较原本更为秀逸，与上举各本的锋芒毕露不同”，因此“很可能并不是由饶星

①郭立暄《陶子麟刻〈方言〉及其相关问题》，《文献》2011 年第 1期。

图 4–6 各本字体对比图

舫来写样的”。[①]不过，这一点窃以为或有待商榷。从“饶写”《联珠集》这一实例看，虽然部分笔画在转折、停顿处也出现了“棱角”与“锋芒”，但总体来看并不是非常突出，与《东坡七集》那种有如刀削一般的锋锐之感完全不同。为了更好地说明问题，我们不妨拈出上述几个版本中的若干文字进行具体的对比，就能很好地说明从底本到影写再到刊刻之间所出现的差异。

尽管上述四组字例并不能完整对应并呈现一部书从底本到写样再到刻成的变化过程，但通过对比，仍可大致判断所谓“棱角分明”、“锋芒毕露”的现象，主要还是发生在“影刻”这一组字例中：部分笔画被人为地拉直，横笔收尾处呈现明显的三角形，“之”上一点也直接变成了毫无手

①以上俱见郭立暄《陶子麟刻〈方言〉及其相关问题》。

书韵致的三角形。这些对笔画的处理方式，显然带有非常明显的方体字的程式化特征。而刻工下刀时不掩锋芒，也是简化运刀步骤、追求刻书效率的一种表现。当然，《东坡七集》是饶、陶合作初期的作品，并不算最臻成熟之作；且我们没有看到饶星舫的写样底稿，也很难遽下结论说这一定不是饶氏所造成的。只不过从实际的书法实践来看，除非书写时刻意为之，否则要达到《东坡七集》这样的锋锐效果，恐怕也并不容易。在清代版刻史上，雍正年间由邓弘文写样的《淳化秘阁法帖考正》、《冬心先生集》就是这种刻意露出锋芒的典型代表，但其为无所依傍、空手仿宋，与《东坡七集》自又不同。

因此，在笔者看来，在清末民初以饶写、陶刻为代表的影宋刻本"失真"的问题上，就字体端整、风格雷同这一点来说，写样者显然难辞其咎；然就棱角分明、锋芒毕露这一点来说，刻工恐怕还是要承担其主要责任。不过，虽然看上去都有问题，但写样纯以人力摹写，在照顾效率的同时还要如出一辙，实有难度；而刻木则可依样而行，只要经验丰富且多所用心，锋芒问题实可避免。因此，从时人的态度来看，对陶子麟的批评似乎也更多一些。刘承幹在面对影刻"前四史"中出现的问题时，即较少责难于饶星舫，而是常常敦促陶子麟在授梓时"慎选好手"：

> 自尊处承办仿宋影刻以来，业已刊成七册，字画端整，迥异寻常。惟持原本两两相较，则软弱殊甚，盖弟亦明知追摹古刻，既非易事，而字形略大，剞劂尤

难,殆亦无怪其然也。此后授梓,还祈执事慎选好手,俾可逼肖,固鄙处之幸,亦执事之名也。(民国四年十二月初二日函)[①]

可见在刘承幹看来,只要能严格选择优秀的刻工,还是能做到"逼肖"的。可与之相印证的正面案例也有不少。如同样出自陶子麟刻坊的《大戴礼记》,就能够做到不露锋芒,这其中除了写样者的原因外,恐怕也跟陶氏严格把控刊刻质量有很大关联。吴昌绶也曾提到其所刻影宋本《琴趣外篇》,在得到缪荃孙的着意"调度"以后,"竟比原写本整洁可观",令其大为惊喜。[②] 由此可见,在当时的出版者眼中,写样者固然重要,但刻工的优劣似更为关键。

(四)馀论:对"存真"的权衡与妥协

饶星舫影钞的这部《联珠集》,缪荃孙为了自娱留在身边,故未予上版刊行。而其底本在归刘承幹后,似又曾转手其戚人蒋汝藻(一说借与),并由蒋氏在民国十三年(1924)影刻出版,即著名的"密韵楼影宋七种"之一。这套丛书系蒋氏委托董康在北京刊行,承刻方为刘春生文楷斋[③],而写样者则不知何人。惟就密韵楼本《联珠集》的刻印效果来看,其逼真程度大大超越饶星舫的影宋钞本,可以说是真

---

①转引自陈谊《嘉业堂刻书研究》,第25页。

②分别见钱伯城、郭群一整理《艺风堂友朋书札》吴昌绶第四十四、四十八函,下册第1080、1082页。

③可参考黄正雨《湖州藏书家蒋汝藻考略》,收入王绍仁主编《江南藏书史话》,上海古籍出版社,2009年,第624页。

正意义上的“影刻”。如此惊人的效果，难免令人猜测是否非人工写样，而是以摄影复制的方式上版覆刻。后承蒙复旦大学图书馆王亮先生惠赐线索，笔者在蒋汝藻致王国维的两通书信中，找到了与这套丛书刊刻有关的信息：

> 《新定续志》数行颇有古拙之趣，似较陶刻为高。惜钩刻费过大，只可择不能影写者试为之，若《吴郡图经续记》则必钩刻不可矣。《韵语》、《歌诗编》二种，即将珂罗版覆刻，现亦动工。目下已开刻者四种，《吴郡图经》则尚在钩摹中，以意度之，似应胜于刘、张之漫不经心者，特不知其能否始终必一耳。《青山集》影片亦已交来，现正就欣木核算石印打样之成本，大约年内亦须动手也……八月十四日灯下。（第九通）
>
> 现印《青山集》，成本极贵。锌板落石，即以上版，每部印本（原注：只印十部）须百元外，可谓好事矣。若十部销罄，则石印费可收回，不知能如愿否？……初四灯下。（第十三通）[①]

根据蒋汝藻信中所说，则《密韵楼丛书》中之《吴郡图经续记》为钩摹写样上版，《草窗韵语》、《李贺歌诗编》为珂罗版覆刻，《青山集》则为照相石印。虽然没有明确提及《联珠集》系以何种方式上版，但从最终效果看，很可能也是

①国家图书馆古籍馆编《国家图书馆藏王国维往还书信集》下辑“诸家来札·蒋汝藻”，中华书局，2017年，第2190页。

以珂罗版或照相石印的方式来上版的，这就大大提高了写样的精准度，避免了人工写样所必然会造成的“失真”。而经过校勘，我们也可以确证其不仅没有出现像影钞本那样的内容错误，而且在字形结构与点划细节上也做到了“逼肖”，基本上达到了“影刻”的标准。

然而，既然能以先进的平板印刷技术高度还原底本的原貌，又为何还要上版覆刻？换句话说，在“存真”的目的业已实现的前提下，为何还要费钱费力去做有可能导致再次“失真”的工作？这就不禁让我们思考，“存真”是否是出版者在再现古籍时的惟一目的。由此回想到此前提到过的种种“失真”之书，恐怕也不能仅仅以写手、刻工之优劣而简单论定之。如刘承幹影刻《史记集解》之际，写样者饶星舫就住在刘承幹家中，且主宾二人曾就此书互相讨论[①]，因此对于其中存在的补版以及写样“失真”问题，刘承幹很可能是心知肚明甚至默许的。这其中的原因当然很多，但有一点可以确定的是，忽略补版字体不一的问题能让整部书看起来更加整齐美观。换句话说，如果从审美的角度来看，“前后如一”就是优点而非缺点了。与此相类似的是缪荃孙主持的翻宋刻本《方言》、翻明成化刻本《东坡七集》，其底本皆漫漶不清，如果真的完全依底本原样摹刻，恐怕也不见得能令人赏心悦目。因此，吴昌

①刘承幹《求恕斋日记》民国四年八月二十九日条云：“饶星舫交来子麟所刊景宋《史记》红样，出甘翰臣所藏《史记》示之，互相评看。”上册第254页。

绶在致缪荃孙信札中，曾提出影宋写样必须“整齐”方能上版刊刻：

> 袁抱存夫人所摹宋本《于湖词》，仍须景写一过，方能上版。原摹用旧纸，佳墨界格，至精美，甚可惜，又须老于景宋者为之整齐，始可刻。①

这里提到袁克文（抱存其字）夫人影写宋本《于湖词》，精美却不够整齐，需要职业写手再为之影写方可上版。吴昌绶在文中只强调“整齐”而非逼真，也足以说明整齐美观是衡量影宋质量的一个重要标准。这恐怕也是缪荃孙、吴昌绶等人对饶星舫、陶子麟“太标致”的风格尚能加以容忍的重要原因之一。②

而上述现象也提醒我们，在传统出版者复制古籍的活动中，有时可能并非一味追求“存真”而不重视包括形式美观、内容准确等在内的其他方面。日本学者乔秀岩曾在《古籍整理中的存真标准问题》一文中，讨论中国古籍在复制时所采取的各种手段与技术，以及在这些手段、技术背后所隐含的出版者对待“存真”问题的不同态度。他认为：“清代覆刻本的目标并不只是制作底本的复印本，而是要提供适合学者阅读的精良版本，要制作比底本更好、更理

①见钱伯城、郭群一整理《艺风堂友朋书札》吴昌绶第九十二函，下册第1113页。

②按“陶子麟所刻太标致（原注：此吴谚），已成一派，无可献疑”之说，本就出自吴昌硕致缪荃孙的书信，可见二人对陶氏的问题可谓一清二楚。见《艺风堂友朋书札》吴昌绶第四十四札，下册第1080页。

想的新版本。"[1] 这种新版本,应当既有内容上的精益求精,也有形式上的尽善尽美,还有便于传承普及等流通上的诉求,而并不仅仅局限于"存真"一途。当然,最理想的境界自然是"真"、"善"、"美"俱存。就好像密韵楼影刻的《联珠集》,其在以照相手段实现求真的同时,还利用雕版印刷改善、补正了宋本原来所存在的漫漶不清与文字残缺之处,可以说是比底本更为精善、美观之本了。

然而限于人力、财力乃至技术等种种原因,大多数情况下,这种对完美的追求并不能尽如人意(例如傅增湘请陶子麟影刻的《方言》,就既没有在内容上也没有在形式上做到尽善尽美),因此出版者只能在反复权衡之后在某些问题上作出让步与妥协。即如"饶写"与"陶刻",虽然明知其必然会"失真",却也代表了当时不借助现代技术而仅凭人力所能达到的最高水准,也见证了这些出版家在古籍的复制与流传上所倾注的巨大热情与不懈努力。

饶星舫写样书目:

1. 《东坡七集》一百十卷,(宋)苏轼撰,光绪三十四年至宣统元年端方宝华庵刻本。"黄冈饶星舫影写,陶子麟摹镌"。
2. 《宸翰楼丛书》八种,罗振玉编,宣统三年刻本。写样,

①乔秀岩《古籍整理中的存真标准问题》,收入[日]乔秀岩、叶纯芳著《文献学读书记》,生活·读书·新知三联书店,2018年,第60—61页。

饶星舫；刻工，陶子麟。罗继祖《鲁诗堂谈往录·我家写书人》第379页。

3.《元人选元诗》五种二十八卷（包括《河汾诸老诗集》八卷、《国朝风雅》七卷杂编三卷、《大雅集》八卷、《敦交集》一卷、《伟观集》一卷），罗振玉编，民国三年刻本。《大雅集》末云“黄冈饶星舫写于沪上，甲寅八月”。

4.《三唐人集·欧阳行周文集》十卷，（唐）欧阳詹撰，民国四年缪荃孙刻本。“乙卯秋七月黄冈饶星舫写”。

5.《风月庐诗稿》一卷，（清）徐焕谟撰，民国四年徐晓霞刻本。“黄冈饶星舫写”。

6.《嘉业堂金石丛书·邠州石室录》三卷，（清）叶昌炽撰，民国四年刘承幹嘉业堂刻本。“乙卯仲秋黄冈饶星舫写于沪上”；刻工，陶子麟。

7.《嘉业堂影宋四史》，（汉）司马迁等撰，民国四年至十五年刘承幹嘉业堂翻宋刻本。“黄冈饶星舫影写，自乙卯夏至丙辰秋书竟”；刻工，陶子麟。《缪荃孙全集·艺风堂书札》致刘承幹一百十一、《嘉业堂刻书研究》第25—26页。

8.《涧于集·奏议》六卷，（清）张佩纶撰，民国六年张志潜刻本。“岁在丁巳黄冈饶星舫写于沪上”。

9.《寐叟乙卯稿》一卷，（清）沈曾植撰，民国六年刻本。“丁巳首夏饶星舫写，苏文铭斋郑子兰刊”。

10.《瓶庐诗稿》八卷，（清）翁同龢撰，民国八年刻本。写样，饶星舫；刻工，陶子麟。《缪荃孙全集·戊午日记》

第 106 页。

11. 《儒学警悟》七集,(宋)俞鼎孙、俞经辑,民国八年至十一年陶湘刻本。“黄冈饶星舫写,京都文楷斋刻”。
12. 《涧于集 · 诗》四卷,(清)张佩纶撰,民国十年张志潜刻本。“黄冈饶星舫写”。
13. 《营造法式》三十六卷,(宋)李诫撰,民国十四年陶湘刻本。“深州贺新赓、秦渭滨图说,武进刘南策影绘,黄冈饶星舫缮写”,“缮写黄冈饶星舫,绘图任丘吕茂林、大兴贾瑞龄”。
14. 《择是居丛书初集 · 尚书注疏》二十卷,(汉)孔安国传、(唐)孔颖达疏,民国十五年张钧衡刻本。写样,饶星舫。《缪荃孙全集 · 诗文》第 2 册第 624 页。
15. 《百川学海》十集一百卷,(宋)左圭编,民国十六年至十九年陶湘刻本。写样,饶星舫。陶湘自序。

第五章　融合与分化：刻工与版刻字体的程式化进程

以雕版印刷的方式出版的书籍，其版刻面貌往往会受到多种因素的影响。一般来说，出版者是其中起主要作用的一方。特别是追求刻印精良的官方与私家出版者，他们往往会不惜投入大量的财力与精力，以使所刻书籍最终能够呈现出他们期望的样貌。也正因为此，传统文献学在著录一部书籍的时候，往往会将出版者视为该书之刊刻主体，如徐乾学刻《通志堂经解》、胡克家刻《文选》等。这样做当然是有一定道理的，也有助于我们通过出版者的籍贯、身份等信息，来迅速判断一部书籍大致的刊刻情况。然而我们也必须意识到，当出版业逐渐向着高度商业化的方向发展时，出版者的权威地位难免就会受到一定程度的削弱。特别是以"承刻承印"为主要经营模式的刻字店在清代日渐兴起之后，无论是官方还是私人刻书家，都开始习惯于将刻书业务外包给这些刻字店，当其享受着从写样到装订全套流程式服务的同时，也在一定程度上丧失了对书籍的管理与控制权。除了拖沓延期、讨价还价等常见问题外，更为重要的影响似乎还是反映在版式字体等层面。

如上一章第三节中所讨论的关于饶星舫、陶子麟覆刻宋元版书走样的问题，就值得我们关注。事实上，饶、陶刻书走样的程度说到底仍然是比较轻微的，只是借由这个例子，我们或当重新审视写样者与刻工对于版刻字体的影响。特别是在刻书业务大量外包的背景下，工匠们对于字体的程式化改造甚至会改变一时一地的版刻风气。

有鉴于此，本章即试图从上述问题入手，一方面对清代的“宋字”、“欧字”、“软字”这三种具有程式化特点的版刻字体加以梳理与分类，明确其在印刷字体发展史中的重要地位，特别是与近代通行的印刷字体“宋体”、“仿宋体”、“楷体”之间的联系；另一方面，也尝试通过对几个典型个案的分析，来探讨写样者与刻工在这些字体的程式化进程中可能产生的作用与影响。

第一节　清代“宋、欧、软”三分格局的出现与发展

以雕版印刷方式出版的书籍，其版刻面貌往往会受到多种因素的影响，而字体则是其中最为重要的因素之一。在宋元及明代前期，刻书都是用手写体，虽亦不乏僵化板滞的坊刻作品，但总体上说还是保持了书法的基本韵致。明代中期以后，则开始出现一种横轻竖重、方整规范的程式化字体，一般称之为“宋(体)字”，也有“肤廓字样”、“匠体”等别称，并逐渐呈现出与手写体分庭抗礼的强大态势。因此，后人在讨论明中期以后的版刻字体时，常会用“宋

体”、“写体”这样的两分法来作简单的区分。

而到了清代，随着印刷业的持续发展，版刻字体的表现形态变得更为多样和复杂，因此用传统的两分法来界定或描述其版刻字体，难免有时会显得过于简单和笼统，甚至不够准确。有鉴于此，本节通过对学术史的梳理和相关文献材料的发掘与考订，对清代存在的几种具有程式化特点的版刻字体加以梳理与分类，尝试打破原有的“宋体”、“写刻”二分的格局，将“欧字”、“软字”从笼统的“写刻”中区分出来，以形成一种三分的新格局。

一、学术史的梳理：版刻字体的两分体系

对版刻字体以两分之法加以明确的对举分类，最早似乎可以追溯到康熙朝。有文献称，康熙十二年（1673）康熙帝在敕修《文献通考》之序文中提出：“此后刻书，凡方体均称宋字，楷书均称软字。”[①] 如果材料确凿可靠，那么这就是以官方命名的形式，首次将清代版刻字体明确划分为“宋字”与“软字”这两大基本类型。不过，即便没有官方的正式诏告，这样一种两分法的体系框架也在事实上得到了后世学者的基本认同。特别是在讨论明中期至清代的版刻字体时，都会作类似的区分。如叶德辉《书林清

①陶湘《清代殿版书始末记》：“康熙一朝，刻书极工。自十二年敕廷臣补刊经厂本《文献通考》脱简，冠以御序：‘此后刻书，凡方体均称宋字，楷书均称软字。’”收入陶湘辑《武进陶氏书目丛刊》，民国二十二年铅印本。但此御序笔者尚未找到。

话》云：

> 今世刻书字体，有一种横轻直重者，谓之为“宋字”；一种楷书圆美者，谓之为“元字”。[①]

这里所谓“元字”，其实是“圆美”楷书体的通称，以与“宋字”对举。又如屈万里、昌彼得《图书板本学要略》云：

> 清代一般书刻，其字体沿晚明旧规，大率皆匠体字……康雍以还，覆刻宋元本之风复盛。于是自刻诗文集，亦多有精楷上板者，此在清初，谓之软体字；今人所谓写体字也。[②]

则分为“匠体字”与“软体字”。张秀民《中国印刷史》的说法与之相近：

> 清代印刷体最盛行的，仍是沿用明代的方体字，俗称“宋字”或“宋体”，又名“仿宋字”，又称“硬体字”，又称“匠体字”，其实与宋版的宋字毫无相同之处……与宋字并行者，有一种“软字”，实际上是一种正楷的书写体，比较美观。[③]

此外如程千帆、徐有富《校雠广义·版本编》分“宋体字”、“软体字”[④]，黄永年《古籍版本学》分“方体字本”、

---

①叶德辉撰、紫石点校《书林清话》卷二“刻书分宋元体字之始”，第42页。

②屈万里、昌彼得《图书板本学要略》，（台北）中国文化大学出版部，1986年，第79页。

③张秀民《中国印刷史（增订本）》，第506页。

④程千帆、徐有富《校雠广义·版本编》，齐鲁书社，1991年，第352页。

"写刻本"[①]，曹之《中国古籍版本学》分"软体字本"、"硬体字本"[②]，李清志《古书版本鉴定研究》也分"软体字(指书写体)"与硬体字(指宋体字)[③]，严佐之《古籍版本学概论》分"宋体字"、"写体字"[④]，陈正宏、梁颖《古籍印本鉴定概说》分"宋体"和"写体"[⑤]。诸如此类，不一而足。

不难发现，上述关于明清字体的论述，虽体系大致相同，称谓却复杂多样。其中涉及方体字的称谓，就有"宋(体)字"、"匠体字"、"仿宋字"、"硬体字"、"方体字"等，此外还有"肤廓字样"、"明体字"等。[⑥]如果具体到不同的时代，则又有细长方、长方、正方、扁方等等不同的字体形态。对此，辛德勇曾云："万历以后广泛通行的方体字，粗看颇似千字一面，其实在大同之中固有小异。"[⑦]不过所谓"小异"，仍然是建立在"大同"的基础之上，亦即以"横轻直重"为主要笔划特点，以规范方整为主要结构特征的字体

①黄永年《古籍版本学》，第150—154页。

②曹之《中国古籍版本学》，武汉大学出版社，2007年，第40页。

③李清志《古书版本鉴定研究》，第5—6页。

④严佐之《古籍版本学概论》，华东师范大学出版社，2008年，第134—135页。

⑤陈正宏、梁颖《古籍印本鉴定概说》，上海辞书出版社，2005年，第40页。

⑥参见张抒《美哉宋体字》第三章第四节《宋体字的名目》，重庆大学出版社，2013年，第209—234页。

⑦辛德勇《简论清代中期刻本中"方体字"字形的地域差异》，《中国典籍与文化》2012年第1期。

面貌，这一点是基本得到学界的普遍认同的。因此，将这类字体称为“方体字”可能更为准确一点。不过，由于传统叙述中使用更多的仍为“宋(体)字”，且又有“宋字”、“软字”、“欧字”对举的称法，因此本书在论述中有时也会沿用“宋字”这一名称，惟加引号以表示专指。

至于手写体，虽然看上去名目不如方体字繁多，只有“元字”、“软(体)字”、“楷体”、“写体”等几种称谓，实际上却更为复杂。因为手写体多欲表现书法之韵致，而书法作为一种艺术，在形式上又往往呈现出各种面貌。其中就书体而言，既有最常见的楷书，也有行书、隶书、篆书等；就楷书而言，又有欧体、柳体、颜体、赵体等不同字体；而就字体形态而言，又有方劲、瘦硬、圆美、丰腴等各种形态，可谓变化多端。因此，如果一定要用一个名词加以概括的话，只能称之为“写体”或“手书体”，其他诸如“元字”、“软字”、“楷体”等称谓，实际上都只能涵盖其中某一种类，而不能指称其全体。

与之相关联的，还有“写刻(本)”这一概念的产生。理论上说，这个概念至少要晚至明中叶“宋字”出现以后才会产生，因为在此之前所有的刻本都是写刻本。而事实上，“写刻”一词在很长一段时间内都是一个并列结构的词组，意指书写(或写样)与刊刻，而很少像现在一样是一个偏正词组。就笔者浅见所及，咸丰年间叶名澧(1811—1859)曾有“明万历时茹天成懋集写刻《楚词》

本”之语[①]，这里的“写刻”有“某某写样之刻本”的含义，可能是将“写刻”用作偏正结构的较早案例。其后开始有意识地使用类似表达的，是晚清一些版本目录学家的著述，如张之洞《书目答问》有“倪霱写刻本”《明文在》、“许梿写刻本”《六朝文絜》，又丁丙《八千卷楼书目》则著录有“余秋室写刊本”《志雅堂杂钞》、“林佶写刊本”《渔洋山人精华录》等。不难发现，早期所谓的“写刻（本）”概念，其重点还是在于名家写样，而并未侧重于阐明其与“宋体”之区别。这一观念在一定程度上也影响了后世的部分学者。如瞿冕良《中国古籍版刻辞典》即云：“（写刻本）一名写刊本，和精刻本的意义相近。但写刻本的书稿，出于名人手笔，照例都把书写者的姓名刻在版上印出。”[②] 结合其后所举如郑燮写《板桥集》、林佶写《渔洋山人精华录》等例子，可知其也是将“写刻本”理解为名家写样刻本。

当然，如今学界中更为通行且比较符合实际的看法，是将所有以带有书法韵致的手写字体上版刊刻的古籍都视为写刻本，以区别于明中叶以后的“宋字”刻本，因此与字体上的“两分法”是一脉相承的。如刘乾在《浅谈写刻本》一文就曾定义云：

---

①见叶名澧《敦夙好斋诗全集・续编》卷十《端木子畴埰借余所藏萧尺木离骚图刻本以酒见饷并系以诗次韵奉答》诗中夹注，此卷编年“戊午十一月至己未三月”，此诗又为该卷第一首，故当作于咸丰八年戊午（1858）。光绪十六年刻本，《续修四库全书》第1536册。

②瞿冕良编著《中国古籍版刻辞典（增订本）》，第175页。

> 我们可以这样说：只要字体是肤廓方板的，横轻直重的，就是明列书写人姓名，刻印俱精，也不叫写刻本。仅写序跋，全书也不叫写刻本……反过来说，只要字体是波磔笔意的正楷行草以及篆隶，就是不知书者谁何，也都是写刻本。①

这里实际上就摒弃了以写样者身份来区分写刻本的做法，而强调要从字体本身入手。只不过在具体的字体风格上，刘乾所持的标准似比较严苛，认为“胡克家所刻宋本《李善注文选》，也是许氏（按：指许翰屏）所写，仍是一种专门上板的字体，虽无横轻直重的畸形，而斩方板滞，还不能算是写刻本”，这里实际上是将部分翻宋刻本也排除在“写刻本”之外，这就不太符合通行的看法。更何况胡刻《文选》还属于翻刻本中的上乘之作，如将之剔出“写刻本”的范畴，则清代绝大多数翻宋元本恐怕都不能算作“写刻本”了。

综上所述，就历代版刻字体最主要的发展方向而言，将其两分为“方体”与“写体”，总体上看还是比较允当的。不过，由于绝大多数的版本学著作都详于宋元明各代，而略于清代，因此当我们进入清代版本学的视域，想要针对一些细部问题展开探讨时，又常常会觉得这种“两分法”过于笼统。特别是其中变化多端的“写体”，如果统统归为一类，并简单冠以“楷书精刻”、“精写精刻”等含糊其辞的描

①刘乾《浅谈写刻本》，《文物》1979 年总第 11期。

述，就难免失之粗率。有鉴于此，对清代版刻字体中的“写体”再作进一步的划分，或者仍然是非常有必要的。

二、文献记载中“宋、欧、软”三分格局的出现

在康熙十二年（1673）对字体进行“宋、软”分类之后，武英殿在刻书时又开始尝试将其中的“软字”作进一步区分。至晚在道光二十年（1840）前后，在《武英殿造办处写刻刷印工价并颜料纸张定例开后》（以下简称《定例》）中，又出现了另一种“欧字”的称法：

> 写书内宋字每千工银二钱，欧字每千工银四钱，软字每千工银三钱。写图内小字不拘宋、软字，每千工银三钱。写书签大字每千工银三钱，小字每千工银二钱。写宋、欧、软等字，较书内字或大，临期酌定。
>
> （刻）书内宋字每百工银八分，欧字每百工银一钱六分，软字每百工银一钱二分。刻图内小字不拘宋、软，每百工银一钱二分。刻清、汉篆字每个工银七厘。刻篆文音释字每百工银一钱二分。
>
> 以上如刻用枣板加倍。刻宋、欧、软等字，较书内字或大，临时酌加。[①]

---

①见《武英殿造办处写刻刷印工价并颜料纸张定例开后》，收入陶湘《武进陶氏书目丛刊》，民国二十五年铅印本。此档案后被收入翁连溪编《清内府刻书档案史料汇编》下册第722—737页，但因缺字甚多，故还是以陶湘之本为准，同时参考刘蔷在《清华园里读旧书》的部分引文。

按《定例》最后附有几份禀文,内容多为历年对《定例》的修订意见,其中最后一份的署款时间为"道光二十年正月";又据刘蔷考订,此《定例》"底本是现收藏于中国国家图书馆的《武英殿修书处报销档案》,不分卷,由清武英殿修书处编,清道光二十年(1840)武英殿修书处抄本"[①]。根据这些信息,可知《定例》所记载的内容不会晚于道光二十年(1840)。实际上可能还要更早。因为在上述禀文中,还有一份署款时间为"嘉庆十六年九月二十八日"者,其中云:

> 据刻字头目胡佩和等呈称,本殿向例刊刻各种书籍板片,每百工银捌分,缮写宋字,每百字工银二分。每日刻名仅每字百拾馀个,写宋字肆百馀个,每日只领工钱捌玖分不等,均系康熙年间旧例。现在食物米粮价渐昂贵,所得工银不敷薪水之用……嗣后刻字匠每百字拟酌给饭银贰分,写字匠每百字酌给饭银壹分。

这里虽仅提到"宋字"的写样、刊刻工钱,但与《定例》正文所记无二,可知其中关于工价的内容都是承传前代而来,甚至还有可能"均系康熙年间旧例"。换句话说,《定例》中关于"宋、欧、软"三种字体的分类,很可能也是沿用武英殿早期的定例。至少就其中"宋字"、"软字"两类而言,应该正是遵循康熙十二年(1673)"方体均称宋字,楷书均称

①刘蔷《清华园里读旧书》,第156页脚注13。

软字”的规定，惟“欧字”之说不知始于何时。按金埴曾在《不下带编》中云：

> 自康熙三四十年间颁行御本诸书以来，海内好书有力之家，不惜雕费，竞摹其本，谓之欧字，见刻宋字书（原注：宋字相传为宋景文书本之字，在今日则枣本之劣者）置不挂眼。盖今欧字之精，超轶前后。后世宝惜，必称曰康版，更在宋版书之上矣。①

文中称康熙间已有与“宋字”相对的“欧字”之流行，似乎将“欧字”与其他字体并举的做法在清初就已出现。不过金埴所谓的“欧字”，又与“康版”等说法混淆在一起；且金埴所说的康版（“今海内称康版书者，自曹始也”②），实际上又指向的是以曹寅扬州诗局刻本为代表的“软字”，这显然与武英殿《定例》所说的“欧字”并不是同一个概念。只能说，康熙年间已经出现以“欧字”为名的版刻字体，但其与“软字”其实并没有十分严格的区分。

而在道光《定例》中，也没有提及“欧字”的具体所指。按常理推断，顾名思义，“欧字”当指唐代书法家欧阳询所开创的楷书体。惟按照康熙帝的分类原则，“欧字”作为楷书的一种，理论上也应该归入“软字”。而《定例》将之独立出来，原因未详，笔者猜测其中原因之一很可能是为了管理上的方便。因为无论是写样还是刻版，“欧字”的工钱

---

①金埴撰、王湜华点校《不下带编》卷四，第65页。
②金埴撰、王湜华点校《不下带编》卷一，第11页。

都是最高的,基本上是“宋字”的两倍,较“软字”亦高出不少,可知其写刻难度最大。如果将“欧字”并入“软字”,难免会导致薪酬分配上的不平等。换句话说,即使抛开字体风格等不谈,光就写样与刊刻的技术要求与操作难度而言,“欧字”与“软字”也有着比较大的差异。可与这个问题相参看的,是《定例》中关于其他一些特殊字体工价的规定:

> 刻书内清字,除小呢字外,九个字为一行,工银三分。
>
> 刻御笔字,一寸上下每个工银一分,一寸五分字每个工银一分八厘……一尺一寸字每个工银一钱八厘,一尺二寸字每个工银二钱一分七厘。
>
> 刻臣工书写字,一寸上下者每个工银六厘,一寸五分字每个工银一分二厘……一尺一寸字每个工银七分二厘,一尺二寸字每个工银七分八厘。
>
> 刻蒙古字照清字例算,如刻西番字照蒙古字例合算,如刻枣板加倍。

无论是清字(即满文)、蒙古字、西番字等非汉文字体,还是御笔、臣工书写字等个性化手书体,都被排除在“软字”范畴之外,且其工价较“宋、欧、软”三种字体都要来得更高。这就再次说明《定例》的字体分类原则,很可能还是从工匠实际操作的层面来加以考虑的,其主要目的是为了便于管理。

而除上述特殊字体之外,武英殿刻书所使用诸多字体中写刻难度最大的，恐怕就是那些摹仿宋元旧本的字体了。这其中既包括翻刻宋元旧本者（如乾隆四十八年武英殿翻刻“相台五经”等），也包括以类似字体新刻本朝著述者（如乾隆元年武英殿刻《日知荟说》等）。而在这类仿宋元字体中，最常见的一种恰恰正是仿南宋浙本之欧体字。如康熙五十三年（1714）武英殿仿宋咸淳元年吴革刻本《周易本义》十二卷，就是其中出现较早的一种仿宋本“欧字”者。翁连溪也曾提到，康熙四十年（1701）以后，“武英殿刻书也一改旧时刻书字体，改用唐欧阳询、元赵孟頫的字体”①。尽管笔者尚不能确定这类“欧字”刻本在所有武英殿本中的确切比例，但可以肯定的是，它们必然已达到了一定的数量，以至于《定例》必须将其从原来比较笼统的“软字”中区分出来。而无论是早在康熙，还是晚于道光，浅见所及，这都是已知对清代版刻字体作“三分”的最早的记载。

三、对“宋、欧、软”三分法的进一步细化

今人学者中，最早以类似“宋、欧、软”三分法来考察分析清代版刻字体的是黄永年。他在《古籍版本学》一书中，在方体字之外，又将清代写刻字体划分为“点划方劲”与“点划软美”的两大种，同时又各自进一步细化为两个小

---

①翁连溪《清代内府刻书概述》，见《清代内府刻书图录》附录一，北京出版社，2004年，第4页。

类，基本特征如下：

第一种的第一类，字的点划方劲，稍有点近乎南宋浙本和明嘉靖本，当然仍有显著的区别。用这种字体刻的书中部头最大也最有名的是《通志堂经解》……近似这第一种第一类，但又略有变化的，我把它列为第一种的第二类，也可说是第一类的衍生物。其中部头最大的是康熙时席启寓辑刻的《唐诗百名家全集》，以及卞永誉刻自辑《式古堂书画汇考》，它的字体较这第一种而更显方板，横直笔道粗细几乎一律。和此接近但字形稍见倾斜而略仿宋浙本的，则有雍正时诗鼎斋刻《淳化秘阁法帖考正》，金农在扬州刻自撰《冬心先生集》。还有康熙时苏州缪曰芑覆刻宋蜀本《李太白文集》，但不像真蜀本那么朴厚，归入这第二类也比较合适。

第二种的第一类，字的点划软美，有点像宋明人刻法帖里的所谓晋唐小楷，当然比这种楷帖的字要规范。这种字体在清代写刻本中用得最广泛，不仅前期，到中期的写刻本还通用它……编刻大部头的《全唐诗》，用的就是这种字体……这一类刻本的字体因为软美，所以人们通称之为“软体字”，称这类刻本为“软体字本”。……我在这第二种第一类外还列了个第二类，来容纳当时请书法好手写了刊刻的本子，这种本子的字体和第一类的软体字比较接近，不过不像软体字那样规范拘谨，而稍事放逸，可具见书法之美而已。[①]

从黄永年的描述来看，所谓"点划方劲"的第一种两小类，黄永年都将之与"南宋浙本"或"明嘉靖本"相比拟，因此所对应的实际上就是《定例》所说的"欧字"；至于"点划软美"的一类，则显然就是"软字"。从上下文看，黄永年应该并没有看到过《定例》，但其根据经眼之清刻本所作的分类方法，却与《定例》不谋而合，这也足以说明在清代诸多写刻字体中，确实存在着"欧字"与"软字"的显著区分，故有必要拈出细说。且与《定例》只有简单的分类名目不同，黄永年原文在每个小类之下都列举了丰富的书籍案例作为参考，这就为我们深入了解并进一步分析其分类原则提供了切实的研究途径。如果说《定例》可能只是武英殿为了管理方便而作的一个粗略分类的话，那么黄永年的分类则更侧重于对清代版刻史的梳理与研究。利用这些高屋建瓴的分类意见与翔实可考的典型案例，我们或可大致搭建出清代写刻本字体分类的一个基本框架，并在此基础上作更进一步的探讨。

如黄永年的高足辛德勇，就正是在此基础上将清代版刻字体进一步区分为"稍似宋浙本欧体字(清硬体写刻本，以《通志堂经解》为例)"、"类似所谓晋唐人小楷(清软体写刻本，以《楝亭十二种》为例)"、"仿宋浙本欧体字(清中期仿宋刻本，以张敦仁刊仿宋抚州本《礼记》为例)"、"各

①黄永年《古籍版本学》，第153—154页。

具特色的字体(清个性化写刻本,以林佶手书上版《渔洋山人精华录》为例)”四类。[①] 这四类对应的实际上就是黄永年的四个小类,不过也有一些细微的区别。特别是其中第三类“仿宋浙本欧体字(清中期仿宋刻本)”,就与黄永年的分类有一些出入。

按关于“仿宋”(通常也涵盖金元,下同)这一概念,版本学领域内使用较多也较为随意,而很少有比较明确的定义。从实际使用情况来看,主要可分为两种用法。一种是以“仿宋”指称某类书籍,即以宋本等为底本,仿照其字体、行款、内容等所刊刻的书籍,一般称为“仿宋本”[②]。这也是“仿宋”比较通行的一种用法。还有一种则是以“仿宋”指称某类字体,对此本章第三节还将详论,此先不赘。从辛德勇所举范例来看,他说的应该是第一种“仿宋本”。这一类在黄永年原来的分类中其实并没有特别强调,而是析分到第一种两个小类之中,所举亦无《礼记》之例,故当为辛德勇的自创。清中叶翻刻宋元旧籍蔚然成风,因此仿宋本确实是清刻本中非常有特点的一个类别,辛德勇将此类拈出可谓别具只眼。然而具体到这些仿宋本的字体,则略显

①按此说见辛德勇《历代版刻字体概观》,发表于其个人微信公众号“辛德勇自述”2017年6月16日条。

②根据与底本相似程度的高低,此类又有“翻宋本”、“影宋本”、“覆宋本”等各种别称。张秀民在《中国印刷史(增订本)》中曾云:“(清代)除盛行明代的方体字外,又流行一种影宋本,又称仿宋本。就是雕版时先请人依照宋版底本字体,一笔一划的影写下来,反贴在木版上,仔细仿雕。”就将影宋本视为“仿宋本”。第507页。

复杂，似不能以“仿宋浙本欧体字”简单概括之。一方面，不同宋元本间有明显的字体差异。仿宋已是欧、颜、柳诸体面貌各异，仿元也可能是用赵体。如乾隆间张朝乐所刻《两汉策要》，其底本字体就被认为酷似赵孟頫手笔。另一方面，即使是对同一书籍、同一字体加以摹仿，不同翻刻本之间也会呈现根据与底本相似程度的高低，故又有“翻宋本”、“影宋本”、“覆宋本”等各种别称[①]，并不能简单地径归一类。郭立暄曾将翻刻字体分为“用流行字体”、“用摹仿字体”以及“自成一体”三类。其中“用流行字体”者距原书面貌最远，可暂置不论；而后两种虽然在主观上都有力求摹仿原书的意图，但最终结果却也往往不尽如人意。文中还以陶子麟刻书事为例，指出一部翻刻本“形式上与原本逼真到什么程度，是由出资人、刊刻主持人、写手、刻工、受众、市场等几方面因素的互动结果来决定的”[②]，这就进一步强调了翻刻本字体风貌的复杂性。黄永年并不特意

①按关于“仿刻”、“覆刻”、“影刻”等概念的辨析，具体可参见黄永年在《古籍整理概论》中的相关论述（上海书店出版社，2001年，第35页）；此外郭立暄《中国古籍原刻翻刻与初印后印研究·通论编》亦曾就这个问题展开讨论，可参看其第21页。

②郭立暄在讨论陶子麟仿宋字体“自成一体”时，指出一些“面貌差别很大的底本，一经陶氏翻刻，普遍字口锋芒毕露，有些变味儿”，“由此可见，陶刻的字体并不是底本的忠实复制，而是按照某种观念化的固定套路修饰、过滤之后的产物”，最后还进一步指出，写手、刻工有可能会在“所刻书上留下个人的风格烙印”，这些无疑都是非常精彩的论断。见《中国古籍原刻翻刻与初印后印研究·通论编》第二章《原刻与翻刻（中）》，第34—39页。

拈出仿宋一体,而是将之分列入两个小类,恐怕正是基于这种考虑。

因此,考虑到“仿宋本”字体的复杂性与特殊性,笔者认为在讨论清代版刻字体的风格时,或许可以将这一类刻本暂置不论。毕竟所谓“仿宋本”的字体风格,往往是综合了底本原有风格和后来翻刻者新风格的混合体,因此既不能视为对原书字体的简单因袭,也很难说可以完全抛开原书字体的影响。换句话说,尽管“仿宋本”确实是清代非常有特色的一种版刻类型,但其字体却并不能真实反映清代版刻的自有面目。因此,评价清代的“仿宋本”应该有一套另外的标准,而不宜将之与清人新刻书籍(也包括那些以清代流行字体重刻的旧籍)混淆在一起加以讨论。

此外,所谓“清个性化写刻本”,黄永年原本是置于第二种的第二小类。由这类字体写样上版的刻本,一般称“名家写样本”。这类刻本与“仿宋刻本”一样,也是清代最有代表性的版刻类型之一。但纯就字体论,则同样五花八门、各体兼备,很难总结出一般的规律与特点。用一句略显俏皮的话说,它们最大的相同之处就在于各不相同。因此,笔者认为对这类字体宜专门作个案之研究,而不宜作为清代版刻字体典型风格之一种。毕竟历代以个性化手书上版者亦不乏其例,区别只在数量之多寡以及刊刻之精美程度而已。事实上,这类字体在《定例》中也是被排除在普通“软体”之外的,这倒是正好与笔者的意见不谋而合。

如果剔除掉“仿宋本”与“名家写样本”这样两种特殊

字体的刻本，则辛德勇的分类只剩下了"稍似宋浙本欧体字（清硬体写刻本）"和"类似所谓晋唐人小楷（清软体写刻本）"这两类，这实际上对应的正是"欧字"和"软字"。再加上相对没有争议的"宋字"，则所遵循的仍然是清代《定例》所提出的"宋、欧、软"三分的基本框架。

而这三种字体之所以会被反复拈出，首先当然是因为它们具有一定的数量与普遍性。换句话说，它们是清代版刻中最常见的三类字体。其次，如作进一步深究，则这种普遍性背后所反映的，实际上是一种程式化的规范性。黄永年在总论清代的写体时，即云："清前期的写刻本，在字体上就采用规范化的办法。"① 此外，梁颖在谈及清初写刻本字体时，也曾指出有一种"标准的楷体"，其"相对宋体而言，显得婀娜精致，这其实是换了一种面目的程式化规范字体"②。这两位学者都非常敏锐地注意到了清代的某些写体，与方体字一样，都存在一些程式化、规范化的特征。尽管限于体例，两位学者都未能将这一讨论继续深入下去，但却给我们带来了极大的启示。

四、对"宋、欧、软"的概念界定与特征描述

在"宋、欧、软"三种字体中，历史最为悠久的应该还是"欧字"。所谓"欧字"，顾名思义，当指以唐代书法家欧

---

①黄永年《古籍版本学》，第151页。

②梁颖《清刻本的鉴定》，收入陈正宏、梁颖《古籍印本鉴定概说》，上海辞书出版社，2005年，第41页。

阳询所创之楷书体上版刊行的字体。宋代刻书,多以唐楷写样,而不同地区往往又有不同的字体风尚。其中两浙尤其是临安府一带,即多以“欧字”上版精刻,方劲秀丽,被视为宋本的代表性字体之一。这种字体在元代仍有延续,并一直沿用至明代。[①] 而从明中叶开始,又从“欧字”中逐渐演变出一种新的程式化字体,亦即所谓“宋体”。关于这种字体的出现,黄永年和李开升都认为最早发源于苏州地区。其中黄永年所举为正德七年(1512)苏州黄省曾所刻《唐刘叉诗》等书,并名之为“标准嘉靖本”;而李开升则认为早在弘治十五年(1502)吴江知县刘泽所刻《松陵集》中,就已经出现了这种风格,并名之为“苏式本”。[②] 无论是哪种称法,他们都一致认为这种字体是嘉靖前后最为典型与流行的一种版刻字体,影响遍及全国。

不过在“宋字”的发展初期(即明代弘治至嘉靖年间),其与“欧字”的界限实际上并不是非常明晰。一方面,这个时期的所谓“宋字”,本身就是以南宋浙本之“欧字”为摹仿对象的,因此二者实有直接的渊源关系;另一方面,作为一种发展初期的字体,无论是写样程式还是刻字技巧都尚

---

①按关于元代与明初的字体,此前比较通行的说法是多用赵孟頫体,但也有学者认为元代真正用赵体刊行的书籍很少,“颇似宋时浙本之体则时常可见,有的甚至棱角锋露”。可参考沈津《元刻本的字体赵体乎?》,收入《书海扬舲录》,广西师范大学出版社,2016年,第170—177页。

②分别见黄永年《古籍版本学》,第128—129页;李开升《明嘉靖刻本研究》,第43页。

未完全自成一派，因此带有手书意味也在情理之中。如李开升就认为：

> 嘉靖时期这类字体的书写可能尚未完全专职化。比如使用这种字体最典型的本子《〔嘉靖〕浙江通志》，是由布政司吏所书。此本刊于嘉靖四十年（1561）左右，此时已是嘉靖末年。也就是说，嘉靖时期在一定程度上还保持着由善书能手而不是专门负责为刻书写样的专业写工来书写上版的传统。①

事实上，即便是专业写工，此时心中也并无“宋字”之概念，因此一切都尚在摸索之阶段。但可以明确的是，嘉靖时期的所谓“宋字”，已经开始出现一些如笔画较平直、转折处棱角分明且多为直角、横画收笔处常形成一个三角形等较为程式化、规范化的形式特征，惟尚馀手写体之韵致而已。

而到了万历时期，嘉靖本中已初露端倪的程式化字体又有了进一步的发展变化，“即由原先虽见方板整齐但仍出于南宋浙本欧体的标准嘉靖本字体，转变成为更加方板整齐、横平竖直，而且横细竖粗、完全脱离欧字的新字体。这种新字体世称‘方体字’，但也有人称之为‘宋体字’”②。至此，所谓“宋字”已基本与“欧字”分道扬镳，开创了另一种与写体完全不同的方体字系统。在此后的数百年中，包括进入清代以后，尽管“宋字”就具体形态而言也产生了

①李开升《明嘉靖刻本研究》，第37页。

②黄永年《古籍版本学》，第135—136页。

一些新的变化，但其主要的程式化特征，例如横平竖直、笔画转折处多为直角、横笔结尾处有比较明显的三角形等，基本上还是一致的。因此，相对于其他两种字体来说，“宋字”的界定是最为清晰的，无需多作赘言。

至于原先较为常见的、以楷书欧体风格上版的“欧字”刻本，在“宋字”出现之后一度变得较为少见，直至清代康熙年间，因《通志堂经解》的横空出世，才再度引起时人的关注与效仿。不过这里首先需要说明的是，版刻上的“欧字”，并不能等同于书法上的“欧体”。特别是到了清代，刻书已经高度程式化和商业化，完全照搬书法意义上的某种字体，无论是在效率还是效益上都显得不太现实。更何况即就书法上的“欧体”而言，发展至清代也已经产生了很多变化，不同书法家也会揉入自己的个人风格，并无标准的“欧体”可供上版刊行。因此，我们这里所说的“欧字”，实际上是指将书法上的“欧体”进行一定程式化、标准化改造之后的版刻字体。其继承了宋本“欧字”的一些基本特点，但同时也因时代风气与刻工刀法等影响，而产生了自己的独特风貌。

对于“欧字”，黄永年在《古籍版本学》中实际上是归于第一种第一类，其特点为“字的点划方劲，略近乎南宋浙本和明嘉靖本，当然仍有显著的区别”，所举范例则为康熙年间徐乾学刻《通志堂经解》、《通志堂集》，宋荦刻《吴风》，张士俊刻《泽存堂五种》，周桢、王图炜刻《西昆酬唱集》

等。[①] 再结合本书所收集的其他“欧字”刻本，我们认为其字形特征主要有以下几点：第一，字形方整，而略带左低右高的斜势，同时结构上比较紧凑内收。第二，笔画粗细差距较小，且相对“软字”来说略显平直。第三，转折、顿挫处较为方斩，有的甚至刻意表现得棱角分明。第四，个别笔画受到“宋字”刀法的影响，最典型的如横笔的收尾处呈现向上凸起的三角形。

当然，上述所谓“欧字”的字形特征，在不同时期、不同刻本中，具体表现也不尽相同，并不能简单地一概而论，还需具体问题具体分析。且值得注意的是，“欧字”在清中叶以后还发生了一些演变与分化，产生了一批以“仿宋”为名目的“欧字”刻本，而其首创者就是黄永年所列第一种第二类中“字形稍见倾斜而略仿宋浙本”的雍正间诗鼎斋刻《淳化秘阁法帖考正》、金农刻《冬心先生集》等书。关于这些问题，我们都将在本章第二节中作详细的展开，此处姑不赘述。

至于所谓“软字”，则又更显复杂一些。毕竟“欧字”、“宋字”都有具体的字体渊源，而“软”字实际上是从字体形态入手，因此很难有明确的概念界定。从字面上理解，所谓“软字”，自然是相对于“欧字”、“宋字”那种偏硬的字体风格而言的，即笔划较为圆润软美、转折处注意隐藏锋棱的楷书体。但是到底软到怎样一种程度算“软字”，清代

①黄永年《古籍版本学》，第152页。

的“软字”相比此前各代又有哪些具体的字形特征,则是一个颇费斟酌的问题。黄永年曾讲到万历时“出现了一种所谓‘写刻本’”,这是强调其与“方体字”的对应意义,并称:“万历时出现的写刻本仍用赵体字,但讲究的已不像所谓明初本的赵体那样笔道丰腴刚健,而转趋流丽生动。杰出的代表作是陈仁锡在苏州刻的《陈白阳集》和《石田先生集》,以及其后董其昌校刻的《王文恪公集》。”[①] 根据这段描述,再结合书籍实物看,所谓“万历时期的写刻本”,就基本都是“软字”。不过这种“软字”,书法意味比较浓烈,笔画上常有牵丝现象,与清代的程式化“软字”并不太一样。当然,也有一些明代“软字”刻本出现了字体程式化的倾向,如嘉靖三十七年(1558)苏州所刻之《贞翁净稿》十二卷等。[②] 但就总体而言,相比日渐通行的“宋字”刻本,明代中后期的“软字”刻本数量要少得多,且其程式化进程也是相当缓慢的。

到了清代前中期,“软字”刻本的数量又有了一定的回升。对这一时期的“软字”形态,曾有一些学者作过比较具体的描述。如李清志在《古书版本鉴定研究》中曾云:

> 清代之刻书字体,大致而言:顺治时继承明末之硬体字遗风,变化不大;自康熙迄乾隆初期,除硬体字外,又流行一种字画纤细,极为美丽的写刻体(软体

①黄永年《古籍版本学》,第138页。

②按此例承蒙天一阁博物馆李开升副研究馆员赐告,特此致谢。

字）……就笔者研究所得，康雍乾间流行之软体字，其与宋元明软体字之最大区别是笔画纤细，字幅较小，字之排列整齐而疏朗。其字形有方整，有微圆，有横扁；写刻工致，转折灵活而不带棱角，亦罕见有笔丝相连者，使人有娟秀而端庄之感。此种精美之写刻体，为清版一大特色，流行于江南地区及扬州、北京等地官私刻本。如康熙四十六年扬州诗局刊本《全唐诗》、康熙四十九年杨友敬刻本《天籁集》、康熙五十九年刻本《西江志》、乾隆七年怡府明善堂刊本《集千家注杜工部诗集》等可为代表。①

文中总结清代前中期"软体字"的字形特征，主要包括笔画纤细、字幅较小、转折灵活而不带棱角、娟秀端庄这几点，并列举了《全唐诗》等作为范例。此外，黄永年在《古籍版本学》中将"软字"主要归为第二种第一类，描述其特点为"字的点划软美，有点像宋明人刻法帖里的所谓晋唐小楷，当然比这种楷帖的字要规范"，虽然描述相对比较简单，但所举范例却非常多，包括康熙年间曹寅刻《全唐诗》、《楝亭五种》、《楝亭藏书十二种》，汪立名刻《白香山诗集》，蒋国祥刻《前后汉纪》、《篋衍集》，顾嗣立刻《昌黎先生诗集注》，金荣刻《渔洋山人精华录》，潘耒刻《亭林诗集文集》，程哲刻《带经堂集》，朱彝尊刻《曝书亭集》，项絪刻《隶辨》、《山海经》、《水经注》、《韦苏州集》，查慎行兄弟刻《敬业堂集》、

①李清志《古书版本鉴定研究》，第79—80页。

《查浦诗钞》，敦素堂刻《檇李诗系》，岱宝楼刻《长留集》，张礼刻《西湖梦寻》，卓尔堪刻《遗民诗》，郑元庆刻《石柱记笺释》，雍正年间王懋讷刻《楼村诗集》、傅泽洪刻《行水金鉴》、吕廷章等刻《朱柏卢先生愧讷集》、蒋骥刻《山带阁注楚辞》、金檀刻《青丘高季迪先生诗集》、年羹尧刻《唐陆宣公集》等。①

根据上述描述，再结合各家例举的代表性书籍，我们大致可以对清代的"软字"作出以下描述：第一，字形端庄平正，一般不带斜势。第二，笔画粗细较为均匀，笔致灵动而有波磔。第三，转折、顿挫处较为圆润，手书色彩浓郁。第四，横笔结尾处多采用圆笔回收，因此很少羼入"宋字"的三角形。当然，以上主要是就比较程式化、规范化的"软字"而言的。名家写刻本尽管也比较"软"，但因风格面貌比较多样，因此很难加以概括总结。黄永年将之置于第二种的第二小类，显然也是基于此种之考虑。

为了更好地说明上述三种字体的字形特点，我们不妨借鉴书法理论中比较通行的所谓"永字八法"，即"点（侧）"、"横（勒）"、"直（努）"、"钩（趯）"、"提（策）"、"长撇（掠）"、"短撇（啄）"、"捺（磔）"，来作为笔画取样的基本依据；同时选择康熙间通志堂刻本《通志堂经解》第一种《子夏易传》作为"欧字"的代表性书籍，康熙四十四年（1705）扬州诗局刻本《全唐诗》作为"软字"的代表性书籍，以及

①黄永年《古籍版本学》，第152—153页。

康熙五十五年（1716）内府刻本《康熙字典》作为“宋字”的代表性书籍，并选择其中笔画较少且分别能够有一个以上代表性笔画的“永”、“心”、“上”、“川”、“成”、“子”、“九”、“千”、“之”这几个字，进行具体的字体比对如下：

笔画名称	示范字	宋字	欧字	软字
	永	永	永	永
点（侧）	心	心	心	心
横（勒）	上	上	上	上
直（努）	川	川	川	川
钩（趯）	成	成	成	成
提（策）	子	子	子	子

续表

笔画名称	示范字	宋字	欧字	软字
长撇(掠)	九	九	九	九
短撇(啄)	千	千	千	千
捺(磔)	之	之	之	之

五、结语

如果说明代嘉靖前后方体字的诞生,揭开了印刷字体程式化的序幕,那么其进一步的分化与定型,则是完成于清代。通过本节的梳理,以及上表对三种字形的对比,不难发现清代所谓"宋字"、"欧字"、"软字",已基本具有了后来"宋体"、"仿宋体"、"楷体"这三种比较通行的现代印刷字体的雏形。只不过在具体细节上,还有一些调整和变化。但这已足以说明,清代版刻字体对整个印刷史、出版史的重要意义。

当然,对清代版刻字体而言,所谓程式化终究只是一种大的倾向,并不像现代印刷字体那样已经完全标准化。

且除了这三种字体之外，毕竟还存在着大量多姿多彩的字体形态，以至于让人觉得清代字体“毫无规律”[①]。因此，本节充其量只能算作是一种非常初步的尝试，其目的主要是为了能够在“毫无规律”的清代版刻字体风格中，找到一些可能的或至少是可供讨论的程式化倾向与规律，以加深对清代印刷字体的认识与了解。

第二节　从“欧字”到“软字”：清初版刻字体的转变

明中叶以后，随着“宋字”的进一步发展与流行，以写体刊行的书籍就总体比例而言开始大规模下降。且当时写刻本中更为常见的，主要还是一些比较个性化的手书体，就笔者浅见所及，“欧字”刻本似乎并不是很多。黄永年曾提及明末汲古阁刻过几种仿“欧字”之本，“但又不像南宋浙本、明嘉靖本，而是瘦长且斜，不甚好看，且为数也不多，只《中州集》等少数几种，其中有的如《四唐人诗》笔道还要肥一些，《说文解字》更端正一些”[②]。从书籍实物来看，上述几种书的字体虽然都可以归为“欧字”，但彼此形

①黄永年曾在《古籍版本学》中感慨道：“（清代）字体的时代性极不明显，而且同时代、同地区甚至同一人所刻的几种书，所用字体会各不相同。版式上更是五花八门……毫无规律可言。要用讲明刻本的办法，根据字体、版式的区别来讲清刻本，实在没有可能。”第147—148页。

②黄永年《古籍版本学》，第144页。

态还是有很大的区别。显然一直到明末,所谓“欧字”都还没有出现明显的程式化倾向。直到康熙年间,随着《通志堂经解》等书籍的刊行,在苏州地区开始出现一批字体形态近似的“欧字”刻本,颇有一些程式化的端倪,惟其书籍数量、流行范围似乎都比较有限。特别是康熙三四十年之后,以《全唐诗》为代表的程式化“软字”开始流行,并迅速成为清代写刻本中运用最为广泛的一种字体。本节即拟通过对康熙年间一批代表性“欧字”、“软字”刻本的梳理,来一窥清初版刻字体风尚演变的具体过程。

一、从《通志堂经解》看清初苏州“欧字”的流行

关于清初刻书的基本情况,同时代的著名文人王士禛(1634—1711)曾在其《居易录》中予以概括云:

> 近则金陵、苏杭书坊刻板盛行,建本不复过岭。蜀更兵燹,城郭丘墟,都无刊书之事,京师亦鲜佳手。数年以来,石门(原注:即崇德县)吕氏、昆山徐氏,雕行古书,颇仿宋椠,坊刻皆不逮。古今之变,如此其亟也。[①]

这段话除了提到明清之际刻书中心之转移外,还提及了清初刻本的一种新迹象,即“雕行古书,颇仿宋椠”,并例举了“石门吕氏、昆山徐氏”来作为其中之典型代表。按“石门吕氏”是指浙江石门县人吕留良(1629—1683)及其后人,

①王士禛《居易录》卷十四,收入袁世硕主编《王士禛全集》,齐鲁书社,2007年,第五册第3951页。

"昆山徐氏"则是指江苏昆山县人徐乾学（1631—1694）及其后人，两家都是清初著名的私人刻书家。其中吕氏在康熙年间编选、刊刻了很多宋人著述，主要是《二程遗书》、《朱子遗书》、《朱子语类》、《四书朱子语类摘抄》等程朱理学类著作，也有一些如司马光《稽古录》、范祖禹《唐鉴》等宋人著述。尤其值得一提的是，在康熙初年，吕留良还曾与黄宗羲、吴之振一起编刊了《宋诗钞》初集。康熙十年（1671）此书刻成后，吴之振携至京师到处分发赠送，在很大程度上进一步推动了清初文坛的宗宋之风。① 宋荦在《漫堂说诗》中曾云："近二十年来，乃专尚宋诗。至余友吴孟举《宋诗钞》出，几于家有其书矣。"② 由此可知，清初出现所谓"雕行古书，颇仿宋椠"的风气，实际上与当时文坛宗宋之风的兴起亦大有关联。

然而石门吕氏所编刊的这些书籍，虽是"古书"，却基本都是以"宋字"刊行，偶有一二写刻本，亦为"软字"，似未见所谓"仿宋椠"者。因此王士禛所说的后半句，应该指的是昆山徐氏及其于康熙十二年（1673）开始刊行的巨帙《通志堂经解》。这也是清初乃至整个清代部头最大的以"欧字"上版刊行之书。此书一千八百六十卷，子目多达一百四十种，主体部分完成于康熙十九年（1680），其后仍

①具体可参考蒋寅《〈宋诗钞〉编纂经过及其诗学史意义》，《清代文学研究集刊》第二辑，人民文学出版社，2009年，第242—259页。

②宋荦《漫堂说诗》，收入丁福保辑《清诗话》，上海古籍出版社，1999年，第416页。

不断有刊刻、校勘之事，直到康熙二十九年至三十一年间（1690—1692）才全部校订完毕，前后耗时近二十年。[①] 王士禛在此书刻成后，曾赞叹云："昆山徐氏所刻《经解》多秘本，仿佛宋椠本，卷帙亦多，闻其版亦收贮内府。"[②] 所谓"仿佛宋椠本"正与前引"颇仿宋椠"之说法接近，可知王士禛前语确系针对《通志堂经解》而发。惟在《通志堂经解》所据底本中，真正的宋刻本并不多[③]，因此王士禛"仿佛宋椠"之语，与清中叶以后盛行的"仿宋本"概念还有所不同，应该主要是指内容上的精善，以及在字体上统一以宋代"欧字"上版的特点。

在刻书多用"宋字"的清初，如此大规模地使用"欧字"刻书，难免会引起时人的惊叹与关注，并对清初之刻书风气造成一定影响。如《清代版本图录》即赞为"点画精雅，为清初用方劲欧体写刻之典范"[④]，肯定了其在清初版刻史上所树立的典范意义。而《通志堂经解》最先影响的，很可能就是王士禛，其在康熙二十年（1681）前后刻《渔洋

①参见王爱亭《昆山徐氏所刻〈通志堂经解〉版本学研究》，第70—74页。

②王士禛撰、张世林点校《分甘馀话》卷四"徐氏经解"条，中华书局，1989年，第85页。

③据王爱亭《〈通志堂经解〉底本来源表》统计，在能够考得底本来源的59种书籍中，明确据宋刻本的只有11种，其他多为元刻本或历代抄本。见《昆山徐氏所刻〈通志堂经解〉版本学研究》，第32—35页。

④黄永年、贾二强《清代版本图录》，第1册第43页。

山人诗续集》时[①]，便迫不及待地想要尝试所谓“仿宋椠”之字体：

> 黄子鸿名仪，常熟人，隐居博学，工书法。予刻《渔洋续集》，将仿宋椠，苦无解书者。门人昆山盛诚斋侍御符升闻子鸿多见宋刻，独工此体，因礼致之。子鸿欣然而来，都无厌倦。今《续集》自首迄尾，皆其手书也。[②]

按王士禛此前所刻诸书，包括康熙八年（1669）同样由昆山门人盛符升所刻之《渔洋山人诗集》前编，所用多为方体字，这也是一时风气。至刻续集，王士禛则明确指示要“仿宋椠”，联系前文“颇仿宋椠”等语，这里的“宋椠”很可能正是指《通志堂经解》所采用的仿宋“欧字”。在王士禛刻续集之前一年，《通志堂经解》主体部分已基本完成刊刻。此时徐乾学与王士禛俱在北京，且素有往来，因此徐氏将部分初刻印本赠与王氏亦属寻常。此外，笔者曾在复旦大学图书馆看到过一部《通志堂经解》，其内封钤有一枚朱文长方售书章，内文云：“《经解》全部卷帙繁重，购者不易。今拆卖流通，以便四方读书君子随意购买。到昆山县

---

①蒋寅《王渔洋事迹征略》本年引梁熙《晳次斋稿》所附王士禛书信云：“弟庚戌、辛亥已后诗编为渔洋山人续稿，凡十四卷，今友人刻之虞山，俟冬间刻成觅便取正。”今足本为十六卷，当为康熙二十三年续刻。人民文学出版社，2001年，第267页。

②王士禛《香祖笔记》卷二，收入袁世硕主编《王士禛全集》，第六册第4499页。

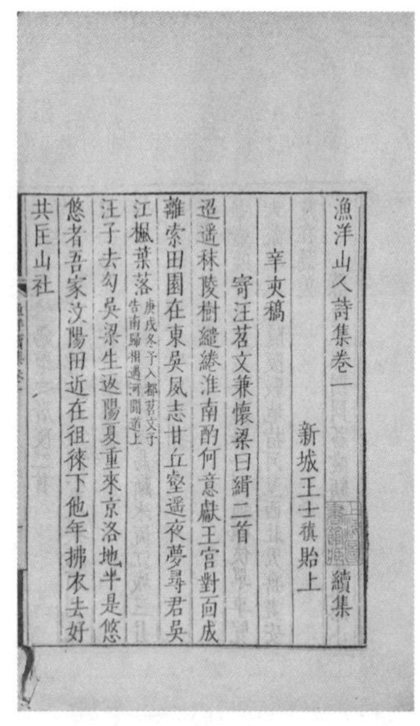

漁洋山人詩集卷一　續集

新城王士禛貽上

辛亥稿

寄汪苕文兼懷梁曰緝二首

迢遞秣陵樹纏綿淮南酌何意獻王宮對面成

離索田園在東吳夙志甘丘壑遥夜夢尋君吳

江楓葉落庚戌冬予入都苕文予告南歸相遇河間道上

汪子去勾吳梁生返陽夏重來京洛地半是悠

悠者吾家汶陽田近在徂徠下他年拂衣去好

共臣山社

图 5–1 《渔洋山人诗续集》十六卷，清康熙刻本，上海图书馆藏

大西门内马路口心远堂徐宅，各种具备。”在这枚印章左边，还有“通志堂藏板”朱文方印一枚。这两枚印章应该都是徐氏专为刻书、售书所制，也说明这套书曾经在苏州一带拆散售卖。而为王士禛刻书之盛符升即苏州昆山人士，他购买之后寄赠其师，实属寻常。换句话说，王士禛在《通志堂经解》刻成之初即已获得此书（至少是部分）的可能性是非常大的，因此其兴起欲以“仿宋槧”字体刻书的念头，很可能也是受到《通志堂经解》之启发与影响。

惟览《渔洋山人诗续集》存世刻本，不难发现其字体虽然可归入“欧字”一类，但与《通志堂经解》之“欧字”还是面貌迥异。

总的来说，《通志堂经解》字体方劲有力、洒脱有致，更具手书意味；而《渔洋山人诗续集》则略显板正严谨，倒是更接近后来《唐诗百名家全集》的风貌。王文自述此书之写样者为黄仪，且是王士禛为了“仿宋槧”专门请来的，那么这种字体应该是他们共同认可、认为足以代表“仿宋椠”之风格者。至于其与《通志堂经解》字体不同，则说明黄仪或者王士禛对所谓“仿宋椠”有着自己的理解和偏好。

不过，从王士禛苦苦寻觅“解书者”来看，当时苏州一带擅长“欧字”写样的写手其实并不多。这也说明在《通志堂经解》刚刚出版之际亦即康熙二十年（1681）前，除了嗅觉灵敏的王士禛外，并没有多少人尝试用“欧字”来刻书。因此《通志堂经解》的出现，除了学术上的价值外，似乎也使得“欧字”在长时间的沉寂之后重新回到清初出版者的视野之中。

而在王士禛之后，另一位继起以“欧字”刻书的则是其友人宋荦，且其刻书经历亦与苏州关系密切。宋荦于康熙二十六年至二十七年（1687—1688）间曾短暂居住苏州，出任江苏布政使一职①，而其《绵津山人诗集》初刻本十八卷（附其子宋至《纬萧草堂诗》一卷）很可能正是刊刻于苏州。② 关于此书字体，曹红军曾简单概括为“软字写

①按宋荦于康熙二十六年（1687）十二月到苏州，次年五月十九日即赴南昌接任江西巡抚一职。宋荦《西陂类稿》卷三十二《江西巡抚到任疏》：“于康熙二十七年五月十九日由水路赴任，至于六月十三日入江西九江府彭泽县境。”

②按宋荦《绵津山人诗集》卷首刘榛序云：“康熙戊辰夏，宋中丞牧仲先生奉特简来抚西江……未匝月而百政就理，国以无事，先生乃乘暇检其生平所为诗，删而合镌之，为《绵津山人诗集》若干卷。”从刘序看，此书似乎刻于宋荦就任江西巡抚之后，然而此书又有汪琬序，落款署“康熙二十七年夏五”，而据上一条脚注知宋荦五、六月间方从苏州前往江西，因此其刻书工作很可能在五月前已开始于苏州。

刻，娟秀美观”[1]，这里的“软字”应理解成一种对写体的统称，因为事实上此书的字体并不“软”，而是一种偏硬的“欧字”，与《通志堂经解》字体十分类似。

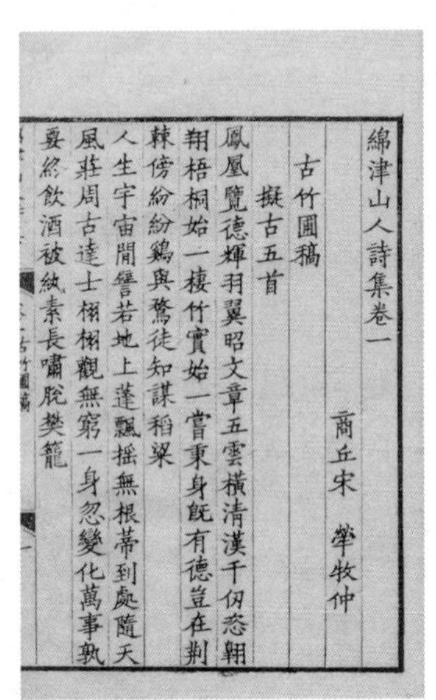
綿津山人詩集卷一
商丘宋　犖牧仲
古竹圃稿
擬古五首
鳳凰覽德輝羽翼昭文章五雲横清漢千仞恣翱
翔梧桐始一棲竹實始一嘗秉身旣有德豈在荆
棘傍紛紛鷄與鶩徒知謀稻粱
人生宇宙間譬若地上蓬飄摇無根蔕到處隨天
風莊周古達士栩栩觀無窮一身忽變化萬事孰
要終飲酒被紈素長嘯脫樊籠

图 5–2　宋荦《绵津山人诗集》十八卷，康熙二十七年刻本，上海图书馆藏

尽管我们并不清楚《绵津山人诗集》的刻工来历，但从字体及宋荦的经历来看，很可能正是来自苏州。此外，宋荦曾在致友人朱载震的书信中云：“目下江南梓人即至，当为足下绣雕《章江集》一卷。”[2]这里的《章江集》是朱载震的别集，约刊行于康熙三十年（1691）夏秋之间，此时宋荦早已离开苏州，正在江西巡抚任上。信中虽只云“江南梓人”，但考虑到宋荦此前只在苏州任职，因此所指应该就是苏州刻工。且检《章江集》字体，使用的正是“欧字”，与《绵津山人诗集》颇为相

①曹红军《宋荦刻书活动考述》，《历史文献研究》2019 年第 2期。

②宋荦《西陂类稿》卷二十九《答朱悔人》，收入《清代诗文集汇编》第 135册。

似，亦可侧面印证之。当然，不管"江南梓人"究竟指的是哪个城市的刻工，宋荦远途雇佣其赴江西刻书，对其刻字技艺显然是相当认可的。而从《绵津山人诗集》到《章江集》，都使用类似的"欧字"风格，也表明了宋荦对这种字体的认可。事实上，当宋荦再莅苏州出任江苏巡抚时，初期所刻之《吴风》、《国朝三家文钞》等书仍然采用这种"欧字"，亦可证其时他对这种字体的偏爱，以及这种字体与苏州的密切联系。

从康熙三十年（1691）开始，苏州地区所出现的"欧字"刻本渐多。如昆山徐氏本年所刻《通志堂集》、康熙三十五年（1696）所刻《读礼通考》、三十六年（1697）所刻《憺园文集》，都延续了当年《通志堂经解》的风格。而宋荦回到苏州任职后，又先后于康熙三十三年（1694）刻《吴风》、《国朝三家文钞》，三十四年（1695）刻《二家诗钞》[①]，也基本都是"欧字"面貌。宋荦门人顾嗣立刻《元诗选》初集时，更明确采用了《通志堂经解》的刻工，字体上自然也作了仿效。可以说，在《通志堂经解》出版以后，无论是就书籍本身的形式示范作用而言，还是就其刻工的训练培养而言，都对当时苏州的刻书风尚产生了一定的影响。黄裳在评价康熙三十八年（1699）王撰所刻《揖山集》时，就称

---

①按《二家诗钞》为邵长蘅所编，但实际付梓者则为宋荦。宋荦《西陂类稿》卷二九《寄阮亭侍郎》其二云："《二家诗钞》刻已竟，尚在校阅，容即续寄。"又同卷《寄谢方山》有"拙刻《绵津集》及……《二家诗钞》"之语，可知此书确实系宋荦所刻。以上均见《清代诗文集汇编》第135册。

其字体风格与《通志堂集》、《通志堂经解》诸种相近似，并云“殆是一时风气”[1]，显然也认为清初苏州地区确曾流行一种以“欧字”刻书的风气，并将其源头指向《通志堂经解》。不过，就笔者所掌握的材料看，这种风气持续的时间并不长，大概主要就集中在康熙朝前三四十年间。到康熙四十年（1701）以后，这种“欧字”刻本的数量就逐渐减少，取而代之的则是“软字”的广泛流行。

二、从《元诗选》看清初苏州“软字”的流行

关于清初“软字”的流行，一般都会提到康熙四十四年（1705）曹寅创设扬州诗局并开刻《全唐诗》一事。此书也确实将“软字”的精美程度推到了极致，从而使得清初刻书风气翕然一变。提到扬州诗局，则不得不顺带一提金埴《不下带编》中对所谓“康版”的记载，这也是关于清初“软字”最常被征引的一段文献材料：

> 江宁织造曹公子清……内廷御籍，多命其董督，雕镂之精，胜于宋版。今海内称康版书者，自曹始也。
>
> 今闽版书本久绝矣，惟三地书行于世，然亦有优劣。吴门为上，西泠次之，白门为下。自康熙三四十年间颁行御本诸书以来，海内好书有力之家，不惜雕费，竞摹其本，谓之欧字，见刻宋字书（原注：宋字相传为宋景文书本之字，在今日则枣本之劣者）置不挂眼。

---

①黄裳《清代版刻一隅·揖山集》，第80页。

> 盖今欧字之精，超轶前后。后世宝惜，必称曰康版，更在宋版书之上矣。①

金埴在文中描述了一种流行于康熙三四十年间的刻书风尚，称之为“康版”，并认为引领风尚者即创设扬州诗局以刊刻内府书籍的曹寅（子清其字）。这段记载因为谢国桢的多次引述而引起了学界的广泛注意，此后凡论及清初写刻本者，几乎都会引用金埴“康版”之说，并将其与扬州诗局刻本相提并论。

然而金埴的说法实颇有错讹与矛盾之处，对此潘天祯《扬州诗局杂考》一文已详作考订②。概括来说主要有两点：第一，驳斥“康版”以“欧字”精刻为特征之说，指出“曹寅刻的《全唐诗》、楝亭藏本诸书的字体，用笔圆润，形态隽秀，明显与‘欧字’不同”，且“传世曹刻中没有一种是‘欧字’”。第二，驳斥“（康版）自曹始也”之说，认为其所用字体早在扬州诗局成立之前就已流行于苏州地区，扬州诗局只是继承并发扬光大而已。换句话说，所谓“康版”实际上也就是本书所使用的“软字”概念，而与“欧字”无关。惟潘天祯在最后尽管也提出了以“软字精写精刻”来总结这种康熙时期流行的“新风格”，但对“软字”的定义仍是包含所有楷体字的广义范畴（其中自然也未排除“欧字”），难免显得有些含糊其辞，也无法凸显清初“软字”的真正

---

①分别见金埴撰、王湜华点校《不下带编》卷一、卷四，第11、65页。
②潘天祯《扬州诗局杂考》，《图书馆学通讯》1983年第1期。

特色。

不过潘天祯文中所驳斥的第二点，仍然值得我们注意，即《全唐诗》绝不是清初“软字”的开创者。对此，上一节中所引黄永年关于清代“软字”的分析也曾提到这一点，并列举了一些书籍以作具体的说明。其中较早的如康熙三十五年（1696）蒋国祥所刻《两汉纪》六十卷、康熙三十六年（1697）所刻《箧衍集》十二卷，康熙三十八年（1699）顾嗣立刻《昌黎先生诗集注》十一卷附一卷，康熙四十一年（1702）汪立名刻《白香山诗集》四十卷等，认为它们使用的都是所谓“软字”。而笔者在一一目验之后，也确证了这一说法。如其中较早的《箧衍集》，无论是间架结构还是对转折停顿处笔划的处理，都已经相当利落成熟，与后来通行的程式化“软字”基本没有太大差别。换句话说，至少在康熙中叶，程式化“软字”刻本在苏州就已经有了一定数量。

此外特别值得一提的是顾嗣立的《元诗选》。此书共三集，均刊行于苏州。其中初集刊于康熙三十三年（1694），比前面提到的《箧衍集》还要再早数年；二集刊于康熙四十一年（1702），三集则刊于康熙五十九年（1720）。三集成书前后跨度长达二十馀年，正好经历了苏州地区刻书风气转变的重要阶段。而最关键的是，尽管顾嗣立在全书刊刻时采取了统一的欧体字，然而仔细比较初、二、三集之字体，仍然能够发现其中隐含着一些变化，或可对我们了解“软字”之流行带来一些启示。

《元诗选》初集共一一四卷，是三集中收诗数量最多的一部。此书使用"欧字"开雕，且与《通志堂经解》一样，初集版心部分也记录了刻工姓名，计有邗贞、邗玉、邗臣、邗芃、邗启、邗仁、公化、天渠、陈章、际生、甘典、君甫、高元、顾明、子茂、启生、尔仁共17人。其中除了邗贞、启生未见外，其馀15人都曾参与《通志堂经解》的刻书工作，且其中陈章、甘典、邗芃、高元、顾明、（范）子茂等人还是《通志堂经解》的主力工匠，所刻书都在十馀种甚至数十种以上。不过在刊行二集时，顾嗣立大规模撤换了初集的刻工，仅保留了公化、尔仁、际生三人，初集其馀14人则全部予以更换。其中良公、甘明、甘伯、三吉、六吉、玉宣6人也曾参与刊刻《通志堂经解》，而惟圣、渔公、子佩、有恒、邗文、邓中、允中、文中、冰沾、吉生、玉山、玉正、耀先、圣先、晋占、礼生、上珍、君圣、可人这19人则是新加入者。这样大规模的撤换，很可能是因为距离初集刊刻年月已久，因此旧日刻工已流动至外地或已受雇于他人。而到了三集中，则整部书只有公化一位刻工的名字，且出现的位置是在三集甲集第三部诗集《子飏集》首叶版心下方。如果将公化理解为三集的刻工工头的话，则这部《子飏集》很可能是第一部开刻的诗集，只不过后来在编排时又被置于甲集第三部。

由于《元诗选》初集沿用了《通志堂经解》的诸多刻工，因此其采用与《通志堂经解》类似的"欧字"，就不难理解了。不过比较《通志堂经解》与《元诗选》初集，后者似乎缺少前者那种中宫紧收、转折方劲的浓厚书法意味，而显得更板正平缓一些。这种现象在二集、三集中则更趋明显。我们仍然可以以“永”、“心”、“上”、“川”、“成”、“子”、“九”、“千”、“之”这九个字为例,来比较分析《通志堂经解》与《元诗选》之间的区别,以及《元诗选》本身字体从初集到二集、三集的变化。

示范字	通志堂经解	《元诗选》初集	二集	三集
永	永	永	永	永
心	心	心	心	心
上	上	上	上	上
川	川	川	川	川
成	成	成	成	成
子	子	子	子	子

续表

示范字	通志堂经解	《元诗选》初集	二集	三集
九	九	九	九	九
千	千	千	千	千
之	之	之	之	之

不难发现，如果说初集还是一望即知的"欧体"，只是书法意味没有那么浓厚；那么到了二集，特别是三集中，则很多字的点划转折处已经被处理得颇为平直且圆润了。特别是川、成、子、九这几个字，欧体那种特有的欹斜之势，在二集中已渐渐消失，到了三集中则几乎荡然无存，而代之以康熙后期那种"软字"的典型风貌。

回头再看顾嗣立编刻或参与出版的其他书籍，基本上也遵循着前期使用"欧字"而后期使用"软字"的规律。如康熙二十七年(1688)所刻之《石湖居士诗集》、康熙三十四年(1695)所刻之《秀野草堂诗集》均为"欧字"，而康熙三十六年(1697)所刻之《温飞卿诗集》、康熙三十八年(1699)所刻之《昌黎先生诗集注》、康熙四十四年(1705)所刻之《诗林韶濩》等俱改成了软字。惟一的例外恐怕就是《元诗选》二集了(或者再勉强加上三集),但这显然只是为了保持与初集一致的字体风格而已。

在顾嗣立所刻诸多“软字”刻本中,还有一部《昌黎先生诗集注》也出现了刻工题名。其凡例后有“吴郡邓明玑初骧开雕”一行,这位邓明玑按照题名的惯例应该是指刻工工头或者刻字店主;又版心下方则分别署曾惟圣、缪际生、邓子佩、顾有恒、邓玉宣、邓芃生、张公化、唐元吉、明(当即邓明玑)这9人。值得注意的是,其中曾惟圣、缪际生、邓子佩、顾有恒、邓玉宣、张公化这6人又参与了《元诗选》二集的刊刻工作,只是后者在署名时没有出现姓氏而已。换句话说,尽管《昌黎先生诗集注》使用的是“软字”,而《元诗选》二集为“欧字”,但二书的刻工实际上有不少重合,因此造成这种字体差异的应该主要是在写样环节。

虽然上述二书在题名中都没有出现写样者的姓名,但是在另一部与顾嗣立关系紧密的书籍中,或许可以找到一些线索。此书即顾氏友人朱从延所刻之《苏东坡诗集注》三十二卷。据卷首康熙三十七年(1698)顾嗣立序中“翠庭(朱氏字翠庭)新安人,来游于吴,与余时相过从讨论……校勘既定,刻诸吴下”之语,可知此书与顾嗣立颇有渊源,而且同样刻成于苏州,且出版时间恰在《元诗选》初集与《昌黎先生诗集注》之间。此书版心同样署有刻工姓名,包括际生、公化、邓子佩、邓玉、邛玉、邛明、邛世、邛子、邛钦、元吉、甘明、甘伯、甘典、九芃、钦明、志伯、齐齐、九野、天一、冰沾、张玉、君玉、公升、蒋太、中贞共计25人,与此前诸书的刻工题名皆有重合。此外值得注意的是，此书卷末有康熙三十七年（1698）李枢跋，提及写样之人云：

> 翠庭以枢素耽字学，属互相检校，因邀陈勋集武、张星敏求、邓明玑初骧于书院缮写。此三君者，皆一时之妙选，但师承各别，好尚不同。或摹仿晋、唐法帖，或折衷《说文》、《正韵》。卷帙浩繁，不能出自一手；而俗书讹字，务期扫除削落。始于丁丑八月，成于戊寅四月，反覆校勘，为工非易也。

李枢提到此书的写样者共三人，分别为陈勋（字集武）、张星（字敏求）与邓明玑（字初骧），其字体风格则“摹仿晋、唐法帖”，正好与黄永年所说类似“晋唐小楷”的“软字”暗合。又其中邓明玑正是曾在《昌黎先生诗集注》中留下“吴郡邓明玑初骧开雕”之题名者。除此之外，他还曾在郭元釪《一鹤庵诗》中留下“吴郡邓明玑初骧绣梓”的题名。据此推断，邓氏似乎应该是一位兼长写样与刻字的职业工匠。但值得注意的是，李枢的跋语还提到了写样的地点是在“书院”。按此“书院”当指苏州文正书院。朱从延自序有“去秋游吴门，偕表兄李子掌纶读书文正书院，与秀野草堂居址相接，时就闾丘主人载酒论文”之语，可知朱氏曾就读于文正书院。揣李枢之语气，似乎陈、张、邓三人并非一般的刻坊写工，而可能是同在书院求学的儒生，故有所谓“一时妙选”、“师承各别”这样的评论。如果情况确实如此，那么邓明玑就是以儒生的身份兼职写样，同时还负责刻字工作（当然更大的可能是董理刻字工作）。这也为我们了解清初刻工题名的复杂性提供了一个绝好的个案。

除了邓明玑外,另外两位写样者应该也不止一次参与过书籍出版,或可视为半职业化的写手。如张星,曾为朱彝尊诸书写样。杨谦在《曝书亭集诗注》中曾记载云:“张敏求工楷书,(朱彝尊)先生曾邀之寓白莲泾慧庆寺中数年,《明诗综》、《曝书亭集》净本皆出其手。”[①] 黄永年曾提及“软体字”在东南一带也很风行,所举例子中就包括朱彝尊的《曝书亭集》,这应该与写样出自张星之手有关。此外如陈勋,据魏禧《剞氏刘永日六十序》中“永日私于陈生集武”之语[②],知陈勋与刻工刘永日有私交,则亦当为半职业写手一类人物。

通过以上梳理,我们不难发现,在康熙四十四年(1705)《全唐诗》出版之前的苏州,不仅已经存在着一批像邓明玑、张星、陈勋这样擅长“摹仿晋、唐法帖”的半职业化写手,而且还活跃着一批擅长刊刻此类字体的刻工,因此出现一批字体风格类似的“软字”刻本也就不足为奇了。当然,在这一阶段,“软字”的程式化还不是非常明显。即便各书风格有近似之处,但因写手、刻工等不同,还是会有不小的差异。有的甚至在同一刻本中(如《元诗选》的二、

①杨谦《曝书亭集诗注》卷二十二,清嘉庆刻本。又朱彝尊《曝书亭集》卷二十三有《赠吴下张生星》,有“看君用笔形交让,足比西京缪篆痕”之句。收入《清代诗文集汇编》第116册,第208页。

②魏禧《魏叔子文集·外篇》卷十一《剞氏刘永日六十序》,胡守仁等校点,中华书局,2003年,中册第560页。

三集），也会夹杂着不同的字体风格。且与之相对应的是，在康熙三四十年间，还存在着一批从字体上说很难明确是“欧字”抑或“软字”的书籍。例如黄永年曾将蒋国祥在康熙三十五年（1696）所刻之《两汉纪》归入“软字”本，但实际上其部分字体比程式化“软字”要略显方劲一些，转折处常常锋芒毕露，可以说兼具“软字”、“欧字”之特征。换句话说，在这一阶段的苏州，“欧字”与“软字”显然曾经呈现出某种胶着的状态，二者在一些字体特征上可能存在着互相的影响，而这种复杂的状态也恰恰是版刻字体在程式化过程中的一个必经阶段。

三、官方推动下“软字”的进一步发展

康熙四十四年（1705），曹寅在扬州创办扬州诗局并开始刊行《全唐诗》，所用字体精美绝伦，从而成为清初“软字”刻本中的经典之作，并推动了清代“软字”的进一步流行。不过也有学者指出，早在曹寅之前，担任江苏巡抚多年的宋荦就已使用此种相近之字体刻书，特别是其中以《皇舆表》为代表的官刻书籍，可视为官方使用此种“软字”的先声。如潘天祯《扬州诗局杂考》一文云：

> 在康熙三四十［年］间精写刻本形成风气的初期，自康熙三十一年至四十四年，宋荦在苏州任江苏巡抚十四年。他喜藏书……又爱刻书，在苏州所刻者近十种。除奉旨校刻玄烨《御制诗集》等三种“御籍”外……特别是宋荦刻的《皇舆表》，端楷精书精刻，

> 字体风格和《全唐诗》没有多少区别。四十四年三月初二日，玄烨在收到宋荦进呈《皇舆表》样本两部时，极为赞赏："刻得着实精，太好了！锦套一部留览，绫套一部送与皇太子。"三月十九日即在曹寅奉旨校刻《全唐诗》的当天，宋荦又进呈《皇舆表》四十部。这些事实，很难说对曹寅校刊《全唐诗》选择字体没有影响。《全唐诗》和《皇舆表》的字体风格那么相近，自非偶然。[①]

这里提到宋荦曾于康熙三十一年（1692）出任江苏巡抚，此后在苏州十馀年间刻书甚多。由他所刊刻的《皇舆表》等书，与《全唐诗》字体"没有多少区别"，因此认为其必然在一定程度上影响了《全唐诗》的字体。而黄永年则认为，《全唐诗》"这种字体的写样者和刻工可能是从苏州招去的，至少当时苏州也流行写刻这种字体"[②]，这里虽然没有直接提宋荦所刻《皇舆表》等书，但认为此种字体出自于苏州却是基本一致的。

而在上一节梳理清初"欧字"的发展过程时，我们也曾经提到宋荦在康熙三十年（1691）前后所刻书籍如《绵津山人诗集》、《章江集》、《吴风》等，均系"欧字"刻本，这与当时苏州流行的版刻风气也是基本一致的。不过，随后在康熙三十三年（1694）所刻之《国朝三家文钞》中，其字

---

①潘天祯《扬州诗局杂考》，第75—76页。
②黄永年《古籍版本学》，第152页。

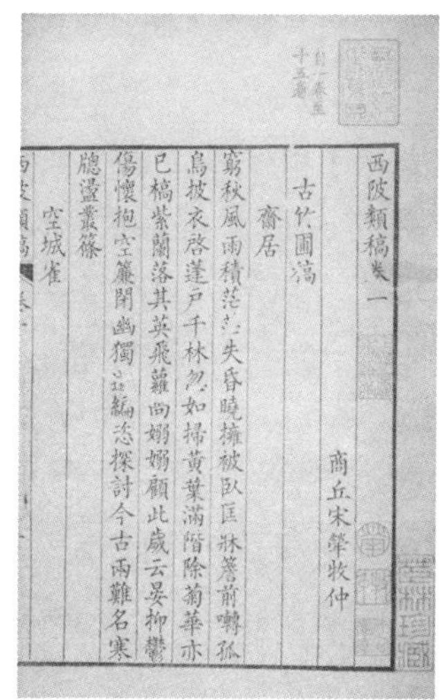
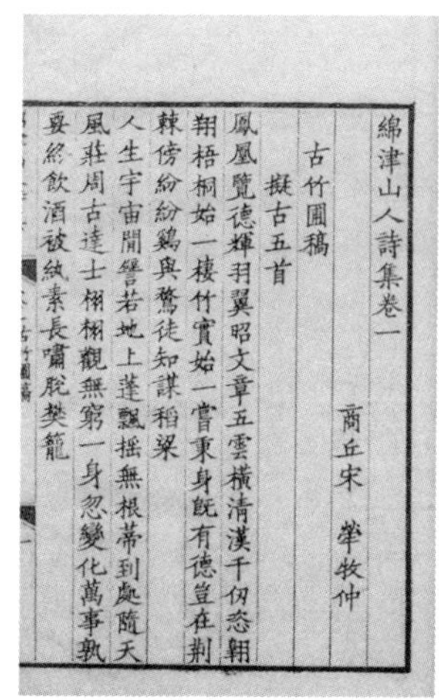

图 5-3　左：《西陂类稿》；右：《绵津山人诗集》

体虽仍显方劲，却已经有了"软字"的倾向。而到了康熙四十二年至四十三年（1703—1704）间，宋荦受康熙之命承刊《御制诗集》、《御制诗二集》、《皇舆表》等诸书，所用字体就已经是极其漂亮的所谓"软字"了。如果说为皇帝刻书并不能表现个人对字体之趣尚，那么宋荦晚年重新编刻的个人全集《西陂类稿》，及其子宋至《纬萧草堂诗》的重刻本，使用的也是这种"软字"，当更能说明问题。取之与康熙二十七年（1688）所刻之早期别集《绵津山人诗集》比较，可以明显看出宋荦于不同时期在刻书字体选择上的变化。

上述例子似乎说明，在康熙中叶宋荦第二次为官苏州期间，其刻书字体开始受到当时逐渐流行的"软字"的影响。值得注意的是，正是在康熙三十二年（1693）编选《吴风》之际，宋荦注意到了苏州士子顾嗣立[①]，并邀请他与邵长蘅一起成为自己整理、刊刻书籍的重要助手。如宋荦购得著名的《施注苏诗》后，就曾委任邵长蘅、顾嗣立等加以校补并刊行。[②]尽管我们并没有在宋荦所刻书中发现刻工署名，但推想二人必然曾就刻工、字体等问题进行过讨论，而顾嗣立将自己曾经雇佣的刻工推荐给宋荦想必也是很符合常理的举动。事实上，上一节中所讨论的《苏东坡诗集注》，就是顾嗣立因受到《施注苏诗》的影响而怂恿好友朱从延所刊行的。[③]此书刻工与《元诗选》等颇多重合，则顾氏在怂恿刻书之馀很可能也推荐了刻工。

而不管宋荦是否使用了同一批刻工，这样一种字体风尚无疑真实地影响了宋荦的刻书风格，同时也可能借助宋荦的地位与大量的刻书实践进一步传播开来。特别是其所承刊的几种官刻书籍，更是影响深远。当时连远在京师的王士禛，也慕名托宋荦代刻《国朝谥法考》、《渔洋山人

①顾嗣立《闾丘先生自订年谱》"康熙三十二年"条："是冬，商丘宋中丞漫堂荦观风七郡，一州之士制义外，复录诗古文辞，厘为二卷，名《吴风》。余《春日泛舟石湖》、《过范文穆公祠观宋孝宗御书歌》亦为采入，因始招至署中赋诗赠答，蒙国士之知焉。"民国二十五年铅印本，《北京图书馆藏珍本年谱丛刊》第89册。

②按此书卷端题"长洲顾嗣立、毗陵邵长蘅、商丘宋至删补"。

③顾嗣立《闾丘先生自订年谱》"康熙三十七年"条："五月，键户家居，笺注韩昌黎诗。宋中丞购得施宿注苏东坡诗，多残缺失次，亦命余校补。复怂恿好事者重刊王梅溪注苏诗，两注并行，吴中风雅一时推为极盛云。"

文略》、《蚕尾集》等书[①]；而著名的林佶写《渔洋山人精华录》，很可能也是由宋荦、顾嗣立等经手并在苏州刊刻的[②]。从这个角度来看，学者们认为宋荦曾经影响《全唐诗》的刻书字体，显然是十分合理的推断。

不过仅就"软字"的进一步传播与程式化而言，曹寅所起的作用可能确实更大一些。抛开《全唐诗》的知名度与传播广度不谈，曹寅在刻书过程中的一个细节或同样影响深远。曹寅曾在其刻书奏折中云：

> 臣细计书写之人，一样笔迹者甚是难得，仅择得相近者，令其习成一家，再为缮写。因此迟误，一年之间恐不能竣工。[③]

这段文字并不是什么稀见材料，一直被广泛引用，但研究者的关注重点多在于曹寅刻书的认真负责，而很少考虑此事对当时刻书风气的影响。从这段话看，曹寅认为刻书字

---

①宋荦《西陂类稿》卷二九《寄阮亭侍郎》："荦于吴门四值锁印，今岁聿云暮……兹顾子侠君入都，奉寄《谥法考》廿册，又《蚕尾集》刻成前二卷，并往廿册。秋冬来儿辈有事，子湘病归，暂停剞劂者月馀，故未竣工，落灯后当渐次料理。"又："承委大集，陆续竣工。《文略》昨已呈上，今再往《蚕尾集》二部，乞照到。诸版存荒署，应发何处印行，伏候宣示。"收入《清代诗文集汇编》第135册。

②王士禛《蚕尾集剩稿·答宋牧仲巡抚》："吉人为弟写《精华录》，不识已付侠君几卷？幸讯之。"可知宋荦、顾嗣立都曾参与其事。又黄裳认为顾嗣立的《书馆闲吟》也是由林佶写样的，见黄裳著、董宁文编《清刻本》上编"清代版刻丛谈"，江苏古籍出版社，2002年，第6页。

③故宫博物院明清档案部编《关于江宁织造曹家档案史料》，中华书局，1975年，第33页。

体之关键在于写样，因此在招募写手时首先有意识地选择了一批笔迹“相近者”。尽管我们并不了解曹寅招募的这批写手的确切身份，但从最后的书写效果来看，其文化水平和艺术修养都相对较高，应该不太可能是坊间的职业性写手，而很可能和朱从延所刻《苏东坡诗集注》的写样者邓明玑、陈勋、张星等人一样，是来自于书院中的儒生之类。扬州的书院向来比较兴盛发达，康熙前期即已创设有安定、敬亭等书院，此外曹寅也可能从苏州等地招募了一批写样好手，因此想要组建一个字迹相近的写样团队，应该是并不困难的。一般来说，这样一支经过筛选的写样队伍已经足够应付普通的写样工作，但曹寅却并未止步于此，其接下来的举措显然更为关键，即又对这批写手进行了集中训练，“令其习成一家”。这和我们在上一章中提到过的刻字店中学徒练习“宋字”写样的方式，实际上是颇为相近的。然而“宋字”本身就是一种程式化很高的字体，要写得如出一手自然相对容易。而写体字要想高度一致，显然也需要在程式化和规范化上下一番功夫。从这一点上说，曹寅刻书时选择“软字”这样一种字体，除了宋荦《皇舆表》等书的示范效应以外，很可能也与其已具备一定的程式化倾向因此更容易训练得“如出一手”有关。与此同时，曹寅的这种训练，一方面自然是造就了《全唐诗》等字体高度一致的经典之作；另一方面看，当这批写样者（其实也应包括经过训练后的刻工）完成任务以后，又会自然而然地将这种更具规范性与程式化的写样（刻书）手法带入民间刻书业。清代自前期至中期，都广泛流行此种字体，就是一个很好的佐证。

四、书法史视野下的“软字”与“馆阁体”

尽管以宋荦、曹寅为代表的官方出版者，在“软字”的推广与程式化上功不可没，但也不能过分夸大他们的实际影响。潘天祯即云：“这种风尚所以能盛行于康熙，流行于雍正、乾隆之世，应该是当时政治经济条件的反映，既不是宋荦，也不是曹寅的力量所能达到的。”[①] 这一看法无疑是比较中肯的。事实上，一种版刻字体的形成与发展，会受到很多因素的影响，而对强调手书韵致的手写体而言，其与当时流行的书法风气之间的联系，显然是相当紧密的。

而就“软字”来说，从字体形态上看，其与清初至清中叶颇为流行的董其昌书法及其变体“馆阁体”之间，似乎都有很多值得我们关注的相似之处。按明末清初，在江南地区流行的主要是董其昌的书法。《中国书法史》在描述清初书法风气时曾云：

> 董其昌生前官高位显，兼之年高寿长，交游广泛，门徒众多，在明末清初影响极大，尤其是江、浙一带，地近同乡，风气沾溉，学书者大率以董为师，即使不是亲得传授亦难脱其氛围熏陶。[②]

---

①潘天祯《扬州诗局杂考》，第76页。

②刘恒《中国书法史·清代卷》，江苏教育出版社，1999年，第27页。

这种风气还直接影响到了康熙帝，以至于清初学董书成为一种上行下效、风靡海内的流行宗尚。近人马宗霍《书林藻鉴》曾总结云：

圣祖则酷爱董其昌书，海内真迹，搜访殆尽，玉牒金题，汇登秘阁。董书在明末已靡于江南，自经新朝睿赏，声价益重，朝殿考试，斋廷供奉，干禄求仕，视为捷途。风会所驱，香光几定于一尊矣。[①]

足见学董已不仅是艺林所好，即一般文士亦趋之若鹜。

不过从马宗霍文中所谓“朝殿考试、斋廷供奉、干禄求仕”等用途来看，当时一般士人所流行的学董实际上更倾向于学习董书的一种变体，即董其昌传人沈荃等人所擅长的“馆阁体”。“馆阁体”是指一种字形端庄工整、圆润匀称同时又显得比较程式化的楷书字体，一般多用于官场、科举等正式场合，即所谓“端雅正宜书制诰，至今馆阁有专门”[②]。这种字体在官方书写体系中其实一直存在，到了清代则更趋流行。对此，清中叶文人洪亮吉曾专门予以总结云：

今楷书之匀圆丰满者，谓之“馆阁体”，类皆千手雷同。乾隆中叶后，四库馆开，而其风益盛。然此体唐宋已有之，段成式《酉阳杂俎·诡习》内有“有官楷，手书”，沈括《笔谈》云“三馆楷书，不可谓不精不

①马宗霍《书林藻鉴》卷十二，文物出版社，2015年，第192页。

②王文治《王文治诗文集·诗词联语辑佚·论书绝句》三十首其二十五，刘奕点校，人民文学出版社，2014年，第686页。

丽，求其佳处，到死无一笔”是矣。窃以谓此种楷法，在书手则可，士大夫亦从而效之，何耶？本朝若沈文恪、姜西溟诸人之在圣祖时，查詹事、汪中允、陈奕禧之在世宗时，张文敏、汪文端之在高宗时，庶几卓尔不群矣。至若梁文定、彭文勤之楷法，则又昔人所云“堆墨”书也。①

在洪亮吉看来，“馆阁体”并不是清代特有的产物，只是因为当时抄写《四库全书》使用的是这种书体，所以在乾隆以后更为盛行而已。他一一排比了康熙至乾隆时擅长“馆阁体”的诸位书法家，如沈荃、姜宸英、查升、汪士鉴、陈奕禧、张照、汪由敦等，对他们总体来说还是持肯定态度的，惟对梁国治、彭元瑞二人颇有微词。在上述“馆阁体”诸家中，沈荃是最有代表性的一位，也是引导康熙皇帝钟情于董其昌书法的关键人物。而张照又是沈荃的再传弟子，他则深入影响了乾隆帝的书法趣味。②

值得一提的是，洪亮吉文中将“书手”与“士大夫”区分开来。这里的“士大夫”显然指具备一定文化艺术素养的中上层文人，而所谓“书手”则是从事普通抄写工作的下层书吏。这实际上是从艺术审美和日常应用两个层面对“馆阁体”的功能作了区分。在洪亮吉看来，“馆阁体”不

---

①洪亮吉《北江诗话》卷四，收入《洪亮吉集》，中华书局，2001 年，第五册第 2283—2284页。

②参见梁继《清初松江地区董其昌笔法的传承——以沈荃、王鸿绪、张照为中心》，《青少年书法》2012 年第 2期。

应成为一种通行于中上层文人之间的艺术审美趣味，但却适用于日常生活之应用。这里当然也包括一般书籍之写样，因为写样者很大一部分就出自上述所谓的“书手”阶层。从这个角度来说，“馆阁体”对版刻字体的影响实是题中应有之义。对于这个问题，也有学者曾予以一些讨论。如李清志《古书版本鉴定研究》云：

> 董字圆劲苍秀，兼有颜骨赵姿，为康熙帝所喜爱，臣民竞学，蔚成风气，故清初书家大多脱不出董字流丽姿媚的风格。但因董字以行书为著名，楷书流传较少，且多带有行书笔意，不便雕版之事，故刻版用董字者颇少见，但其书法风格对康熙以来写刻本之流行，当有所影响也。[①]

这里实际上就谈到了董其昌笼罩下的“馆阁体”风气对版刻字体的影响。不过李清志认为真正使用董字上版的书籍很少，他举的惟一一个例子，是雍正七年观妙斋刻本《观妙斋藏金石文考略》一书。按观妙斋在康熙年间还曾刻过另一部《无声诗史》，字体与之颇似，其写样可能同出一手。

此外，李致忠亦曾总结“馆阁体”对清代版刻字体的影响云：

> （康熙）还先后考取了54名写字好的生员，招至北京，供内廷录用。自此以后，凡朝考廷试对策大卷的字体，非端楷圆秀者便不容易被录取，故有清一代

①李清志《古书版本鉴定研究》，第80—81页。

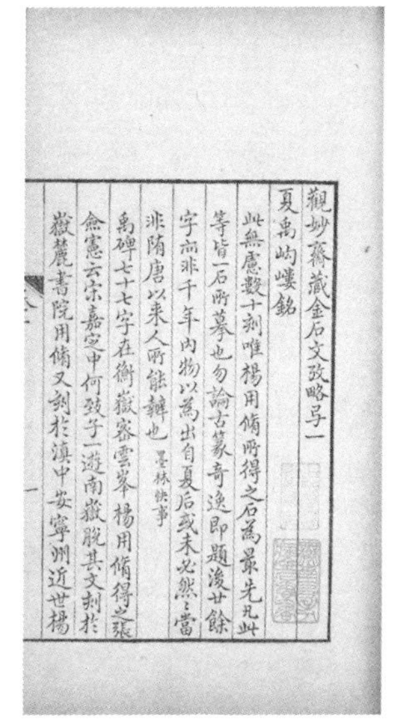

觀妙齋藏金石文攷畧卷一

夏禹峋嶁銘

此無慮數十刻唯楊用脩所得之石爲最先凡此等皆一石所摹也勿論古篆奇逸即題後廿餘字亦非千年內物以爲出自夏后或未必然當非隋唐以來人所能辨也 墨林快事

禹碑七十七字在衡嶽密雲峯楊用脩得之張僉憲云宋嘉定中何致子一遊南嶽睨其文刻於嶽麓書院用脩又刻於滇中安寧州近世楊

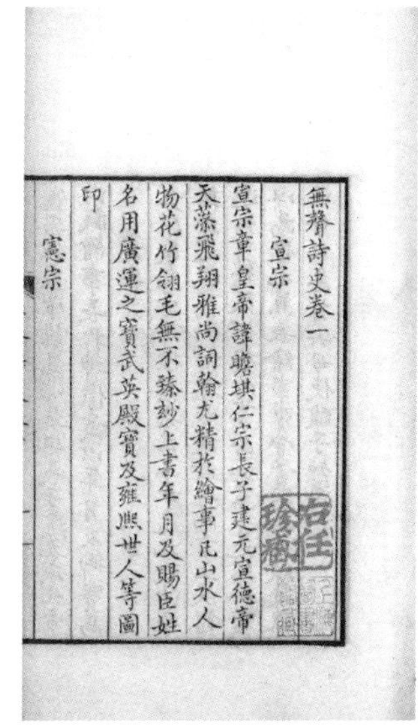

無聲詩史卷一

宣宗

宣宗章皇帝諱瞻基仁宗長子建元宣德帝天藻飛翔雅尚詞翰尤精於繪事凡山水人物花竹翎毛無不臻妙上書年月及賜臣姓名用廣運之寶武英殿寶及雍熙世人等圖印

憲宗

图 5-4 左：李光暎《观妙斋金石考略》十六卷，雍正七年刻本，上海图书馆藏；
右：姜绍书《无声诗史》七卷，康熙五十九年刻本，上海图书馆藏

的进士翰林，特别是历科状元，一般都写一手端庄圆秀的好字。这种要求一经提倡，久而久之，便逐渐形成一种非颜非柳又非赵的所谓阁体……故清代内府刻书，无论是武英殿也好，国子监也好，乃至于扬州诗局及地方奉旨开雕的书籍，其字体都如出一辙，隽秀圆润，赏心悦目。封建社会历来如此，上行下效，内府如此，影响地方的官刻私雕，也争相效法，这便形成了风气，故康、雍、乾三朝130馀年间，全国上下所刻之

书，其字体风格相差不远。[①]

尽管文章最后“全国上下所刻之书，其字体风格相差不远”的结论略显笼统，但用来形容“软字”刻本，却还是大致符合事实的。在这样一个书法风气高度趋向一致的环境之下，普通的写样者很难不受其影响。由此反观曹寅刻《全唐诗》时曾挑选书手练习字体之事，如果没有一种流行的书法风尚作为练习的基础，要想在短时间内招募大量书手共同练成一种字体显然也是比较困难的。

而除了这种大的文化风气之影响外，个别擅长“馆阁体”的官员或文人还可能会对某些书籍的刊行产生比较直接的影响。如康熙四十二年（1703）宋荦受命在苏州刊行《御制诗集》初集、二集，其协同编纂者中就包括高士奇与王鸿绪。二人皆是当时“馆阁体”的代表人物，也深知康熙帝的书法好尚。尤其是高士奇（1645—1704），其以缮录起家，长于小楷，字体工整温润，深得康熙帝宠爱，以至于“内廷书写之事，止令高士奇在内供奉”[②]。尽管在刊刻《御制诗集》之前，高士奇已告老家居，但因康熙南巡，又一路陪驾扈从至京，并受命担任《御制诗集》主编及校勘之职。此书字体款式如此工整秀丽，除了宋荦本人与苏州本地风气等因素外，恐怕也不能忽略高士奇等人的作用。而作为宋荦奉旨在苏州刊行的第一部内府书籍，《御制诗集》所奠定的

①李致忠《古代版印通论》，紫禁城出版社，2000年，第293页。

②鄂尔泰《词林典故》卷三，收入傅璇琮等编《翰学三书》，辽宁教育出版社，2003年，第50页。

版刻风格，对接下来的《皇舆表》乃至《全唐诗》等书显然都有着一定的影响。

当然，以上关于"馆阁体"书法与清代版刻字体特别是"软字"之间的关系的讨论，仍然是非常简单与初步的。事实情况必然会远远复杂得多，也绝不会是这样一种直接或线性的关联模式。我们只能说，清代"馆阁体"书法对整个文人阶层的影响是比较大的，特别是对中下层文人的渗透与潜移默化，必然会在一定程度上改变他们在书写上的习惯甚至审美观。由于这些文人往往同时也是写样的从事者，因此"馆阁体"的影响就会进一步作用到出版业中。至于影响的程度以及具体的表现，不同的书写者可能会不尽相同，而且还要考虑很多其他因素的综合作用，这就颇为复杂了。因此在这个问题上，可能还需要收集更多的材料与典型个案，以作进一步的探讨。

第三节　从"馆阁体"到"仿宋"欧字：版刻字体的进一步演变与分化

康熙以后，"软字"逐渐成为清代写刻本中最常见的一种字体。惟随着这种字体的进一步流行与程式化，其日趋圆美软熟、千篇一律的字体风格，也开始招致时人的不满。雍正年间，王澍、金农等艺术家开始在所刻书籍中创造性地使用一种风格独特的"仿宋"欧字，或可视为对当时"软字”风气的反拨。不过由于这种字体写刻难度较大,无法批量摹仿,因此传播范围有限。直到嘉庆以后,伴随着乾嘉学者“仿宋本”风潮的兴起,江南地区的民间工匠开始尝试对“仿宋”欧字进行程式化的改良,并积极将之运用于刻书实践,从而使得“欧字”在清中叶之后又获得了一定的发展,并在事实上启发了民国“聚珍仿宋”字体的创制。

一、圆熟而趋同:清中叶“软字”的进一步程式化

在康熙中叶,由宋荦、曹寅等人掀起的精写精刻之风一度风靡于世。这一时期的“软字”版刻精品,也被冠以“康版”之称而广受后人的关注。不过到了清代中叶,这种风气就渐行消退,“宋字”刻本的比例又逐步上扬。周叔弢曾云:

> 清代乾嘉间金陵刻书习用刘氏方整之体,独穆大展则用楷书精刻。余所见有楷书刻《昭代词选》、摹元人书《两汉策要》,皆精妙绝伦……康熙年间江宁织造曹寅用楷字体刻书,雕印精工,所谓“康体”(原注:见金埴《不下带编》)。嘉道以后此风渐息,穆氏独能传其馀绪。[①]

这段文字首先指出清中叶南京等地“习用刘氏方整之体”,说的实际上是刘文奎兄弟及其所擅长的方体字的流行。当然刘文奎兄弟也刻了不少仿宋元本,但其本质上是

①见李国庆《弢翁藏书题跋》所附《弢翁藏书年谱》“一九八二年”条,第325页。按此传略又见李国庆《漫谈古书的刻工》一文,云系原天津古籍书店经理张振铎先生抄示,内容则大致相同。

翻刻，使用范围较小，与《全唐诗》等所使用的字体并无可比性。此外，周叔弢又称康熙写刻之风“嘉道以后”渐息，实际上这种现象在乾隆年间就已开始出现。文中两次用“独”来加以强调的穆大展，本身就是乾隆至嘉庆间人。且就笔者所掌握的材料来看，乾嘉时期写刻本的比例确实有一定程度的下降，擅长写刻的刻工也为数不多。穆大展虽不能称是“独”传馀绪，但确实是当时最具代表性的一位。关于穆大展的相关情况，可参第三章第一节，此处不赘。

而纵观清中叶的写刻本，其中数量最多也最具程式化气息的，仍然是“软字”刻本。如穆大展所刻的诸多写刻本

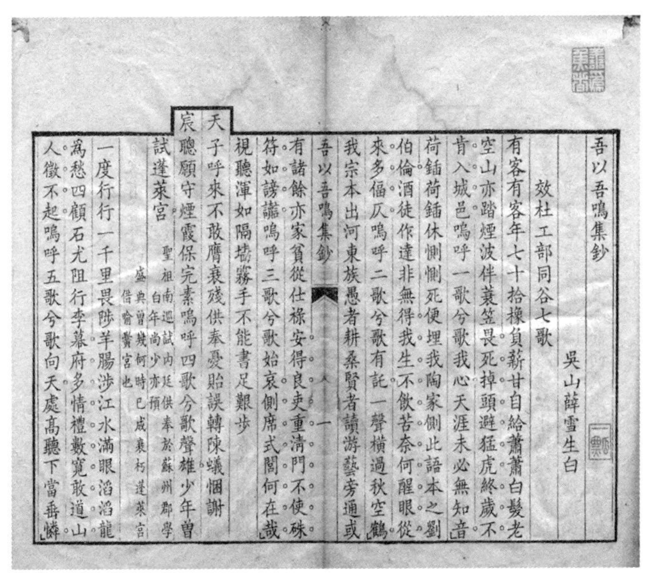
吾以吾鳴集鈔
吳山薛雪生白
效杜工部同谷七歌
有客有客年七十拾橡負薪甘自給蕭蕭白髮老空山亦踏煙波伴蓑笠畏死掉頭避猛虎終歲不肯入城邑嗚呼一歌兮歌我心天涯未必無知音
荷鍤荷鍤休惻惻死便埋我陶家側此語本之劉伯倫酒徒作達非無得我生不飲苦奈何醒眼從來多偪仄嗚呼二歌兮歌有託一聲橫過秋空鶴
我宗本出河東族愚者耕桑賢者讀游藝旁通或有諸餘亦家貧從仕祿安得良吏重清門不使硃符如謗讟嗚呼三歌兮歌始哀側席式閭何在哉
視聽渾如隔墻霧手不能書足艱步
天子呼來不敢膺衰殘供奉憂貽誤轉陳蟻悃謝
宸聽願守煙霞保完素嗚呼四歌兮歌聲雄少年曾試蓬萊宮（聖祖南巡試內廷供奉於蘇州郡學白年尚少亦預盛典曾幾何時已成衰朽蓬萊宮借喻黌宮也）
一度行行一千里畏陟羊腸涉江水滿眼滔滔龍爲愁四顧石尤阻行李幕府多情禮數寬敢道山人徵不起嗚呼五歌兮歌向天處高聽下當垂憐
吾以吾鳴集鈔　一

图 5-6　薛雪《吾以吾鸣集钞》一卷，清乾隆间刻本，天津图书馆藏

中,《三江水利纪略》、《葆璞堂诗文集》、《饴山文集》、《黄侍郎公年谱》等书就均以通行“软字”刊刻,面貌颇为相近。不过清中叶所流行的“软字”,与清初又有所不同。简单地说,清初“软字”尚带一些从“欧字”过渡而来的挺拔之气,而清中叶的“软字”则更显圆熟绵软一些。

出现这种情况,一方面是因为清初“软字”经过数十年的流行,坊间写手、刻工俱已驾轻就熟,难免程式化气息更为浓厚;另一方面,或许是因为至乾隆时,馆阁书法之宗尚亦已有所变化。对此,金安清《水窗春呓》曾云:

> 馆阁书逐时而变,皆窥上意所在。国初,圣祖喜董书,一时文臣皆从之,其最著者为查声山、姜西溟。雍正、乾隆皆以颜字为根底而赵、米间之,俗语所谓墨圆光方是也。然福泽气息,无不雄厚。[①]

此外,马宗霍《书林藻鉴》亦云:

> 高宗宸翰尤精……其时承平日久,书风亦转趋丰圆,董之纤弱,渐不厌人之望。于是香光告退,子昂代起,赵书又大为世贵。[②]

以恭迎上意为重点的“馆阁体”,无疑会随着帝王审美趣味的转变而发生变化。清初宗董,其字体尚有潇洒之气;而到了雍正、乾隆时期则以宗赵为主,故字体更显圆熟,即俗

---

①欧阳兆熊、金安清撰,谢兴尧点校《水窗春呓》卷下第72条“馆阁书变体”,第61页。

②马宗霍《书林藻鉴》卷十二,第192页。

语所谓“墨圆光方”[1]的另一种“馆阁体”。这里的“方”不是指“欧字”的那种“方劲”，而是一种端方工整之态，实与“圆”相呼应。对此，《中国书法史》曾进一步总结云：

> 清代馆阁体书法真正的成熟和盛行是在乾隆、嘉庆以后……清代中期馆阁体书家的学书门径和基础渊源虽各不相同，但最终的形式特点和风格面目基本都以赵孟頫为归宿，这是由于弘历对赵书的喜欢所决定的。乾、嘉时期的文人士大夫学习楷书大都从唐碑入手，然而不管是宗欧、宗颜还是宗柳，最后都会被纳到赵孟頫的饱满圆润和匀称流畅的笼罩之中。这种被称为“颜底赵面”或“欧底赵面”的书法面貌在当时的文人和官僚书法中是十分普遍的，大凡经过科举考试进入仕途的人，除了在书法方面下过特殊功夫并有意避开时风者外，都能写一手方正、光洁和整齐的馆阁体。即使是不以馆阁体著名的书法名家，因受时尚风气的熏陶，其书法也往往带有或多或少的馆阁气味。[2]

可见清中叶“馆阁体”书法的圆熟程度与流行态势，实较清初有过之而无不及。以至于叶德辉在谈及清代之书法时，不无感慨地说：

---

①按又有一说为“乌方光”。李仙根《楚庭书风》有“粤风从不趋甜熟，何物乌方光困之”之句，转引自侯开嘉《中国书法史新论》，上海古籍出版社，2009年，第154页。

②刘恒《中国书法史·清代卷》，第122—123页。

> 有清一代，百学复古，惟书法一道陷于禄利之境，虽豪杰不得不随朝廷风气为转移。康熙好董书，故其时朝野上下皆尚董体；乾隆好松雪，故一时书家巨子皆染赵风。道光学颜书，迄于同、光，颜体几为帝王家学。[①]

在这样的整体背景下，清中叶所刻之"软字"书籍，除非出版者刻意使用名家手书或其他生新字样，否则出现一种面目雷同、圆润软熟的"馆阁体"气息，几乎是不可避免的。如黄裳在谈到薛雪《抱珠轩诗存》、《一瓢斋诗存》、《斫桂山房诗存》、《吾以吾鸣集钞》等书时，云其"皆写刻精好，为乾隆刻标准风格"[②]，这里所谓的"标准风格"，实际上正是"馆阁体"程式化书法影响"软字"的一种表现。

二、反拨与创新：清中叶"仿宋"欧字的出现与发展

随着"软字"的日趋程式化，清代的一些出版者也开始尝试突破这种圆熟泛滥的写样字体，另辟新径，以营造一种生新的版面效果。其中尤其引人注意的，是雍正以后由王澍、金农等人所倡导使用的一种别具特色的"仿宋"字体，并逐渐演变成"仿宋"欧字。相比清初的"欧字"，这种"仿宋"欧字更多地融合了"宋字"的某些字体特征，因而显得挺拔方劲，刚健有力，一扫此前通行"软字"的圆熟风貌，令人耳目一新。而随着这种字体在民间的传播，以陶

---

①叶德辉《与日本松崎鹤雄论文字源流书》，见张晶萍校点《叶德辉诗文集·郎园山居文录》卷下，岳麓书社，2010年，第440页。

②黄裳《清代版刻一隅·抱珠轩诗存》，第194页。

士立、陆贞一等为代表的写刻工匠，又对其进行了程式化的改造，从而使得“欧字”在清中叶之后获得新的发展，并成为近代“聚珍仿宋”字体的先声。

（一）“仿宋”概念的发展与“聚珍仿宋”

关于“仿宋”这一概念，前文曾有所述及，并将其主要用法分为“仿宋”之本与“仿宋”之字两类。这里所讲的主要是“仿宋”之字，即指在没有具体参照底本的情况下，将宋本欧体字的某些书写特征抽出并加以程式化、标准化而创造的一种新的印刷字体样式。

而说到“仿宋”之字，一般人首先想到的就是电脑字体中的“仿宋字”，其首创者则一般会追溯到民国初年杭州丁善之、丁辅之兄弟仿照“北宋古本书所称欧宋体字者”（亦即“欧体”）所创制的“聚珍仿宋”铅活字。按丁氏兄弟系杭州八千卷楼主人丁申、丁丙兄弟的后人，于刻书一道颇有濡染。民国初年，因觉坊间流行之宋体铅字不够雅驯，遂仿照欧体字创制了“聚珍仿宋”铅活字：

> 年来铅字盛行，梓人一职，或几乎息顾，坊间所用铅字，多系来自日本，转制以成肤廓之宋体，以云版本，殊不足登大雅之堂。因仿北宋古本书所称欧宋体字者，先刻木，次范蜡模铜，次铸铅，经种种手续，制成活字，以备好古者之采择。①

①丁三在《聚珍仿宋印书局招股启》，收入张静庐辑注《中国近现代出版史料》第6册《补编》，上海书店出版社，2011年，第284—285页。

可见所谓“聚珍”是指活字，而“仿宋”则是指仿宋本之欧字。之所以仿“欧字”，是因为“北宋刊本之以大小欧体字刻版者为最适观，以其间架波磔，秾纤得中，而又充满，无跛踦肥㽵之病”[①]，可见这种“欧字”比较适合刻版印刷。民国五年（1916），丁善之在上海创办“聚珍仿宋印书局”，专以此“聚珍仿宋”字印书。后因经营不善，印书局于1920年由陆费逵牵头并入中华书局，并特设“聚珍仿宋部”，印制了以《四部备要》等为代表的大批书籍。陆费逵在回忆此事时，曾云：

> 杭县丁辅之兄弟费十馀年心力，取宋版书字体仿写制铜模，名为聚珍仿宋版。有方体、长体、扁体三种，款式古雅，字体优美。后归中华书局，排印《四部备要》二千馀册，古香古色，可与清代最精之仿宋刊媲美。[②]

由于“聚珍仿宋”对现代印刷业的影响十分巨大，今天电脑字体中的“仿宋体”就是在其基础上发展而来，可谓影响深远。因此后人在提起“仿宋”字体时，首先想到的大都是“聚珍仿宋”，二者之间几乎被画上了等号。

然而将“仿宋”概念运用于版刻字体之上的做法，即在没有底本的情况下抽象摹仿宋本“欧体”的字形特征，并加以一定的程式化、标准化处理，这并不是丁氏兄弟的首

---

①徐珂《清稗类钞》第九册“鉴赏类”《丁善之论仿宋板》，中华书局，2010年，第4296页。

②陆费逵《六十年来中国之出版业与印刷业》，收入张静庐辑注《中国近现代出版史料》第6册《补编》，第278页。

创。事实上，明中叶以后出现的方体字，本质上也是一种“仿宋”的程式化字体，因此有时也会被称为“仿宋字”。如张秀民《中国印刷史》云：

> 清代印刷体最盛行的，仍是沿用明代的方体字，俗称“宋字”或“宋体”，又名“仿宋字”，又称“硬体字”，又称“匠体字”，其实与宋版的宋字毫无相同之处。[①]

当然，这种字体更为通行的名称是“宋（体）字”。张秀民称其“与宋版的宋字毫无相同之处”，这是特指发展至清代的面貌。但在明代中叶，其与宋本“欧体”之间的渊源关系仍然清晰可辨。只不过“宋体字”在程式化的道路上走得更远，发展到后来已基本摆脱了书法意义上“欧体”的形态影响，因此很少会被冠以“仿宋”二字。

而除了“宋体字”、“聚珍仿宋”字之外，在清代中叶以后还曾出现过一批有意识地以“仿宋”命名的版刻字体。其主要特征有二：第一，从概念运用上说，虽然出版者、写样者、刻工各不相同，但都会在书中有意识地留下标注有“仿宋”字样的刊语，以强调其字体来源于宋本；第二，从字体形态看，其以欧体为基本范式，同时又会在不同程度上融入方体字的某些版刻特征，从而使得字体效果在方劲之馀，也呈现出一种逐渐程式化的倾向，可以说是“聚珍仿宋”出现之前对欧体规范化、程式化的一种有益尝试。为行文方便，且区别于一般“欧字”以及“聚珍仿宋”、现代

①张秀民《中国印刷史（增订本）》，第506页。

"仿宋体",姑将此类字体称为"仿宋"欧字。

(二)邓弘文的创造性书写与概念运用

在本书第四章第二节中,提到过一位非职业写样者邓弘文,其在雍正年间曾先后为三种书写样,并留下"吴郡邓弘文雨桐仿宋本书"的刊语。其中最早的一种,是雍正八年(1730)书法家王澍委托友人汪玉球所刻的《淳化秘阁法帖考正》(以下简称《考正》)。[①] 汪氏虽为徽籍,却一直客寓扬州。且王澍《虚舟题跋》有"余为维扬汪竹庐书十体《千文》"[②] 之语,亦径称其为扬州人。因此,尽管写样者邓弘文是苏州人,但此书很可能刊行于扬州。

由于材料的缺乏,我们并不能确定邓弘文究竟是王澍所邀,还是刻书者汪玉球所邀。不过考虑到王澍当时仍然健在,因此《考正》一书的写样风格至少是得到其本人认可的。而从此书别具一格的字体风格来看,这位邓弘文应是擅长书法的文人或艺术家,而非普通写工,毕竟过于匠气的字体显然无法得到王澍的肯定。而邓弘文也不负所望,不仅写出了极有风格特色的字体,而且还创造性地在刊语中将之定义为"仿宋",从而将"仿宋"这一概念与字体联系在了一起。

---

①王澍《淳化秘阁法帖考正》卷首汪玉球序云:"予不敏,先生属以校勘之役。书成锓木,用成先生嘉惠来学之意。"清雍正八年诗鼎斋刻乾隆印本。

②王澍《虚舟题跋》卷九,清乾隆五十三年温纯刻本,收入《续修四库全书》第1067册。

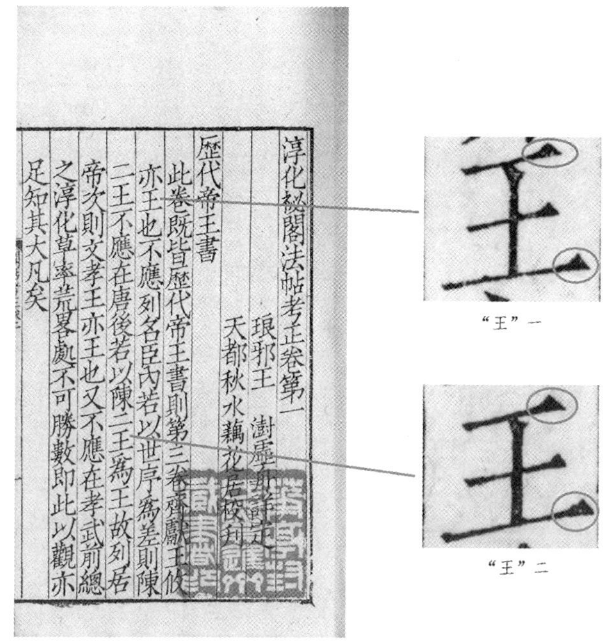
淳化秘閣法帖考正卷第一
琅邪王　澍虚舟辑定
天都秋水藕花居校刊
歷代帝王書
此卷既皆歷代帝王書則第三卷齊獻王攸
亦王也不應列名臣内若以世序爲差則陳
二王不應在唐後若以陳二王爲王故列居
帝次則文孝王亦王也又不應在孝武前總
之淳化草率荒畧處不可勝數即此以觀亦
足知其大凡矣

图 5–7 《淳化秘阁法帖考正》字体细部

之所以说其具有创造性，一是因为就浅见所及，在《考正》之前似乎并没有人明确提出以"仿宋"来指称一种字体，二是因为其"仿宋"之说实际上并无依据：内容上无所依傍自是显而易见，即就字体形式而言，宋刻本中也并不存在这样的一种字体。因此所谓"仿宋"显然只是一种托辞，实际上应该是邓弘文自己的一种创造性书写。而关于这种字体的具体表现，我们可以结合《考正》一书来作进一步的分析。

从字形看，它似乎是取了宋刻本颜体字的架构与欧体字的方劲，并刻意强调了字形的斜侧，以与"宋字"的方正拉开距离。但在笔划处理上,又吸收了“宋字”的基本特征,即笔划拉直、横细竖粗。此外,转折、结笔之处也如斩钉截铁般棱角分明,完全没有一般手写体应有的那种圆润弧度。对于这种字体风格,陆锡兴在讨论由邓弘文写样的另一部书籍《冬心先生集》时,曾总结云:

> (《冬心先生集》)的字体虽来源于宋代刊本,但是参用匠体笔画,只是淡化了横细竖粗,而带斜势,结构灵活,不如匠体那样机械,是一种匠体与手写体的结合物。①

这里说的虽然是《冬心先生集》,但因为二书字体类似(详下),因此实际上也可用以移观《考正》一书。文中所谓“来源于宋代刊本”,应该是受到了此书刊语中“仿宋”二字的影响,可姑且不谈;而所谓“参用匠体笔画”、“是一种匠体与手写体的结合物”,则正是指出了邓弘文写样中不同于常规写体的独特风格。不过值得注意的是,陆锡兴所提到的这种“匠体”色彩,也并非完全来自于邓弘文的刻意创造。有些字体特征,例如横笔结尾处所出现的比较明显的三角形,应该是刻工造成的。事实上,这种三角形是明中叶以后方体字的典型特征之一,一般手写体并不会表现得这么明显和锐利。且仔细观察这些三角形,有些明显要尖锐一些(如“王”一的第三横与“王”二的第一横),有些则又显得比较平缓(如“王”一的第一横与“王”二的第三

---

①陆锡兴《印刷版刻技术创造的印刷字体》,《中国典籍与文化》2013年第1期。

横），其中平缓者可能更接近邓弘文写样的原貌，而尖锐者则很可能是刻工所导致的。[①]类似的现象其实也出现在其他笔画的处理之中，这或许是因为邓弘文的写样本身就比较方劲，因此刻工在处理时就难免会将方体字的某些刻法带入其中，这也正是陆锡兴所说“匠体”色彩的由来。

事实上，正如本章第一节所阐述的那样，明代方体字在其发展初期，与“欧体”的界限也并不是非常明晰，其所呈现出来的是一种手写体尚未完全程式化的中间态势，最终走向是横平竖直的方体字。而《考正》在字体上的变化逻辑则正好相反，是反过来将业已成熟的方体字特征运用到了写体之中。尽管这种字体并非纯粹的欧体，但是考虑到其与清中叶以后“仿宋”欧字之间的渊源关系，姑一并笼统称之为“仿宋”欧字。

值得注意的是，在《考正》的刊刻过程中，出版一方似乎也有意识地默许了刻工的这种掺杂行为，以使得该书字体在雕版上呈现出一种手书体所无法呈现的锐利效果，从而在康熙中期以后普遍流行且日趋软熟的“软字”风气中显得尤其别具一格。考虑到作者王澍在清代书法史上的地位与作用，令人不得不猜测这可能是一种有意识的矫正之举。事实上，王澍在《考正》一书中，就曾经痛诋清初书坛的流行风气：

---

①按此书初刻后印本中未见刻工题名，但另一种乾隆翻刻本卷末则有“宛陵刘茂生镌”一行，未详是否即原书刻工。

> 然自思白以至于今，又成一种董家恶习矣。一巨子出，千临百模，遂成宿习，惟豪杰之士乃能脱尽耳……思白虽姿态横生，然究其风力，实沉劲入骨。学者不求其骨格所在，但袭其形貌所以，愈秀愈俗。①

文中反对“千临百模”的“宿习”，并认为“愈秀愈俗”，可见王澍极力排斥的正是当时流行学董风气下所呈现出来的那种千篇一律的软媚俗态。而这种态度，或许可以在一定程度上解释其《考正》中出现这种别具一格的“仿宋”字体并默许刻工加以“匠体”化的原因。从这个角度来说，尽管书写并提出“仿宋”概念的是邓弘文，但王澍显然也是其背后的实际推动者之一。

而这种在刻书时于手写之体中刻意增加锋棱的做法，也得到了后人的一些认同。下文要提到的金农是直接的效仿者，而晚清时曾国藩则云：“近日刻板精雅者……元体如黄荛圃、秦恩复、胡果泉影宋诸刻，亦贵字画粗重而增之以锋棱。”② 此外，又多次强调“笔划多有棱角”者才是“刻板之精者”③。尽管曾国藩所提到的这些仿宋本中的锋棱，

---

①王澍《淳化秘阁法帖考正》卷十二。

②曾国藩《曾国藩全集 · 书信二 · 复胡林翼》，第23册第347页。

③曾国藩《曾国藩全集 · 书信九 · 致周学浚》：“仆尝论刻板之精者，须兼方、粗、清、匀四字之长。方以结体方整言，而好手写之，则笔划多有棱角，是不仅在体而并在画中见之。粗则耐于多刷。最忌一横之中太小，一撇之尾太尖等弊。清则此字不与彼字相混，字边不与直线相拂。匀者，字之大小匀，画之粗细匀，布白之疏密匀。”第30册第308—309页。

并非出版者的刻意增加，而主要是写样者、刻工在刻书过程中的羼入，但这种对版刻字体中“锋棱”、“棱角”的欣赏态度，与王澍在出版《考正》一书时的默许态度，却是异曲而同工的。

（三）金农的反复效仿及其影响

尽管邓弘文第一次运用“仿宋”概念是在《考正》一书上，但因其刊语在后印本中被铲去，且《考正》一书的传播范围相对有限，因此今人对这种字体的认识，主要还是有赖于另一位名气更大的艺术家金农的积极效仿。在《考正》刊行后不久的雍正十一年（1733），金农也在扬州刊行了他的《冬心先生集》四卷、《冬心斋研铭》一卷[①]，其字体与《考正》绝似。而从二书刊语“吴郡邓弘文仿宋本字画录写”可知，其写样同样出自邓弘文之手。[②]

二书刻成后，金农显然对此种字体的艺术效果非常满意。因此，在乾隆前期再次刊行《冬心先生画竹题记》、《冬心先生三体诗》二书时[③]，金农仍然坚持使用此前的字体风格，惟写样者则作了更换。我们现在可以看到的乾隆刻本中，《画竹题记》刊语作“金陵汤凤仿宋本字画录写”，首叶

①按《冬心斋研铭》笔者未见，相关版刻信息及书影据孟宪钧《金冬心著作版本知见录之二》，《紫禁城》2009年第10期。

②关于金农邀请邓弘文写样的缘由，可参见本书第四章第二节的相关讨论。

③按《冬心先生画竹题记》卷首有乾隆十五年金农自序，但像赞却作于金农七十岁即乾隆二十一年时，因此实际刊刻时间并不确定。另《冬心先生三体诗》则有乾隆十七年序。

版心有刻工题名“杜尔儒刻”;《三体诗》刊语则作“金陵汤凤录写、刘之科刻”。由此可知二书的写样者皆为南京汤凤,且《画竹题记》刊语也沿用了此前《冬心先生集》“仿宋本字画录写”的题写方式,可以看出二者间明显的继承关系。不过,尽管汤凤在一定程度上摹仿了邓弘文笔意,但其字体与《冬心先生集》等相比还是有很大的不同。其中最明显之处就在于《画竹题记》笔画更粗,同时间架结构也显得更加方正、板滞一些。不过字体的斜势、转折处的棱角以及横笔收尾处的三角形等重要特征,还是得到了保留。

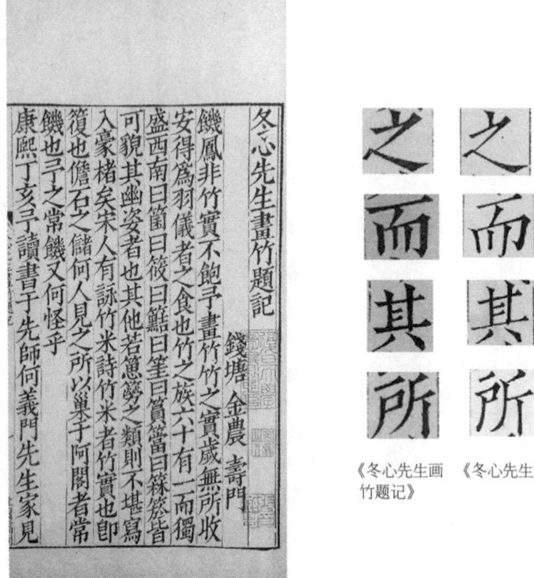
冬心先生畫竹題記

錢塘 金農 壽門

饑鳳非竹實不飽予畫竹竹之實歲無所收安得爲羽儀者之食也竹之族六十有一而獨盛西南曰箘曰筱曰籦曰筀曰篔簹曰箖箊皆可貌其幽姿者也其他若篦簩之類則不堪寫入豪楮矣宋人有詠竹米詩竹米者竹實也卽[illegible]也儋石之儲何人見之所以巢于阿閣者常饑也予之常饑又何怪乎

康熙丁亥予讀書于先師何義門先生家見

图 5-8 金农《冬心先生画竹题记》一卷,乾隆间刻本,复旦大学图书馆藏

值得一提的是，此书还有另外一种“仿宋”版本。据孟宪钧《金冬心著作版本知见录之三》一文介绍，嘉庆间陈鸿寿种榆仙馆曾重刻过《冬心先生杂著》六种，其中《冬心先生画竹题记》卷末有刊语作“金陵余纶仿宋本录写、江氏鹤亭古梅盦藏板”。[①]这里的“江氏鹤亭”，是指寓居于扬州的徽商江春（1721—1789），金农与之颇有过从。《画竹题记》卷首金农自序曾云：“江君鹤亭见而叹赏不置，命傔人抄录付剞劂氏。”则此书最早确实是由江春出资刊行，且得到了金农本人的授权。但是此“金陵余纶仿宋本录写、江氏鹤亭古梅盦藏板”的刊语没有出现在乾隆刻本中，而是出现在嘉庆刻本中，亦令人费解。考虑到陈鸿寿刻书时江春已经去世，因此书中出现“江氏鹤亭古梅盦藏板”的刊语，只能解释为陈鸿寿据以重刻的底本，可能正是江春之旧刻。

如果上述说法成立，则在汤凤写样本之前，应当还有一部由江春出资、余纶写样的“仿宋”刻本。对此，有个细节或可资佐证。孟宪钧曾注意到汤凤写样本《画竹题记》卷首金农小像与《冬心先生集》卷首的小像并不一致：

> 初看颇似《冬心先生集》的小像。然而细看却非旧板重用，二者有细微差别，应是《诗集》小像的摹本。像后的题赞也非蒲州刘仲益所作，而是换成了新安方辅题、嘉定杨谦用篆书书写的像赞……像赞写于

---

①孟宪钧《金冬心著作版本知见录之三》，《紫禁城》2009年第11期。

冬心先生七十岁，即乾隆二十一年（1756）。则自序与像赞的写作相差六年之久。[①]

从这一点看，至少汤凤写样本的“冬心先生小像”并没有沿用《冬心先生集》原来的雕版，而是后来重新刊刻的，且距离金农作序的乾隆十五年（1750）已相隔六年。换句话说，如果余纶写样本刊行于金农作序的乾隆十五年，那么汤凤写样本或许是六年后或更晚才重新刊刻的。惜余纶写样本今似已不存，其具体的字体面貌、与汤凤写样本之间的关系以及金农在短时间内两次刊刻《画竹题记》的原因，我们都已无从知晓，只能存疑俟考。

不过，从《冬心先生三体诗》同样是由汤凤写样来看，金农对汤凤应该还是比较满意的。且在汤凤写样的这两部书中，邓弘文“仿宋”欧字的风格也在大体上得到了继承和保留。而金农之所以青睐于此种字体，可能也是缘于其在书法艺术上不同于流俗的审美品味。此外，“仿宋”一词隐隐指向宋代文化，可能也正好满足了金农个人的特殊趣味。徐康在《前尘梦影录》中，曾专门谈到金农对“宋”的偏好：

旧藏冬心翁著作最备。其《自序》一卷，用宋纸、方程古墨轻煤研印，每半叶四行，行二十馀或十馀字，丁钝丁手书精刻，古香古色，不下宋椠。虽在灯下读之，墨采亦奕奕动人。馀如三体诗《画竹》、《画梅》、

①孟宪钧《金冬心著作版本知见录之二》。

《画马》、《自写真》、《画佛》共题记五种，皆以宋红筋罗文笺研印。《诗集》、《续集》、《研铭》用宣纸、古墨刷印，皆墨笺作护面，狭签条。所未见者，《自度曲》一卷而已。（原注：标亦见冬心翁用宋纸印所著书，神似真宋。所差者，墨色稍光亮耳。）[1]

文中提及金农诸刻[2]，不特字体仿宋，连纸也是采用极其珍贵的宋纸，并用古墨刷印，就形式而言实在是做到了极致，不难看出金农对"宋"有着发自内心的重视与喜爱。事实上，作为文学史上"浙派"的一员，金农对"宋"异乎寻常的偏好，实与"浙派"文人特殊的"南宋"情结有着紧密的联系。在异族统治的政治阴影之下，"浙派"文人通过各种形式的"宗宋"来表达一种复杂而含蓄的文化心态，而金农欣赏并频繁使用这种"仿宋"字体，显然也正是这种文化心态的一种反映。

---

①徐康《前尘梦影录》卷上，清光绪二十三年江标刻本，收入《续修四库全书》第1186册。按关于金农用宋纸印书，另可参见黄裳《姑苏访书记》、《清代版刻一隅》等相关内容。

②按金农的著作还有数种，其中《冬心先生画梅题记》、《冬心先生画马题记》、《冬心先生画佛题记》、《冬心先生自写真题记》四种与《画竹题记》应该是一个系列，但因未见金农自刻单行本行世，故其面貌已不得而知。此外《冬心先生续集》有两种刻本，其中乾隆十七年序刻本甚是罕见，据孟宪钧之文所提供的书影及相关介绍，知其字体与乾隆二十五年刻《冬心先生自度曲》一卷绝似。按《自度曲》有扬州刻工汤鸣岐刊语："金陵汤鸣岐仿古本字画录写并刻。"其与罗聘《香叶草堂诗存》字体相似。此外尚有《冬心先生续集自序》一卷，由西泠八家之首丁敬手书上版，又别是一番风味。

可能正是由于金农反复在其著作中使用"仿宋"欧字刻书,令人印象深刻,因此后人在谈及清代此类"仿宋"欧字刻本时,往往将金农诸刻作视为其中之代表,甚至开山之作。如扬州中国雕版印刷博物馆所编《雕版印刷》一书在评价金农之刻书字体时,就称"自从金农在乾隆间'创造'了那种大气磅礴的仿宋本字体"[①],所谓"创造",实际上就是将金农视为此种字体的首创者。此外黄裳在评论《画竹题记》时亦云:"冬心自刻小集皆精,此嘱良工依宋板字样写刻,实开金陵书坊仿宋风气。"[②] 也是将金农视为开"仿宋"风气之先者。尽管"开风气之先"的说法并不准确,但将"仿宋"视为刻书业中曾经出现的一种风气,却仍然是极有见地的。只不过从实际情况来看,嘉、道以后民间刻书业中所出现的"仿宋"欧字,与王澍、金农等人书中所使用的"仿宋"字体,已经有了很大的不同。

三、继承与复归:民间刻书业对"仿宋"欧字的再改造

在与金农同时的乾隆年间,虽然也曾零星出现过几种使用这种"仿宋"欧字刊刻的书籍,但总体上看数量并不多。如乾隆十一年(1746)前后徐以泰的《绿衫野屋集》四

---

①扬州中国雕版印刷博物馆编著《雕版印刷》,山东友谊出版社,2013年,第213页。另,此书认为这种仿宋字体"不是依照惯例模仿浙刻本的欧体字,而是介乎蜀刻本和建本的颜体之间",亦可备一说。

②黄裳《清代版刻一隅·冬心先生画竹题记》,齐鲁书社,1992年,第208页。

卷，字体与《考正》、《冬心先生集》等书相似度颇高，但在具体点划处理上仍有不同，应该是出自其他写样者之手。此书卷末有刊语作“姑苏陈圣如刊刻”，知刻工为苏州人，但写样者则不详，且也并未使用“仿宋”字体。

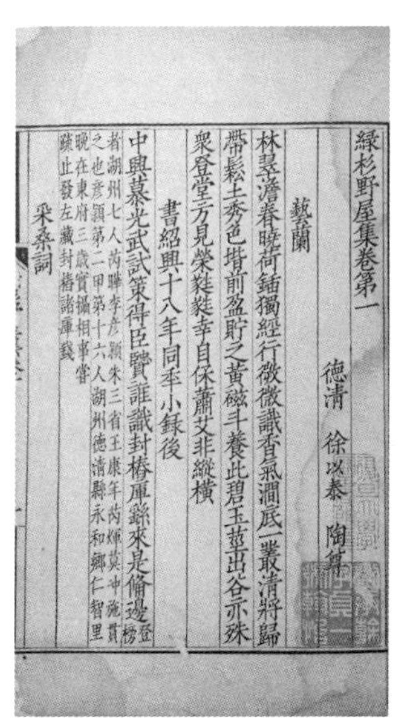

图 5–9 徐以泰《绿杉野屋集》四卷，乾隆十一年刻本，复旦大学图书馆藏

此外，乾隆三十年（1765）扬州余氏濡雪堂曾刻《余先生诗钞》一卷，《雕版印刷》一书云其“版式字体模仿了《冬心先生集》，也是大字磅礴，写刻印均神采飞扬”[①]。按此书国家图书馆有藏，今观其书影，无论是棱角分明的字体，还

①扬州中国雕版印刷博物馆编著《雕版印刷》，第213—215页。

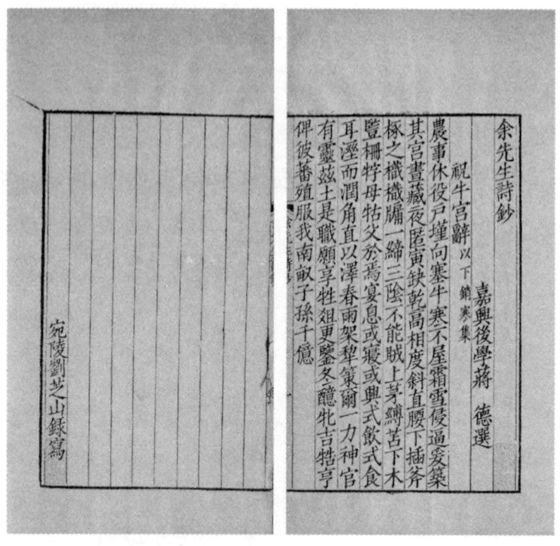
余先生詩鈔
嘉興後學蔣　德選
祝牛宮辭 以下鋤寒集
農事休役戶墐向塞牛寒不屋霜雪侵逼爰築
其宮晝藏夜匿寅缺乾高相度斜直腰下插斧
椓之橐橐牖一綿三陰不能賊上茅縛苫下木
豎柵牸母牯父分焉宴息或寢或興式飲式食
耳溼而潤角直以澤春雨架犂策爾一力神官
有靈茲土是職顒享牲俎更鑿冬醴牝吉牸亨
俾彼蕃殖服我南畝子孫千億

宛陵劉芝山錄寫

图 5-10　余元甲《余先生诗钞》一卷，清乾隆三十年刻本，国家图书馆藏

是篆书牌记，都与《冬心先生集》极其相似。又此书卷末有“宛陵刘芝山录写”一行，知写样者为刘芝山，又与此前邓弘文、汤凤等皆不同。

除此之外，笔者识见有限，暂未知有其他使用类似字体的乾隆刻本。不过即便有所遗漏，数量应该也不会太多。因为此类字体实在太过个性化，不仅在审美上很难得到普遍的认同，而且在摹写、刊刻时也存在一定的难度，因此最终只能在很小的范围内得到有限的传播。值得一提的是，乾隆二十五年（1760）金农弟子罗聘、项均等人曾为其师刊行《冬心先生自度曲》一卷，其刊语作“金陵汤鸣岐仿古本字画录写并刻”。这里的汤鸣岐，很可能就是汤凤。[①] 不过此书但称"仿古本",而不再称"仿宋",同时字体也作了很大改变,比较方板细瘦,看上去更接近《唐诗百名家全集》的风格。出现这种变化,可能与刻书者罗聘有关(罗氏《香叶草堂诗存》字体风格与之类似),但考虑到刊行时金农尚在世,则其至少并未提出明确的反对,没有坚持此前一直沿用的"仿宋"欧字。

不过到了嘉庆后期,在江南地区又开始涌现出一批在刊语中标榜"仿宋"字样的欧字写刻本。其中笔者所知最早的,是嘉庆十九年(1814)屠倬在仪征所刻之《是程堂集》十四卷。此书每卷末叶有双行篆字牌记"嘉庆甲戌秋开雕于真州官舍",刊语则作"秣陵陶士立仿宋书,王日华董刊"。按写样者陶士立至少曾为八部书籍写样,是一位职业写手(参见第四章第三节)。除《是程堂集》外,其采用欧字写样并在刊语中标示"仿宋"字样的,尚有嘉庆二十三年(1818)所刻之《亦政堂诗集》十二卷,刊语作"秣陵陶士立仿宋书,竹坡吴仪董刊",其字体风格亦与《是程堂集》颇为近似。此外早在嘉庆十二年(1807),陶士立就曾以一种风格类似的字体为法式善写样《存素堂文集》四卷《续集》二卷,惟刊语作"秣陵陶士立缮写,江宁王景桓董刊",并未使用"仿宋"字样。

从《是程堂集》的刊语以及牌记样式看,其与此前金

---

①按"鸣岐"典出《国语·周语》:"周之兴也,鸑鷟鸣于岐山。"韦昭注云:"鸑鷟,凤之别名。"故疑此"鸣岐"即汤凤之字,或其后来之别名。徽州虬川黄氏刻工中,亦有黄一凤字鸣岐者。

农诸刻颇为相似；但就字体而言，却与金农所用之“仿宋”欧字相差甚远。《是程堂集》使用的虽然也是欧体，但笔画较细且横竖相对均匀，不仅没有那么明显的斜势，而且转折停顿处也显得相对柔和一些（如“只”字右点，见下图），总体上看比较接近清初的那种“欧字”。

尽管如此，这种字体在刊语中仍然被冠以“仿宋”之称。换句话说，在邓弘文开创了以“仿宋”指称字体之先

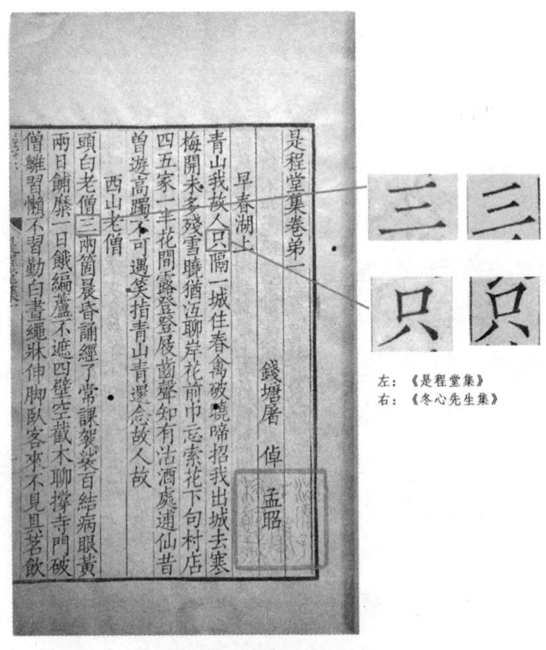
是程堂集卷第一
錢塘屠 倬 孟昭
早春湖上
青山我故人只隔一城住春禽破曉啼招我出城去寒梅開未多殘雪曉猶沍聊岸花前巾忘索花下句村店四五家一羊花間露登登屐齒聲知有沽酒處逋仙昔曾遊高躅不可遇笑指青山青還念故人故
西山老僧
頭白老僧三兩箇晨昏誦經了常課袈裟百結病眼黃兩日餔糜一日餓編蘆不遮四壁空截木聊撐寺門破僧雛習懶不習勤白晝繩牀伸脚臥客來不見具茗飲

图 5–11 屠倬《是程堂集》，嘉庆十九年刻本，复旦大学图书馆藏

河后，在《是程堂集》中又开始将“仿宋”之称直接指向普通的“欧字”。

而在金农之后沉寂了数十年的“仿宋”之称，为何会突然被运用到《是程堂集》的字体之上，其中原因也并不是非常明了。不过值得注意的是，为《是程堂集》内封叶题写书名的，正是此前曾经提到过的陈鸿寿，且其与屠倬曾有比较密切的往来。[①] 虽然我们暂时无法明确陈鸿寿刊行《冬心先生杂著》是在哪一年，也不清楚他与余纶写样本《冬心先生画竹题记》之间的关系，但从其悉心收集金农著述并加以重刻来看，他对金农的作品应该还是比较熟悉的。因此，其将“仿宋”之说告知好友屠倬并引发其效仿，也不是没有可能。

尽管我们并不能确定屠倬以“仿宋”刻书之举是否源于对金农的效仿，但他对这种“仿宋”欧字的认可却是显而易见的。在《是程堂集》刻成之后，屠倬曾主动分发馈赠友人，其中舒位曾作《屠孟昭大令枉顾并见贻〈是程堂诗集〉新刻即日迟谢先以诗报》二首，其二有“宋影唐音付写官，吟情潇洒宦情悭”之句[②]，特别点出“宋影”，可知此书字体在当时就引起了众人的关注。而屠倬在此书之后，也与金

①可参见李菲芸《屠倬研究》，上海大学 2021 年古典文献学硕士学位论文。

②见舒位撰、曹光甫点校《瓶水斋诗集》卷十七，上海古籍出版社，2009 年，第 704 页。此卷系年“旃蒙大渊献”（乙亥）即嘉庆二十年（1815），可知即《是程堂集》刊刻之次年。

农一样开始反复使用类似字体。嘉庆二十三年(1818),屠倬在杭州刊行了字体相近的《耶溪渔隐词》二卷,刊语作"钱塘陆贞一仿宋书并董刊",可知承担写刻工作的是杭州著名刻字铺爱日轩的主人陆贞一。道光元年(1821),屠倬又再次请陆贞一为其写刻《是程堂二集》四卷,刊语作"仁和陆贞一仿宋书并董刊",足见其对此种字体的钟爱。有趣的是,后来光绪年间朱学勤刻《结一庐遗文》,亦用此种欧体写样,而径称系"仿屠琴邬《是程堂集》体刻之"[①],可见在后人眼中,《是程堂集》不啻为此种"仿宋"欧字的典型代表。

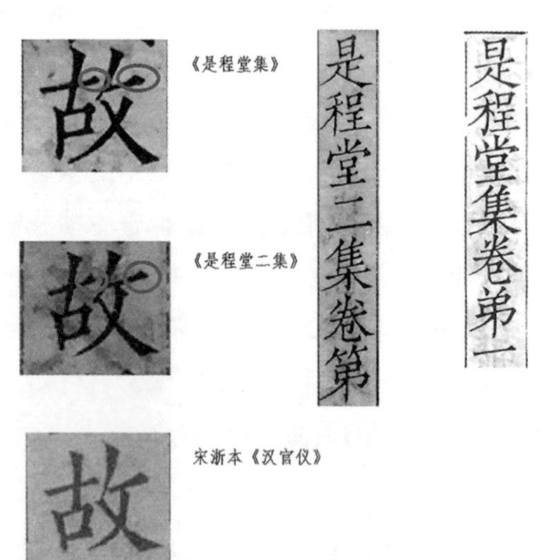

图 5-12 "仿宋"欧字与宋浙本字体比对

①朱学勤《结一庐遗文》卷首缪荃孙序,清光绪三十四年刻本。

而屠倬将此种字体带到杭州后，也反过来深刻影响了陆贞一及其爱日轩。按爱日轩大概创办于嘉庆初年，刻书数量颇多，是清中叶杭州地区为数不多的知名刻字铺之一。[①]其早期刻书使用的都是方体字，而自嘉庆二十三年（1818）承接刊行《耶溪渔隐词》之后，就开始频繁使用这种"仿宋"欧字刻书。为了保证书写质量，店主陆贞一亲自上手写样。从字体效果看，陆贞一的写样与陶士立所写总体上相似度较高，不过陆氏所写笔画稍细，结构上也更加紧凑一些。取之与真正的宋浙本相比较，似乎也还是陆贞一所写更为接近。不过，由于爱日轩此前专以方体字擅场，刻工在刊刻时似更容易将方体字的刀法带入，故《耶溪渔隐词》、《是程堂二集》中横笔结尾处的三角形出现得更多也更明显。

陆贞一掌握了此种"仿宋"欧字之写样方法后，就开始进一步在爱日轩所承刻的书籍中规模化、批量化地推广使用。据笔者统计，其在嘉庆、道光年间一口气刊行了九种字体风格类似的"仿宋"欧字本，具体书目如下：

1. 嘉庆二十三年（1818）刻《耶溪渔隐词》二卷，刊语作"钱塘陆贞一仿宋书并董刊"。

2. 嘉庆二十五年（1820）刻《东里生烬馀集》三卷，刊语作"武林爱日轩陆贞一仿宋书并董刊"。

---

①按关于陆贞一与爱日轩的具体情况，可参考彭喜双、陈东辉《清代杭州爱日轩刻书考——兼补〈中国古籍总目〉之失》一文，《中国典籍与文化》2015年第3期。

3. 道光元年（1821）刻《是程堂二集》四卷，刊语作“仁和陆贞一仿宋书并董刊”。

4. 道光六年（1826）刻《刘文清公遗集》十七卷《应制诗集》三卷，刊语作“杭州爱日轩陆贞一仿宋镌”。

5. 道光八年（1828）刻《大誓答问》一卷，刊语作“杭州爱日轩陆贞一仿宋写并刊”。

6. 道光十年（1830）刻《晚闻居士遗集》九卷首一卷，扉页“道光庚寅 / 夏孟开雕 / 辛卯冬仲 / 臧工”，卷尾“杭州爱日轩陆贞一仿宋写并董刊”。

7. 道光十六年（1836）刻《翠浮阁词》一卷，刊语均作“武林爱日轩朱兆熊刊”。

8. 道光十九年（1839）刻《清尊集》十六卷，刊语均作“武林爱日轩朱兆熊刊”。

9. 道光年间刻《金梁梦月词》二卷《怀梦词》一卷，刊语作“杭州爱日轩陆贞一仿写并刊”。

按其中《翠浮阁词》、《清尊集》二书刊语均作“武林爱日轩朱兆熊刊”，虽无“仿宋”字样，但其字体风格仍与之前诸书相类，且朱兆熊亦隶属于爱日轩，故此二书亦当与前书等而视之。值得一提的是，上述诸书的作者彼此之间多有往来①，因此爱日轩在短时间内刊行这么多数量

①如《东里生烬馀集》为胡敬出资刊刻，他与《翠浮阁词》的作者魏谦升都是屠倬“潜园吟社”的成员，而《清尊集》的作者汪远孙也与屠倬有过从（具体可参考朱则杰、李杨《“潜园吟社”考》，《文学遗产》2010 年第 6期）。

的“仿宋”欧字本，很可能正是源于文人之间的相互效仿。从这个角度来看，爱日轩在刊语中反复强调“仿宋”，无疑也是一种非常行之有效的广告手段。

而几乎在同一时期，南京另一家刻字铺顾晴崖局也开始在所刻书籍的刊语中使用“仿宋”这一名称。如前所述，顾晴崖局最早在乾隆十六年（1751）就已经开始刻书，并一直经营至咸丰元年（1851），是清中叶南京地区一家颇为活跃的老牌刻字铺。其在《是程堂集》出版的次年亦即嘉庆二十年（1815），就刊行了袁通的《捧月楼绮语》八卷，刊语作“江宁顾晴崖局仿宋板书写刻”；此后又于嘉庆二十四年（1819）刊行了严骏生的《餐花吟馆词抄》四卷，刊语作“江宁顾晴崖家仿宋版写刻”。二书刊语均未提到具体的写样者，推测其写样应该都出自顾晴崖局中的职业写手。从字体风格看，其与陶士立、陆贞一所写颇为近似，不过似乎更显方正板滞一些。特别是《捧月楼绮语》，粗看甚至会误以为是方体字本。这可能是因为承担二书写样的，俱非名手，因此显得有些匠气。

此外，在相近时期使用“仿宋”欧字刻书的，还有嘉庆二十一年（1816）南京吴仪为刘珊写刻《委蛇杂俎》二卷，刊语作“秣陵吴仪仿宋书董刊”；嘉庆二十三年（1818）南京陶士立、吴仪为刘珊写刻《亦政堂诗集》十二卷，刊语作“秣陵陶士立仿宋书，竹坡吴仪董刊”；嘉庆二十四年（1819）苏州许翰屏、周宜和写刻《生香馆诗》二卷《词》二卷，刊语作“长洲许翰屏仿宋书、周宜和董刊”。道光以后，明确标示"仿宋"的书籍更是日渐增多,就笔者浅见所及就至少有十三种。除前文已经列举的爱日轩所写刻的七种外,尚有道光三年(1823)刻《子仙诗钞》八卷《文钞》二卷《拜玉词》二卷,刊语作"吴郡许翰屏仿宋书,沈良玉雕刊";道光十三年(1833)杭州任九如、任九思兄弟写刻《怀荆堂诗稿》四卷,刊语作"钱塘任九如仿宋书、任九思董刊";道光十四年(1834)南京穆景衡写刻《方南堂先生辍锻录》一卷,刊语作"秣陵穆景衡仿宋写刊";道光二十二年(1842)南京柏在中写刻《适斋居士集》四卷,刊语作"金陵柏在中仿宋本字画录刊";咸丰六年(1856)南京柏逢吉写刻《恩晖堂帖体诗》三卷附《律赋》一卷,刊语作"金陵柏逢吉仿宋并镌"、"金陵柏逢吉仿宋";同治三年(1864)湖州沈锡堂、杭州李星垣写刻《二百兰亭斋古印考藏》六卷,刊语作"乌程沈锡堂仿宋,武林李星垣刻字"。前后共计二十六种。这一数字相对于清代浩如烟海的刻本总数而言自然微不足道,但考虑到清刻本中出现写样者和刻工题名的比例非常低,且清中叶以后运用欧字写刻的书籍相对于"宋字"本、"软字"本而言也相对较少,因此出现这样一批字体相近而又同时标榜"仿宋"的欧字刻本也仍然是值得关注的。

这其中比较有代表性的,是由苏州名手许翰屏写样的两部作品,即嘉庆二十四年(1819)所刻之《生香馆诗词》以及道光三年(1823)所刻之《子仙诗文钞》附《拜玉词》。二书虽然同样标示"仿宋",风格却并不一致,其中《生香馆诗词》的字体斜势明显,而《子仙诗文钞》则更为方整一些。取之与此前《考正》、《冬心先生集》、《冬心先生画竹题记》诸书相比，更是有很大的不同。其中最重要的一个区别在于，无论是写样者还是刻工，都更注重表现欧体的书法韵味，而尽量避免羼入方体字的特征。按二书写样者许翰屏，是徐康《前尘梦影录》、叶德辉《书林清话》中均曾加以盛赞的著名写手，而此二书也是目前所知留下其题名的仅有的实例（具体可参见第四章第三节）。其书刻工分别为周宜和、沈良玉，其中周氏称"董刊"，身份可能更接近工头；而沈良玉则是曾为黄丕烈刻《墨表》、《舆地广记》、《汪本隶释刊误》等书的名工。他们在下刀时，显然十分注重保留原写样的手书意味，使得细节部分纤毫毕现，且基本上没有出现生硬的棱角与结尾处的三角形，从而为"仿宋"欧字的运用提供了更为多样的示范。

四、结语

自嘉庆年间屠倬开始将"仿宋"一词应用于普通"欧字"之上后，就在实质上拓宽了所谓"仿宋"这一概念的应用范围，也引起了民间工匠们的积极关注与效仿。在嘉庆末至道光初的短短十馀年中，在仪征、南京、杭州、苏州等地不约而同地出现了所谓"仿宋"欧字本，这应该并不是偶然的巧合。其中原因当然很多，笔者认为最主要的可能是以下两个原因：

第一，在"宋字"匠气十足、"软字"圆熟泛滥的清代中叶，此种冠以“仿宋”名目的“欧字”能够给人带来耳目一新之感。这显然也是从雍正年间邓弘文创造写样“仿宋”字体开始，就一直存在的一种审美心理。

第二，清中叶也是乾嘉学术方兴未艾之际，乾嘉学者们热衷于校订、翻刻宋元旧本，而此种“仿宋”字体正好迎合了当时的时代风气。当然，乾嘉学者们的“仿宋”是从内容到形式的全套摹仿，而“仿宋”欧字多用于个人别集的刊刻。但其中所流露出来的文化趣味却是有相通之处的。

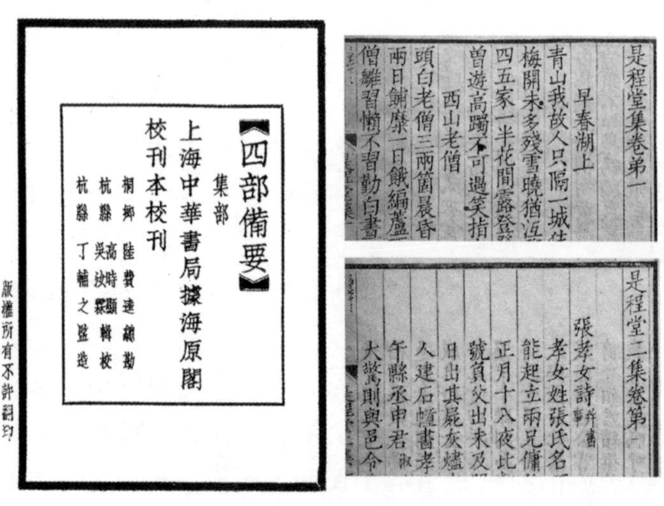

【四部備要】
集部
上海中華書局據海原閣
校刊本校刊
桐鄉 陸費逵 總勘
杭縣 高時顯 吳汝霖 輯校
杭縣 丁輔之 監造
版權所有不許翻印

是程堂集卷第一
早春湖上
青山我故人只隔一城住
梅開未多殘雪曉猶冱
四五家一半花間露
曾遊高躅不可過笑指
西山老僧
頭白老僧三兩箇晨昏
兩日餔糜一日餓編蘆
僧雛習懶不習勤白晝

是程堂二集卷第一
張孝女詩并書
孝女姓張氏名
能起立兩兄傭
正月十八夜比
號負父出未及
日出其屍灰燼
人建石幢書孝
午縣丞申君
大驚則與邑令

图 5－13　左：《四部备要》版权页
右上：《是程堂集》；右下：《是程堂二集》

不过需要指出的是，尽管“仿宋”欧字相对于“软字”来说，确实显得别具一格。但嘉庆以后的这些“仿宋”欧字刻本，无论是写样还是刊刻，多半出于职业工匠之手，因此难免也走上了程式化的道路，不仅与真正的南宋浙本“欧字”不可同日而语，也偏离了邓弘文想要突破软熟俗套的初衷，从而成为另一种意义上的“流行”字体。

而在梳理了清代自《是程堂集》以来的这批“仿宋”欧字刻本之后，回过头来再看民国间丁氏兄弟创制的“聚珍仿宋”字，不难发现两者之间从字体到概念运用都存在颇为明显的渊源关系。换句话说，“聚珍仿宋”所直接效仿的对象，很可能是嘉庆以后流行于坊间的所谓“仿宋”欧字，而非真正宋刻本中的欧体字。因此，关注“聚珍仿宋”字体的学者，或许也需要对清代的这类“仿宋”欧字多加注意。

结 语

在西方现代印刷技术东传之前,传统雕版古籍的成书一直是纯手工完成的。从写样、刻版、刷印直到最后的装订,都需依靠人力完成。而在这些工序中,写样与刻版又是其中的核心步骤,因此写样工与刻工相比其他工种又显得更为重要一些,也更容易产生一批技艺高超、声名斐然的所谓名工。这些名工在清代私家出版极度鼎盛的时候,为大量学者文人精心服务,从而诞生了清代出版史上一部又一部的版刻经典。而他们的姓名、店铺与事迹,也借助这些版刻经典获得了极大的传布。这是清代出版史上的特有现象,也是刻字行业日渐发展与成熟的必然结果。

然而在清代后期,随着现代印刷技术的传入与普及,传统的雕版印刷业整体上趋向衰落,写样与刻字行业也很快就陷入了后继无人的尴尬境地。清末,长沙人叶德辉在致缪荃孙信中曾云:

> 自去年以来,石印、活字板大行,刻工四散,有入学堂为甲班学生者。学生之成效当有可观,惜我辈刻

书，一时掣肘耳。[1]

此信落款“庚戌六月初一日”，知时在宣统二年（1910），正是清政府解体前的最后两年。而卢前在《书林别话》中也曾发出感慨云：

铅椠盛而雕版术日衰，世多不知刊刻为何事。三四十年来舍南、北二京，惟武昌、开封、长沙、成都尚有刻手，然所刻书屈指可数。而雕版之技艺，能谭者已尠。不出二十年，斯道必中绝。[2]

按《书林别话》撰写于民国三十七年（1948），因此倒推“三四十年”，正是叶德辉写信的时间。只不过按照叶德辉的观察，当时即使在长沙，也已经“刻工四散”了。而卢前所谓“不出二十年，斯道必中绝”的预测，显然也是符合历史事实的。尽管至今尚有一些机构（如扬州广陵古籍刻印社等）或个人仍在从事雕版印刷的相关工作，但其数量与影响相对于现代印刷业而言几乎可以忽略不计。

由此观之，清代实是最后一个盛产雕版印刷作品的王朝，也是这一行业由盛转衰的最后见证者，其研究意义自不待言。事实上，相比宋元明等前代而言，清代无论是在文献记载还是书籍实物上，都有着非常明显的优势。特别是在本书所涉及的领域内，正是有赖于清代海量且内容多

---

①叶德辉致缪荃孙札第十五通，见钱伯城、郭群一整理《艺风堂友朋书札》，下册第675—676页。

②卢前《书林别话》，收入张静庐辑注《中国现代出版史料·丁编》，第627页。

样的存世文献，我们才能找到数量足够多且内容足够具体的刻工案例，有些甚至能够提供很多细节，可以让我们反复地咀嚼和思考。而通过这些细节，我们尝试把那些记载在古籍中的刻工姓名，从一个个冰冷而沉默的文字符号，还原为一个个鲜活而生动的书籍生产者。他们数量众多，却只有很少一部分人能将自己的名字镌刻在书页上。他们因为各种原因游走于四方，最终选择在一个竞争或许并不那么激烈的城市中安顿下来，并将自己最初的籍贯悄悄更改。他们培养自己的兄弟、子嗣或者其他亲族成为自己的接班人，并努力把自己的店铺发扬光大。他们积极地与出版者们往来交际，以求获得更多的业务与发展的机会。他们努力学习和摹仿着出版者们提供的写样字体，但很多时候也会为了增加效率而运用一些程式化的手法。他们常常会因为刻得“不像”或者“不好”而遭到出版者的质疑，然而他们也总有办法让这些出版者接受现实。尽管这些细节有时候可能显得琐碎和无足轻重，但不可否认，经过系统的梳理和文献考索之后，清代刻工群体的基本面貌较之前代已经清晰了很多。

而在此基础上，我们也得以围绕一些问题展开描述与讨论，包括清代刻工组织形式的转变、清代刻字店的兴起及其经营模式、清代部分精英刻工与出版者之间的互动、写样者与刻工对于版刻字体风尚的影响，等等。这些描述与讨论令我们十分真切地感受到刻工在一部书籍的成书过程中所起到的作用，以及他们与出版者之间紧密而又微妙的联系。尽管其中仍然有很多未尽之处,但相信无论是对清代刻工的研究而言,还是对清刻本及其相关问题的研究而言,都不失为一种有益的尝试。

参考文献

一、古典之部

(宋)王安石《王荆公唐百家诗选》,清康熙间刻本。

(宋)洪迈撰、何卓点校《夷坚志》,中华书局,1981 年。

(宋)王明清撰、朱菊如校点《投辖录》,收入《宋元笔记小说大观》,上海古籍出版社,2007 年。

(明)杨表正《重修正文对音捷要真传琴谱大全》,明万历十三年刻本。

(明)赵宧光《寒山帚谈》,明崇祯刻本。

(明)毛晋撰、潘景郑校订《汲古阁书跋》,古典文学出版社,1958 年。

(明)胡应麟《少室山房笔丛》,上海书店出版社,2009 年。

(清)宋荦《绵津山人诗集》,清康熙间增刻本。

(清)吕留良《吕晚村先生文集》,清雍正三年吕氏天盖楼刻本。

(清)王澍《淳化秘阁法帖考正》,清雍正八年诗鼎斋刻乾隆印本。
(清)姜顺蛟修、(清)施谦纂《(乾隆)吴县志》,清乾隆十年刻本。
(清)纳兰常安《受宜堂宦游笔记》,清乾隆十一年刻本。
(清)沈德潜《国朝诗别裁集》,清乾隆二十四年刻本。
(清)张潮编《尺牍友声》,清乾隆四十五年刻本。
(清)张潮编《尺牍偶存》,清乾隆四十五年刻本。
(清)袁枚《随园家书》,清乾隆间手稿本。
(清)袁枚《小仓山房文集》,清乾隆、嘉庆间增刻本。
(清)杨谦《曝书亭集诗注》,清嘉庆间刻本。
(清)宋如林修、(清)石韫玉纂《(道光)苏州府志》,清道光四年刻本。
(清)范锴《浔溪纪事诗》,清道光十六年刻本。
(清)汪喜孙《从政录》,清道光二十一年刻本。
(清)陈文述《颐道堂戒后诗存》,清道光间增刻本。
(清)冯奉初纂《(咸丰)顺德县志》,清咸丰六年刻本。
(清)高均儒《续东轩遗集》,清光绪七年刻本。
(清)朱学勤《结一庐遗文》,清光绪三十四年刻本。
(清)陶湘《明毛氏汲古阁刻书目录》,民国二十五年铅印本。
(清)陶湘《武进陶氏书目丛刊》,民国二十五年铅印本。
(清)章钰《四当斋集》,民国二十六年铅印本。
(清)莫祥芝等修、汪士铎纂《(同治)上江两县志》,《中国地方志集成·江苏府县志辑》第4册,江苏古籍出版社,1991年。

(清)李铭皖等修、(清)冯桂芬纂《(同治)苏州府志》,《中国地方志集成·江苏府县志辑》第7—10册。

(清)顾诒禄纂《(乾隆)长洲县志》,《中国地方志集成·江苏府县志辑》第13册。

(清)顾嗣立《闾丘先生自订年谱》,《北京图书馆藏珍本年谱丛刊》第89册,北京图书馆出版社,1999年。

(清)沈德潜《沈归愚自订年谱》,《北京图书馆藏珍本年谱丛刊》第91册。

(清)钱陈群《香树斋诗续集》,《四库未收书辑刊》第9辑第18册,北京出版社,2000年。

(清)彭启丰《芝庭文稿》、《诗稿》,《四库未收书辑刊》第9辑第23册。

(清)张师载编《张清恪公年谱》,《续修四库全书》史部第554册,上海古籍出版社,2002年。

(清)汪辉祖《病榻梦痕录》、《馀录》,《续修四库全书》史部第555册。

(清)郑沄修、(清)邵晋涵等纂《(乾隆)杭州府志》,《续修四库全书》史部第701—703册。

(清)毛扆《汲古阁珍藏秘本书目》,《续修四库全书》史部第920册。

(清)钱泰吉《曝书杂记》,《续修四库全书》史部第926册。

(清)王澍《虚舟题跋》,《续修四库全书》子部第1067册。

(清)包世臣《艺舟双楫》,《续修四库全书》子部第1082册。

(清)阮葵生《茶馀客话》,《续修四库全书》子部第1138册。

（清）黄钧宰《金壶七墨》，《续修四库全书》子部第1183册。
（清）徐康《前尘梦影录》，《续修四库全书》子部第1186册。
（清）梁同书《频罗庵遗集》，《续修四库全书》集部第1445册。
（清）彭元瑞《恩馀堂辑稿》，《续修四库全书》集部第1447册。
（清）严长明《严东有诗集》，《续修四库全书》集部第1450册。
（清）余集《秋室学古录》《续修四库全书》集部第1460册。
（清）汪中《述学》，《续修四库全书》集部第1465册。
（清）武亿《授堂文钞》、《续集》、《诗钞》，《续修四库全书》集部第1466册。
（清）赵怀玉《亦有生斋集》，《续修四库全书》集部第1469—1470册。
（清）顾广圻《思适斋集》，《续修四库全书》集部第1491册。
（清）陈文述《颐道堂诗选》、《诗外集》、《文钞》，《续修四库全书》集部第1504—1506册。
（清）叶名澧《敦夙好斋诗全集》，《续修四库全书》集部第1536册。
（清）董平章《秦川焚馀草》，《续修四库全书》集部第1537册。
（清）萧穆《敬孚类稿》，《续修四库全书》集部第1560—1561册。
（清）潘衍桐《两浙輶轩续录》，《续修四库全书》集部第1685—1687册。
（清）宋荦《西陂类稿》，《清代诗文集汇编》第135册，上海古籍出版社，2010年。
（清）李联琇《好云楼二集》，《清代诗文集汇编》第682册。

(清)杨守敬《藏书绝句》,古典文学出版社,1957年。
(清)李斗撰,汪北平、涂雨公点校《扬州画舫录》,中华书局,1960年。
(清)钱泳撰、张伟校点《履园丛话》,中华书局,1979年。
(清)柳兆薰《柳兆薰日记》,收入《中华文史论丛增刊·太平天国史料专辑》,上海古籍出版社,1979年。
(清)梁章钜撰、陈铁民点校《浪迹丛谈　续谈　三谈》,中华书局,1981年。
(清)吴长元《宸垣识略》,北京古籍出版社,1981年。
(清)金埴撰、王湜华点校《不下带编》,中华书局,1982年。
(清)节庵辑《庄氏史案本末》,上海古籍书店,1983年。
(清)欧阳兆熊、金安清撰,谢兴尧点校《水窗春呓》,中华书局,1984年。
(清)黄翼升等撰、喻盘庚标点《曾国藩荣哀录》,见黎庶昌编《曾国藩年谱》附录二,岳麓书社,1986年。
(清)陈其元撰、杨璐点校《庸闲斋笔记》,中华书局,1989年。
(清)王士禛撰、张世林点校《分甘馀话》,中华书局,1989年。
(清)杨守敬撰、杨先梅辑、刘信芳校注《杨守敬题跋书信遗稿》,巴蜀书社,1996年。
(清)张之洞撰、苑书义等主编《张之洞全集》,河北人民出版社,1998年。
(清)叶德辉撰、紫石点校《书林清话》,北京燕山出版社,1999年。
(清)顾震涛撰、甘兰经等校点《吴门表隐》,江苏古籍出版社,1999年。

(清)宋荦撰《漫堂说诗》,收入丁福保辑《清诗话》,上海古籍出版社,1999年。

(清)洪亮吉撰、刘德权校点《洪亮吉集》,中华书局,2001年。

(清)戴名世撰、王树民等编校《戴名世遗文集》,中华书局,2002年。

(清)魏禧撰、胡守仁等校点《魏叔子文集》,中华书局,2003年。

(清)孙锵鸣撰、胡珠生编注《孙锵鸣集》,上海社会科学院出版社,2003年。

(清)徐兆昺撰、桂心仪等点注《四明谈助》,宁波出版社,2003年。

(清)鄂尔泰《词林典故》,收入傅璇琮等编《翰学三书》,辽宁教育出版社,2003年。

(清)王士禛撰、袁世硕主编《王士禛全集》,齐鲁书社,2007年。

(清)甘熙撰、邓振明点校《白下琐言》,南京出版社,2007年。

(清)黄丕烈撰,余鸣鸿、占旭东点校《黄丕烈藏书题跋集》,上海古籍出版社,2007年。

(清)李鸿章撰,顾廷龙、戴逸主编《李鸿章全集》,安徽教育出版社,2007年。

(清)顾禄撰、王稼句点校《桐桥倚棹录》,中华书局,2008年。

(清)莫友芝撰、张剑点校《宋元旧本书经眼录》,中华书局,2008年。

(清)方苞撰、刘季高点校《方苞集》,上海古籍出版社,2008年。

（清）叶昌炽撰，王锷、伏亚鹏点校《藏书纪事诗》，北京燕山出版社，2008年。

（清）曾国荃撰、梁小进主编《曾国荃集》，岳麓书社，2008年。

（清）莫友芝撰、（民国）傅增湘订补、傅熹年整理《藏园订补郘亭知见传本书目》，中华书局，2009年。

（清）张文虎撰、陈大康点校《张文虎日记》，上海书店出版社，2009年。

（清）舒位撰、曹光甫点校《瓶水斋诗集》，上海古籍出版社，2009年。

（清）赵弘恩监修、黄之隽纂《（乾隆）江南通志》，广陵书社，2010年。

（清）徐珂编撰《清稗类钞》，中华书局，2010年。

（清）陶澍撰、陈蒲清等校点《陶澍全集》，岳麓书社，2010年。

（清）朱彝尊撰、王利民等校点《曝书亭全集》，吉林文史出版社，2009年。

（清）叶德辉撰、张晶萍校点《叶德辉诗文集》，岳麓书社，2010年。

（清）曾国藩《曾国藩全集》，岳麓书社，2011年。

（清）沈德潜撰，潘务正、李言校点《沈德潜诗文集》，人民文学出版社，2011年。

（清）杨仁山《杨仁山大德文汇》，华夏出版社，2012年。

（清）贺葆真撰、徐雁平整理《贺葆真日记》，凤凰出版社，2014年。

（清）莫友芝撰、张剑整理《莫友芝日记》，凤凰出版社，2014年。

（清）王文治撰、刘奕点校《王文治诗文集》，人民文学出版社，2014 年。

（清）毕沅撰、杨焄点校《毕沅诗集》，人民文学出版社，2014 年。

（清）陈夔龙撰，李立朴、李然编校《陈夔龙诗文集》，收入贵州省文史研究馆编《续黔南丛书》第六辑下册，贵州人民出版社，2014 年。

（清）蒋宝龄撰、程青岳批注、李保民校点《墨林今话》，上海古籍出版社，2015 年。

（清）卢文弨撰、陈东辉主编《卢文弨全集》，浙江大学出版社，2017 年。

（清）孔尚任撰、李保民点校《桃花扇》，上海古籍出版社，2017 年。

（民国）刘承幹《求恕斋日记》，民国间手稿本。

（民国）孙殿起《琉璃厂小志》，北京古籍出版社，1982 年。

（民国）傅增湘《藏园群书经眼录》，中华书局，1983 年。

（民国）黄迂《慎江草堂诗钞》，黄素毅印本，1986 年。

（民国）傅增湘《藏园群书题记》，上海古籍出版社，1989 年。

（民国）丁丙撰、潘一平等整理《武林坊巷志》，浙江人民出版社，1990 年。

（民国）李根源、曹允源纂《（民国）吴县志》，《中国地方志集成·江苏府县志辑》第 11—12 册，江苏古籍出版社，1991 年。

（民国）丁申《武林藏书录》，《丛书集成续编》史部第 66

册,上海书店,1994 年。

(民国)叶昌炽《缘督庐日记》,江苏古籍出版社,2002 年。

(民国)吴梅撰、王卫民整理《吴梅全集·日记卷》,河北教育出版社,2002 年。

(民国)张伯英《法帖提要》,收入张济和主编《张伯英碑帖论稿》,河北教育出版社,2006 年。

(民国)缪荃孙撰,黄明、杨同甫标点《艺风藏书记》,上海古籍出版社,2007 年。

(民国)龙榆生《龙榆生词学论文集》,上海古籍出版社,2009 年。

(民国)卢前《书林别话》,收入张静庐辑注《中国现代出版史料·丁编》,上海书店出版社,2011 年。

(民国)邹百耐纂、石菲整理《云间韩氏藏书题识汇录》,上海古籍出版社,2013 年。

(民国)缪荃孙撰,张廷银、朱玉麒主编《缪荃孙全集》,凤凰出版社,2014 年。

(民国)丁丙《续东河棹歌》,收入王国平主编《杭州文献集成》第 11 册《武林掌故丛编》第 21 集,杭州出版社,2014 年。

(民国)冒广生撰、冒怀滨主编《水绘集——冒鹤亭晚年诗稿》,上海文化出版社,2014 年。

(民国)陈乃勋辑述,杜福堃编纂,顾金亮、陈西民校注《新京备乘》,东南大学出版社,2014 年。

(民国)马宗霍《书林藻鉴》,文物出版社,2015 年。

（民国）卢前撰、卢佶审校《冶城话旧》，南京出版社，2016年。
（民国）刘承幹撰、陈谊整理《嘉业堂藏书日记抄》，凤凰出版社，2016年。
（民国）唐烜撰，赵阳阳、马梅玉整理《唐烜日记》，凤凰出版社，2017年。
（民国）徐乃昌撰、南江涛整理《徐乃昌日记》，凤凰出版社，2020年。

二、现代之部

（一）著作

彭泽益编《中国近代手工业史资料（1840—1949）》，中华书局，1962年。
张行周编集《宁波风物述旧》，北京大学中国民俗学会编《民俗丛书》第八辑第149种，东方文化书局，1974年。
故宫博物院明清档案部编《关于江宁织造曹家档案史料》，中华书局，1975年。
钱实甫编《清代职官年表》，中华书局，1980年。
容庚编《丛帖目》，中华书局，1980年。
李华编《明清以来北京工商会馆碑刻选编》，文物出版社，1980年。
苏州历史博物馆等编《明清苏州工商业碑刻集》，江苏人民出版社，1981年。
吴晗《江浙藏书家史略》，中华书局，1981年。
章钰等编、武作成补编《清史稿艺文志及补编》，中华书局，

1982年。
扬州市地名委员会编《江苏省扬州市地名录(内部资料)》,1982年。
魏隐儒、王金雨《古籍版本鉴定丛谈》,印刷工业出版社,1984年。
周芜《徽派版画史论集》,安徽人民出版社,1984年。
原北平故宫博物院文献馆编《清代文字狱档》,上海书店,1986年。
刘念慈《戏曲文物丛考》,中国戏剧出版社,1986年。
屈万里、昌彼得《图书板本学要略》,台北中国文化大学出版部,1986年。
李清志《古书版本鉴定研究》,台北文史哲出版社,1986年。
曾毅公《石刻考工录》,书目文献出版社,1987年。
王秋桂主编《善本戏曲丛刊》,台北学生书局,1987年。
魏隐儒《中国古籍印刷史》,印刷工业出版社,1988年。
张郁明《金农年谱》,收入卞孝萱主编《扬州八怪年谱(上)》,江苏美术出版社,1990年。
王肇文编《古籍宋元刊工姓名索引》,上海古籍出版社,1990年。
北京图书馆编《中国版刻图录》,文物出版社,1990年。
江苏省社会科学院明清小说研究中心编《中国通俗小说总目提要》,中国文联出版公司,1990年。
汪毅夫《台湾近代文学丛稿》,海峡文艺出版社,1990年。
王灿炽《王灿炽史志论文集》,北京燕山出版社,1991年。

程千帆、徐有富《校雠广义·版本编》,齐鲁书社,1991年。
黄裳《清代版刻一隅》,齐鲁书社,1992年。
魏隐儒、马世华编著《历代汉字字体与书法选粹》,印刷工业出版社,1993年。
张沛编著《昭陵碑石》,三秦出版社,1993年。
湖北省地方志编纂委员会编《湖北省志·新闻出版》,湖北人民出版社,1993年。
彭泽益主编《中国工商行会史料集》,中华书局,1995年。
镇江市润州区地方志编纂委员会编《(镇江)润州区志》,上海社会科学院出版社,1995年。
温州市图书馆编《温州市图书馆馆藏地方文献目录(线装古籍)》,1996年。
李孝聪《欧洲收藏部分中文古地图叙录》,国际文化出版公司,1996年。
张振铎编《古籍刻工名录》,上海书店出版社,1996年。
海继才、温新豪《河南出版史话》,文心出版社,1996年。
黄永年、贾二强撰集《清代版本图录》,浙江人民出版社,1997年。
中国第一历史档案馆编《纂修四库全书档案》,上海古籍出版社,1997年。
谢水顺、李珽《福建古代刻书》,福建人民出版社,1997年。
傅景华等编《中医珍本丛书》,中医古籍出版社,1997年。
象山县政协文史资料委员会编《经史学家陈汉章》,黄山书社,1997年。

张伯驹编《春游社琐谈·素月楼联语》,北京出版社,1998年。
安徽省地方志编纂委员会编《安徽省志·出版志》,方志出版社,1998年。
范金民《明清江南商业的发展》,南京大学出版社,1998年。
任继愈主编《中国国家图书馆古籍珍品图录》,北京图书馆出版社,1999年。
刘恒《中国书法史·清代卷》,江苏教育出版社,1999年。
王绍曾主编《清史稿艺文志拾遗》,中华书局,2000年。
李伯重《江南的早期工业化(1550—1850年)》,社会科学文献出版社,2000年。
叶树声、余敏辉《明清江南私人刻书史略》,安徽大学出版社,2000年。
李致忠《古代版印通论》,紫禁城出版社,2000年。
南通市地方志编纂委员会编《南通市志》,上海社会科学院出版社,2000年。
胡珠生《温州近代史》,辽宁人民出版社,2000年。
傅璇琮、谢灼华主编《中国藏书通史》,宁波出版社,2001年。
黄永年《古籍整理概论》,上海书店出版社,2001年。
蒋寅《王渔洋事迹征略》,人民文学出版社,2001年。
张晖《龙榆生先生年谱》,学林出版社,2001年。
四川省地方志编纂委员会编《四川省志·出版志》,四川人民出版社,2001年。
罗继祖《鲁诗堂谈往录》,上海书店出版社,2001年。
黄裳《来燕榭读书记》,辽宁教育出版社,2001年。

黄裳著、董宁文编《清刻本》,江苏古籍出版社,2002年。
王欣夫著,鲍正鹄、徐鹏标点整理《蛾术轩箧存善本书录》,上海古籍出版社,2002年。
金柏东主编《温州历代碑刻集》,上海社会科学院出版社,2002年。
陕西省古籍整理办公室、咸阳市文物考古研究所编,李慧、曹发展注考《咸阳碑刻》,三秦出版社,2003年。
马兆祥主编《碑铭撷英:鄞州碑碣精品集》,人民美术出版社,2003年。
任放《明清长江中游市镇经济研究》,武汉大学出版社,2003年。
毛春翔《古书版本常谈》,上海古籍出版社,2003年。
刘尚恒《徽州刻书与藏书》,广陵书社,2003年。
朱家溍选编《养心殿造办处史料辑览(雍正朝)》,紫禁城出版社,2003年。
田建平《元代出版史》,河北人民出版社,2003年。
孙延钊著,徐和雍、周立人整理《孙衣言孙诒让父子年谱》,上海社会科学院出版社,2003年。
翁连溪编《清代内府刻书图录》,北京出版社,2004年。
石昌渝主编《中国古代小说总目(白话卷)》,山西教育出版社,2004年。
童书业著、童教英校订《中国手工业商业发展史(校订本)》,中华书局,2005年。
郑逸梅《艺林散叶续编》,中华书局,2005年。

《金阊区志》编纂委员会编《(苏州)金阊区志》,东南大学出版社,2005年。

陈正宏、梁颖编《古籍印本鉴定概说》,上海辞书出版社,2005年。

柏克莱加州大学东亚图书馆编《柏克莱加州大学东亚图书馆中文古籍善本书志》,上海古籍出版社,2005年。

张国标《徽派版画》,安徽人民出版社,2005年。

黄永年《古籍版本学》,江苏教育出版社,2005年。

俞光编《温州古代经济史料汇编》,上海社会科学院出版社,2005年。

张秀民《中国印刷史(增订本)》,浙江古籍出版社,2006年。

杨宽《中国古代都城制度史》,上海人民出版社,2006年。

吴明哲编《温州历代碑刻二集》,上海社会科学院出版社,2006年。

苏州市平江区地方志编纂委员会编《平江区志》,上海社会科学院出版社,2006年。

宁波市鄞州区地名志编纂委员会编《宁波市鄞州区地名志》,西安地图出版社,2006年。

潘超等编《中华竹枝词全编》,北京出版社,2007年。

潘君明《苏州街巷文化》,古吴轩出版社,2007年。

曹之《中国古籍版本学》,武汉大学出版社,2007年。

翁连溪编《清内府刻书档案史料汇编》,广陵书社,2007年。

戚福康《中国古代书坊研究》,商务印书馆,2007年。

国家图书馆古籍馆编《清代版刻牌记图录》,学苑出版社,

2007 年。

薛清录主编《中国中医古籍总目》，上海辞书出版社，2007 年。

许涤新、吴承明主编《中国资本主义发展史》第一卷《中国资本主义的萌芽》，社会科学文献出版社，2007 年。

李国庆《弢翁藏书年谱》，收入李国庆编著、周景良校定《弢翁藏书题跋》，紫禁城出版社，2007 年。

北京市地方志编纂委员会编《北京志·商业卷·饮食服务志》，北京出版社，2008 年。

胡文楷编著、张宏生等增订《历代妇女著作考（增订本）》，上海古籍出版社，2008 年。

福建省地方志编纂委员会编《福建省志·出版志》，福建人民出版社，2008 年。

张剑《莫友芝年谱长编》，中华书局，2008 年。

程章灿《石刻刻工研究》，上海古籍出版社，2008 年。

严佐之《古籍版本学概论》，华东师范大学出版社，2008 年。

陈平原、杜玲玲编《追忆章太炎（修订本）》，生活·读书·新知三联书店，2009 年。

王绍仁主编《江南藏书史话》，上海古籍出版社，2009 年。

郑丽生著、福建省文史研究馆编《郑丽生文史丛稿》，海风出版社，2009 年。

黄荣春编《福州市郊区文物志》，福建人民出版社，2009 年。

章国庆、裘燕萍编著《甬城现存历代碑碣志》，宁波出版社，2009 年。

瞿冕良编著《中国古籍版刻辞典（增订本）》，苏州大学出版社,2009年。
侯开嘉《中国书法史新论》,上海古籍出版社,2009年。
牟复礼、朱鸿林合著,陈葆真等协著,顾浩华编辑,毕斐译《书法与古籍》,中国美术学院出版社,2010年。
刘蔷《清华园里读旧书》,岳麓书社,2010年。
许宏泉《管领风骚三百年:近三百年学人翰墨(叁集)》,黄山书社,2010年。
彭泽益《十九世纪后半期的中国财政与经济》,中国人民大学出版社,2010年。
黄永年述、曹旅宁记《黄永年文史五讲》,中华书局,2011年。
苏州市地方志办公室编《苏州老街志》,广陵书社,2011年。
石祥《杭州丁氏八千卷楼书事新考》,上海古籍出版社,2011年。
眭骏《王芑孙研究》,华东师范大学出版社,2011年。
张静庐辑注《中国近现代出版史料》,上海书店出版社,2011年。
钱存训《钱存训文集》,国家图书馆出版社,2012年。
蔡鸿源、徐友春主编《民国会社党派大辞典》,黄山书社,2012年。
周生春、何朝晖编《"印刷与市场"国际学术研讨会论文集》,浙江大学出版社,2012年。
骆兆平《天一阁丛谈》,宁波出版社,2012年。
李庆《顾千里研究(增补本)》,台北学生书局,2013年。
温州方言文献集成编委会编《温州方言文献集成(第一

辑)》,浙江人民出版社,2013 年。

李乔《行业神崇拜:中国民众造神史研究》,北京出版社,2013 年。

翁连溪《清代内府刻书研究》,故宫出版社,2013 年。

刘尚恒《二馀斋文集》,天津古籍出版社,2013 年。

张抒《美哉宋体字》,重庆大学出版社,2013 年。

林家溱《福州坊巷志:林家溱文史丛稿》,福建美术出版社,2013 年。

寻霖、刘志盛《湖南刻书史略》,岳麓书社,2013 年。

扬州中国雕版印刷博物馆编《雕版印刷》,山东友谊出版社,2013 年。

杭州市民政局、杭州市地名委员会编《杭州市地名志》,杭州出版社,2013 年。

包天笑著、刘幼生点校《钏影楼回忆录》,三晋出版社,2014 年。

宁波市海曙区地方志编纂委员会编《宁波市海曙区志》,浙江人民出版社,2014 年。

陆勇强《魏禧年谱》,齐鲁书社,2014 年。

雷梦辰著、曹式哲整理《津门书肆记》,天津古籍出版社,2014 年。

陈正宏《东亚汉籍版本学初探》,中西书局,2014 年。

李国庆编《明代刊工姓名全录》,上海古籍出版社,2014 年。

徐学林编著《徽州刻书史长编》,安徽教育出版社,2014 年。

彭信威《中国货币史》,上海人民出版社,2015 年。

郑炜民、陈玉莹著《况周颐年谱》,齐鲁书社,2015年。
郭立暄《中国古籍原刻翻刻与初印后印研究》,中西书局,2015年。
林公武《师堂丛录》,上海科学技术文献出版社,2015年。
丁建顺《百年篆刻名家研究——以西泠印社为例》,上海人民出版社,2015年。
董捷《版画及其创造者:明末湖州刻书与版画创作》,中国美术学院出版社,2015年。
庞元济辑、梁颖整理《庞虚斋藏清朝名贤手札》,凤凰出版社,2016年。
沈津《书海扬舲录》,广西师范大学出版社,2016年。
徐成志、王思豪主编《桐城派文集叙录》,安徽大学出版社,2016年。
沈岩主编、福州市地方志编纂委员会编《船政志》,商务印书馆,2016年。
吴则虞撰,吴受琚增补,俞震、曾敏整理《续藏书纪事诗》,国家图书馆出版社,2016年。
朱成山主编《南京大屠杀辞典》,南京出版社,2017年。
上海图书馆编《汪康年师友书札》,上海书店出版社,2017年。
胡阿祥等主编《南京古旧地图集》,凤凰出版社,2017年。
焦桂美《孙星衍研究》,上海古籍出版社,2017年。
王孺童编《金陵刻经处刻经题记汇编》,中华书局,2017年。
孟国祥《南京文化的劫难(1937—1945)》,南京出版社,2017年。

程焕文等主编《2016年中文古籍整理与版本目录学国际学术研讨会论文集》,广西师范大学出版社,2018年。
钱伯城、郭群一整理《艺风堂友朋书札》,上海人民出版社,2018年。
李开升《明嘉靖刻本研究》,中西书局,2019年。
俞光编《温州古代经济史料续编》,社会科学文献出版社,2019年。

(二)论文

崇璋《造办处之作房及匠役》,《中华周报》1945年第2卷第19期。
冀淑英《谈谈版刻中的刻工问题》,《文物》1959年第3期。
张秀民《明代徽派板画黄姓刻工考略》,《图书馆》1964年第1期。
刘乾《浅谈写刻本》,《文物》1979年第11期。
蒋元卿《徽州黄姓刻工考略》,《江淮论坛》1980年第4期。
张秀民《宋元的印工和装背工》,《文献》1981年第10期。
何槐昌《刻工与版本初探》,《图书馆研究与工作》1981年第1期。
冀淑英《谈谈明刻本及刻工——附明代中期苏州地区刻工表》,《文献》1981年第1期。
谢国桢《从清武英殿版谈到扬州诗局的刻书》,《故宫博物院院刊》1981年第1期。
卞孝萱《金农书翰十七通考释》,《南京艺术学院学报》1981

年第3期。

谢水顺《福州吴玉田刻书坊——福州雕板印书丛谈之一》，见《福建省图书馆学会通讯》1982年第4期。

潘天祯《扬州诗局杂考》，《图书馆学通讯》1983年第1期。

徐平轩《金陵刻经处》，《江苏文史资料选辑》第10辑，江苏人民出版社，1982年。

何槐昌《宋元明刻工表说明》，《图书馆学研究》1983年第3期。

谢水顺《清代闽南刻书史述略》，《文献》1986年第3期。

周节之《翰墨林印社》，《宁波文史资料》第6辑，浙江人民出版社，1987年。

刘乃和《从〈励耘书屋丛刻〉说到中华书局——陈垣生前著作的出版情况》，收入中华书局编辑部编《回忆中华书局(下编)》，中华书局，1987年。

刘泱泱《周汉反洋教案述论》，收入《近代中国教案研究》，四川省社会科学院出版社，1987年。

曹之《古籍刻工概述》，《图书馆》1988年第5期。

金良年《清代武英殿刻书述略》，《文史》第三十一辑，中华书局1988年。

陶敏《怀念父亲陶子麟》，《武昌文史》第5辑，中国人民政治协商会议武汉市武昌区委员会，1989年。

朱太岩《漫谈写刻工——古籍中的写刻工姓字》，《古籍整理研究学刊》1989年第1期。

崔木三《江城第一家新华书店》，《南通文史资料选辑》第9

辑，文史资料研究委员会，1989 年。
顾志兴《浙江书局始末及其所刊书》，《文献》1990 年第 1 期。
李国庆《两宋刻工说略》，《图书馆工作与研究》1990 年第 2 期。
谢水顺《福州刻书家吴玉田及所刊书目》，《福建史志》1990 年第 4 期。
徐苏《江苏官书局考辨》，《图书馆杂志》1990 年第 5 期。
李国庆《宋版刻工表》，《四川图书馆学报》1990 年第 6 期。
雷梦水《古玩铺、南纸店、帖铺刊书》，《河北出版史志资料选辑》第 5 辑，1990 年。
雷梦水《北京琉璃厂坊刻本考略》，《河北出版史志资料选辑》第 5 辑，1990 年。
蒋吟秋《江苏官书局及其书板》，《苏州文史资料》（1—5 合辑），政协苏州市委员会文史资料委员会，1990 年。
胡觉民《苏州报刊六十年简史》，《苏州文史资料》（1—5 合辑），政协苏州市委员会文史资料委员会，1990 年。
王孝源《清代四川木刻书坊述略》，收入《中国近代现代出版史学术讨论会文集》，中国书籍出版社，1990 年。
杨绳信《历代刻工工价初探》，收入上海新四军历史研究会印刷印钞分会编《历代刻书概况》，印刷工业出版社，1991 年。
李伯重《简论“江南地区”的界定》，《中国社会经济史研究》1991 年第 1 期。
钱存训《印刷术在中国传统文化中的作用》，《文献》1991

年第2期。

王纲《清代四川的印书业》,《中国社会经济史研究》1991年第4期。

谢水顺、李珽《再谈福州刻书家吴玉田》,《福建图书馆学刊》1992年第1期。

李国庆《山东籍雕版刻工辑略》,《山东图书馆季刊》1992年第1期。

叶瑞宝《苏州书坊刻书考》,《江苏出版史志》1992年第3期。

李珽《清代福州刻书坊考略》,《福建文史》1992年总第3期。

李国庆《徽州仇姓刻工刻书考录》,《江淮论坛》1992年第5期。

罗志欢《清代广东部分书坊及私人刻书简述》,《图书馆论坛》1993年第2期。

袁逸《清代书籍价格考(上、下)》,分别见《编辑之友》1993年第4、5期。

李国庆《古代雕版刻工称谓考录——〈书林清话〉条目增补》,《北京图书馆馆刊》1993年Z1期。

徐伟《清代馆阁体之我见》,《首都博物馆丛刊》1994年总第9辑。

张秀民《略论宋代的刻工》,《中国印刷》1994年第2期。

张秀民《宋代刻工刊书考》,台北《印刷科技》1994年第4期。

李国庆《宋代刻工说略》,收入阳海清主编《版本学研究论文选集》,书目文献出版社,1995年。

翟屯建《虬村黄氏刻工考述》,《江淮论坛》1996年第1期。
沙嘉孙《文登于氏藏书考》,《文献》1996年第3期。
黄国声《广东马冈女子刻书考索》,《文献》1998年第2期。
陆音《"影宋抄本"辨析》,《江苏图书馆学报》1998年第5期。
李国庆《漫谈古书的刻工》,《藏书家》第1辑,齐鲁书社,1999年。
顾绍武、顾禹《姑苏旧衙考》,苏州市地方志编纂委员会办公室等编《苏州史志资料选辑》,1999年。
刘尚恒《〈虬川黄氏宗谱〉与虬村黄姓刻工》,《江淮论坛》1999年第5期。
林子雄《广东古代刻工述略》,《图书馆论坛》2000年第5期。
李国庆《清版刻工知见录》,上海图书馆历史文献研究所编《历史文献》第四、第五辑,上海科学技术文献出版社,2001年。
方彦寿《建阳书坊接受官私方委托刊印之书》,《文献》2002年第3期。
金菊林《苏州方志馆藏碑刻拓片选刊》,苏州市地方志编纂委员会办公室等编《苏州史志资料选辑》,2002年。
辛德勇《迷离帆影楼》,《藏书家》第8辑,齐鲁书社,2003年。
梁颖《雍正刊本〈笠泽丛书〉之谜》,《藏书家》第9辑,齐鲁书社,2004年。
来新夏《书人书事评说(二则)》,《天一阁文丛》第2辑,宁波出版社，2005 年。

焦桂美《关于〈平津馆丛书〉的两个问题》，《文献》2005 年第 1 期。

陈红彦《名家写版考述》，《文献》2006 年第 2 期。

王海刚《近代黄冈陶氏刻书考略》，《出版科学》2007 年第 6 期。

王巨安《叶为铭佚稿〈浙江石刻石师录〉与陈锡钧》，《杭州文博》2008 年总第 7 辑。

陈正宏《从写样到红印——〈豫恕堂丛书〉中所见晚清书籍初刻试印程序及相关史料》，《中国典籍与文化》2008 年第 1 期。

江陵《清末民初武昌陶子麟书坊刻书业考略》，《长江论坛》2008 年第 4 期。

蒋寅《〈宋诗钞〉编纂经过及其诗学史意义》，《清代文学研究集刊》第 2 辑，人民文学出版社，2009 年。

林子雄《明清广东书坊述略》，《图书馆论坛》2009 年第 6 期。

刘卫武、刘亮《明代绣梓成本考》，《图书馆杂志》2009 年第 9 期。

孟宪钧《金冬心著作版本知见录之一》，《紫禁城》2009 年第 9 期。

孟宪钧《金冬心著作版本知见录之二》，《紫禁城》2009 年第 10 期。

孟宪钧《金冬心著作版本知见录之三》，《紫禁城》2009 年第11期。
周启荣《明清印刷书籍成本、价格及其商品价值的研究》,《浙江大学学报》2010年第1期。
刘方《北宋委托书坊刻书的出版方式创新及其相关问题》,《湖州师范学院学报》2010年第4期。
朱则杰、李杨《"潜园吟社"考》,《文学遗产》2010年第6期。
郭立暄《陶子麟刻〈方言〉及其相关问题》,《文献》2011年第1期。
邬国平《徐增与金圣叹——附金圣叹两篇佚作》,收入邬国平著《明清文学论薮》,凤凰出版社,2011年。
叶瑞宝、张晞《苏州古籍印刷史略(续)》,苏州市传统文化研究会编《传统文化研究》第18辑,群言出版社,2011年。
辛德勇《简论清代中期刻本中"方体字"字形的地域差异》,《中国典籍与文化》2012年第1期。
梁继《清初松江地区董其昌笔法的传承——以沈荃、王鸿绪、张照为中心》,《青少年书法》2012年第2期。
赵彦龙《西夏版书籍刻工名表初探》,《图书馆理论与实践》2013年第2期。
马培洁《鲍廷博知不足斋刻工研究》,《文献》2013年第1期。
陆锡兴《印刷版刻技术创造的印刷字体》,《中国典籍与文化》2013年第1期。
孙文杰《清刻本图书的价格与分析》,《出版科学》2013年第4期。
陈鸿森《孙星衍遗文再续补》,《中国典籍与文化论丛》2013

年总第 15 辑。

胡艳杰整理《金钺与文楷斋往来信札》,《历史文献》第十八辑,上海科学技术文献出版社,2014 年。

刘向东《古代雕版印刷组织中角色解析——以中日合作雕版印刷〈欠伸稿〉等为例》,《江淮文化论丛》第 3 辑,文物出版社,2014 年。

王光乾、田崇新《〈钱玷年谱〉拾遗》,《上海文博论丛》2014 年第 2 期。

程渤《明代吴门刻工研究》,《南京艺术学院学报(美术与设计版)》2014 年第 5 期。

陈鸿森《孙星衍遗文续补》,《书目季刊》2014 年第四十八卷第一期。

程义《石刻考工录补遗——“一普”所见苏州石刻刻工》,《碑林集刊》2015 年总第 21 辑。

彭喜双、陈东辉《清代杭州爱日轩刻书考——兼补〈中国古籍总目〉之失》,《中国典籍与文化》2015 年第 3 期。

徐雁平《用书籍编织世界——黄金台日记研究》,《学术研究》2015 年第 12 期。

王晓清《陶子麟与雕版刊刻》,《武汉文史资料》2015 年第 3 期。

谢作拳《冒广生致孙诒让信札三通考释》,《收藏家》2015 年第 4 期。

曹旅宁《宋平生藏〈定庵文集〉精刻本》,收入《黄永年与心太平盦》,三秦出版社,2015 年。

夏维中、孟义昭《清代江宁的江南贡院与上、下江考棚》，收入刘海峰、李兵主编《科举学的提升与推进》，华中师范大学出版社，2015年。

刘元堂《论北宋版刻楷书及其书手、刻工》，《书画艺术》2017年第4期。

石祥《清初书籍刻印的实态细节：清通志堂刻试印本〈读史方舆纪要〉读后》，《中国典籍与文化》2017年第4期。

石祥《古籍写样本及其鉴定》，《图书馆论坛》2017年第12期。

王定勇《从〈尺牍友声〉〈尺牍偶存〉看清初扬州刻书业》，《古典文献研究》第20辑，江苏古籍出版社，2017年。

董婧宸《孙星衍平津馆仿宋刊本〈说文解字〉考论》，《励耘语言学刊》2018年第1期。

曹红军《宋荦刻书活动考述》，《历史文献研究》2019年第2期。

潘健、纪景超、王慧《李光明及其家族后人考证》，《图书馆界》2019年第3期。

（三）学位论文

曹红军《康雍乾三朝中央机构刻印书研究》，南京师范大学2006年古典文献学博士学位论文。

王爱亭《昆山徐氏所刻〈通志堂经解〉版本学研究》，山东大学2009年古典文献学博士学位论文。

陈谊《嘉业堂刻书研究》，复旦大学2009年古典文献学博士学位论文。
张祎琛《清代善书的刊刻与传播》,复旦大学 2010 年中国古代史博士学位论文。
唐桂艳《清代山东刻书史(一)》,山东大学 2011 年古典文献学博士学位论文。
刘元堂《宋代版刻书法研究》,南京艺术学院 2012 年美术学博士学位论文。
马振君《孙星衍年谱新编》,黑龙江大学 2015 年博士学位论文。
翁雅昭《清代古书编辑与印刷字体特性之研究》,云林科技大学 2004 年视觉设计传达研究所硕士学位论文。
宋立《浙江官书局研究》,河南大学 2010 年历史文献学硕士学位论文。
王静《〈嘉兴藏〉雕版刻工研究》,河北大学 2016 年古典文献学硕士学位论文。
杨海宁《清宫造办处匠人研究》,武汉大学 2017 年中国史硕士学位论文。
冯雪茹《〈虬川黄氏宗谱〉与虬川黄氏家族研究》,天津师范大学 2018 年文物与博物馆硕士学位论文。
李菲芸《屠倬研究》,上海大学 2021 年古典文献学硕士学位论文。

三、海外之部

[日]长泽规矩也《长泽规矩也著作集》,东京汲古书院,

1982 年。

［日］大庭修著、戚印平等译《江户时代中国典籍流播日本之研究》，杭州大学出版社，1998 年。

［日］野沢佳美《宋版大蔵経と刻工》，《立正大学文学部论丛》1999 年第 110 号。

［日］野沢佳美《元版大蔵経と刻工》，《立正大学文学部论丛》2000 年第 112 号。

［美］周绍明著、何朝晖译《书籍的社会史：中华帝国晚期的书籍与士人文化》，北京大学出版社，2009 年。

［日］大木康著、周保雄译《明末江南的出版文化》，上海古籍出版社，2014 年。

［日］井上进著、李俄宪译《中国出版文化史》，华中师范大学出版社，2015 年。

［日］牧野和夫《福州版大蔵経における刻工と印面》，《实践国文学》2015 年第 88 卷。

［美］包筠雅著、刘永华等译《文化贸易：清代至民国时期四堡的书籍交易》，北京大学出版社，2015 年。

［日］乔秀岩、叶纯芳著《文献学读书记》，生活·读书·新知三联书店，2018 年。

［美］贾晋珠著，邱葵等译，李国庆校《谋利而印：11 至 17 世纪福建建阳的商业出版者》，福建人民出版社，2019 年。

初版后记

我开始接触清代出版史这个领域，大概是在 2012 年，到现在差不多也有十年了。最初只是为了完成课题，后来却越走越远，最终成为我在“文学文献”这一本行之外的又一个方向，也是始料未及。然而一路走来，总觉得自己对“文学”悟性不够，所以被文献、版本乃至出版史所吸引，恐怕也是潜意识引导下的一种选择。时至今日，我仍然不敢说这种选择是正确的，又或者我在这些领域所做的研究是有价值的，但从内心的感受来说，这段旁逸斜出的研究经历，大大拓展了我的视野，也改变了我思考问题的角度，更让我体验到别样的趣味。日本学者乔秀岩先生曾在《文献学读书记》的后记中，提到自己研究的三个目标：“要好玩，要创造，要永久。”我深以为然。此书是否能够“创造”和“永久”，或许还有待于各位读者去品评，但是“好玩”，却早已是遍布于过程之中的甜蜜馈赠，让我不知不觉地沉浸其中，流连忘返。

不过，尽管我自认为“玩”得还算开心，但要在一个前人研究无多的新领域内开疆辟土，并努力尝试着向“创造”甚至“永久”靠拢，又难免时常会有战战兢兢、力不从心之感。如果不是众多良师益友一路上不断地扶持、鼓励、鞭策，恐怕我也早早就放弃了。这里首先要感谢我的老师陈正宏教授，尽管我的选题在他看来多少有点“不务正业”，但他仍然仔细审读了我的初稿，并提出许多宝贵的意见。感谢我的同门杨丽莹、石祥、郭立暄、韩进、李开升，他们现在都已成为出版史、版本学等领域的专家，我曾不止一次向他们讨教，他们也毫无保留地与我往复讨论，为我拓展思路，也为我提供了许多材料。还要感谢国家社科基金后期项目的资助，以及各位评审专家的肯定与指正，没有这些支持，本书的出版恐怕还会遥遥无期。不过，也正因为受限于后期项目的额定字数，导致原拟附录于后的“清版刻工名录”无法一同出版，留下一点小小的遗憾。

研究的顺利展开，也离不开国内外古籍馆藏机构的大力支持。感谢国家留学基金委的资助，以及日本庆应义塾大学附属研究所“斯道文库”住吉朋彦教授、佐佐木孝浩教授诸位先生的热情邀请，使我获得赴日交流的机会，并享受到自由出入“斯道文库”、开架翻检古籍的快乐。感谢上海图书馆梁颖先生、邹晓燕女士以及其他工作人员一直以来的热情服务，让我每次去上图都倍感亲切和愉悦。感谢复旦大学图书馆吴格先生、眭骏先生、王亮先生的指教，以及其他老师、同学（特别是罗琴、胡媚媚两位师妹）的热情襄助。也感谢国家图书馆、南京图书馆、苏州图书馆、北京大学图书馆、华东师范大学图书馆、天一阁图书馆等机构的大力协助。此外，还要感谢“高校古文献资源库”、“中华古籍资源库”、“中国基本古籍库”、“读秀”等大型网络数据库，正是借助这些E时代的便利工具，才能让我在材料的获取上突破前人，为研究的展开提供良好的文献基础。

最后，还要特别感谢的是为本书付出大量心力的中华书局副编审郭时羽女士。我们曾同在复旦大学古籍整理研究所求学，她又是我第一部书的责任编辑，专业功底深厚，所以当此书谋求出版时，我几乎不假思索就想托付给她。事实上，起初也确实是通过时羽向中华书局递交书稿，并申请到了国家社科基金后期资助项目。遗憾的是，待到结项时，由于工作方向的调整，此书无法划入她的日常工作范围；但考虑到出书时间和对书稿的熟悉程度，她确系审读的最佳人选。因此，只能拜托她在下班后牺牲休息时间来完成书稿的审读。而中华书局学术著作编辑室罗华彤主任统筹协调，妥善安排，并亲自担任责编，他的认真敬业为此书的顺利出版助力不少。此外，北京大学陈腾博士曾专程去国家图书馆为我查阅资料，上海大学文献学研究生陈洁、秦娴也曾多次帮我查阅资料、核对引文，还有很多师长、同事、朋友、学生，或曾惠赐资料，或曾指点迷津，在此一并致以诚挚的谢意。

此时此刻，十月的阳光正好，蓝色的天空格外纯净，隔壁房间传来女儿播放故事的声音。这个才刚刚入学的小人儿，曾陪着我远赴东瀛，被迫面对完全陌生的语言、人群与环境，近来又常常陪我到学校、图书馆工作，即便被安排在走廊独自看书，也毫无怨言，努力适应。所以，这最后一份感谢，要送给我最亲爱的女儿，以及我的家人，是你们让我的生活充满温情。

2021 年 10 月 22 日于上海

新版后记

拙著原为国家社科基金后期资助项目的结项成果，于 2022 年由中华书局首次出版。近日又蒙中华书局及编辑张玉亮先生抬爱，拟选入“中国出版史研究”系列丛书，予以再版印行。由于时间仓促，未能对原文作较大的补充与改进，只是就一些明显的错误和不足之处作了简单的修正。所谓灾梨祸枣，诚如是焉。惟需要说明的是，初版时因种种原因未能附录于后的“清版刻工名录”，此番仍未放入。这主要是因为该名录仍在不断补充修订之中，未尽完善。窃思与其匆匆补入，倒不如从容搜罗、细心订正，以期尽量完善准确，成为一部合格的工具书。

此外，拙著初版后，曾得到诸多师友的鼓励与指正，也有必要再申谢意。首先要感谢我的老师陈正宏教授，他一方面肯定我的探索精神，一方面又给予了很多专业意见，引导我对清刻本的诸多问题作更深入的思考，令我获益匪浅。此外，清华大学图书馆刘蔷老师、上海图书馆郭立暄先生、南京大学张宗友先生、湖南大学蒋鹏翔先生、北京师范大学董婧宸女士、人民文学出版社董岑仕女士、南京大学杨曦先生，他们或曾惠示材料，或曾指正谬误，皆令我铭